Caro aluno,

Siga as instruções abaixo para ter acesso ao livro digital:

1. Acesse o portal **http://moderna.com.br** e clique em **CADASTRO** ou, caso já seja cadastrado, entre com seus dados de ***LOGIN*** e **SENHA** e procure pela seção **MINHAS INFORMAÇÕES**.

2. Escolha seu perfil e preencha o cadastro com os dados solicitados.

3. Guarde com cuidado o seu *login* e sua senha. São eles que garantem o seu acesso ao livro digital.

4. Acesse a opção **MEUS CÓDIGOS DE ACESSO** e digite o seu na área reservada, respeitando os espaços e as letras maiúsculas. Caso tenha outros códigos, repita esse procedimento com todos.

SEU CÓDIGO DE ACESSO: A 00000 CONLPGRA U 65921
Conexões em LP - Gramática - Vol. Único

5. Pronto! O seu acesso foi liberado.*

Após ativar o código de acesso confira a validade do seu livro digital.

Para saber mais informações sobre o *download* de seu material, visite o *site* **http://moderna.com.br/tablet**

CB131902

REQUISITOS MÍNIMOS PARA ACESSO AO PORTAL:

Sistema operacional Windows XP SP3 ou superior	Processador *dual core* ou superior	Memória RAM de 2GB ou superior	Acrobat 9 ou superior	Navegadores de internet em versões atualizadas

* O acesso ao livro digital será liberado a partir do início do ano letivo.

Wilton Ormundo

Bacharel e licenciado em Letras (habilitações Português/
Linguística) pela Faculdade de Filosofia, Letras e Ciências Humanas
e pela Faculdade de Educação da Universidade de São Paulo.
Mestre em Letras pela Faculdade de Filosofia, Letras
e Ciências Humanas da Universidade de São Paulo.
Professor de português e diretor pedagógico em escolas
de Ensino Médio em São Paulo por 19 anos.

Mara Scorsafava

Licenciada em Língua e Literatura Portuguesas pela
Pontifícia Universidade Católica de São Paulo.
Bacharel e licenciada em Língua e Literatura Francesas
pela Pontifícia Universidade Católica de São Paulo.
Professora de português da rede particular de ensino
em São Paulo por 35 anos.

CONEXÕES EM LÍNGUA PORTUGUESA GRAMÁTICA

Volume único

CÓPIA NÃO AUTORIZADA É CRIME
ABDR
ASSOCIAÇÃO BRASILEIRA DE DIREITOS REPROGRÁFICOS
RESPEITE O DIREITO AUTORAL

1ª edição

MODERNA

© Wilton Ormundo, Mara Scorsafava, 2013

MODERNA

Coordenação editorial: Áurea Regina Kanashiro, Cecília Kinker
Edição de texto: Cecília Kinker, José Paulo Brait, Thelma de Carvalho Guimarães
Assessoria didático-pedagógica: Elisandra de Souza Pedro, Rogério Viana Gusmão
Coordenação de *design* e projetos visuais: Sandra Botelho de Carvalho Homma
Projeto gráfico: Aurélio Camilo
Capa: André Carvalho
Foto da capa: Photononstop/Opção Brasil Imagens
Coordenação de produção gráfica: André Monteiro, Maria de Lourdes Rodrigues
Coordenação de arte: Patricia Costa
Edição de arte: Iara Susue Rikimaru Vitor, Mônica Maldonado
Editoração eletrônica: Apis Design Integrado, Tangente Design
Ilustrações: Eduardo Francisco, Toma
Ilustrações de vinhetas: Paulo Manzi
Coordenação de revisão: Elaine Cristina del Nero
Revisão: Ana Maria Benfica, Andrea Vidal, Renato da Rocha, Salete Brentan, Viviane T. Mendes
Coordenação de pesquisa iconográfica: Luciano Baneza Gabarron
Pesquisa iconográfica: Maria Magalhães
Coordenação de *bureau*: Américo Jesus
Tratamento de imagens: Arleth Rodrigues, Bureau São Paulo, Fabio N. Precendo, Marina M. Buzzinaro, Rubens M. Rodrigues
Pré-impressão: Alexandre Petreca, Everton L. de Oliveira Silva, Fabio N. Precendo, Hélio P. de Souza Filho, Marcio H. Kamoto, Rubens M. Rodrigues, Vitória Sousa
Coordenação de produção industrial: Arlete Bacic de Araújo Silva
Impressão e acabamento: EGB-Editora Gráfica Bernardi Ltda.

Dados Internacionais de Catalogação na Publicação (CIP)
(Câmara Brasileira do Livro, SP, Brasil)

Ormundo, Wilton
Conexões em língua portuguesa : gramática, volume único / Wilton Ormundo, Mara Scorsafava. — 1. ed. — São Paulo : Moderna, 2013.

Bibliografia.

1. Português – Gramática (Ensino médio) I. Scorsafava, Mara. II. Título.

13-09119 CDD-469.507

Índices para catálogo sistemático:
1. Gramática : Português : Ensino 469.507

ISBN 978-85-16-08983-2 (LA)
ISBN 978-85-16-08984-9 (LP)

Reprodução proibida. Art. 184 do Código Penal e Lei 9.610 de 19 de fevereiro de 1998.
Todos os direitos reservados

EDITORA MODERNA LTDA.
Rua Padre Adelino, 758 – Belenzinho
São Paulo – SP – Brasil – CEP 03303-904
Vendas e Atendimento: Tel. (0_ _11) 2602-5510
Fax (0_ _11) 2790-1501
www.moderna.com.br
2013
Impresso no Brasil

1 3 5 7 9 10 8 6 4 2

Apresentação

Caro aluno,

Há muitos anos os autores deste livro vêm trabalhando com adolescentes que, como você, refletem criticamente sobre as coisas da vida, têm opiniões, crises, sonhos, projetos e, acima de tudo, sentem-se capazes de transformar o mundo, por mais árido que ele se apresente em alguns momentos.

Essa capacidade e essa força criadora dos jovens nos movem e nos incentivam a entrar nas salas de aula todos os anos, a pesquisar métodos de ensino-aprendizagem, a pensar em diferentes formas de dialogar com nossos alunos, a investigar novas tecnologias e a escrever obras como esta.

Embora reconheçamos que todas as áreas do conhecimento são essenciais para a formação humana, consideramos que o trabalho com a linguagem é, de certo modo, especial. Como disse o poeta mexicano Octavio Paz, "A palavra é o próprio homem. Somos feitos de palavras. Elas são nossa única realidade ou, pelo menos, o único testemunho de nossa realidade".

Acreditamos que é a palavra que nos possibilita inventar e reinventar o mundo; é ela que, quando transformada em arte, nos convida a outros universos e permite nosso acesso ao mais secreto e íntimo de nós mesmos por meio de outros "seres humanos", os personagens das histórias que lemos; é a palavra que nos dá direito ao grito; é ela, finalmente, que expressa e organiza tudo aquilo que sentimos e somos.

Esperamos que seu estudo sobre o funcionamento da língua constitua momentos de prazer e de — quem sabe — embate. Este livro pretende dar voz a você e não apenas ser um mero instrumento de consulta.

Um abraço.

Reprodução proibida. Art. 184 do Código Penal e Lei 9.610 de 19 de fevereiro de 1998.

Organização do livro

Conexões em língua portuguesa – Gramática compõe-se de 29 capítulos, distribuídos em três partes, mais *Atividades complementares* e *Questões do Enem e de vestibulares*. Conheça os principais aspectos do livro.

Percurso do capítulo
Introduz os assuntos que serão tratados.

Imagem de abertura
Foto ou ilustração interessante e criativa dialoga com ideias que sugerem o assunto a ser explorado no capítulo.

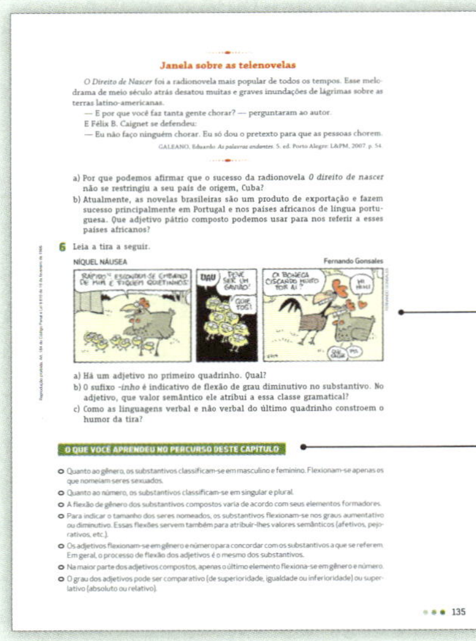

Tiras divertidas abordadas nos exercícios estimulam a reflexão e ajudam na fixação de conceitos gramaticais importantes.

O que você aprendeu no percurso deste capítulo
Retoma e resume os tópicos estudados.

Reprodução proibida. Art. 184 do Código Penal e Lei 9.610 de 19 de fevereiro de 1998.

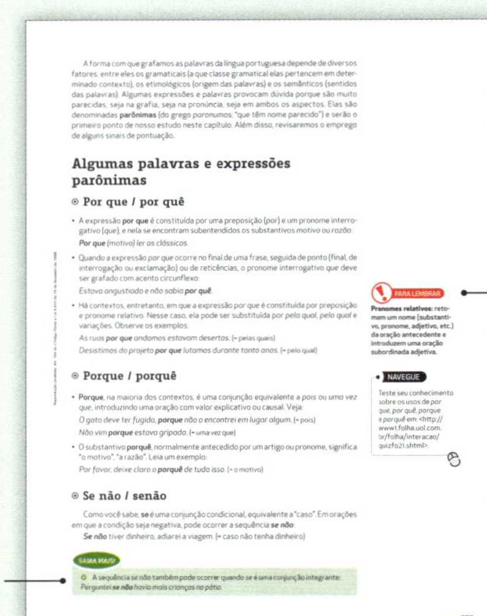

Para lembrar
Recorda assuntos já vistos e recupera conceitos importantes que podem ser aproveitados na fixação do estudo ou na realização de exercícios.

Saiba mais!
Enriquece conteúdos gramaticais com informações relevantes e curiosidades da língua portuguesa.

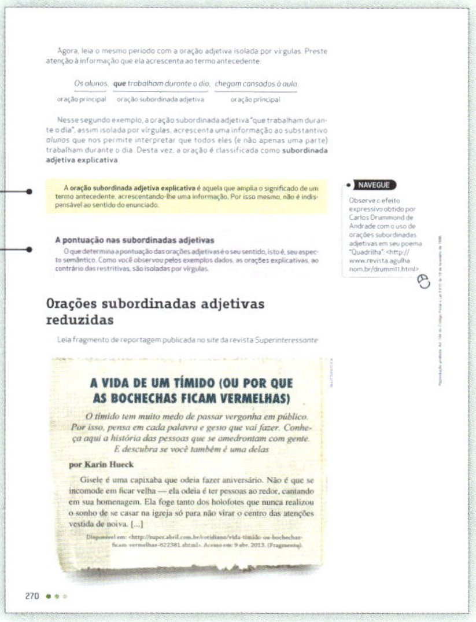

Boxe de conceito
Sintetiza conteúdos tratados no capítulo.

Boxe informativo
Complementa conhecimentos com dados importantes sobre o assunto em questão.

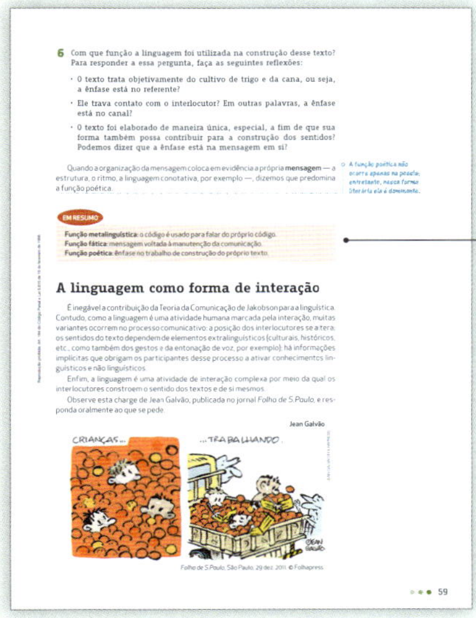

Em resumo
Boxe que sintetiza conceitos trabalhados no decorrer do capítulo.

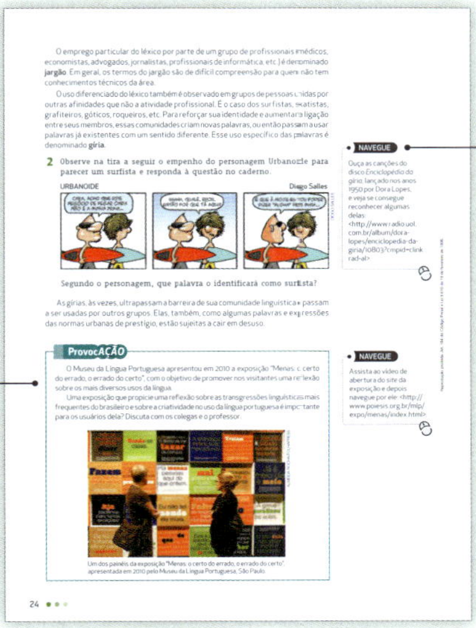

Navegue
Indica *sites* confiáveis que permitem aprofundar conhecimentos sobre o tema tratado e obter material para pesquisas escolares.

Provocação
Convida ao debate de questões polêmicas ou instigantes.

Reprodução proibida. Art. 184 do Código Penal e Lei 9.610 de 19 de fevereiro de 1998.

Questões do Enem e de vestibulares
Permitem testar seus conhecimentos sobre os assuntos trabalhados no capítulo.

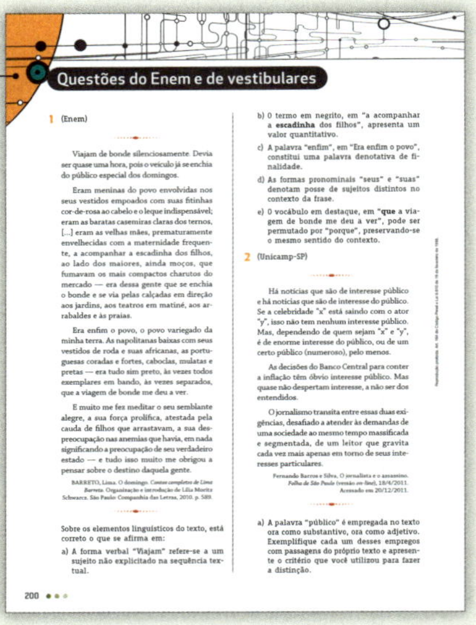

Índice remissivo no final do livro.

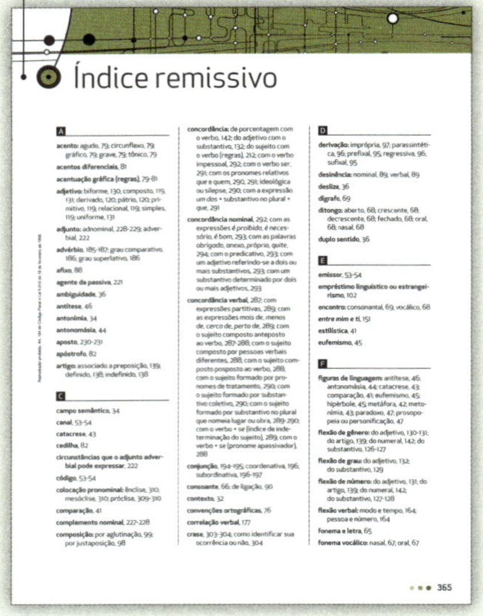

• O DVD que acompanha a obra traz animações que tornam a aprendizagem mais dinâmica.

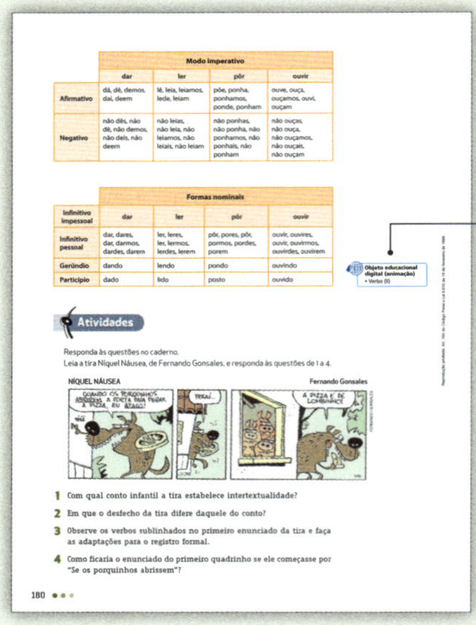

Remissão para animação no DVD.

Um **apêndice** no final do livro apresenta: prefixos de origem grega e latina; sufixos; radicais gregos e latinos; atividades complementares; questões do Enem e de vestibulares.

Reprodução proibida. Art. 184 do Código Penal e Lei 9.610 de 19 de fevereiro de 1998.

Sumário

Reprodução proibida. Art. 184 do Código Penal e Lei 9.610 de 19 de fevereiro de 1998.

Reprodução proibida. Art. 184 do Código Penal e Lei 9.610 de 19 de fevereiro de 1998.

Reprodução proibida. Art. 184 do Código Penal e Lei 9.610 de 19 de fevereiro de 1998.

Reprodução proibida. Art. 184 do Código Penal e Lei 9.610 de 19 de fevereiro de 1998.

PARTE 1

CAPÍTULO 1

Linguagem e língua

PERCURSO DO CAPÍTULO

- O homem interage socialmente por meio da linguagem
- A linguagem verbal, a linguagem não verbal e a linguagem mista
- Língua: produto da linguagem verbal
- Signo linguístico

ERNESTO REGHRAN/PULSAR IMAGENS

JENKEDCO/SHUTTERSTOCK

CHRISTIAN BERTRAND/SHUTTERSTOCK

CHERT28/SHUTTERSTOCK

Para nos comunicar não utilizamos apenas as palavras; também nos expressamos por meio de outras linguagens: gestos, desenhos, música, dança, pintura, etc. Da esquerda para a direita: placa de sinalização para ciclistas, Curitiba, 2012; amigos compartilhando um computador, Espanha, 2010; apresentação da banda The Rapture, Barcelona, Espanha, 2011; menina tocando *ukulele*, Estados Unidos, 2011.

Introdução

É por meio da linguagem, em particular da linguagem verbal, que interagimos socialmente. Neste capítulo, apresentaremos alguns conceitos linguísticos importantes para que você prossiga seus estudos de língua portuguesa no Ensino Médio e que lhe possibilitarão saber como se processa a comunicação humana.

Reprodução proibida. Art. 184 do Código Penal e Lei 9.610 de 19 de fevereiro de 1998.

O anúncio reproduzido abaixo foi veiculado na revista *Bravo!* de julho de 2009. Nessa publicação, encontramos assuntos relativos às diferentes manifestações artísticas: filmes, livros, música, dança, pintura, etc. Observe-o e responda às questões oralmente.

REPRODUÇÃO/AGÊNCIA SLA/ABAP

A arte e a cultura sempre fizeram parte da vida do nordestino, um povo que dança, canta e cria como poucos no mundo. Por isso, há dez anos, o Banco do Nordeste criou o Centro Cultural Banco do Nordeste — CCBNB. Um espaço onde a arte e a cultura da nossa Região convivem com obras de todas as partes do mundo. O resultado é um lugar onde diversas culturas se encontram e os nordestinos encontram a sua essência multicultural. CCBNB 10 anos. Você vivenciando tudo que a arte tem para oferecer. **cultura@bnb.gov.br | www.bnb.gov.br/cultura**

1 Que elementos compõem esse anúncio?

2 Observe novamente a imagem.

a) O que ela retrata?

b) A que normalmente associamos os objetos mostrados no anúncio?

c) Nesse contexto, o que os objetos estão representando?

3 Releia o título do anúncio:

"CCBNB. 10 anos integrando todas as formas de arte com você".

Que relação a imagem dos pincéis estabelece com o título?

4 O que o texto principal, localizado na parte inferior da página, informa ao leitor?

Na imagem de abertura deste capítulo, você observou vários exemplos de linguagem. A seguir estudaremos a linguagem verbal e a maneira como, em alguns contextos, ela se articula com a não verbal para a construção de sentido.

Para além das palavras: a linguagem verbal e a linguagem não verbal

Leia esta tira e observe como os personagens interagem. A seguir, responda oralmente às questões propostas.

HAGAR Dik Browne

© 2012 KING FEATURES SYNDICATE/IPRESS

1 Que recursos os personagens da tira utilizam para se comunicar?

2 As tiras costumam surpreender o leitor no último quadrinho. Relacione os dois balões da fala de Hagar à expressão facial dele no final da tira.

Você observou que os personagens interagem por meio de duas linguagens diferentes: Hagar e Eddie empregam entre si a linguagem verbal, isto é, comunicam-se por meio de palavras; já os nativos, para se comunicar com os dois estranhos, utilizam a mímica, uma linguagem não verbal.

> A **linguagem verbal** é aquela que, para comunicar algo, organiza-se por meio de palavras (orais ou escritas).
> A **linguagem não verbal** organiza-se a partir do objeto particular de cada linguagem. Assim, a linguagem da mímica expressa-se por gestos; a da música, por ritmos e sons; a da escultura, por linhas e formas, etc.

As histórias em quadrinhos, o teatro e o cinema são situações de interação que se estabelecem normalmente pela linguagem mista, isto é, por linguagem verbal e não verbal.

As pessoas que, por meio da linguagem, interagem entre si em um processo comunicativo são denominadas **interlocutores**.

Reprodução proibida. Art. 184 do Código Penal e Lei 9.610 de 19 de fevereiro de 1998.

Os animais se comunicam por meio da linguagem?

A abelha obreira é um animal que vive em sociedade, condição primeira para a existência da comunicação. Contudo, ao informar à colmeia a localização de uma fonte de alimento, por meio de dois tipos de dança (circular ou em forma de oito), ela não está utilizando a linguagem como nós a usamos. Nesse momento, está empregando um código de sinais: o conteúdo da informação é fixo e limitado (localização do canteiro), e a transmissão é unilateral (ausência de diálogo). A abelha também não constrói uma mensagem a partir de outra, e, ainda, sua mensagem não pode ser decomposta em partes.

Só a linguagem humana é capaz de produzir uma infinidade de mensagens novas a partir de um número limitado de elementos sonoros.

Fonte: PETTER, Margarida. Linguagem, língua, linguística. In: FIORIN, José Luiz (Org.). *Introdução à linguística*. 6. ed. São Paulo: Contexto, 2011.

SCOTT CAMAZINE/ALAMY/OTHER IMAGES

Abelhas em uma colmeia. Foto de 2009.

EM RESUMO

Linguagem verbal: organiza-se por meio de palavras.
Linguagem não verbal: não apresenta palavras em sua organização.
Linguagem mista: organiza-se por palavras e elementos não verbais.

Reprodução proibida. Art. 184 do Código Penal e Lei 9.610 de 19 de fevereiro de 1998.

Língua

Você não deve ter tido dificuldade para compreender a linguagem verbal do anúncio que inicia este capítulo ou as falas dos personagens da tira, porque os dois textos estão escritos em língua portuguesa.

Os falantes de uma língua dominam boa parte de seu conjunto de palavras — ou seja, de seu vocabulário ou léxico — e a maneira de combinar essas palavras em frases. Tanto as palavras da língua quanto as maneiras de combiná-las em frases são elementos que foram acordados coletivamente por uma comunidade. Portanto, podemos dizer que os falantes de uma língua obedecem a um "contrato coletivo" que lhes permite interagir socialmente. Não cabe a um indivíduo isoladamente modificar nem criar uma língua; ela é um fenômeno que está além do domínio individual.

Quando falamos, usamos **signos linguísticos**: sons mínimos dotados de significado que se unem para formar palavras que, combinadas entre si, formam textos. A palavra *cachorro*, por exemplo, é um signo linguístico, pois os falantes da língua portuguesa, ao ouvir seu som ou ao ler as letras que o representam, reconhecem seu significado.

Língua é um conjunto de signos linguísticos acordados coletivamente capazes de garantir a interação entre os membros de uma comunidade.

Signo e símbolo não são sinônimos

Signo é uma unidade de sentido, determinada pela experiência das pessoas ou por convenção, produzida para que possam se comunicar. Exemplos: as palavras (signos linguísticos) e os sinais de trânsito.

Símbolo é um elemento concreto que, por convenção, representa um elemento abstrato. Exemplo: a cor preta, na cultura ocidental, representa o luto.

O fato de a língua ser determinada por uma convenção não significa que ela seja estanque, imutável. Muito pelo contrário: a língua é viva e está o tempo todo sendo modificada pelo uso que os falantes fazem dela. Mas, para que novos usos sejam incorporados à língua, também é preciso que haja uma convenção entre os falantes — ninguém individualmente consegue modificar a língua.

Atividades

Você já pensou que a língua pode ser usada como um forte instrumento de controle social? Com a leitura do texto abaixo, você vai saber como George Orwell trouxe essa reflexão para um de seus livros, denominado *1984*.

George Orwell inventou a "novilíngua"

Idioma é ferramenta para controle do pensamento em 1984

Para compor o mundo **totalitário** comandado por um partido **onisciente**, o criador de *A revolução dos bichos* imaginou que o alcance de um Estado Big Brother teria de obrigatoriamente estender-se ao controle do idioma. É assim que o romance *1984* detém-se no que Orwell chamou de novilíngua (*newspeak*). O protagonista Winston Smith é convocado a trabalhar na nova versão do *Dicionário da Novilíngua*. O idioma era uma adaptação do inglês, usada em documentos oficiais e solenidades do Estado ditatorial de Oceania.

Os dicionaristas concentram-se em cortar mais e mais palavras, até cumprir o ideal de possibilitar que um número sumário de pensamentos consiga ser expresso — os do Grande Irmão. O uso do inglês era desestimulado em lugar de um novo idioma que buscava restringir o vocabulário ao mínimo necessário.

Orwell teve a **perspicácia** de perceber que a diminuição do repertório de palavras, expressões mais complexas e de articulações sintáticas, além da fusão de termos, supressão de fonemas e letras das palavras, implicaria uma realidade traduzida em poucos termos [...].

[...] A falta de riqueza da linguagem levaria a uma menor relativização da vida cotidiana. Permitiria "duplipensar", memorizar crenças até contraditórias e aceitar ambas, sem contestação.

Isso significa uma gradativa atrofia da capacidade de pensar e uma redução **paulatina** da contestação. A ditadura de *1984* buscava, com isso, subjugar os habitantes de Oceania aos seus **ditames**. Mesmo quem construísse frases contestadoras teria dificuldade de argumentar por meio da novilíngua porque os vocábulos indispensáveis a eles simplesmente não se aplicavam. Os homens não conseguiriam mais ter direitos "iguais" porque a palavra só podia ser aplicada à igualdade de peso, tez e altura.

Ter mais repertório lexical — porque criado pelo povo — amplia a capacidade de comentar o mundo, tomar posição diante dele. Fabricar novas palavras é condição para pensar melhor a realidade em que se vive.

PEREIRA JUNIOR, Luiz Costa. *Língua portuguesa*, São Paulo: Segmento, ano II, n. 24, p. 33, out. 2007. (Fragmento).

MONDADORI/GETTY IMAGES

George Orwell, em 1940.

George Orwell (1903-1950) foi jornalista e um dos mais influentes escritores de sua época. Entre suas obras, as mais conhecidas do público são *A revolução dos bichos* (1954) e *1984* (1949), ambas adaptadas para o cinema.

Totalitário: regime de governo que controla, por exemplo, um país sem admitir oposição.

Onisciente: aquele que tudo sabe, que tudo conhece.

Perspicácia: esperteza, sagacidade.

Paulatina: progressiva, gradual.

Ditames: ordens, preceitos.

Reprodução proibida. Art. 184 do Código Penal e Lei 9.610 de 19 de fevereiro de 1998.

Responda às questões no caderno.

1 Segundo o texto, o que era a "novilíngua" e a que ela servia?

2 Veja o que afirma o professor José Luiz Fiorin em seu artigo "Teoria dos signos":

> [...]
>
> Isso significa que a realidade só tem existência para os homens quando é nomeada. Os signos são, assim, uma forma de apreender a realidade. Só percebemos no mundo o que nossa língua nomeia.
>
> [...]

FIORIN, José Luiz. Teoria dos signos. *Introdução à linguística I*. São Paulo: Contexto, 2011. p. 55. (Fragmento).

Relacione a criação da "novilíngua" ao que você leu no trecho acima.

Leia este anúncio sobre a AACD para responder às questões de 3 a 6.

REPRODUÇÃO/AGÊNCIA FISCHER + FALA!

Ajude a AACD a ajudar a quem precisa. Ligue para 0800 771-7878 e faça uma doação.

Você não imagina como subir uma escada pode ser lindo para quem volta a andar. Ajude a AACD a ajudar quem precisa.

3 Descreva a imagem e informe quem é o interlocutor do anúncio.

4 Levante hipóteses: quem, provavelmente, está no topo da escada olhando para os degraus de baixo?

5 O que está subentendido na frase "Você não imagina como subir uma escada pode ser lindo"?

6 Explique a importância argumentativa da linguagem não verbal no anúncio.

SAIBA MAIS!

- A Associação de Assistência à Criança Deficiente (AACD) foi fundada por um médico e um grupo de idealistas que queriam tratar de crianças e de adolescentes com deficiências físicas, possibilitando-lhes a inserção social. É uma entidade privada, sem fins lucrativos, que trabalha desde 1950, no município de São Paulo, pelo bem-estar de pessoas com necessidades especiais.

NAVEGUE

Conheça as áreas de atuação da AACD e os projetos para a inserção social de seus pacientes no *site* <http://www.aacd.org.br>.

O QUE VOCÊ APRENDEU NO PERCURSO DESTE CAPÍTULO

- Os seres humanos interagem socialmente por meio das linguagens verbal (que se realiza por meio da língua) e não verbal (que se realiza por meio de gestos, desenhos, etc.).
- Em algumas situações de comunicação, a linguagem empregada é mista: verbal e não verbal.
- Signos linguísticos são unidades de significação que as pessoas produzem ao interagir socialmente por meio da língua.

Reprodução proibida. Art. 184 do Código Penal e Lei 9.610 de 19 de fevereiro de 1998.

CAPÍTULO

2

Variação linguística

PERCURSO DO CAPÍTULO

- Variações linguísticas
- Normas urbanas de prestígio e preconceito linguístico
- Variação social e regional
- Variação de registro ou de estilo
- Jargão e gíria

São muitas as variedades linguísticas que utilizamos em nosso cotidiano. Nosso modo de falar pode depender da região em que nascemos, da faixa etária, da situação comunicativa, etc. Dominar esses diferentes registros linguísticos permite que nos expressemos melhor.

COMPLOT/SHUTTERSTOCK

Introdução

Cada indivíduo, ao se expressar, revela sua identidade cultural e a de sua comunidade. Neste capítulo, você estudará as variações que ocorrem no uso da língua portuguesa em diversos contextos e por diferentes usuários. Em uma sociedade democrática, os modos de falar dos vários grupos sociais devem conviver em harmonia.

Reprodução proibida. Art. 184 do Código Penal e Lei 9.610 de 19 de fevereiro de 1998.

Leia o anúncio e responda às questões oralmente.

Microsystem por apenas $ 50 pau
- 3 CDs
- MP3

Não vacila!

REPRODUÇÃO/AGÊNCIA PUBLICIS BRASIL

Anuncie no jornal que fala direto com a classe C.

O *Aqui* é o jornal que mais cresce no Distrito Federal:

- 2º lugar em circulação paga na região (VC)
- Maior índice de afinidade com a classe C no D. F.
- Mais de 146 mil leitores (Marplan)

1 Quem é o anunciante?

2 A quem o anúncio se dirige?

3 Que característica do produto anunciado é destacada no anúncio?

4 Que elementos do anúncio confirmam essa característica?

5 Você concorda com a forma com que o anunciante retratou o grupo social mencionado? Justifique sua resposta.

Você já deve ter ouvido ou empregado a língua portuguesa de diversas maneiras. Isso ocorre porque as línguas sofrem variações.

A seguir, estudaremos as diferenças no uso da língua, as variações linguísticas.

Variações linguísticas

Ao estudar um documento antigo escrito em língua portuguesa, como a *Carta* de Pero Vaz de Caminha ao rei de Portugal sobre o "achamento" do Brasil, certamente você observará diferenças em relação ao vocabulário, à estrutura das frases, etc. entre a língua em que tal documento foi escrito e a atual. Um publicitário também, ao produzir um anúncio dirigido ao público jovem, provavelmente empregará palavras e estruturas diversas das que usaria em uma situação mais formal. Essas variações ocorrem porque a língua sofre influência de fatores sociais, regionais, econômicos, históricos, etc.

As **variações linguísticas** são diferenças que uma língua apresenta no léxico, na fonética (aspecto sonoro das palavras), na morfologia, na sintaxe, de acordo com os fatores históricos, a localização geográfica dos falantes e suas características sociais e a formalidade ou informalidade da situação.

Reprodução proibida. Art. 184 do Código Penal e Lei 9.610 de 19 de fevereiro de 1998.

⊙ Normas urbanas de prestígio e preconceito linguístico

Leia esta tira e responda às questões.

MUNDO MONSTRO Adão

1 O duplo sentido de uma palavra, no segundo quadrinho, é responsável por desencadear o humor na tira. Identifique-a e diga com que sentido a personagem a empregou e como ela foi interpretada por sua interlocutora.

2 O que a resposta da personagem, além de revelar o motivo da separação, mostra sobre a forma como as pessoas normalmente julgam aqueles que empregam uma variedade linguística menos prestigiada?

Ao responder "Não rolou português mesmo!", a personagem se refere ao fato de que seu ex-namorado, embora fale português, emprega a variedade de um grupo que possui baixa escolaridade. Na palavra *pobrema*, por exemplo, ele suprimiu o /r/ na primeira sílaba e trocou o /l/ por /r/ na segunda.

Na língua, há inúmeras variedades. Aquelas normalmente usadas por quem habita os centros urbanos e tem escolarização e posição socioeconômica elevadas são denominadas **normas urbanas de prestígio**.

As outras variedades linguísticas são explicadas com base na localização geográfica dos falantes, no grau de escolaridade mais baixo (muitas vezes decorrente das condições econômicas dos falantes), na informalidade da situação de fala, etc.

EM RESUMO

Normas urbanas de prestígio: variedades empregadas, em contextos formais, por grupos de maior prestígio social.

A tira que você analisou exemplifica um comportamento comum entre as pessoas, denominado **preconceito linguístico**, que consiste em admitir apenas uma forma para a língua e desconsiderar as variedades linguísticas que não correspondem a essa forma.

É preciso entender que os falantes das variedades menos prestigiadas também falam português, que, como toda língua, é diversa e variável.

Entretanto, o reconhecimento dessas variedades e o respeito por elas não anulam o compromisso imperativo da escola de possibilitar a todos os alunos o domínio das normas urbanas de prestígio; só deixa clara a necessidade de que todos os falantes da língua, em seus diferentes usos, sejam respeitados.

MONKEY BUSINESS IMAGES/SHUTTERSTOCK

O conhecimento das normas urbanas de prestígio é importante, pois elas são usadas em situações formais, como uma entrevista de emprego.

Reprodução proibida. Art. 184 do Código Penal e Lei 9.610 de 19 de fevereiro de 1998.

SAIBA MAIS!

Marcos Bagno, autor do livro *Preconceito linguístico*, enumera e analisa oito mitos que colaboram para a visão negativa que o brasileiro tem de si mesmo e da língua falada no Brasil. Leia um fragmento do mito 6 ("O certo é falar assim porque se escreve assim").

Diante de uma placa escrita TEATRO é provável que um pernambucano, lendo em voz alta, diga TÉ-atru, que um carioca diga TCHI-atru, que um paulistano dia TÊ-atru. E agora? Quem está certo? Ora, todos estão igualmente certos. O que acontece é que em toda comunidade linguística do mundo existe um fenômeno chamado *variação*, isto é, nenhuma língua é falada do mesmo jeito em todos os lugares, assim como nem todas as pessoas falam a própria língua de modo idêntico o tempo todo. [...]

BAGNO, Marcos. *Preconceito linguístico*: o que é, como se faz. 50. ed. São Paulo: Loyola, 2008. p. 68. (Fragmento).

Investigue em
- **Sociologia**
- **Filosofia**

A televisão tem o poder de estabelecer um padrão linguístico para os falantes do português no Brasil?

Variação social e regional

A **variação social** diz respeito às diferenças no uso da língua decorrentes da classe social do falante, da sua faixa etária, de seu nível de escolaridade, do sexo e do grupo social a que ele pertence. Já a **regional** refere-se às diferenças relacionadas à região da qual o falante é originário.

Leia um fragmento de um poema do poeta baiano Gilberto Brito e responda às questões a seguir.

Sertão é mió

Se o sertão virá má,
Asa branca vai sofrê,
Nunca mais vai avuá.

O céu fica de luto,
Todos bicho vai chorá.

Chora cobra, lagartixa,
Véi tatu não vai cavá.

Sofre a terra, sofre gente,
É mió quetá cum isso,
Deixá tudo cumo tá.
Adimais isso tudo,
Só tristêza e lamento.

[...]

Itonce Pai Criador,
Não iscuta as palavra,
Não iscuta essa praga,
De sertão virá má.

Sertanejo qué é paz,
Sertanejo qué armunia.

Deixa nóis nesse canto,
Mermo qui seja com seca,
No doce sertão da Bahia.

BRITO, Gilberto. *Tribuna do sertão*.Disponível em: <http://www.jornaltribunadosertao.com.br/colunas/gilberto-brito/74>. Acesso em: 19 set. 2012. (Fragmento).

1 O que o eu lírico pede ao Pai Criador?

2 No poema, há marcas de variação social e regional. Identifique essas marcas no nível fonológico (troca, omissão ou acréscimo de sons nas palavras).

3 Também há variações no que diz respeito à sintaxe, já que a concordância entre as palavras não foi feita do modo padrão. Identifique exemplos disso.

4 Que grupo regional e social o eu lírico e as vozes do poema representam?

5 É coerente o emprego dessas variedades linguísticas para cantar o sertão?

Variação de registro ou de estilo

A **variação de registro** ou **de estilo** dos enunciados linguísticos é determinada pelo grau de intimidade dos interlocutores, isto é, depende da relação que se estabelece entre os falantes.

Assim, quando existe intimidade entre os interlocutores, ou quando se quer criar essa intimidade, adota-se um registro **coloquial**. Nesse caso, geralmente são usadas frases mais curtas, repetições, abreviações e um vocabulário mais corriqueiro, no qual podem aparecer gírias e expressões informais. Além disso, há menor preocupação em obedecer às regras da gramática normativa.

Por outro lado, quando não existe intimidade entre os interlocutores, emprega-se o registro **formal**, em que se evitam as gírias e as expressões coloquiais e há maior preocupação em seguir a gramática normativa.

Reprodução proibida. Art. 184 do Código Penal e Lei 9.610 de 19 de fevereiro de 1998.

⊙ Jargão e gíria

1 Leia o texto a seguir.

SHUTTERSTOCK

VEJA PACOTÃO DE DICAS PARA FACILITAR SUA VIDA NO COMPUTADOR

EMERSON KIMURA
RAFAEL CAPANEMA

DE SÃO PAULO

Cerca de 90% dos usuários de internet nos EUA não conhecem o atalho Ctrl+F, para achar palavras em um documento, segundo o pesquisador do Google Dan Russell. [...]

Veja abaixo uma seleção de dicas tão úteis quanto o Ctrl+F (Command+F no Mac e Ctrl+L na versão brasileira dos aplicativos do Microsoft Office).

Reprodução proibida. Art. 184 do Código Penal e Lei 9.610 de 19 de fevereiro de 1998.

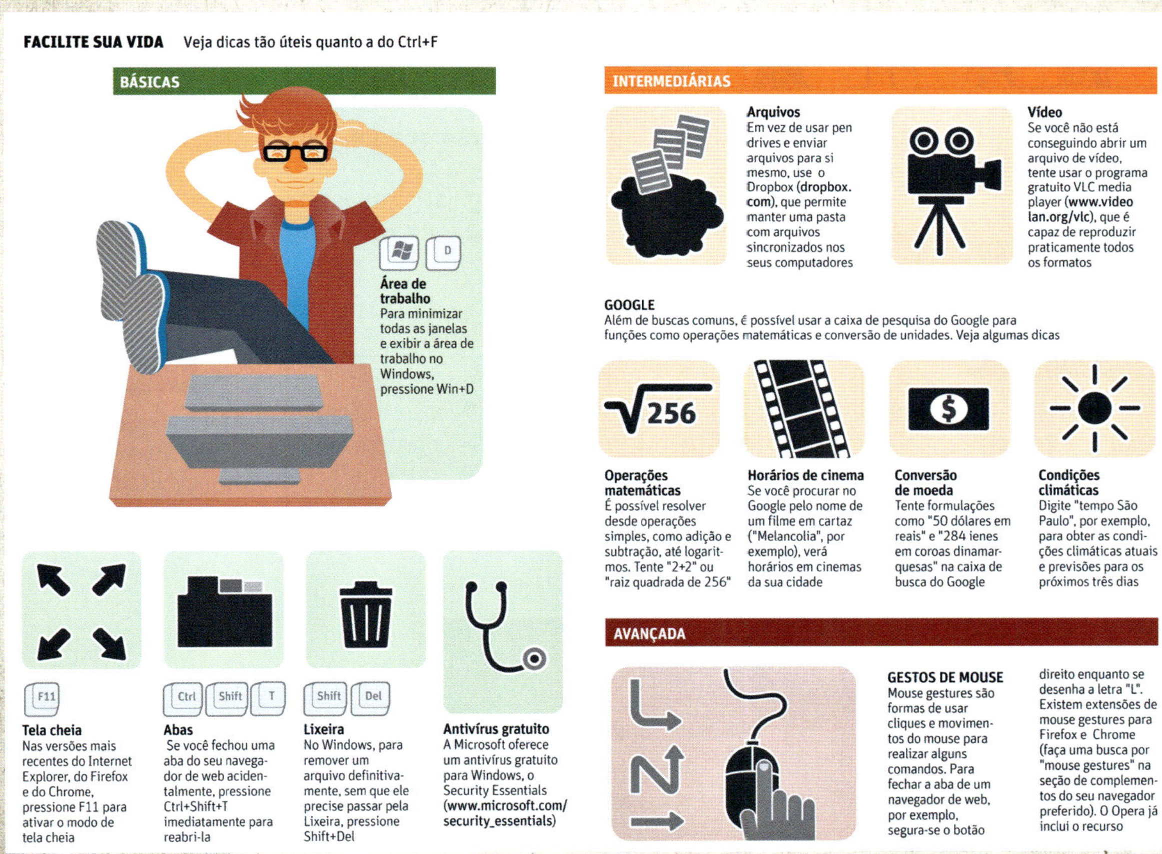

© Folhapress. Disponível em: http://www1.folha.uol.com.br/tec/972805-veja-pacotao-de-dicas-para-facilitar-sua-vida-no-computador.shtml>. Acesso em: 25 set. 2012.

Na sua leitura, você observou a existência de termos usados tipicamente por certo grupo profissional. Identifique esse grupo e explique como você chegou a essa conclusão. Registre sua resposta no caderno.

O emprego particular do léxico por parte de um grupo de profissionais (médicos, economistas, advogados, jornalistas, profissionais de informática, etc.) é denominado **jargão**. Em geral, os termos do jargão são de difícil compreensão para quem não tem conhecimentos técnicos da área.

O uso diferenciado do léxico também é observado em grupos de pessoas unidas por outras afinidades que não a atividade profissional. É o caso dos surfistas, skatistas, grafiteiros, góticos, roqueiros, etc. Para reforçar sua identidade e aumentar a ligação entre seus membros, essas comunidades criam novas palavras, ou então passam a usar palavras já existentes com um sentido diferente. Esse uso específico das palavras é denominado **gíria**.

2 Observe na tira a seguir o empenho do personagem Urbanoide para parecer um surfista e responda à questão no caderno.

URBANOIDE — **Diego Salles**

DIOGO SALLES

Segundo o personagem, que palavra o identificará como surfista?

As gírias, às vezes, ultrapassam a barreira de sua comunidade linguística e passam a ser usadas por outros grupos. Elas, também, como algumas palavras e expressões das normas urbanas de prestígio, estão sujeitas a cair em desuso.

ProvocAÇÃO

O Museu da Língua Portuguesa apresentou em 2010 a exposição "Menas: o certo do errado, o errado do certo", com o objetivo de promover nos visitantes uma reflexão sobre os mais diversos usos da língua.

Uma exposição que propicie uma reflexão sobre as transgressões linguísticas mais frequentes do brasileiro e sobre a criatividade no uso da língua portuguesa é importante para os usuários dela? Discuta com os colegas e o professor.

ALMEIDA ROCHA/FOLHAPRESS

Um dos painéis da exposição "Menas: o certo do errado, o errado do certo", apresentada em 2010 pelo Museu da Língua Portuguesa, São Paulo.

NAVEGUE

Ouça as canções do disco *Enciclopédia da gíria*, lançado nos anos 1950 por Dora Lopes, e veja se consegue reconhecer algumas delas: <http://www.radio.uol.com.br/album/dora-lopes/enciclopedia-da-giria/10803?cmpid=clinkrad-al>.

NAVEGUE

Assista ao vídeo de abertura do *site* da exposição e depois navegue por ele: <http://www.poiesis.org.br/mlp/expo/menas/index.html>.

Reprodução proibida. Art. 184 do Código Penal e Lei 9.610 de 19 de fevereiro de 1998.

Formação linguística do Brasil

Variações históricas, regionais, sociais e relacionadas ao registro — fenômenos que você estudou ao longo deste capítulo — podem ser observadas em qualquer idioma; afinal, como já vimos, toda língua é diversa e variável. Ao analisarmos a língua portuguesa, porém, devemos considerar, além desses fenômenos, a trajetória que ela sofreu desde o século XVI, quando foi trazida para cá pelos portugueses.

Quando os europeus desembarcaram na nova terra, aqui viviam aproximadamente seis milhões de indígenas, que falavam mais de trezentas línguas. Como inicialmente a maioria dos encontros entre brancos e índios aconteceu próximo ao litoral, onde predominavam línguas do tronco tupi, logo se desenvolveu uma língua de contato — chamada de **brasílica** ou **geral** —, que misturava elementos do português a uma ampla base tupi. Essa língua foi utilizada no processo de catequização e, também, nas bandeiras e entradas que desbravaram o sertão, das quais participavam principalmente mestiços.

Restam hoje cerca de 180 línguas indígenas no Brasil. Pela legislação nacional, os povos que as empregam têm direito à educação bilíngue (em sua língua e em português).

Pode-se afirmar que, durante os dois primeiros séculos da colonização, a língua geral era a mais praticada no Brasil. O português propriamente dito ficava restrito aos documentos oficiais e a uma camada relativamente pequena de colonizadores lusitanos.

Paralelamente a isso, a chegada de milhões de africanos na condição de escravos trouxe mais ingredientes à nossa formação linguística. A maioria dessas pessoas empregava línguas da família cua (originária do Golfo da Guiné) e da família banto (originária de Angola e regiões próximas).

Desde o princípio, a Coroa lusitana buscou restringir as outras línguas faladas no território brasileiro. Entre as medidas que propiciaram o domínio do português, destacam-se as seguintes:

- o decreto assinado pelo Marquês de Pombal, em 1757, que proibia o uso da língua geral e tornava obrigatório o ensino do português;
- as tentativas dos senhores de escravos de manter afastadas as diferentes etnias africanas, a fim de que não se organizassem em grupos de resistência.

Na virada do século XIX para o século XX, uma série de transformações (abolição, urbanização, disseminação das escolas e da imprensa) fez com que os grupos linguísticos passassem a conviver mais de perto e contribuiu para consolidar a predominância da língua portuguesa. Ao mesmo tempo, a vinda de imigrantes europeus e asiáticos enriqueceu nosso idioma, principalmente no que diz respeito ao vocabulário e à pronúncia.

Todas essas contribuições culturais e linguísticas que o português empregado no Brasil (PB) recebeu ao longo do tempo fizeram com que, já no fim do século XIX, ele passasse a exibir diferenças marcantes em relação ao português europeu (PE), não apenas no vocabulário, na pronúncia e na morfologia, mas também na sintaxe (estrutura das frases), como se observa no quadro abaixo.

Construções sintáticas do PE	Construções sintáticas do PB
Estou **a escrever** uma carta.	Estou **escrevendo** uma carta.
Já cheguei **à** escola.	Já cheguei **na** escola.
Há dois meninos na sala.	**Tem** dois meninos na sala.
Diga-me uma coisa.	**Me diga** uma coisa.
Ia-se pouco a pouco afastando.	Ia pouco a pouco **se afastando**
Não **a conheço**.	Não **conheço ela**.

Fonte: TEYSSIER, Paul. *História da língua portuguesa*. Trad. Celso Cunha. Lisboa: Liv. Sá da Costa, 1993. p. 84-85.

Ao longo dos séculos, o português acabou conquistando a hegemonia linguística do país. Mesmo com a restrição da Coroa lusitana às outras línguas, nada impediu que a origem "mestiça" da língua aqui falada tivesse reflexos duradouros na maneira como nos expressamos.

Reprodução proibida. Art. 184 do Código Penal e Lei 9.610 de 19 de fevereiro de 1998.

Atividades

As respostas a estas atividades devem ser registradas no caderno.

1 Leia a crônica e responda ao que se pede.

SHUTTERSTOCK

ESTOU MESMO EM FANICOS

Se me pedem para contar novidades de Portugal, agora que acabo de chegar de lá, não saberei contá-las. Não vi nada, pois, entre abraços e beijos, meus queridos portugueses me tiraram o coiro a trabalhar e trago apenas umas vagas lembranças, a maior parte delas de comida. De batatas a murros, rojões com castanhas, peixes assados com todos, iscas de fígado com elas, pataniscas e chamuças divinais fartei-me bastante, embora às vezes não tenha tido tempo para mais que uma sandes afogada, um prego às carreiras e duas bicas engolidas ao pequeno almoço. Enquanto me entrevistavam, lá como cá sempre a fazer as mesmas perguntas, comigo a dar as mesmas respostas, também me recordo que fui de borla ao Cassino do Estoril (e não joguei nada, pois de borla ali é que não se joga, há para tudo limites), vi lindas miúdas no palco a bailar e mal pude dar uma passadinha ou outra na casa de banhos do hotel, entre duches apressados por compromissos que se empilhavam um atrás do outro.

Fiquei tão atarantado que por vezes cometi parvoíces, bem para além das que me são costumeiras, desde tentar sair com o cinto atado do carro em que me davam boleia e bater com a cabeça no tejadilho, a quase deitar fora o telemóvel do meu amigo, de tão pequetito que era (usam-se bem mais telemóveis hoje em Portugal que por cá celulares), por julgar tratar-se de um isqueiro descartável que já não mais dava lume, a caminhar pelos passeios sem distingui-los das ruas, atravessando fora das zebras como se fora um peão como outro qualquer e assim por diante.

De resto, assisti a uns dois curiosos filmes franceses sem dobragem, mas com subtítulos em francês mesmo, mal reparei nas montras, trocei com um par de putos ou outro, no Porto, onde meu compadre Nuno Lima de Carvalho meteu-se pra acolá quando devia ter se metido pra cá, cuidei que estávamos definitivamente tramados, mas conseguimos chegar ao destino, embora pagando portagem duas vezes. [...]

RIBEIRO, João Ubaldo. *O Estado de S. Paulo*, São Paulo, 30 jan. 2000. (Fragmento).

a) O escritor baiano João Ubaldo Ribeiro narra, por meio dessa crônica, sua experiência em Portugal. O texto está escrito em português lusitano. Você sentiu alguma dificuldade para entendê-lo? Em caso positivo, qual foi o motivo dessa dificuldade?

b) Dê exemplos de marcas típicas do português lusitano observadas no texto no que diz respeito ao vocabulário e à sintaxe (estrutura das frases).

Reprodução proibida. Art. 184 do Código Penal e Lei 9.610 de 19 de fevereiro de 1998.

c) Na crônica também são identificadas variações regionais no nível fonológico. Transcreva palavras que exemplificam a afirmação.

d) Em sua opinião, qual a intenção de João Ubaldo ao escrever uma crônica nessa variedade regional?

e) Escolha um parágrafo da crônica e tente adaptá-lo para o português brasileiro. O uso do dicionário é fundamental na realização dessa tarefa.

2 Leia alguns trechos da entrevista de Mia Couto, escritor moçambicano, à revista *Língua Portuguesa*.

SHUTTERSTOCK

[...]

As diferenças entre o português africano e o brasileiro repercutem em alguma medida na forma como se cria ficção aqui em Moçambique?

Acho que não afetam, no sentido de perturbar. Alguma arrumação na gramática brasileira tem muita influência da estrutura das línguas africanas. O modo como vocês usam o reflexo, por exemplo, também ocorre no português moçambicano, no de Angola. "Eu o vi" não é correto segundo o padrão europeu, mas sim, "eu vi-o". Em Moçambique, pessoas que nunca conviveram com o Brasil dizem "eu o vi". Uma das razões de Jorge Amado ter cativado a África lusófona foi nos ter apresentado personagens falando o português coloquial do Brasil. A adesão imediata foi porque nós também falamos daquele jeito. E percebemos que não é errado. Sempre nos diziam que falávamos errado, mas aí começamos a dizer: "O brasileiro também fala assim".

A literatura brasileira teria, então, ajudado a "abonar" o português moçambicano?

Sem dúvida. A descoberta do português brasileiro foi fantástica. Porque mostrou que nós precisávamos ver o português sem Portugal, um português que mostrasse pluralidade, outras culturas que manejam o idioma com a mesma dificuldade e a mesma alegria.

[...]

O Brasil influencia o léxico moçambicano?

[...] "Todo mundo" é uma coisa brasileira. Há dez anos, dizíamos "toda a gente". "Visual", da expressão "mudar o visual", também não usávamos.

O curioso é que, logo após a independência, havia uma postura preconceituosa em relação ao português do Brasil. Estive numa reunião, não lembro se em 1976, 77, em que os pais protestaram contra um brasileiro que ia ensinar português na capital Maputo. "O português do Brasil não é o verdadeiro português", diziam. Mas não só a TV mudou essa imagem, como os jovens moçambicanos, que vieram estudar no Brasil, e os brasileiros, que por Moçambique passaram. Depois desses contatos, percebeu-se que não há um português puro.

[...]

Língua Portuguesa, São Paulo, ano III, n. 33, jul. 2008. (Fragmento).

ANA OTTONI/FOLHAPRESS

Mia Couto, em 2007.

Mia Couto, biólogo, jornalista e escritor moçambicano, é autor dos livros *Terra sonâmbula* e *Remédio de Deus, remédio do Diabo*, entre outros. É considerado um dos escritores mais importantes e de maior número de obras traduzidas de seu país. Seus livros se destacam também pelo trabalho com a língua portuguesa, em que o autor procura retratar as influências do léxico moçambicano, e por apresentar um novo modelo de narrativa africana.

Abonar: tornar válido.

A variação destacada na entrevista é a regional. Aponte dois exemplos dessa variação comentados por Mia Couto.

Reprodução proibida. Art. 184 do Código Penal e Lei 9.610 de 19 de fevereiro de 1998.

3 A seguir, você lerá um trecho do livro *Tudo o que é sólido pode derreter*, de Rafael Gomes, que conta a descoberta da literatura por uma garota de 15 anos, Thereza. Neste trecho, ela recebe um *e-mail* de Kit, uma amiga virtual que vive nos Estados Unidos. Leia a mensagem da personagem e depois responda às questões.

PAULO MANZI

De: Kit <kitnet@email.com>
Data: Data: 27 de abril de 2010 15h34min22s GTM-04:00
Para: Thereza <therezasobremesa@email.com.br>
Assunto: Re: re: re: Me tira daquiiiiiii!

Enviar

Therezinha, tô achando que assim como naquela música do Chico Buarque que tem o seu nome (você conhece, né?), esse JF se instalou feito um posseiro dentro do seu coração...

Mande sequestrar a Dalila! Mande ela pra Israel com a Noa (assim você para de falar dela um pouco. Da Noa, quero dizer. Sim, estou com ciúmes! Humpf!). Elabore um plano diabólico para ela ser humilhada e mudar de colégio! Sei lá, faça alguma coisa pra tirar essa menina da frente. Qualquer coisa!

JF tem que ser seu, baby. Isso é *meant to be*, entendeu?

Aliás, a gente aqui falando de outros países, distâncias, nações, povos, e esse garoto é um exilado dentro da própria cidade, né? Porque pegar dois ônibus em São Paulo para chegar na escola, ninguém merece! Ele deve gostar muito dessa escola mesmo. Ou então deve ter alguma coisa (alguém?) aí sem a qual ele não consegue viver. Será que é a Dalila? Há? [...]

Cadê aquele seu amigo Marcos? Fala pra ele te ajudar, sei lá, ter umas conversas com o João. Ou você acha que todo o amor que Marquinhos tem por Therezinha não permitiria que ele fizesse isso?☺ [...]

Continuo te esperando, hein?

Beijos maquiavélicos,

Kit

PS: *Meant to be* significa algo que está "fadado a acontecer". Ou, sendo cafona: "Escrito nas estrelas". Hahahahahahaha!

GOMES, Rafael. *Tudo o que é sólido pode derreter*. São Paulo: Leya, 2010. p. 132-133. (Fragmento).

a) Identifique, no texto, três exemplos do registro coloquial.

b) Releia:

> "Ou, sendo cafona: 'Escrito nas estrelas'."

Você conhece o termo *cafona*? Trata-se de uma gíria, muito empregada entre 1970 e 1980, que significa algo ou alguém que revela mau gosto. Que gíria você empregaria hoje com esse significado?

c) Por que foi utilizado o registro coloquial no *e-mail* da personagem?

d) Na sua opinião, o *e-mail* ficou verossímil, ou seja, parece mesmo ter sido redigido por uma adolescente dos anos 2010?

Reprodução proibida. Art. 184 do Código Penal e Lei 9.610 de 19 de fevereiro de 1998.

4 No livro *Preconceito linguístico*, Marcos Bagno afirma:

> [...]
>
> O brasileiro sabe português, sim. O que acontece é que nosso português é *diferente* do português falado em Portugal. Quando dizemos que no Brasil se fala *português*, usamos esse nome simplesmente por comodidade e por uma razão histórica, justamente a de termos sido uma colônia de Portugal. Do ponto de vista linguístico, porém, a língua falada no Brasil já tem uma *gramática* — isto é, tem regras de funcionamento — que cada vez mais se diferencia da gramática da língua falada em Portugal. Por isso os linguistas (os cientistas da linguagem) preferem usar o termo *português brasileiro*, por ser mais preciso e marcar bem essa diferença."
>
> [...]

BAGNO, Marcos. *Preconceito linguístico*: o que é, como se faz. 50. ed. São Paulo: Loyola, 2008. p. 40. (Fragmento).

Compare essas afirmações sobre o português brasileiro do linguista Marcos Bagno com as de Mia Couto. O que elas têm em comum?

NAVEGUE

Arrisque-se no "Jogo da lusofonia" para testar seus conhecimentos e aprender mais sobre a cultura e as peculiaridades da língua portuguesa falada nos diversos países lusófonos: <http://cvc.instituto-camoes.pt/aprender-portugues/a-brincar/jogo-da-lusofonia.html>.

ProvocAÇÃO

A frase que inicia esse fragmento ("O brasileiro sabe português, sim.") é uma resposta ao mito — segundo Marcos Bagno, muito difundido no Brasil — de que "brasileiro não sabe português". Por que, em sua opinião, no Brasil e em Moçambique muitos acreditam que o português "correto" é apenas aquele falado em Portugal?

Reprodução proibida. Art. 184 do Código Penal e Lei 9.610 de 19 de fevereiro de 1998.

O QUE VOCÊ APRENDEU NO PERCURSO DESTE CAPÍTULO

- Todas as línguas variam.
- As normas urbanas de prestígio são aquelas normalmente usadas por pessoas escolarizadas, moradoras dos centros urbanos e pertencentes às camadas economicamente mais altas.
- As outras variações são igualmente válidas e seus falantes não devem ser discriminados, pois tal atitude caracteriza preconceito linguístico.
- As variações sociais são diferenças no uso da língua decorrentes da classe social do falante, da sua faixa etária, do seu nível de escolaridade, do sexo e do grupo social a que ele pertence.
- A variação regional refere-se às diferenças decorrentes da região de origem do falante.
- A variação de registro refere-se ao grau de formalidade em que se dá a comunicação: coloquial ou formal.
- Jargões e gírias são empregos particulares do léxico que identificam um grupo social ou profissional.
- Os jargões são vocabulários próprios de grupos profissionais.
- As gírias são palavras que foram criadas ou cujo sentido foi modificado pelos membros de um grupo social para identificá-lo e diferenciá-lo dos demais.

CAPÍTULO

3

Contexto e relações de sentido

PERCURSO DO CAPÍTULO

- Importância do contexto para a compreensão do sentido do texto
- Semântica: o estudo do sentido das palavras
- Sinonímia e antonímia
- Campo semântico, hiperonímia e hiponímia
- Polissemia
- Ambiguidade decorrente da polissemia: o duplo sentido
- Ambiguidade provocada pela inexatidão: o deslize

FERNANDO FAVORETTO/CRIAR IMAGEM

É do usuário da língua a responsabilidade pela criação dos inúmeros significados que as palavras adquirem.

Introdução

A compreensão de um texto só se realiza quando desvendamos seu sentido. Mas como podemos apreender as significações nele presentes?
No decorrer deste capítulo, você conhecerá alguns dos elementos envolvidos nos processos de leitura e de produção de sentido de um texto.

Reprodução proibida. Art. 184 do Código Penal e Lei 9.610 de 19 de fevereiro de 1998.

O anúncio a seguir foi publicado no jornal *Folha de S.Paulo* no mês em que se comemora o Dia dos Pais. Leia-o e responda oralmente ao que se pede.

REPRODUÇÃO/FOLHAPRESS

Para você entender o perigo que é ter um pai desinformado.
Neste Dia dos Pais, dê uma assinatura da *Folha*.

1 A que leitor o anúncio do jornal *Folha de S.Paulo* se dirige?

2 O que o anunciante recomenda ao interlocutor?

3 Você compreendeu a relação de sentido entre o título do anúncio ("Para você entender o perigo que é ter um pai desinformado") e as duas fotos? Justifique.

4 O fragmento a seguir trata da ocupação militar norte-americana no Iraque. Leia-o e, a partir dele, explique como a associação do título com as imagens cria o sentido do anúncio.

Bush pai e Bush filho

É possível que a guerra entre Estados Unidos e Iraque surgisse mesmo com o democrata Al Gore na Casa Branca. É inegável, porém, que a vitória do republicano George Walker Bush nas urnas, em 2000, foi uma das principais causas do agravamento do conflito. O 43º presidente americano tinha um objetivo claro: realizar o que seu pai, George Herbert Bush, o 41º presidente, não conseguiu realizar.

[...] O Iraque estava no centro dos planos de George W. Bush em função da sobrevivência de Saddam Hussein. A campanha militar americana na Guerra do Golfo foi eficiente e precisa, mas a grande marca negativa que restou foi a permanência do ditador iraquiano no poder — um fato pelo qual George Herbert Bush ainda é lembrado. O herdeiro político sempre desejou reparar este erro.

[...] Para muitos especialistas, a insistência de Bush em derrubar Saddam foi resultado direto da ligação com o pai. De acordo com eles, os assessores próximos ao presidente dizem que, antes do começo da guerra, George Walker Bush conversava com frequência com George Herbert Bush pelo telefone. O assunto era quase sempre o Iraque de Saddam Hussein.

Disponível em: <http://veja.abril.com.br/idade/exclusivo/iraque/hist_bushs.html>. Acesso em: 14 jun. 2012. (Fragmento).

SAIBA MAIS!

- Saddam Hussein (1937-2006) governou o Iraque como ditador de 1979 a 2003, quando uma coalizão liderada pelos Estados Unidos, sem o aval da ONU, invadiu o país. A justificativa para a invasão foi a suposta existência, em território iraquiano, de armas de destruição em massa, que poderiam cair em poder de grupos terroristas. Depois de meses foragido, Saddam foi capturado, condenado e executado por crimes contra a humanidade. Em dezembro de 2011, as últimas tropas norte-americanas retiraram-se do Iraque, deixando um saldo de mais de 100 mil mortes, a maior parte de iraquianos. As armas de destruição em massa nunca foram encontradas.

Como você percebeu, o leitor não compreenderá plenamente o anúncio do jornal *Folha de S.Paulo* se não estiver informado sobre a política externa norte-americana, isto é, se não souber o contexto ao qual o anúncio se refere.

Damos o nome de **contexto** ao conjunto de fatores (físicos, culturais, históricos, sociais, emocionais, etc.) que determinam as condições em que um texto é produzido e, depois, lido ou ouvido.

Além do contexto, outros aspectos são igualmente importantes para identificarmos o sentido que as palavras adquirem nos enunciados. O estudo dessas relações de significado cabe à semântica.

Semântica é o estudo das relações de sentido que as palavras estabelecem entre si.

A sinonímia, a antonímia, o campo semântico, a hiperonímia, a hiponímia e a polissemia são tópicos da semântica cujo estudo pode ajudá-lo a compreender como se estabelece a rede de significados em um texto. É o que veremos a seguir.

Reprodução proibida. Art. 184 do Código Penal e Lei 9.610 de 19 de fevereiro de 1998.

Sinonímia e antonímia

Leia o comentário de Tárik de Souza, crítico musical, sobre o cantor e compositor Djavan.

Djavan

Considerado o último dos grandes criadores da MPB — a tendência <u>pluralista</u> estabelecida em meados dos anos 60, após a bossa-nova —, o alagoano Djavan Caetano Viana, nascido em Maceió, em 1949, criou uma grife estilística à parte. Em matéria de invenção rítmica, pode-se compará-lo à elaboração da <u>dicção</u> afro empreendida por Gilberto Gil e seu <u>epígono</u> João Bosco. Mas o casamento das microdivisões percussivas com o jogo poético (muitas vezes <u>aleatório</u>) só tem paralelo em Jorge Ben Jor. "A música cheia de tônicas que ele faz pede o uso de monossílabos e palavras soltas", <u>decupa</u> Chico Buarque, parceiro esporádico.

[...]

SOUZA, Tárik de. In: NESTROVSKI, Arthur (Org.). *Música popular brasileira hoje*. 2. ed. São Paulo: Publifolha, 2002. p. 68. (Fragmento).

Registre no caderno as respostas às questões a seguir.

1 **Substitua as palavras sublinhadas no texto por outras de valor semântico equivalente.**

2 **Compare suas substituições com as feitas por seus colegas e observe as mais adequadas ao contexto. Escreva suas conclusões.**

Quando você substitui uma palavra por outra e o sentido do texto se mantém, essas palavras são denominadas *sinônimos*.

> **Sinônimos** são palavras que podem substituir umas às outras em certos contextos, porque apresentam relação de **sinonímia**, isto é, de semelhança quanto ao sentido.

Leia o anúncio e responda às questões no caderno.

REPRODUÇÃO/ALMAPBBDO

Reprodução proibida. Art. 184 do Código Penal e Lei 9.610 de 19 de fevereiro de 1998.

3 Descreva o recurso gráfico incomum utilizado no texto central do anúncio.

4 Que relação de sentido existe entre o texto central, o do canto inferior direito e o título "Bush reeleito", que aparece na capa da revista?

5 As duas palavras lidas na parte central do anúncio mantêm entre si que tipo de relação semântica: de semelhança ou de oposição?

Quando, em um mesmo texto, a relação de sentido que as palavras estabelecem entre si é de oposição, essas palavras são denominadas *antônimos*.

> **Antônimos** são palavras que se opõem semanticamente e, assim, estabelecem uma relação de **antonímia**.

Campo semântico, hiperonímia e hiponímia

O fragmento da reportagem a seguir, publicada na revista *Viva Saúde*, revela para o leitor como o fotógrafo Danilo Tanaka transformou sua rotina em busca de saúde e qualidade de vida. Leia-o e responda às questões em seu caderno.

Para ganhar tempo e saúde, vá de *bike*

Deixar o carro na garagem e adotar o meio de transporte alternativo é uma maneira inteligente de fugir do caos do trânsito nas grandes cidades e ainda ganhar muito mais saúde e qualidade de vida.

Cansado de gastar mais de três horas para percorrer de carro um trajeto de 44 km entre a sua casa e o trabalho, o fotógrafo Danilo Tanaka resolveu apostar numa mudança radical, há cerca de dois meses: vendeu o automóvel e passou a se locomover de bicicleta. Medida bastante ambiciosa se considerarmos que Danilo mora em São Bernardo do Campo, na região do ABC Paulista, e trabalha no bairro da Casa Verde, na Grande São Paulo. Além de tudo, nunca foi atleta. "Sempre usei a *bike* como *hobbie*, até chegar à conclusão de que ela era o meio de transporte mais viável para o trajeto que eu faço diariamente. Mas comecei aos poucos e ainda estou na fase de adaptação: vou três vezes por semana de *bike* e nos outros dois uso o transporte público", conta. Ele economiza cerca de uma hora por dia quando vai e volta do trabalho sobre duas rodas. Danilo é um dos muitos casos de moradores de grandes cidades que optam pela *bike* para otimizar o tempo. E não por acaso, como explica Rodrigo Langeani, educador físico e ***bike fitter***. "Todos os anos realizamos um desafio chamado de multimodal, que compara o desempenho de vários meios de transporte num mesmo trajeto, incluindo carro, ônibus, helicóptero e bicicleta. Também é considerado o tempo que se levaria a pé entre dois pontos estabelecidos. Nos dois últimos anos a bicicleta foi a vencedora do desafio, conferindo a maior velocidade nos percursos observados, na cidade de São Paulo." [...]

TREVISAN, Rita; VERNIER, Louise. *Viva Saúde*, São Paulo: Escala, n. 103, p. 71, 1º nov. 2011. (Fragmento).

SVLUMA/SHUTTERSTOCK

Cada vez mais, os habitantes das grandes cidades estão aderindo à bicicleta como meio de transporte (foto de 2010).

Reprodução proibida. Art. 184 do Código Penal e Lei 9.610 de 19 de fevereiro de 1998.

Bike fitter: (inglês) profissional que dá assessoria a ciclistas, ajudando-os nos cuidados com a saúde, no desempenho da velocidade com menos gasto de energia e na prevenção de lesões musculares.

1 Após a leitura do título e do olho, responda: qual é o assunto principal da reportagem?

Olho: Pequeno texto situado, em geral, abaixo do título da reportagem ou notícia.

2 Essa matéria foi publicada na revista *Viva Saúde*.

a) Na sua opinião, qual é o perfil do leitor dessa publicação?

b) Levando em conta o título e o olho, a reportagem interessa unicamente aos ciclistas?

3 Na construção do texto, as autoras usaram várias palavras relacionadas a transporte. Transcreva-as.

As palavras que você transcreveu têm um traço comum de sentido, por isso dizemos que estão relacionadas ao mesmo **campo semântico** ou **lexical**. Elas pertencem ao campo semântico de "transporte".

As palavras com sentido mais abrangente de um campo semântico são denominadas **hiperônimos**, e as que se referem aos sentidos mais específicos são chamadas **hipônimos**.

4 Relacione as informações acima com a lista de palavras a seguir.

carro automóvel bicicleta ônibus transporte helicóptero

a) Qual dessas palavras é um hiperônimo?

b) Quais delas são hipônimos?

Reprodução proibida. Art. 184 do Código Penal e Lei 9.610 de 19 de fevereiro de 1998.

Polissemia

Leia a tira de Frank & Ernest, de Bob Thaves, e responda às questões em seu caderno.

FRANK & ERNEST **Bob Thaves**

FRANK & ERNEST, BOB THAVES © 2010 THAVES/DIST. BY UNIVERSAL UCLICK FOR UFS

1 O humor da tira é construído por meio de uma associação de ideias. Que associação o menino estabelece?

2 Leia o verbete *irracional*, abaixo, e responda: qual das acepções (cada um dos sentidos da palavra) possibilitou ao personagem fazer tal associação?

irracional *adj2g* **1.** Que não resulta do emprego da razão, ou contrário a ela. **2.** Que não raciocina. *Mat.* Que não apresenta uma razão [...] entre números inteiros. • *sm* **3.** Qualquer animal, com exceção do ser humano. [...]

FERREIRA, Aurélio Buarque de Holanda. *Míni Aurélio*: dicionário da língua portuguesa. 8. ed. rev. aum. atualiz. Curitiba: Positivo, 2010. (Fragmento).

3 Em qual acepção a professora empregou o termo *irracionais*?

O dicionário *Míni Aurélio*, conforme você pôde constatar, apresenta diferentes acepções em que a palavra *irracional* pode ser empregada. Por isso dizemos que ela é polissêmica.

Palavras que apresentam múltiplos sentidos, em diferentes contextos de uso, são denominadas **polissêmicas** (*poli*, muitos + *semia*, significação).

Ambiguidade

⊙ O duplo sentido

Leia abaixo o anúncio da prefeitura de São Paulo e discuta as questões com seus colegas e o professor.

REPRODUÇÃO/PREFEITURA MUNICIPAL DE SÃO PAULO

Fique atento. Procure imediatamente um médico, se tiver febre acima de 38° e mais dois dos seguintes sintomas: manchas avermelhadas, enjoo, dor no corpo, vômito e dor nos olhos. Não tome nenhum medicamento sem consultar um médico.

Reprodução proibida. Art. 184 do Código Penal e Lei 9.610 de 19 de fevereiro de 1998.

1 Com que objetivo a prefeitura de São Paulo fez veicular esse anúncio?

2 A qual criadouro, especificamente, o título do anúncio se refere?

3 Qual é a expressão que, no título, possibilita dupla interpretação?

4 No contexto do anúncio, quais são as interpretações possíveis para essa expressão?

As palavras polissêmicas, em alguns contextos, podem sugerir mais de um significado, provocando **ambiguidade** ou **duplo sentido**.

Os textos publicitários, literários e humorísticos exploram o recurso linguístico da ambiguidade com o intuito de construir diferentes efeitos de sentido no texto e, assim, chamar a atenção do leitor ou do ouvinte.

⊙ O deslize

Alguns textos apresentam problemas de construção; nesse caso, diferentemente do duplo sentido, a ambiguidade não é intencional, mas um deslize. Tais descuidos dificultam a compreensão do texto.

No livro *No país das placas malucas*, o fotógrafo José Camargo registra com suas lentes a criatividade de um povo que, nos diferentes pontos do país, tenta se comunicar. Cada foto é acompanhada por um cordel de L. Soares.

Leia a faixa a seguir e o cordel que a acompanha.

REPRODUÇÃO

Hoje é dia de alguém
Só não sei de quem é não
Se é dia das mulheres
Ou dia de São Cristóvão
Eu só sei que da doutora
Não é dia dela não

CAMARGO, José; SOARES, L. *No país das placas malucas*. São Paulo: Panda Books, 2011. p. 23.

1 Apoiando-se na leitura do cordel, registre no caderno as possíveis interpretações da saudação escrita na faixa.

2 Como você observou, a construção ambígua do texto provoca dúvida no leitor. Redija no caderno uma proposta para desfazer a ambiguidade da frase.

Você pôde perceber que ter consciência das possibilidades das relações semânticas entre as palavras contribui para a construção ou a compreensão dos efeitos de sentido de um texto. As atividades a seguir o ajudarão a identificar, relacionar e explicar efeitos de sentido, nas diferentes situações discursivas, a partir das relações semânticas que as palavras estabelecem entre si e/ou com o contexto.

Reprodução proibida. Art. 184 do Código Penal e Lei 9.610 de 19 de fevereiro de 1998.

Atividades

As respostas às questões devem ser registradas no caderno.

Leia a tira abaixo, de Adão Iturrusgarai, para responder às questões 1 e 2.

Adão

ADÃO ITURRUSGARAI

1 Descreva o comportamento de Pedro em cada fase de sua vida.

2 A compreensão do humor da tira depende de informações do contexto? Justifique sua resposta.

Você já imaginou rinocerontes cruzando os ares de helicóptero? Pois então leia esta reportagem publicada na revista *Superinteressante* e responda às questões de 3 a 5.

A fuga dos rinocerontes

Espécie ameaçada de extinção escapa dos caçadores da maneira mais radical possível — pelo céu.

Os rinocerontes-negros estão entre os bichos mais visados da África, pois sua espécie é uma das preferidas pelo turismo de caça. Para tentar salvar alguns dos 4.500 espécimes que ainda restam na natureza, duas ONGs ambientais apelaram para uma solução extrema: transportar os rinocerontes de helicóptero. A ação utilizou helicópteros militares para remover 19 espécimes — com 1,4 tonelada cada um — de seu *habitat* original, na província de Cabo Oriental, no sudeste da África do Sul, e transferi-los para a província de Limpopo, no norte do país, a 1.500 quilômetros de distância, onde viverão longe dos caçadores. Como o trajeto tem áreas inacessíveis de carro, os rinocerontes tiveram de voar por 24 quilômetros. Sedados e de olhos vendados (para evitar sustos caso acordassem), os rinocerontes foram içados pelos tornozelos e voaram entre 10 e 20 minutos. Parece meio brutal? Os responsáveis pela operação dizem que, além de mais eficiente para levar os paquidermes a locais de difícil acesso, o procedimento é mais gentil. "O voo encurta o tempo que o rinoceronte tem de ser mantido sedado, a respiração fica menos comprometida e evita-se a viagem em caixotes, o que é irritante para o animal", afirma o veterinário sul-africano Jacques Flamand, líder do projeto.

BADÔ, Fernando. A fuga dos rinocerontes. *Superinteressante*, São Paulo: Abril, v. 24, n. 299, p. 34, 9 dez. 2011.

3 Qual é o assunto da reportagem?

4 O autor do texto emprega hipônimos e hiperônimos para relatar o transporte dos rinocerontes. Escreva, no caderno, as palavras do texto que se referem a *rinoceronte*. Depois especifique as que são hiperônimas e as que são hipônimas.

5 Leia algumas acepções da palavra *radical*:

[...] **1.3** que existe intrinsecamente num indivíduo ou coisa. Ex.: *um traço r. de sua personalidade*. **2** caracterizado por um sensível afastamento do que é tradicional ou usual; extremado. Ex.: *uma proposta religiosa r.* **3** Regionalismo [...] Brusco; violento; difícil. Ex.: *faz no surfe manobras r.* **4** Regionalismo [...] Que exige destreza, perícia e/ou coragem. Ex.: *esportes r.* [...]

INSTITUTO ANTÔNIO HOUAISS. *Dicionário eletrônico Houaiss da língua portuguesa*. Rio de Janeiro: Objetiva, 2009. (Fragmento).

No olho "Espécie ameaçada de extinção escapa dos caçadores da maneira mais radical possível — pelo céu", qual das acepções de *radical*, reproduzidas acima, é mais adequada ao contexto? Justifique sua escolha.

O QUE VOCÊ APRENDEU NO PERCURSO DESTE CAPÍTULO

- A identificação do contexto é fundamental para a compreensão de um texto.
- A semântica estuda as relações de sentido que as palavras estabelecem entre si.
- Alguns tópicos da semântica são: sinonímia, antonímia, hiperonímia, hiponímia, polissemia e campo semântico.
- A ambiguidade intencional é importante recurso para criar efeito de sentido.

Reprodução proibida. Art. 184 do Código Penal e Lei 9.610 de 19 de fevereiro de 1998.

CAPÍTULO

4

Figuras de linguagem

PERCURSO DO CAPÍTULO

- O sentido figurado das palavras
- Estilística: o estudo da construção de novos significados
- Figuras de linguagem

A expressão "pisar em ovos", habitualmente usada em sentido conotativo (o de enfrentar uma situação delicada que pode provocar discórdia), aparece nesta imagem no sentido denotativo e por isso pode provocar estranhamento em quem a observa. Ao desconstruir o significado dessa expressão, a imagem brinca com uma situação inusitada (foto de 2011).

K.M. WESTERMANN/CORBIS/LATINSTOCK

Introdução

As palavras, em seu sentido habitual, denotativo, nem sempre são suficientes para expressar o que desejamos. Em algumas situações, por exemplo, queremos impressionar ou emocionar o leitor. Que estratégias empregar? Neste capítulo, você conhecerá algumas das possibilidades de criar novos efeitos para palavras e expressões cotidianas.

Reprodução proibida. Art. 184 do Código Penal e Lei 9.610 de 19 de fevereiro de 1998.

Observe o anúncio e responda oralmente às questões propostas.

REPRODUÇÃO/AGÊNCIA F/NAZCA SAATCHI & SAATCHI

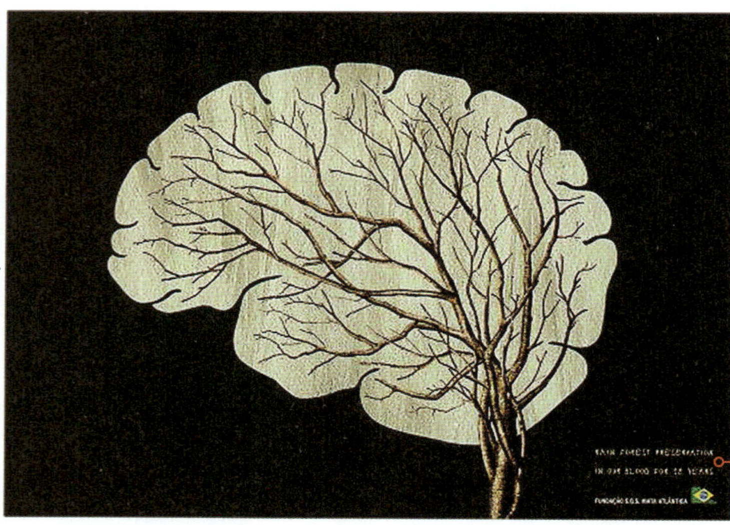

Preservação da Mata Atlântica
Há 18 anos no nosso sangue
Fundação SOS Mata Atlântica

1 Com que intenção o anúncio foi publicado?

2 O que a imagem do anúncio retrata?

3 Conforme vimos no capítulo "Contexto e relações de sentido", a identificação do contexto é fundamental para o entendimento de um texto. Releia a parte verbal do anúncio e responda:

a) Qual é a palavra que, no contexto, apresenta sentido conotativo?

b) Qual é o sentido denotativo da palavra que você identificou? Se preciso, recorra ao dicionário.

c) No contexto do anúncio, que sentido essa palavra adquire?

4 Observe novamente a imagem do anúncio e, apoiando-se na resposta dada à questão anterior, interprete o que a imagem de fato retrata.

NAVEGUE

Conheça os diferentes projetos da Fundação SOS Mata Atlântica no *site* <http://www.sosmatatlantica.org.br/>.

SAIBA MAIS!

- A Fundação SOS Mata Atlântica é uma organização não governamental cujo objetivo é conservar a diversidade biológica e cultural da Mata Atlântica e de seus ecossistemas. O órgão estimula o exercício da cidadania socioambiental por meio de ações que garantem o desenvolvimento sustentável, a educação e o conhecimento desse bioma.

Vimos que, no título do anúncio, a palavra *sangue* foi empregada conotativamente, isto é, fora de seu sentido habitual, denotativo, com a finalidade de chamar a atenção do leitor. Neste capítulo estudaremos como a linguagem conotativa pode criar efeitos de sentido inusitados em diferentes contextos.

Figuras de linguagem

Já sabemos que, se quisermos ensinar o leitor ou o ouvinte a, por exemplo, executar determinada tarefa, deveremos empregar a linguagem denotativa, em geral mais objetiva. Se, entretanto, nossa intenção for emocionar ou surpreender, a linguagem utilizada será predominantemente a conotativa. Para construir a conotação, utilizamos os **recursos de estilo**.

A **estilística** é a parte da gramática que estuda os diferentes recursos de estilo. Tais recursos constituem as figuras de linguagem.

As **figuras de linguagem** são os diferentes recursos de estilo que, por meio da linguagem conotativa, atribuem novos significados ao enunciado e, com isso, emocionam ou sugestionam o leitor.

Reprodução proibida. Art. 184 do Código Penal e Lei 9.610 de 19 de fevereiro de 1998.

O estudo das figuras de linguagem nos possibilita produzir textos mais expressivos ou identificar novos sentidos em nossas leituras. A seguir, apresentamos algumas figuras.

⊙ Comparação

Leia esta tira do cartunista Laerte sobre o personagem Fagundes e responda no caderno às questões propostas.

FAGUNDES | Laerte

1 No último quadrinho, o personagem feminino estabelece algumas comparações com a palavra *tempo*. Quais são elas?

2 Por que a comparação é responsável pelo humor da tira? Ao responder, leve em conta, no último quadrinho, o gesto e a expressão facial da mulher, bem como a reação de Fagundes.

Comparação é uma figura de linguagem em que ocorre a aproximação de dois elementos, pertencentes a universos diferentes, por meio de uma relação de semelhança.

Na comparação, o elemento comparativo — *como*, *qual*, *tal qual*, etc. — está explícito.

Metáfora

Leia o poema do poeta pernambucano Frederico Barbosa e responda no caderno ao que se pede.

Sem você

nenhuma metáfora
traduz a falta
nenhuma imagem
exata

faca encravada
nesse silêncio
dia sem dia
piada sem graça
acordar sem você
me mata

BARBOSA, Frederico. *Cantar de amor entre os escombros*. São Paulo: Landy, 2002. p. 82.

1 Na segunda estrofe, o eu lírico tenta definir o que significa acordar sem o ser amado, embora reconheça, na primeira estrofe, que nenhuma imagem é exata. Que imagens ele usa para traduzir a falta que sente de seu amor?

2 Defina os sentidos possíveis dessas imagens no texto.

Para enfatizar o que a ausência da pessoa amada lhe provoca, o eu lírico emprega expressões como "faca encravada". Isso faz sentido porque, para ele, há um traço semelhante entre a sensação provocada pela falta de seu amor e aquela causada por uma faca enfiada no peito: o sofrimento, a dor. Ao estabelecer essa relação de semelhança, o poeta cria uma metáfora.

Metáfora é uma figura de linguagem que consiste na transferência de significado de um termo para outro em razão da (suposta) semelhança entre eles.

Na metáfora, ao contrário do que ocorre na comparação, o elemento comparativo não está explícito. Observe:

O tempo é **como** um fio. (comparação)

↓ elemento comparativo

O tempo é um fio. (metáfora)

⊙ Catacrese

Leia a manchete e responda no caderno às questões propostas.

CHUVA DE METEOROS PODERÁ SER VISTA HOJE À NOITE

Disponível em: <http://viajeaqui.abril.com.br/materias/chuva-de-meteoros-podera-ser-vista-hoje-a-noite>. Acesso em: 19 jun. 2012.

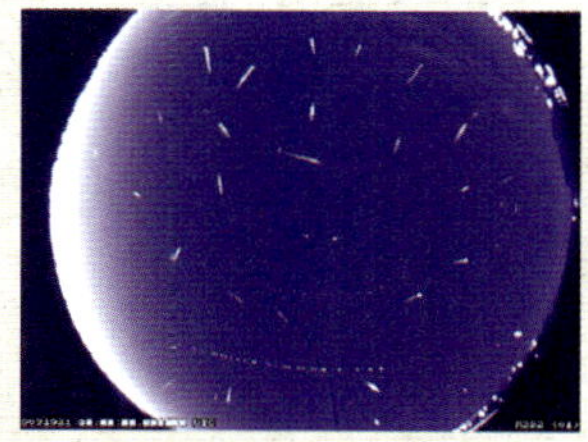

NASA MARSHALL SPACE FLIGHT CENTER, ALA

Imagem de chuva de meteoros observada em 2009.

SHUTTERSTOCK

1 Tente definir com suas próprias palavras a expressão "chuva de meteoros".

2 Em sua opinião, por que o termo *chuva*, que normalmente designa o fenômeno da precipitação de água em estado líquido, foi empregado na manchete?

Às vezes é difícil encontrar a palavra adequada que traduza exatamente o que se deseja expressar; por isso, na ausência do termo preciso, apela-se para outro que tenha um sentido próximo, como você observou, na manchete, em relação a *chuva*. Nesse caso, o jornalista que redigiu a manchete empregou a catacrese.

Catacrese é uma figura de linguagem que consiste no emprego de um termo em uma situação que não lhe é própria, devido à ausência de palavra específica para designar determinado ser ou conceito. Esse uso se baseia na semelhança da forma ou da função existente entre os dois seres ou conceitos (o já nomeado e o que não tem um nome particular).

Ainda que não tenha consciência disso, você faz uso da catacrese no seu dia a dia, quando diz, por exemplo, *pé* da mesa, *maçãs* do rosto, *asa* da xícara, etc. Essa figura é um tipo de "metáfora gasta", pois já está incorporada pelos usuários da língua, tendo perdido seu caráter de originalidade.

3 Liste outros exemplos de catacrese que você conheça.

⊙ Metonímia

Leia o haicai a seguir e responda no caderno às questões propostas.

o amarelo sai do céu
e corre ao vento
outono dentro

RUIZ, Alice. *Desorientais*. São Paulo: Iluminuras, 2001. p. 52.

NAVEGUE

Conheça algumas composições inéditas de Alice Ruiz em: <http://www.aliceruiz.mpbnet.com.br/>.

SAIBA MAIS!

Haicai é uma composição poética formada tradicionalmente por três versos assim dispostos: cinco, sete e cinco sílabas. Em geral está associado à natureza e às estações do ano.

No Japão, o nome mais expressivo dessa composição é o de Matsuo Bashô (1644-1694). No Brasil, um de seus representantes é Paulo Leminski (1944-1989).

Reprodução proibida. Art. 184 do Código Penal e Lei 9.610 de 19 de fevereiro de 1998.

1 A que se refere, no haicai, a expressão "o amarelo"?

2 Que elementos do contexto lhe permitem tal identificação?

Ao substituir a palavra *sol* por outra com a qual mantém uma relação de contiguidade (proximidade) pela cor, o produtor do texto construiu uma relação metonímica.

Metonímia é uma figura de linguagem que consiste na substituição de uma palavra por outra com a qual tenha uma relação objetiva de contiguidade ou afinidade.

A metonímia de alguma palavra ou expressão pode ocorrer quando há o emprego:

- do efeito pela causa ou vice-versa:
  Chocolate é minha *perdição*. (a causa de minha perdição)
- da marca pelo produto:
  Ele só andava de *fusca*. (*automóvel*)
- do autor pela obra:
  Você já leu *Alice Ruiz*? (*a obra de* Alice Ruiz)
- do continente pelo conteúdo:
  Comeu dois *potes* de doce. (o doce *contido* nos potes)
- do termo abstrato pelo concreto e vice-versa:
  A juventude se comunica em rede. (*Os jovens* se comunicam)
- da parte pelo todo:
  Corações aflitos aguardavam o resultado da partida. (*Torcedores* aflitos)

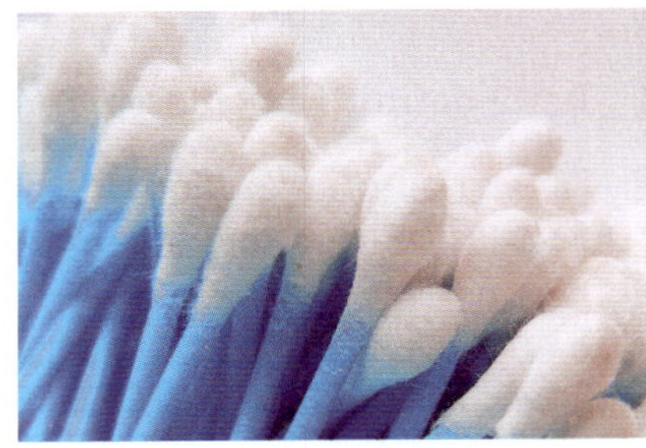
ISAK55/SHUTTERSTOCK

Quando a palavra *cotonete* (marca registrada) é usada no lugar de *haste flexível*, estamos diante de uma metonímia. Foto de 2011.

⊙ Antonomásia

Leia a manchete a seguir e o boxe lateral e responda às questões no caderno.

O REI DO BAIÃO NA TELA GRANDE

Disponível em: <http://jconline.ne10.uol.com.br/canal/cultura/cinema/noticia/2011/12/11/o-rei-do-baiao-na-tela-grande-25167.php>. Acesso em: 19 jun. 2012.

SHUTTERSTOCK

MARCELO DE ABREU

Luiz Gonzaga, por Marcelo de Abreu (2012).

Luiz Gonzaga (1912-1989) é considerado o maior responsável pela divulgação da música nordestina pelo Brasil. Entre seus sucessos, encontra-se "Asa Branca", canção gravada em 1947 e regravada por diversos artistas até hoje.

1 Quem é o rei do baião?

2 Em sua opinião, por que, nessa manchete, o nome foi substituído pelo atributo da personalidade?

"Rei do baião" é um exemplo de antonomásia.

Antonomásia é uma figura de linguagem que consiste em substituir o nome de uma pessoa por uma característica, um atributo ou um feito que a torna especial entre as demais.

3 Liste outras antonomásias que você conhece.

Reprodução proibida. Art. 184 do Código Penal e Lei 9.610 de 19 de fevereiro de 1998.

Eufemismo

Leia a tira abaixo, de Fernando Gonsales.

NÍQUEL NÁUSEA **Fernando Gonsales**

Responda às questões no caderno.

1 De acordo com o imaginário infantil, quais são as características do coelhinho da Páscoa? O coelho retratado na tira se encaixa nesse perfil?

2 Releia o último quadrinho. Por que a pergunta do coelho é responsável pelo humor da tira?

3 Em sua opinião, por que o chefe usou a expressão "não se encaixa no perfil da empresa", em vez de dizer "não serve para a função"?

Ao empregar essa expressão, o personagem construiu um eufemismo.

> **Eufemismo** é uma figura de linguagem que consiste em substituir uma palavra ou expressão rude, ofensiva ou chocante por outra que representa a mesma realidade, mas de forma mais leve, suave, atenuada.

Reprodução proibida. Art. 184 do Código Penal e Lei 9.610 de 19 de fevereiro de 1998.

Hipérbole

Leia estes versos da canção "*Show* de estrelas", de Marcelo Jeneci, e registre no caderno as respostas às questões propostas.

Era uma chuva, era um *show* de estrelas
Chovia estrelas a granel
Eram milhares de estrelas, uma chuva delas
Caindo lá no chão do céu

E diante da visão do firmamento
Um pensamento vem ao coração
De que cada um de nós não é senão uma estrela
A brilhar no céu do chão

[...]

JENECI, Marcelo. *Show* de estrelas.
Disponível em: <http://letras.terra.com.br/marcelo-jeneci/1777502/>.
Acesso em: 19 jun. 2012. (Fragmento).

1 Que visão do firmamento impressiona o eu lírico?

2 Encontre, na letra da canção, expressões que o eu lírico emprega para provocar no leitor a mesma impressão que ele teve.

Na letra da canção, o eu lírico descreve suas sensações ao contemplar o céu. Para expressar o que sentiu no momento, ele utilizou termos que exageram a realidade: "milhares" de estrelas, "uma chuva delas", estrelas "a granel". Essas expressões que excedem o que de fato ocorreu denominam-se hipérboles.

> **Hipérbole** é uma figura de linguagem que expressa uma ideia sobre o referente de maneira enfática, excessiva, exagerada.

O uso da hipérbole é bastante comum no dia a dia. Estes exemplos com certeza são familiares a você: "Estava **morrendo** de saudade!"; "Faz **séculos** que não vamos ao cinema."; "Já pedi um **milhão** de vezes que você não deixe suas coisas espalhadas!"; "Temos de sair **voando** ou perderemos a primeira aula."

3 Que outros exemplos de hipérbole você usa em seu cotidiano?

⊙ Antítese

Leia esta tira do *viking* Hagar e, a seguir, faça o que se pede.

HAGAR — Dik Browne

© 2012 KING FEATURES SYNDICATE/IPRESS

As respostas devem ser registradas no caderno.

1 Descreva, quadro a quadro, as transformações gestuais do personagem.

2 A linguagem verbal da tira confirma a não verbal? Justifique sua resposta.

3 Comparando-se as imagens de Hagar no primeiro e no último quadrinho, percebe-se que elas traduzem estados de espírito opostos. Faça o mesmo em relação à linguagem verbal e identifique nos quadrinhos as palavras que apresentam ideias opostas.

Esse contraste de ideias que você observou na tira denomina-se antítese.

> **Antítese** é uma figura de linguagem em que as palavras ou expressões estabelecem oposição de ideias.

Reprodução proibida. Art. 184 do Código Penal e Lei 9.610 de 19 de fevereiro de 1998.

Paradoxo

Leia a tira Hagar, de Dik Browne, e responda no caderno ao que se pede.

HAGAR

Dik Browne

1 Como o cavaleiro se apresenta a Hagar?

2 De que forma as pessoas o chamam?

3 Explique como essa oposição constrói o humor da tira.

Ao aproximar palavras e expressões de significados inconciliáveis — ser simultaneamente o cavaleiro negro e o ensolarado —, relacionadas ao mesmo personagem, o autor da tira construiu um paradoxo.

Paradoxo é a figura de linguagem que consiste na associação de palavras ou expressões de significados inconciliáveis, contraditórios em um mesmo referente.

SAIBA MAIS!

- A diferença entre **antítese** e **paradoxo** está no modo como os opostos se relacionam. Enquanto a antítese serve para salientar diferenças, o paradoxo ressalta a convivência de contrários no interior de uma realidade complexa. (Fonte: FIORIN, José Luiz; SAVIOLI, Platão. *Lições de texto*: leitura e redação. 5. ed. São Paulo: Ática, 2006. p. 142.)

Reprodução proibida. Art. 184 do Código Penal e Lei 9.610 de 19 de fevereiro de 1998.

Prosopopeia ou personificação

Leia o poema a seguir e responda às questões no caderno.

Hieroglifos: inscrições enigmáticas ou indecifráveis.

Chuva antiga

A chuva escreve
hieroglifos
na janela do ônibus.
Cada pingo
traça um sonho
cada sonho respinga
uma saudade
e desenha um rosto
na paisagem
que passa.
A chuva termina
o sonho acaba
e o ônibus vai embora
sem se importar
com teu rosto
e com meu sonho.

DEGRAZIA, José Eduardo. In: *Poesia fora da estante*. Porto Alegre: Projeto, 2002. v. 2, p. 63.

1 Que elementos são responsáveis por provocar, no eu lírico, sentimentos de saudade e solidão?

2 Que ações desempenham esses elementos?

No poema, o eu lírico atribui à chuva, ao pingo e ao sonho sentimentos humanos. Ao fazer isso, ele constrói prosopopeias (ou personificações).

Prosopopeia ou **personificação** é uma figura de linguagem que consiste em atribuir a seres irracionais ou inanimados (animais, plantas, objetos) características, sentimentos e ações humanas.

3 Volte ao poema e transcreva dele outra prosopopeia ou personificação.

Atividades

Leia o miniconto a seguir e responda no caderno às questões de 1 a 5.

Sangrando espuma

Parou de chover e a baía de Angra está deserta. A superfície do mar é lâmina mesclada de verde e cinza onde a luz do sol, refletida, cria um céu cheio de estrelas. Ao fundo, ilhas e montanhas com suas escarpas cobertas, ainda, pela vegetação atlântica, formam um **degradê** que se **esbate** em direção ao infinito. Ouço o barulho de um motor. Surge no horizonte uma pequena lancha. Corta a superfície espelhada, que sangra espuma. A princípio aquilo me agride. Mas depois reconheço que há beleza nessa intervenção do homem. São os nossos rastros.

SEIXAS, Heloísa. *Contos mais que mínimos*. Rio de Janeiro: Tinta Negra Bazar Editorial, 2010. p. 90.

Degradê: modificação gradual das nuanças de uma cor.

Esbate: enfraquece, empalidece, atenua.

Reprodução proibida. Art. 184 do Código Penal e Lei 9.610 de 19 de fevereiro de 1998.

1 A primeira parte do conto é construída por sequências descritivas. Quais são os elementos descritos no texto?

2 A que o narrador associa a superfície do mar?

3 O que há em comum entre a superfície do mar e os elementos a ela associados?

4 De que figura de linguagem o autor fez uso para construir essas associações?

5 O clímax do conto (momento mais tenso da narrativa) é marcado pela ação da pequena lancha:

"Corta a superfície espelhada, que sangra espuma."

Explique como se constroem as duas metáforas presentes no trecho acima.

6 Leia a tira Recruta Zero, de Greg e Mort Walker.

RECRUTA ZERO — Greg e Mort Walker

Sabendo que a função do eufemismo é substituir uma expressão chocante por outra mais suave, por que o humor da tira está diretamente ligado ao efeito contrário daquele que é produzido por essa figura de linguagem?

7 Leia este trecho de um poema de Alberto Caeiro, um dos heterônimos do poeta português Fernando Pessoa.

> **Heterônimo:** [...] outro nome, imaginário, que um homem de letras empresta a certas obras suas, atribuindo a esse autor por ele criado qualidades e tendências literárias próprias, individuais, diferentes das do criador. [...]
>
> FERREIRA, Aurélio Buarque de Holanda. *Dicionário Aurélio da língua portuguesa*. Curitiba: Positivo, 2010. p. 1.085. (Fragmento).

Eu nunca guardei rebanhos,
Mas é como se os guardasse.
Minha alma é como um pastor,
Conhece o vento e o sol
E anda pela mão das Estações
A seguir e a olhar.
Toda a paz da Natureza sem gente
Vem sentar-se a meu lado.
Mas eu fico triste como um pôr de sol
Para a nossa imaginação,
Quando esfria no fundo da planície
E se sente a noite entrada
Como uma borboleta pela janela.

[...]

PESSOA, Fernando. *Poesia – Alberto Caeiro*. 2. ed. São Paulo: Companhia das Letras, 2001. p. 23. (Fragmento).

a) Que figura de linguagem se repete no poema?
b) Transcreva os versos em que ela se manifesta.
c) Justifique a importância dessa figura na construção do poema.

8 Leia a tira Mundo Monstro, de Adão.

MUNDO MONSTRO — Adão

Reprodução proibida. Art. 184 do Código Penal e Lei 9.610 de 19 de fevereiro de 1998.

a) A quem, indiretamente, é dirigida a crítica feita pelo personagem da tira?

b) Essa crítica é realçada por qual figura de linguagem?

9 O poema a seguir é do paulista Antonio Ventura e foi extraído de seu livro *O catador de palavras*.

América

América, minha pequena namorada
de ventre violentado,
minha amante milenar
que caiu nos braços de todos
que amaram sua riqueza,
sem nada pedir em troca.
Eu vejo você em cada operário que volta,
eu vejo você em seu sorriso triste,
eu vejo você em seu colo brincando
de meninos trágicos, América, meu amor.

VENTURA, Antonio. *O catador de palavras*. Rio de Janeiro: Topbooks, 2011. p. 237.

a) A quem o eu lírico se dirige?

b) Que figura de linguagem predomina nesses versos? Explique.

c) Em sua opinião, a que se refere, no poema, a metáfora "de ventre violentado"?

10 Em 4 de dezembro de 2011, os torcedores do Corinthians, clube paulista de futebol, viveram emoções antagônicas: no mesmo dia em que o time conquistava um título importante, perdia um de seus maiores ídolos, o ex-jogador Sócrates. Leia a esse respeito o trecho de um artigo de opinião escrito pelo jornalista Juca Kfouri.

[...] Mas as circunstâncias deste 4 de dezembro o transformaram sim numa data inesquecível, provavelmente inédita nos anais do futebol mundial: o dia em que uma das maiores torcidas do mundo chorou por ganhar um campeonato equilibrado do começo ao fim e por perder um ídolo romântico ainda no meio de sua trajetória.

[...]

KFOURI, Juca. Alegria e dor. *Folha de S.Paulo*, São Paulo, 5 dez. 2011. Esporte, D3. (Fragmento).

a) Transcreva o trecho em que o jornalista expõe as emoções contrastantes sofridas pela torcida.

b) Por que se pode afirmar que, no trecho transcrito, ocorre antítese e não paradoxo?

O QUE VOCÊ APRENDEU NO PERCURSO DESTE CAPÍTULO

- As palavras ou expressões, em diferentes contextos, podem estabelecer novas relações de significado e criar sentidos conotativos, recursos linguísticos estudados pela estilística.
- Algumas figuras de linguagem: comparação, metáfora, catacrese, metonímia, antonomásia, eufemismo, hipérbole, antítese, paradoxo e prosopopeia (ou personificação).

Reprodução proibida. Art. 184 do Código Penal e Lei 9.610 de 19 de fevereiro de 1998.

CAPÍTULO

5

Funções da linguagem

PERCURSO DO CAPÍTULO

- Teoria da comunicação
- Elementos da comunicação
- Funções da linguagem
- A linguagem como forma de interação

RANDY FARIS/CORBIS/LATINTOCK

A linguagem verbal é uma capacidade humana poderosa e singular, e, ao utilizá-la, comunicamo-nos com o outro, influenciando-o e sendo influenciados por ele. Foto de 2010.

Introdução

É pela linguagem que modelamos nossos pensamentos, exprimimos sentimentos, emoções, nossa maneira de ver o mundo. Neste capítulo, estudaremos a linguagem como instrumento de comunicação e como processo de interação entre seus participantes.

Observe o anúncio a seguir e responda oralmente às questões propostas.

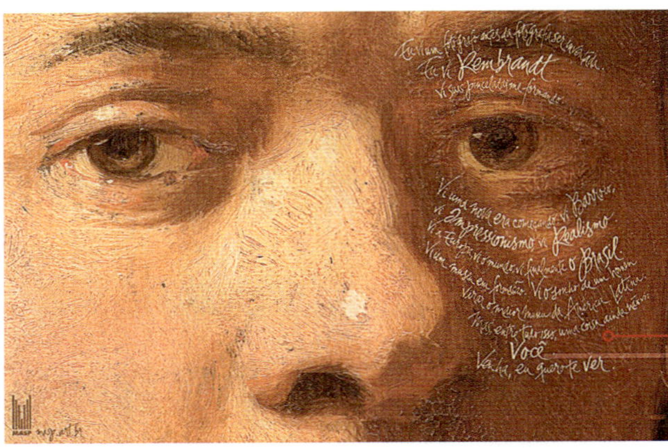

REPRODUÇÃO/AGÊNCIA DM9DDB

"Eu vi um fotógrafo antes da fotografia ser inventada. Eu vi Rembrandt. Vi suas pinceladas me formando. Vi uma nova era começando. Vi Barroco, vi Impressionismo, vi Realismo. Vi a Europa, vi o mundo, vi finalmente o Brasil. Vi um museu em formação. Vi o sonho de um homem virar o maior museu da América Latina. Mas, entre tudo isso, uma coisa ainda não vi: você. Venha, eu quero te ver".

1 Esse anúncio traz um recorte da tela *Retrato de jovem com corrente de ouro (Autorretrato com corrente de ouro)*, do pintor barroco holandês Rembrandt. Quais são os elementos que compõem o anúncio?

2 Em sua opinião, por que o anúncio retrata apenas os olhos do pintor?

3 Observe novamente o texto verbal do anúncio.

a) Em que pessoa ele está escrito?

b) Como você relacionaria o texto visual à pessoa em que o texto verbal está escrito?

4 Releia o trecho abaixo.

"Eu vi um fotógrafo antes da fotografia ser inventada. [...] Vi suas pinceladas me formando."

a) Identifique o fotógrafo mencionado na frase.

b) Quem seria o "eu"?

5 Considerando as respostas dadas ao item *b* da questão anterior e relacionando os elementos verbais aos visuais, o que causa estranhamento nessa situação de comunicação?

Reprodução proibida. Art. 184 do Código Penal e Lei 9.610 de 19 de fevereiro de 1998.

6 Partindo do princípio de que o anunciante é um museu, qual seria a intenção desse anúncio publicitário?

Ao analisar esse anúncio publicitário, você pôde perceber que vários elementos foram envolvidos na situação de comunicação — o anunciante, o leitor, a intenção do anunciante, o conhecimento de mundo do leitor, etc. —, o que demonstra que a linguagem é um processo dinâmico de interação. Sobre esse assunto falaremos a seguir.

NAVEGUE

No *site* do MASP você pode conhecer o acervo do museu, realizando buscas por autor, tipo de obra e local de origem: <http://masp.art.br/masp2010/acervo_sobre_o_acervo_do_masp.php>.

MASP: o sonho de Assis Chateaubriand

O Museu de Arte de São Paulo foi fundado em 1947. Idealizado por Assis Chateaubriand, empresário e jornalista, e Pietro Maria Bardi, jornalista e crítico de arte italiano, instalou-se a princípio em quatro andares do prédio dos Diários Associados, império jornalístico de Chateaubriand.

A sede atual, na avenida Paulista, inaugurada em 1968, foi projetada por Lina Bo Bardi: um prédio sustentado por quatro colunas com um vão livre de 74 metros.

O MASP possui um acervo de 8 mil peças, vinculadas principalmente à arte ocidental (do século IV a.C. aos tempos atuais).

ALEXANDRE TOKITAKA/PULSAR IMAGENS

O Museu de Arte de São Paulo proporciona ao público brasileiro centenas de exposições internacionais (foto de 2010).

Reprodução proibida. Art. 184 do Código Penal e Lei 9.610 de 19 de fevereiro de 1998.

Funções da linguagem

No anúncio estudado, o anunciante cria uma situação de interlocução entre o leitor do anúncio e a obra de arte com o propósito de atrair o leitor para visitar o museu.

O linguista russo Roman Jakobson (1896-1982), observando que a linguagem cumpre funções diferentes de acordo com a situação de comunicação, desenvolveu uma das mais conhecidas Teorias da Comunicação, que estudaremos agora. Em seguida, mostraremos que o modelo proposto não dá conta da completude e do dinamismo da comunicação humana.

Segundo Jakobson, participam do processo de comunicação os seguintes elementos:

- **emissor** (locutor ou remetente): aquele que envia a mensagem a um receptor;
- **receptor** (locutário ou destinatário): aquele que recebe a mensagem;
- **código**: sistema de signos que permite a construção e a compreensão da mensagem;
- **mensagem**: objeto da comunicação, o texto em si;
- **canal**: suporte físico pelo qual se transmite a mensagem (voz, gesto, livro, jornal, internet, etc.);
- **referente** (contexto): o assunto ao qual a mensagem se refere.

Quando falamos ou escrevemos, segundo Jakobson, geralmente damos mais ênfase a um desses elementos, conforme nossa intenção comunicativa. Assim, existem situações em que focalizamos o referente (o assunto), outras em que focalizamos o canal (a via de transmissão), outras em que estamos mais voltados para nós mesmos (ênfase no emissor), e assim por diante.

As diferentes finalidades com que usamos a linguagem e que nos levam a enfatizar um ou outro elemento do processo comunicativo são denominadas **funções da linguagem**.

Uma vez que, segundo a teoria de Jakobson, existem seis elementos no processo comunicativo, também existem seis funções da linguagem, cada uma correspondente a um dos elementos: **referencial** ou **denotativa** (ênfase no referente), **emotiva** ou **expressiva** (ênfase no emissor), **conativa** ou **apelativa** (ênfase no receptor), **metalinguística** (ênfase no código), **fática** (ênfase no canal) e **poética** (ênfase na mensagem).

É possível identificar a ocorrência de mais de uma função de linguagem em um mesmo texto. As funções, nesse caso, geralmente se hierarquizam, isto é, uma delas é a predominante no texto.

Observe o esquema da comunicação verbal, proposto por Jakobson, e as funções da linguagem correspondentes a cada elemento.

Jakobson descreve o esquema da comunicação da linguagem verbal; entretanto, lembre-se de que a **linguagem não verbal** também participa do processo de comunicação.

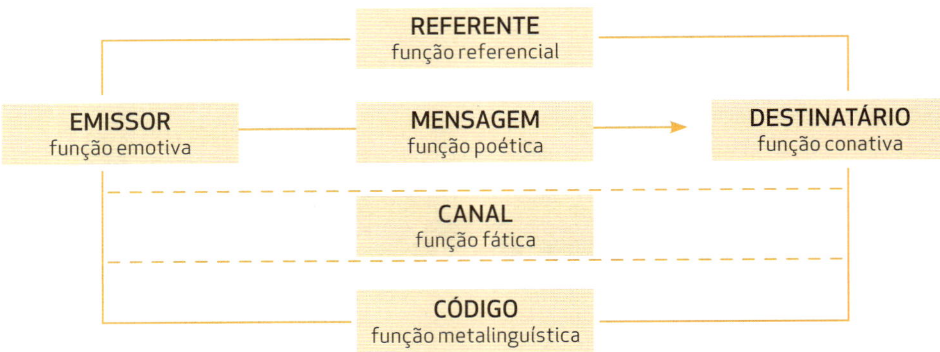

Função referencial (denotativa)

Leia este trecho de uma notícia publicada na revista *Mente e Cérebro* e responda às questões oralmente.

SHUTTERSTOCK

AUTOESTIMA MOLDA IMAGEM CORPORAL DE ADOLESCENTES BRASILEIRAS

A maioria das estudantes do ensino médio associa roupas de grife à beleza física e acredita que dietas e programas de exercícios divulgados pela mídia podem, de fato, resultar em um "corpo perfeito". A satisfação com a própria aparência, no entanto, depende mais da autoestima do que de referências veiculadas em revistas e na televisão. Essa é a conclusão do estudo conduzido pela engenheira de alimentos Jane Palermo, da Universidade Estadual de Campinas (Unicamp).

A pesquisadora aplicou um questionário sobre crenças e percepções a respeito do próprio corpo a 127 adolescentes de uma escola pública de Campinas. As perguntas abordavam aspectos como o peso da opinião dos familiares e se associavam beleza ao sucesso profissional. Ela observou que as voluntárias com as medidas dentro dos padrões estabelecidos não eram necessariamente as mais seguras a respeito da própria aparência. Várias participantes com sobrepeso, aliás, mostraram-se satisfeitas. Para a pesquisadora, apesar das pressões da mídia e da sociedade, a avaliação da própria imagem é subjetiva e não se baseia apenas na percepção física. [...]

Mente e Cérebro, São Paulo, ano XIX, n. 227, p. 76, dez. 2011. (Fragmento).

NAVEGUE

Leia outra reportagem da revista *Mente e Cérebro* relacionada ao tema da adolescência no *site* <http://www2.uol.com.br/vivermente/reportagens/geracao_celular_imprimir.html>.

Reprodução proibida. Art. 184 do Código Penal e Lei 9.610 de 19 de fevereiro de 1998.

1 Qual fato levou à publicação da notícia?

2 Qual foi a conclusão da pesquisa realizada por Jane Palermo?

3 Em sua opinião, trata-se de um resultado surpreendente? Justifique.

4 Qual o principal objetivo de quem produziu esse texto? Por quê?

5 Portanto, em sua opinião, qual dos elementos do processo comunicativo recebeu maior atenção nesse texto — o referente, o destinatário, o código, o canal, a mensagem em si ou o próprio emissor?

Em notícias e reportagens, os jornalistas usam a linguagem com a intenção de dar informações de maneira clara, sem ambiguidade, a respeito do referente (que, neste caso, é o resultado de uma pesquisa). Portanto, a ênfase recai sobre o **referente**, o assunto, e dizemos que a função da linguagem predominante é a **referencial** ou **denotativa**.

Função emotiva (expressiva)

Leia o conto e responda oralmente às questões propostas.

Desista!

Era de manhã bem cedo, as ruas limpas e vazias, eu ia para a estação ferroviária. Quando confrontei um relógio da torre com o meu relógio, vi que já era muito mais tarde do que havia acreditado, precisava me apressar bastante; o susto dessa descoberta fez-me ficar inseguro no caminho, eu ainda não conhecia bem aquela cidade, felizmente havia um guarda por perto, corri até ele e perguntei-lhe sem fôlego pelo caminho. Ele sorriu e disse:

— De mim você quer saber o caminho?

— Sim — eu disse —, uma vez que eu mesmo não posso encontrá-lo.

— Desista, desista — disse ele e virou-se com um grande ímpeto, como as pessoas que querem estar a sós com o seu riso.

KAFKA, Franz. In: CARONE, Modesto (Trad.). *Essencial*. São Paulo: Penguin Classics/Companhia das Letras, 2011. p. 183.

Reprodução proibida. Art. 184 do Código Penal e Lei 9.610 de 19 de fevereiro de 1998.

1 O conto é narrado sob qual ponto de vista: de um observador, do personagem principal ou de um personagem secundário? Justifique sua resposta.

2 Desta vez, a ênfase também está no referente, isto é, nos elementos do mundo exterior de que fala o texto, como as ruas, a estação e o relógio da torre? Explique.

Sempre que um texto escrito ou falado tem como objetivo maior revelar as emoções e os pensamentos íntimos do **emissor**, dizemos que a linguagem exerce, nesse momento, uma função predominantemente **emotiva** ou **expressiva**.

Nos textos predominantemente emotivos, há várias marcas da subjetividade de quem fala ou escreve. Adjetivos (como "inseguro", "grande"), expressões adverbiais e advérbios ("muito mais tarde", "felizmente"), interjeições e o emprego da 1ª pessoa são algumas dessas marcas; portanto, são traços típicos da função emotiva.

NAVEGUE

O artista Mark Jenkins ganhou notoriedade ao ressignificar símbolos referenciais do meio urbano, como placas ou cones de sinalização, atribuindo-lhes uma função emotiva. Conheça algumas de suas obras no *site* <http://xmarkjenkinsx.com/outside.html>.

⊙ Função conativa (apelativa)

Leia esta tira de Fernando Gonsales e responda oralmente às questões.

NÍQUEL NÁUSEA — Fernando Gonsales

FERNANDO GONSALES

1 Qual é a situação retratada na tira?

2 Por que o anjo condena a mulher ao inferno?

3 A última fala do anjo é surpreendente e por isso contribui para a construção do efeito humorístico da tira. Explique essa afirmação.

4 Concentre-se nestas duas falas do anjo: "Vai para o inferno!" e "Não pode tirar o casaco!". Ao dizer isso, esse personagem está usando a linguagem para falar objetivamente do assunto tratado (ênfase no referente) ou para expressar suas próprias emoções (ênfase no emissor), como vimos nos exemplos anteriores? Ou ele está usando a linguagem de maneira direcionada a outro elemento da comunicação? Explique.

Quando falamos ou escrevemos com a intenção predominante de agir sobre o destinatário, levando-o a tomar ou deixar de tomar determinada atitude, estamos usando a linguagem com **função conativa**. O termo *conativo* tem sua origem em *conatum*, que significa "fazer um esforço para tentar influenciar alguém".

5 Quais formas verbais das falas destacadas na questão anterior indicam que o anjo tenta influenciar sua interlocutora, levando-a a tomar ou deixar de tomar certas atitudes?

As formas verbais que indicam ordem, como o imperativo ("*Vai* para o inferno!") e outras construções com valor de imperativo ("*Não pode tirar* o casaco!"), são marcas linguísticas próprias da função conativa. Também são típicas dessa função a exortação ("Lutemos contra a opressão!"), o chamamento ("Povo de meu país") e a súplica ("Rogo que me ajude"). A função conativa é muito explorada na esfera publicitária, pois, nela, o objetivo do enunciador geralmente é influenciar o leitor ou ouvinte, levando-o a comprar um produto ou realizar determinada ação.

EM RESUMO

Função referencial ou **denotativa**: ênfase no assunto.
Função emotiva ou **expressiva**: ênfase nas emoções do emissor.
Função conativa ou **apelativa**: enunciado direcionado ao receptor, com o objetivo de influenciá-lo.

Reprodução proibida. Art. 184 do Código Penal e Lei 9.610 de 19 de fevereiro de 1998.

Função metalinguística

Leia a tira a seguir, de Liniers, e responda oralmente ao que se pede.

MACANUDO — Liniers

RICARDO LINIERS

1 Como a linguagem não verbal da tira indica ao leitor a passagem do tempo?

2 Na verdade, a medição feita pelo personagem de chapéu não reflete o tempo médio de leitura das tiras, uma vez que esta tira é bem diferente das comuns.

a) Qual é o tema das tiras comuns?

b) Qual é o tema dessa tira?

Investigue em Arte

Busque exemplos de filmes, pinturas, telenovelas ou peças de teatro que tenham feito uso da metalinguagem. Se puder, assista aos filmes, contemple os quadros, veja cenas das peças ou das telenovelas na internet.

Quando alguém usa um código para falar desse próprio código, dizemos que o texto apresenta **função metalinguística**. É o que ocorre na tira lida, em que o "código" dos quadrinhos foi usado para falar dos próprios quadrinhos. Nos textos em que predomina a função metalinguística, a ênfase está, portanto, no **código**.

A função metalinguística pode ocorrer no cinema, por exemplo, com um filme que trate sobre a arte cinematográfica; no jornalismo, com um artigo que discuta o papel da imprensa; na poesia, com um poema que fale sobre a arte poética, e assim por diante.

***A rosa púrpura do Cairo*: a metalinguagem no cinema**

Dirigido por Woody Allen, o filme conta a história de Cecília (Mia Farrow), uma garçonete que, na época da recessão americana, encontra nas salas de cinema uma forma de se esquecer da dura realidade. Ela sonha com o *glamour* dos filmes de época e deseja penetrar naquele mundo. Um dia, acontece o inusitado: seu galã predileto, comovido com sua presença na plateia, sai da tela e vai ao seu encontro. A partir daí, o mundo fictício se mescla ao real e uma série de peripécias ocorre.

SUNSET BOULEVARD/CORBIS/LATINSTOCK

Cena do filme *A rosa púrpura do Cairo* (1985).

Função fática

Leia a tira a seguir e responda oralmente às questões.

MINDUIM — Charles Schulz

PEANUTS, CHARLES SCHULZ © PEANUTS WORLDWIDE LLC. / DIST. BY UNIVERSAL UCLICK

Reprodução proibida. Art. 184 do Código Penal e Lei 9.610 de 19 de fevereiro de 1998.

1 Quais são os participantes da tira?

2 Você diria que eles estão estabelecendo um diálogo? Justifique.

3 Por que a menina, Lucy, teria iniciado a conversa desse modo?

4 Observe novamente o último quadrinho. Com que intenção Linus fez a pergunta para Snoopy? O resultado alcançado foi o mesmo de Lucy?

A comunicação entre Lucy e Linus está centrada no **canal**. Isso quer dizer que o mais importante, nesse caso, é a manutenção do contato entre a menina e seu irmão.

Quando um enunciado quase não tem conteúdo e se orienta para o canal, com a única intenção de iniciar, manter ou mesmo interromper o contato, dizemos que predomina nele a **função fática**.

NAVEGUE

A letra da canção "Sinal fechado", de Paulinho da Viola, é construída com base na função fática. Assista a uma bela interpretação dessa canção, feita pela cantora Fabiana Cozza, em <http://video.globo.com/Videos/Player/Entretenimento/0,,GIM1167010-7822-SINAL+FECHADO+FABIANA+COZZA,00.html>.

Função poética

Leia a letra de canção a seguir, composta por Chico Buarque e Milton Nascimento, e responda às questões oralmente.

O cio da terra

Milton Nascimento musicou esses versos inspirado nos cantos das mulheres que trabalham na colheita de algodão no vale do Rio Doce, em Minas Gerais.

Debulhar o trigo
Recolher cada bago de trigo
Forjar no trigo o milagre do pão
E se fartar de pão

Decepar a cana
Recolher a garapa da cana
Roubar da cana a doçura do mel
Se lambuzar de mel

Afagar a terra
Conhecer os desejos da terra
Cio da terra, a propícia estação
E fecundar o chão

BUARQUE, Chico; NASCIMENTO, Milton. In: HOMEN, Wagner. *Chico Buarque*. São Paulo: Leya, 2009. p. 161.

1 Observe a estrutura dessa letra de canção. Em que ela difere dos textos anteriores?

2 À exceção do penúltimo verso, todos os demais começam de maneira parecida. Explique.

3 Além dessa semelhança, notamos que todas as estrofes seguem o mesmo padrão métrico (quanto à extensão dos versos). Explique essa afirmação.

4 As regularidades que você observou contribuem para dar ritmo ao texto? Por quê?

5 Esse texto faz uso da linguagem conotativa. Na última estrofe, por exemplo, qual figura de linguagem podemos observar?

Reprodução proibida. Art. 184 do Código Penal e Lei 9.610 de 19 de fevereiro de 1998.

6 Com que função a linguagem foi utilizada na construção desse texto? Para responder a essa pergunta, faça as seguintes reflexões:

- O texto trata objetivamente do cultivo de trigo e da cana, ou seja, a ênfase está no referente?
- Ele trava contato com o interlocutor? Em outras palavras, a ênfase está no canal?
- O texto foi elaborado de maneira única, especial, a fim de que sua forma também possa contribuir para a construção dos sentidos? Podemos dizer que a ênfase está na mensagem em si?

Quando a organização da mensagem coloca em evidência a própria **mensagem** — a estrutura, o ritmo, a linguagem conotativa, por exemplo —, dizemos que predomina a função poética.

A função poética não ocorre apenas na poesia; entretanto, nessa forma literária ela é dominante.

EM RESUMO

Função metalinguística: o código é usado para falar do próprio código.
Função fática: mensagem voltada à manutenção da comunicação.
Função poética: ênfase no trabalho de construção do próprio texto.

Reprodução proibida. Art. 184 do Código Penal e Lei 9.610 de 19 de fevereiro de 1998.

A linguagem como forma de interação

É inegável a contribuição da Teoria da Comunicação de Jakobson para a linguística. Contudo, como a linguagem é uma atividade humana marcada pela interação, muitas variantes ocorrem no processo comunicativo: a posição dos interlocutores se altera; os sentidos do texto dependem de elementos extralinguísticos (culturais, históricos, etc., como também dos gestos e da entonação de voz, por exemplo); há informações implícitas que obrigam os participantes desse processo a ativar conhecimentos linguísticos e não linguísticos.

Enfim, a linguagem é uma atividade de interação complexa por meio da qual os interlocutores constroem o sentido dos textos e de si mesmos.

Observe esta charge de Jean Galvão, publicada no jornal *Folha de S.Paulo*, e responda oralmente ao que se pede.

Jean Galvão

JEAN GALVÃO/FOLHAPRESS

Folha de S.Paulo, São Paulo, 29 dez. 2011. © Folhapress.

1 A charge é composta por dois quadros. Descreva o primeiro.

2 O que indica a pontuação no primeiro quadrinho?

3 Descreva o segundo quadro, relacionando-o à legenda "... trabalhando".

4 Explique o efeito de sentido dessa charge.

5 Qual é a temática, o referente, da charge?

O tema de uma charge jornalística deve fazer referência a um contexto sociopolítico e histórico.

Leia um fragmento de uma notícia publicada, no dia anterior, pelo mesmo jornal.

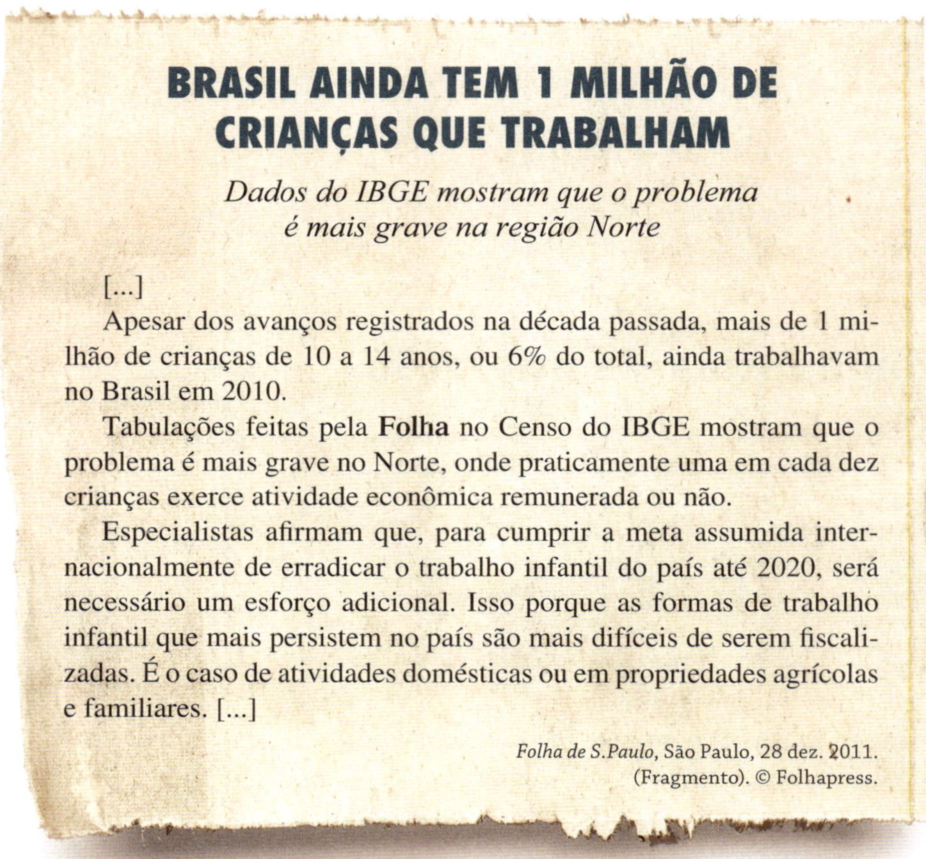

BRASIL AINDA TEM 1 MILHÃO DE CRIANÇAS QUE TRABALHAM

Dados do IBGE mostram que o problema é mais grave na região Norte

[...]

Apesar dos avanços registrados na década passada, mais de 1 milhão de crianças de 10 a 14 anos, ou 6% do total, ainda trabalhavam no Brasil em 2010.

Tabulações feitas pela **Folha** no Censo do IBGE mostram que o problema é mais grave no Norte, onde praticamente uma em cada dez crianças exerce atividade econômica remunerada ou não.

Especialistas afirmam que, para cumprir a meta assumida internacionalmente de erradicar o trabalho infantil do país até 2020, será necessário um esforço adicional. Isso porque as formas de trabalho infantil que mais persistem no país são mais difíceis de serem fiscalizadas. É o caso de atividades domésticas ou em propriedades agrícolas e familiares. [...]

Folha de S.Paulo, São Paulo, 28 dez. 2011. (Fragmento). © Folhapress.

SHUTTERSTOCK

Usando a terminologia da teoria de Roman Jakobson, podemos dizer que o emissor da charge é Jean Galvão (observe o canto superior direito, acima da tira). Porém, esse "emissor" faz parte de uma cadeia enunciativa bem maior: a equipe de redação do jornal, o editor, os agentes de notícias, os proprietários do jornal, todos também responsáveis pela comunicação. Como o chargista é um profissional contratado pelo jornal, seu trabalho deve estar de acordo com os valores da empresa.

Assim, o leitor (receptor), para compreender a charge, precisa levar em conta um evento sócio-histórico, divulgado na mídia impressa. Além disso, o humor crítico da charge se constrói a partir da associação da imagem verbal à não verbal.

Como se vê, todo esse processo demonstra a complexidade e o dinamismo da comunicação humana e expõe a dificuldade de reduzi-la a um esquema funcional como o proposto pelo linguista russo.

Reprodução proibida. Art. 184 do Código Penal e Lei 9.610 de 19 de fevereiro de 1998.

Atividades

Registre no caderno as respostas às questões.

1 Leia a definição do escritor e humorista Millôr Fernandes para a palavra *abdômen*.

Abdômen: palavra machista significando barriga. Pra ambos os sexos, ora vejam. Deveria haver também abdmulher.

FERNANDES, Millôr. *Millôr definitivo*: a bíblia do caos. Porto Alegre: L&PM, 1994. p. 9.

Na definição de Millôr, encontram-se duas funções da linguagem: a metalinguística e a poética.

a) Justifique a presença da função metalinguística nesse texto.

b) Justifique por que, nesse texto, também se destaca a função poética da linguagem.

Reprodução proibida. Art. 184 do Código Penal e Lei 9.610 de 19 de fevereiro de 1998.

2 Leia a tira a seguir, de Bill Watterson.

CALVIN & HAROLDO — Bill Watterson

CALVIN & HOBBES, BILL WATTERSON © 1993 WATTERSON / DIST. BY UNIVERSAL UCLICK

WATTERSON, Bill. *Calvin e Haroldo*. São Paulo: Best News/Best Expressão Social, 1996.

a) O que ocorre no diálogo entre Calvin e Haroldo, o tigre?

b) Qual é a função de linguagem predominante na tira? Explique como você chegou a essa conclusão.

3 Leia o anúncio ao lado, observe o produto anunciado e relacione o texto verbal ao tipo de letra empregado. Em seguida, explique a presença da função poética no anúncio.

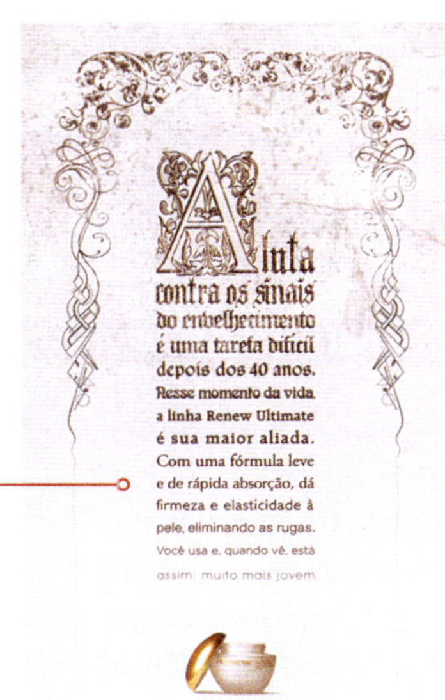

REPRODUÇÃO/AGÊNCIA DPZ

A luta contra os sinais de envelhecimento é uma tarefa difícil depois dos 40 anos. Nesse momento da vida, a linha Renew Ultimate é sua maior aliada. Com uma fórmula leve e de rápida absorção, dá firmeza e elasticidade à pele, eliminando as rugas. Você usa e, quando vê, está assim: muito mais jovem.

Leia a tira Hagar, de Chris Browne, para responder às questões 4 e 5.

HAGAR — Chris Browne

© KING FEATURES SYNDICATE/IPRESS

BROWNE, Dik; BROWNE, Chris. *O melhor de Hagar, o horrível*. v. 6. Porto Alegre: L&PM, 2010.

4 Observe o balão correspondente à fala de Helga. Segundo a Teoria da Comunicação de Roman Jakobson, a mensagem de Helga põe em destaque que elemento da comunicação?

5 Na fala de Hagar, identificamos algumas informações sobre o contexto: Hagar acaba de chegar de viagem; ele ficou muito tempo fora.

a) Relendo a fala de Helga, você diria que a intenção dela é apresentar a família ao marido?

b) Como Hagar chegou à conclusão do que ela realmente queria lhe dizer?

6 Observe esta charge de Jean Galvão.

Jean Galvão

JEAN GALVÃO/FOLHAPRESS

GALVÃO, Jean. *Folha de S. Paulo*, 10 jan. 2012.

Para compreender a charge, que elementos extralinguísticos o leitor precisa observar?

O QUE VOCÊ APRENDEU NO PERCURSO DESTE CAPÍTULO

- Roman Jakobson observou o funcionamento da linguagem e descreveu tal funcionamento em sua Teoria da Comunicação.
- Em um mesmo texto pode ocorrer mais de uma função de linguagem.
- O esquema de Jakobson não leva em conta a dimensão discursiva da comunicação.
- A interação por meio da linguagem é uma atividade complexa e dinâmica: a posição dos interlocutores pode se alterar; situações extralinguísticas entram em jogo; criam-se ambiguidades, informações implícitas, etc.

Reprodução proibida. Art. 184 do Código Penal e Lei 9.610 de 19 de fevereiro de 1998.

CAPÍTULO

6

Fonologia

PERCURSO DO CAPÍTULO

- O que a fonologia estuda
- O que é um fonema
- Fonema e letra: duas unidades nem sempre correspondentes
- Classificação dos sons da língua: vogais, semivogais e consoantes
- Encontro vocálico, encontro consonantal e dígrafo
- Ortoepia e prosódia

DON FARRALL/PHOTODISC/GETTY IMAGES

Todas as línguas nasceram de sons que foram selecionados e combinados para produzir sentidos. Das quase sete mil existentes hoje no mundo, a maioria é exclusivamente oral, como a língua *maa*, falada pelos samburus, habitantes do norte do Quênia, África. A foto, de 2010, retrata três jovens desse povo, em trajes de guerra.

Introdução

Qual é a diferença entre as palavras mar, amar *e* amor?
Você provavelmente pensou nos diferentes sentidos de cada uma. Mas será que se deu conta de que, para que esses sentidos surgissem, bastou eliminar ou substituir um som? Pois é escolhendo e combinando os sons mínimos da língua que conseguimos construir significados e, assim, interagir uns com os outros, expressando sentimentos, conhecimentos, opiniões.

Leia esta charge de Jean Galvão, publicada em 2011, quando se comemorava o Dia das Crianças.

Jean Galvão

JEAN GALVÃO/FOLHAPRESS

Responda oralmente às questões.

1 Por que a fala da atendente da loja é surpreendente?

2 Essa fala revela uma avaliação crítica da atendente sobre a relação entre pais e filhos. Que avaliação é essa?

3 A atitude do homem na cena seguinte mostra que ele seguiu o conselho da atendente? Explique.

4 Do ponto de vista sonoro, qual é a diferença entre as palavras *carinho* e *carrinho*?

5 Explique como o autor da charge usou a paronomásia para produzir humor e, ao mesmo tempo, fazer uma crítica social.

PARA LEMBRAR

Paronomásia: figura sonora que consiste no emprego de palavras parônimas (semelhantes no som), mas que se diferenciam em relação ao sentido.

Reprodução proibida. Art. 184 do Código Penal e Lei 9.610 de 19 de fevereiro de 1998.

Ao analisar essa charge, você percebeu que a troca de um único som em uma sequência de sons produz uma importante diferença de sentido (*carinho* não tem o mesmo significado de *carrinho*). A área da gramática que estuda o sistema de sons de uma língua e como esses sons são escolhidos e combinados para produzir sentidos chama-se **fonologia**. Ela será nosso objeto de análise neste capítulo.

Fonema e letra: duas unidades nem sempre correspondentes

Você pôde constatar que, entre as formas *carinho* e *carrinho*, houve mudança de som e também de sentido. Os sons mínimos da língua que, quando substituídos, implicam mudança de significado recebem o nome de **fonemas**. O som do "*r* fraco" em *carinho* e o do "*r* forte" em *carrinho*, por exemplo, são fonemas.

Veja que, por outro lado, tanto faz pronunciarmos *carinh***o** ou *carinh***u**, pois o significado da palavra continuará o mesmo. Isso quer dizer que não se trata de fonema, mas de uma variação fonética.

Fonemas são unidades mínimas de som que estabelecem a distinção de significado entre as palavras de uma língua.

As **letras** são os sinais gráficos que representam os fonemas na escrita. No entanto, nem sempre existe correspondência perfeita entre fonema e letra. Observe, por exemplo, as palavras *tudo*, *carinho* e *carrinho*, empregadas na charge que abre este capítulo:

- *tudo* tem o mesmo número de letras e de fonemas, ou seja, quatro;
- *carinho* tem sete letras, mas apenas seis fonemas [kariɲu];
- *carrinho* tem oito letras e seis fonemas [kaRiɲu].

Você notou que, em algumas palavras, o número de letras pode ser superior ao de fonemas, porque um único fonema é representado por mais de uma letra (*rr* para representar /R/, por exemplo). Pode também ocorrer o inverso: o número de fonemas ser superior ao número de letras. A palavra *axila*, por exemplo, possui cinco letras e seis fonemas: /a/k/s/i/l/a/.

Além disso, é importante lembrar que não pronunciamos os fonemas sempre do mesmo modo. Conforme nossa região de origem, o contexto em que a palavra aparece (antes ou depois de outra palavra, por exemplo) e até o nível de formalidade da fala, podemos pronunciar os fonemas de maneira diferente. Foi o que você observou em relação ao fonema final da palavra *carinho*, que, embora seja representado na escrita pela letra *o*, pode ser realizado na fala como [o] ou como [u].

Como se faz a transcrição fonética?

Para transcrever exatamente como um som é pronunciado, emprega-se o alfabeto fonético. Alguns sinais desse alfabeto são iguais às letras que usamos na escrita cotidiana; para diferenciá-los das letras comuns, colocamo-los entre colchetes: por exemplo, a transcrição fonética do verbo *andar* é [ãdar]. Como você viu, nem todos os sons da língua são fonemas; estes últimos são colocados entre barras oblíquas. Assim, por exemplo, representamos os fonemas distintivos das palavras estudadas desta forma: /r/ (*carinho*) e /R/ (*carrinho*).

NAVEGUE

A exploração da sonoridade das palavras é um recurso muito importante para os compositores. Ouça a canção "Big bang bang", de José Miguel Wisnik e Caetano Veloso, em que os fonemas /f/, /l/ e /s/ ganham grande destaque: <http://www.caetanoveloso.com/sec_busca_obra.php?language=en&id=495&sec_discogra_todas=1>.

Reprodução proibida. Art. 184 do Código Penal e Lei 9.610 de 19 de fevereiro de 1998.

Classificação dos sons da língua

Os fonemas são classificados em vogais, semivogais e consoantes.

⊙ Vogais e consoantes

As vogais e as consoantes diferem quanto ao modo como são produzidas e quanto à função que exercem na formação da sílaba.

Em relação ao modo de produção, a diferença entre os sons vocálicos e os consonantais está no fato de a corrente de ar que produz os sons vocálicos não encontrar resistência na cavidade bucal; já a que produz os sons consonantais encontra, nessa cavidade, obstáculos à sua passagem.

Pronuncie os fonemas /t/ e /a/ e observe que, ao pronunciar o primeiro, a ponta da língua encosta na parte interior dos dentes incisivos. A língua e os dentes formam uma barreira à passagem do som. Contrariamente, ao pronunciar o fonema /a/, a boca abre, a língua fica quase em posição de repouso e a corrente de ar passa livremente.

Em relação à segunda diferença, isto é, à função que vogais e consoantes exercem na formação da sílaba, observamos que, em português, as sílabas sempre se estruturam a partir de uma vogal. Isso significa que os sons vocálicos são indispensáveis para a formação da sílaba, mas os consonantais, não: não há sílaba sem vogal, e pode haver sílaba apenas com uma vogal.

PARA LEMBRAR

Sílaba: pequeno segmento de uma palavra, pronunciado de uma só vez e formado por um grupo de fonemas ou por um único fonema vocálico. Em uma sílaba, não há mais de uma vogal.

NAVEGUE

Conheça o modo de articulação de cada um dos sons da língua portuguesa acessando: <http://www.fonologia.org/fonetica_consoantes.php> e <http://www.fonologia.org/fonetica_vogais.php>.

Classificação das vogais

A exploração dos sons das palavras é um dos principais recursos linguísticos dos poemas. Observe como esse recurso foi utilizado no seguinte poema de Álvares de Azevedo (1831-1852).

Minha desgraça

Minha desgraça, não, não é ser poeta,
Nem na terra de amor não ter um eco...
E, meu anjo de Deus, o meu planeta
Tratar-me como trata-se um boneco...

Não é andar de cotovelos **rotos**,
Ter duro como pedra o travesseiro...
Eu sei... O mundo é um lodaçal perdido
Cujo sol (quem mo dera) é o dinheiro...

Minha desgraça, ó cândida donzela,
O que faz que o meu peito assim **blasfema**,
É ter para escrever todo um poema,
E não ter um vintém para uma vela.

AZEVEDO, Álvares de. *Lira dos vinte anos*. São Paulo: Nobel, 2009. p. 246.

Rotos: esfarrapados.
Blasfema: insulta; amaldiçoa.

Responda oralmente às questões a seguir.

1 Considerando que esse poema foi escrito quando ainda não havia iluminação elétrica nas casas brasileiras, explique de que se queixa o eu lírico.

Reprodução proibida. Art. 184 do Código Penal e Lei 9.610 de 19 de fevereiro de 1998.

2 Em uma leitura espontânea, o primeiro e o terceiro versos da primeira estrofe formam uma rima perfeita? Explique.

3 Pronuncie o fonema vocálico que antecede a última sílaba nas palavras *poeta* e *planeta* e explique qual diferença você observa em relação à abertura da boca.

Podemos pronunciar os sons vocálicos com os lábios bem abertos ou um pouco mais fechados. De acordo com esse grau de abertura dos lábios, as vogais classificam-se em:

- **abertas** – *fr**a**co, po**e**ta, f**o**me;*
- **fechadas** – *t**i**po, plan**e**ta, f**o**go, t**u**do.*

Investigue em Espanhol

Por que os falantes da língua espanhola não conseguem perceber a diferença sonora entre palavras como "avô" e "avó"?

4 Releia este verso.

"Minha desgraça, ó **cândida donzela**,"

a) Compare as sílabas das palavras destacadas e identifique em quais delas, quando você pronuncia a vogal, a corrente de ar sai totalmente pela cavidade bucal e em quais uma parte da corrente sai também pelo nariz.

b) Considerando o que você observou, explique o que essas palavras têm em comum e por que colocá-las lado a lado contribuiu para a sonoridade do verso.

Os fonemas vocálicos classificam-se em **orais** — a corrente de ar sai exclusivamente pela boca — ou **nasais** — uma parte dessa corrente sai pela cavidade nasal. No português escrito, a nasalização da vogal é marcada pelo til ou pelas consoantes *m* e *n*: *órf**ã**, t**am**pa, c**ân**dida, tamb**ém**, p**en**te, cap**im**, s**in**toma, p**õe**, d**on**zela, b**om**b**om**, t**um**ba, m**un**do.*

Reprodução proibida. Art. 184 do Código Penal e Lei 9.610 de 19 de fevereiro de 1998.

EM RESUMO

As vogais classificam-se em **abertas** ou **fechadas** e em **orais** ou **nasais**.

Semivogais

Releia esta estrofe do poema de Azevedo e responda no caderno ao que se pede.

"Não é andar de cotovelos rotos,
Ter duro como pedra o travesseiro...
Eu sei... O mundo é um lodaçal perdido
Cujo sol (quem mo dera) é o dinheiro..."

- Você notou que o fonema /i/ aparece nas palavras *travesseiro*, *sei*, *perdido* e *dinheiro*. Em quais desses casos ele constitui a base da sílaba? O que ocorre nos outros casos?

Os fonemas /i/ e /u/, quando formam uma sílaba com outra vogal, denominam-se **semivogais**. Nesse caso, são representados no alfabeto fonético pelos símbolos [j] e [w], respectivamente.

EM RESUMO

Os fonemas /i/ e /u/ podem ser vogais ou semivogais e, às vezes, são representados na escrita também pelas letras *e* e *o*. Exemplos: *equivale* [ekivali] e *mão* [mãw].

Observe os exemplos:

de p**oi**s [depojs] — vogal / semivogal

au la [awla] — vogal / semivogal

te le vi s**ão** [televizãw] — vogal / semivogal

Semivogais são fonemas vocálicos que, por apresentarem som mais fraco, se apoiam em uma vogal.

Encontros vocálicos

Existem três tipos de encontros vocálicos: ditongos, tritongos e hiatos.

⊙ Ditongo

Ditongo é um encontro vocálico formado por uma vogal e uma semivogal ou por uma semivogal e uma vogal.

1 Pronuncie os ditongos das palavras *distân**cia*** e *din**hei**ro* e identifique a diferença entre eles quanto à posição da semivogal.

De acordo com a posição da semivogal na sílaba, em relação à vogal, classificamos o ditongo como **crescente** ou **decrescente**. Ditongo crescente é aquele que se inicia com um som fraco (semivogal) e finaliza com um som forte (vogal). E o decrescente, inversamente, se inicia com um som forte (de vogal) e finaliza com um fraco (semivogal).

Em *distância*, o ditongo [ja] é crescente: [j] é a semivogal e [a], a vogal. Já em *dinheiro* o ditongo [ej] é decrescente: [e] é a vogal e [j], a semivogal.

2 Observe os ditongos nas palavras *de**pois*** e *rouxi**nóis*** e explique como eles são pronunciados: com os lábios bem abertos ou pouco abertos?

3 Classifique em oral e nasal os ditongos destacados nas palavras *tele**visão*** e *de**pois***. Justifique.

Assim como as vogais, os ditongos se classificam, em relação à abertura da boca, em **abertos** ou **fechados** e, quanto à saída da corrente de ar, em **orais** ou **nasais**.

EM RESUMO

Ditongo: encontro de uma semivogal + uma vogal ou vice-versa.
Classifica-se em: **crescente** (semivogal + vogal) ou **decrescente** (vogal + semivogal); **oral** ou **nasal**; **aberto** ou **fechado**.

Reprodução proibida. Art. 184 do Código Penal e Lei 9.610 de 19 de fevereiro de 1998.

⊙ Tritongo

Tritongo é o encontro vocálico formado por uma semivogal, uma vogal e outra semivogal. Pode se classificar em oral ou nasal.

- **Transcreva no caderno as palavras do quadro a seguir que apresentam tritongos e classifique-os em orais ou nasais.**

saguões	espiões	iguaizinhos
enxaguem	uruguaio	apoiei
averiguou	construímos	quais

⊙ Hiato

O terceiro e último tipo de encontro vocálico é o **hiato**, que ocorre entre duas vogais de sílabas vizinhas.

Na palavra *poeta* ocorre hiato. Observe a separação silábica dessa palavra.

po - e - ta
↓ ↓
vogais

EM RESUMO

Tritongo: encontro de uma semivogal + uma vogal + uma semivogal na mesma sílaba. Pode ser oral ou nasal.
Hiato: encontro de duas vogais em sílabas vizinhas.

Objeto educacional digital (animação)
- Ditongo e hiato

Encontro consonantal e dígrafo

Encontro consonantal é a união de fonemas consonantais em uma palavra. Os mais frequentes são os que formam sílabas com as consoantes /l/ e /ɾ/, como *te**cl**a*, ***pr**ato*, *pala**vr**a*.

SAIBA MAIS!

- Na linguagem oral informal, alguns encontros consonantais tendem a ser desfeitos. Por exemplo, a palavra ***pn**eu* é pronunciada como "pineu", a palavra *di**gn**o* como "díguino" e assim por diante. Na escrita formal, é importante estar atento para não inserir a vogal "a mais" na palavra.

⊙ Dígrafo

No início deste capítulo, você constatou que algumas palavras, como *carinho* e *carrinho*, têm um número de fonemas inferior ao de letras. Isso ocorre porque um ou mais fonemas são representados por dígrafos.

Dígrafo é um grupo de letras que representa um único fonema. Essas letras podem unir-se a uma vogal ou ditongo para constituir uma única sílaba ou dividir-se em sílabas vizinhas.

Reprodução proibida. Art. 184 do Código Penal e Lei 9.610 de 19 de fevereiro de 1998.

Observe no quadro dois grupos diferentes de dígrafos.

Dígrafos pertencentes à mesma sílaba	Dígrafos pertencentes a sílabas distintas
lh: te-lha	**ss:** pas-sa-gei-ro
nh: ma-nhã	**rr:** car-re-ga-men-to
ch: chu-va	**sc:** pis-ci-na
qu: quei-jo, qui-lo	**sç:** cres-ça
gu: guer-ra, se-guin-te	**xc:** ex-ce-to

- Pronuncie as palavras *quando* e *quero*. Em qual delas o grupo *qu* é um dígrafo?

Incluem-se entre os dígrafos as sequências formadas por vogal + *m* ou *n* representando uma vogal nasal: *am* ou *an* [ã], *em* ou *en* [ẽ], *im* ou *in* [ĩ], *om* ou *on* [õ] e *um* ou *un* (ũ). Exemplos: *c**am**po*, ***in**ven**ções***, ***on**t**em*** e *m**un**do*.

Ortoepia e prosódia

Leia esta tira da Turma do Xaxado.

TURMA DO XAXADO **Cedraz**

© 2012 CEDRAZ/IPRESS

1 Por que a fala do personagem Xaxado no último quadrinho é surpreendente e ajuda a produzir o humor da tira?

2 Identifique na fala do personagem Zé Pequeno, o goleiro, uma expressão em desacordo com as normas urbanas de prestígio e explique sua escolha.

3 Por que o quadrinista teria colocado essa expressão no balão de fala do personagem?

A parte da gramática que estuda a pronúncia dos fonemas de acordo com as normas urbanas de prestígio denomina-se **ortoepia**. Pelas regras da ortoepia não é adequado, por exemplo, empregar o som [r] na segunda sílaba da palavra *desculpe*, como fez o personagem da tira lida.

Observe, no quadro a seguir, algumas palavras que podem oferecer dúvida quanto à pronúncia, de acordo com as normas urbanas de prestígio.

beneficente	bandeja	mendigo	cabeleireiro	estupro	sobrancelha

Reprodução proibida. Art. 184 do Código Penal e Lei 9.610 de 19 de fevereiro de 1998.

Leia as palavras abaixo em voz alta.

ruim	gratuito	avaro

Você teve dúvidas sobre qual sílaba deve ser pronunciada com mais intensidade?

Palavras como as que você acabou de ler podem causar dúvidas quanto à posição da sílaba tônica. Nas normas urbanas de prestígio, *ruim* é uma palavra de duas sílabas (as vogais [u] e [i] formam um hiato) e oxítona; em *gratuito* há um ditongo [uj] e não um hiato; e *avaro* é paroxítona.

A parte da gramática que se dedica ao estudo da pronúncia das palavras, quanto à entonação e à posição da sílaba tônica, de acordo com as normas urbanas de prestígio, denomina-se **prosódia**.

Observe algumas palavras que oferecem dúvida quanto à posição da sílaba tônica.

PARA LEMBRAR

Sílaba tônica: pronunciada com mais intensidade. De acordo com a posição da sílaba tônica, as palavras classificam-se em **oxítonas**, **paroxítonas** e **proparoxítonas**.

Oxítonas	Paroxítonas	Proparoxítonas
Nobel	avaro	alcoólatra
sutil	decano	amálgama
ruim	filantropo	arquétipo
ureter	gratuito	bígamo
	ibero	cáfila
	pudico	idólatra
	rubrica	ímprobo
	têxtil	ínterim
		ômega
		Pégaso

Reprodução proibida. Art. 184 do Código Penal e Lei 9.610 de 19 de fevereiro de 1998.

Atividades

Registre no caderno as respostas às questões.

1 A imagem a seguir é de uma cena do documentário brasileiro *Luto em luta* (2012), de Pedro Serrano, sobre tragédias ocorridas no trânsito.

DIVULGAÇÃO/FOLHAPRESS

a) Pedro Serrano teve a ideia de realizar o filme após perder um grande amigo em um acidente de trânsito. Considerando essa informação, qual poderia ser a explicação para o título do documentário?
b) Do ponto de vista fonológico, qual é a diferença entre *luto* e *luta*? Podemos dizer que essa diferença envolve a troca de um fonema? Por quê?
c) Que efeito provoca o emprego dessas palavras no título do filme?

2 Leia a estrofe inicial de um soneto de Augusto dos Anjos (1884-1914) e explique a construção das rimas com base no conceito de fonema.

Noli me tangere

A exaltação emocional do Gozo,
O Amor, a Glória, a Ciência, a Arte e a Beleza
Servem de combustíveis à ira acesa
Das tempestades do meu ser nervoso!
[...]

ANJOS, Augusto dos. *Eu e outras poesias*. 4. ed. São Paulo: Martins Fontes, 1994. p. 163. (Fragmento).

Frase latina que significa "Não me toques". Segundo a Bíblia, foi dita por Jesus a Maria Madalena quando ela o reconheceu após sua ressurreição.

Reprodução proibida. Art. 184 do Código Penal e Lei 9.610 de 19 de fevereiro de 1998.

3 Leia o poema.

Lida

As águas se movem
de lado
pesadas de lodo,
enquanto me movo
na lida
do lodo pesado.
A nado.

A nada!

ARENDT, João Cláudio. In: AGUIAR, Vera et al. (Orgs.). *Poesia fora da estante*. Porto Alegre: Projeto, 2002. v. 2, p. 67.

Lida: esforço; trabalho.

a) O que aflige o eu lírico?
b) Além da palavra que forma o título ("Lida"), que outras palavras do poema reforçam semanticamente a dificuldade enfrentada pelo eu lírico?
c) Observe os vocábulos *lado* / *lodo* e *nado* / *nada* e explique como os fonemas vocálicos contribuem para a construção do ritmo no poema. Para responder à questão, releia o poema em voz alta e observe em que grau é necessário abrir os lábios para produzir tais fonemas.
d) Pronuncie as palavras em que aparecem os fonemas /d/, /p/ e /n/ e descreva os obstáculos que a corrente de ar encontra na cavidade bucal durante a produção desses sons.

e) As três consoantes citadas são classificadas como **oclusivas**, isto é, durante sua produção, a corrente de ar encontra sempre um obstáculo na cavidade bucal que interrompe sua passagem momentaneamente. Relacione essa característica das consoantes analisadas ao assunto do poema.

4 Leia a placa.

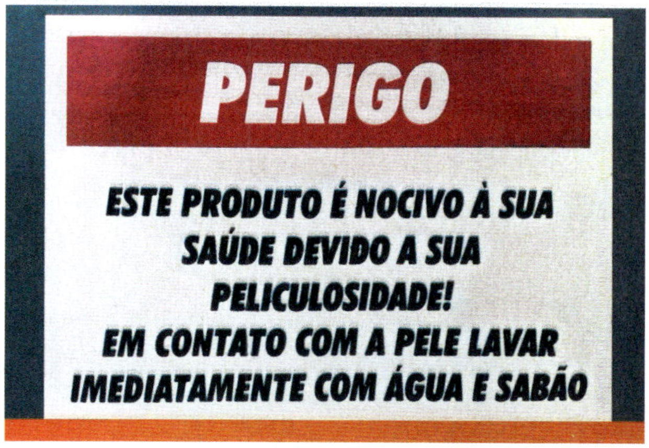

REPRODUÇÃO

CAMARGO, José Eduardo. *No país das placas malucas*. São Paulo: Panda Books, 2011. p. 18.

a) Identifique a palavra cuja grafia não está de acordo com as normas urbanas de prestígio.

b) Muitas dificuldades de ortografia têm origem na correspondência inexata entre letras e fonemas: a pessoa pronuncia os sons da palavra adequadamente, mas não sabe quais letras usar para representá-los na escrita. Podemos deduzir que é esse o caso aqui, ou haveria outra explicação para o problema de grafia?

c) Conclua: que relação pode haver entre dificuldades de ortoepia e de ortografia (escrita das palavras de acordo com as normas urbanas de prestígio)?

Reprodução proibida. Art. 184 do Código Penal e Lei 9.610 de 19 de fevereiro de 1998.

O QUE VOCÊ APRENDEU NO PERCURSO DESTE CAPÍTULO

- A fonologia estuda o sistema de sons de uma língua e como eles são escolhidos e combinados para produzir sentidos.
- Os fonemas são unidades mínimas de som, que, quando trocadas umas pelas outras, implicam mudanças de sentido.
- Não há necessariamente correspondência entre letra e fonema.
- São três os tipos de sons da língua portuguesa: vogal, semivogal e consoante.
- Não existe sílaba sem vogal, mas, em cada sílaba, há apenas uma vogal.
- As semivogais são sons mais fracos que se apoiam nas vogais para a construção da sílaba. Em português, os fonemas /i/ e /u/ podem ser vogais ou semivogais.
- O encontro de uma semivogal e uma vogal ou vice-versa é denominado ditongo.
- O encontro de uma semivogal, uma vogal e outra semivogal denomina-se tritongo.
- A duas vogais que se encontram em sílabas vizinhas dá-se o nome de hiato.
- Os encontros consonantais são encontros de duas consoantes na mesma sílaba ou em sílabas vizinhas.
- Dígrafo é um conjunto de letras que representa um único fonema.
- A ortoepia estabelece regras para a pronúncia dos fonemas.
- A prosódia estabelece regras para a entonação das palavras e a colocação da sílaba tônica.

CAPÍTULO 7

Ortografia e acentuação: revisão

PERCURSO DO CAPÍTULO

- Diferentes letras podem ser usadas para representar o mesmo fonema
- Por que apenas algumas palavras são acentuadas?
- Revisão das principais regras de acentuação gráfica
- Sinais acessórios da escrita

PETER BECK/CORBIS/LATINSTOCK

Em sua expressão escrita, a língua chinesa utiliza ideogramas, isto é, sinais gráficos que representam ideias. Na maioria das línguas do mundo, porém, empregam-se na escrita sinais que buscam representar os sons (fonemas) da língua — esses sinais nada mais são do que as letras de um alfabeto. Para regular a correspondência entre fonemas e letras, são estabelecidas normas ortográficas. (Foto: Beijing, China, 2009.)

Introdução

"Como se escreve?" "Essa palavra leva acento gráfico?"
Quantas vezes fizemos perguntas como essas!
Escrever segundo as normas ortográficas é uma exigência que ultrapassa os muros da escola. Com o intuito de prepará-lo para situações formais de escrita, este capítulo propõe a revisão das regras de acentuação gráfica e de alguns casos que costumam gerar dúvidas quanto ao uso das letras para representar os fonemas.

Reprodução proibida. Art. 184 do Código Penal e Lei 9.610 de 19 de fevereiro de 1998.

Você conhece os cartões-postais publicitários? Eles estão presentes na publicidade brasileira desde o início do século XX. Atualmente são colocados em locais de grande circulação, como restaurantes, academias, hotéis, etc., à disposição dos frequentadores, e podem ser colecionados.

O exemplo a seguir anuncia uma marca de água mineral. Leia-o e depois responda às questões oralmente.

Épico: autor de epopeia, de poesia épica.
Sonorosa: melodiosa.

REPRODUÇÃO - COLEÇÃO ELYSIO DE OLIVEIRA BELCHIOR

GORBERG, Samuel. A *propaganda no Brasil através do cartão-postal: 1900-1950*. Rio de Janeiro: S. Gorberg, 2002. p. 214.

1 Considerando o glossário, explique qual é o "épico" a que o texto do anúncio se refere.

2 Quais recursos o anunciante emprega para convencer o leitor a comprar o produto divulgado?

3 Algum desses recursos causaria estranhamento em um anúncio da atualidade? Por quê?

4 Observe esta palavra que aparece na citação de Camões: *lympha*.

a) Levando em conta que, até 1943, o dígrafo *ph* era usado no Brasil para representar o fonema /f/, como você acha que se escreve atualmente essa palavra?

b) Procure a palavra no dicionário, confira se acertou e indique o significado que se aplica ao contexto.

5 Que outras palavras do anúncio estão grafadas de modo diferente do atual? Explique sua resposta.

6 Em sua opinião, o que explica essas diferenças de grafia?

As normas ortográficas têm por objetivo padronizar os registros escritos da língua e, como quaisquer convenções sociais, também podem alterar-se com o tempo. Foi o que você observou ao comparar a grafia antiga de certas palavras com a atual: as letras escolhidas para representar alguns fonemas mudaram, e o acento gráfico também passou a ser usado onde não aparecia antes.

Ortografia: do grego *orto* (= correto) + *grafia* (= escrita).

Neste capítulo, vamos rever algumas normas vigentes atualmente no sistema ortográfico da língua portuguesa.

Sons e letras

As convenções ortográficas que hoje regem nossa expressão escrita são decorrentes do *Acordo ortográfico da língua portuguesa* de 1990, aprovado pela Academia das Ciências de Lisboa, pela Academia Brasileira de Letras e por delegações de Angola, Cabo Verde, Guiné-Bissau, Moçambique e São Tomé e Príncipe. Outros acordos anteriores a esse alteraram as normas no intuito de reduzir divergências ortográficas. O primeiro deles ocorreu em 1943, com a redação do *Formulário ortográfico*.

NAVEGUE

Saiba mais sobre os acordos ortográficos acessando o *site* www.portaldalinguaportuguesa.org/acordo.php

O novo acordo ortográfico reintroduziu em nosso alfabeto as letras *k*, *w* e *y*; portanto, hoje ele é composto de 26 letras:

A B C D E F G H I J K L M N O P Q R S T U V W X Y Z

Você já estudou que as letras têm como função representar na escrita os sons da língua, isto é, os fonemas. Além disso, já observou que não existe correspondência exata entre uns e outros. Há dois motivos para isso.

O primeiro ocorre porque o número de fonemas é maior que o de letras; por exemplo, na escrita temos cinco vogais — *a, e, i, o, u* — mas, na fala, existem sete vogais tônicas /a/, /e/, /ɛ/ (*e* aberto), /i/, /o/, /ɔ/ (*o* aberto), /u/.

O segundo motivo diz respeito aos critérios usados no sistema ortográfico do português, que não são apenas fonológicos, mas também *morfológicos* — ou seja, levam em conta a classe gramatical da palavra, sua flexão, etc. — e *etimológicos* — isto é, levam em conta a origem (etimologia) da palavra.

A seguir, você observará essa diversidade de critérios e relembrará algumas regras que podem ajudá-lo a escolher a letra adequada para representar certos sons da língua.

Reprodução proibida. Art. 184 do Código Penal e Lei 9.610 de 19 de fevereiro de 1998.

- **Situação que provoca dúvida**: O fonema /ʒ/ pode ser representado pelas letras *g* ou *j*.

G ou J?	**Exemplos**
Emprega-se a letra *g*:	
• em palavras derivadas de outras já escritas com *g*.	**g**esso-en**g**essar; á**g**il-a**g**ilidade; en**g**enho-en**g**enheiro
• em substantivos terminados em *-agem*, *-igem* e *-ugem*. Exceção: pajem.	esti**agem**, or**igem**, ferr**ugem**
• em palavras terminadas em *-ágio*, *-égio*, *-ígio*, *-ógio*, *-úgio*.	ped**ágio**, egr**égio**, lit**ígio**, rel**ógio**, ref**úgio**
Emprega-se a letra *j*:	
• em palavras de origem indígena ou africana.	can**j**ica, **j**iboia, pa**j**é
• em palavras de origem árabe.	alfan**j**e, alfor**j**e
• em palavras derivadas de outras já escritas com *j*.	**j**eito-**j**eitoso; pro**j**eto-pro**j**etar; lo**j**a-lo**j**ista; tra**j**eto-tra**j**etória
• em verbos cujo infinitivo termine em *-jar* e seus derivados.	arran**jar**-arran**je**-arran**jo**; enferru**jar**-enferru**je**-enferru**j**ado

- **Situação que provoca dúvida**: O fonema /z/ pode ser representado pelas letras *s*, *x* ou *z*.

***S*, *Z* ou *X*?**	**Exemplos**
Emprega-se a letra *s*:	
• em palavras derivadas de outras já escritas com *s*.	atrá**s**-atra**s**ado; ca**s**a-ca**s**amento; li**s**o-ali**s**ado; análi**s**e-anali**s**arão
• em adjetivos terminados pelos sufixos *-oso*, *-osa*, que indicam abundância.	bond**oso**, perig**oso**, carinh**osa**, form**osa**
• em adjetivos indicativos de origem, título de nobreza, profissão, terminados pelos sufixos *-esa*, *-isa*.	chin**esa**, burgu**esa**, princ**esa**, poet**isa**
• nos diminutivos com sufixo *-inho* de palavras primitivas com *s*.	blu**s**a-blu**sinha**; ro**s**a-ro**sinha**
• nos verbos *pôr* e *querer* em todas as flexões e derivações.	pu**s**er, impu**s**emos, qui**s**emos
• nos verbos terminados pelo sufixo *-isar* derivados de palavra primitiva terminada em vogal + *s* + vogal.	ali**s**ar (de *liso*), exta**s**iar (de *êxtase*)
• nas iniciais de sílabas que sucedem ditongos.	c*oi*sa, c*au*sa, *ou*sadia
Emprega-se a letra *z*:	
• em palavras derivadas de outras já escritas com *z*.	rai**z**-enrai**z**ar, va**z**io-esva**z**iar
• no sufixo *-eza* dos substantivos abstratos derivados de adjetivos.	bel**eza** (de *belo*), nobr**eza** (de *nobre*)
• nos verbos formados pelo sufixo *-izar* quando a palavra primitiva não tem *s*.	bat**izar** (de *batismo*), neutral**izar** (de *neutro*), fertil**izar** (de *fértil*)
• nos diminutivos com sufixo *-zinho* quando a palavra primitiva não tem *s*.	pão-pão**z**inho; pó-po**z**inho; grão-grão**z**inho
Emprega-se a letra *x*:	
• em palavras iniciadas pela letra *e* e seus derivados.	e**x**emplo-e**x**emplar; e**x**ibir-e**x**ibição; e**x**istir-e**x**istência; e**x**ecutar-e**x**ecução; e**x**ato-ine**x**atidão

Reprodução proibida. Art. 184 do Código Penal e Lei 9.610 de 19 de fevereiro de 1998.

- **Situação que provoca dúvida**: O fonema /ʃ/ pode ser representado pela letra *x* ou pelo dígrafo *ch*.

X ou *CH*?	Exemplos
Emprega-se a letra *x*:	
• geralmente após a sílaba inicial *en-*.	en**x**ofre, en**x**ada, en**x**urrada
• em palavras de origem africana ou indígena.	**x**ará, ma**x**i**x**e
• após ditongo.	am*ei***x**a, c*ai***x**a, p*ei***x**e
• por razões etimológicas ou convenção.	bru**x**a, fa**x**ina, li**x**o, ve**x**ame, **x**ampu
Emprega-se a letra *ch*:	
• em palavras derivadas do verbo *encher*.	en**ch**imento, en**ch**arcar
• por razões etimológicas.	fle**ch**a, mo**ch**ila, salsi**ch**a, pe**ch**in**ch**a

- **Situação que provoca dúvida**: O fonema /s/ pode ser representado pelas letras *c*, *ç*, *s*, *x* ou pelos dígrafos *ss*, *sc* e *xc*.

C/Ç, S, SS, SC ou *X/XC*?	Exemplos
Emprega-se a letra *c* (ou *ç*):	
• em substantivos derivados dos compostos do verbo ter.	deter-deten**ç**ão; conter-conten**ç**ão
• depois de ditongo.	calab*ou***ç**o, b*ei***ç**o, c*oi***c**e, f*oi***c**e
• nas palavras de origens tupi e africana.	mi**ç**anga, Igua**ç**u, Pira**c**icaba, ca**ç**ula
Emprega-se a letra *s*:	
• em palavras derivadas de outras já escritas com *s*.	can**s**a-can**s**ado-can**s**aço-descan**s**o; man**s**o-man**s**idão- -reman**s**o; ân**s**ia-an**s**iedade-an**s**ioso; preten**s**ão-preten**s**ioso
• nos substantivos derivados de verbos terminados em *-nder*, *-ndir* e *-pelir*.	preten**der**-preten**s**ão; expan**dir**-expan**s**ão; ex**pelir**-expul**s**ão
• nos sufixos *-ês* e *-ense*.	finland**ês**, burgu**ês**, palmeir**ense**
Emprega-se o dígrafo *ss*:	
• nos substantivos derivados de verbos terminados em *-eder*, *-edir*, *-eter*.	**ceder**-ce**ss**ão; progr**edir**-progre**ss**o, rem**eter**-remi**ss**ão
• nas palavras que apresentam prefixo terminado em vogal e radical iniciado pela letra *s*.	*a* + **s**egurar = a**ss**egurar; *pre* + **s**upor = pre**ss**upor
Emprega-se o dígrafo *sc*:	
• em substantivos de origem erudita.	a**sc**ensão, con**sc**iência, ob**sc**eno, re**sc**isão, ressu**sc**itar, plebi**sc**ito
Emprega-se a letra *x* ou o dígrafo *xc*:	
• em algumas palavras por questão etimológica.	au**x**ílio, e**x**travagante, tê**x**til, e**x**por, trou**x**e, e**xc**eção, e**xc**edente, e**xc**epcional, e**xc**eto

Reprodução proibida. Art. 184 do Código Penal e Lei 9.610 de 19 de fevereiro de 1998.

SAIBA MAIS!

Existem palavras que têm pronúncia idêntica, porém grafia e significado diferentes. São as chamadas palavras homófonas. Conheça algumas delas para não se confundir na hora de escrevê-las.

- traz (do verbo trazer) – trás (atrás, detrás)
- chá (erva) – xá (soberano do Irã anteriormente à revolução popular de 1979)
- cheque (forma de pagamento) – xeque (jogada de xadrez)
- tacha (pequeno prego) – taxa (imposto)
- acender (atear fogo) – ascender (subir)
- caçar (capturar) – cassar (anular)
- cessão (ceder) – seção (repartição) – sessão (período)
- concerto (apresentação musical) – conserto (reparo)
- esperto (vivo, sagaz) – experto (especialista em determinado tema)

Acentuação gráfica

Em português, todas as palavras com duas ou mais sílabas apresentam **acento tônico**, ou seja, têm uma vogal (base da sílaba) pronunciada com maior intensidade. Nem todas, porém, recebem **acento gráfico** — sinal, usado exclusivamente na escrita, para marcar o timbre da vogal (aberto ou fechado) e/ou sua tonicidade.

Por que só algumas palavras recebem acento gráfico? A razão é que esse sinal marca justamente as exceções — ou seja, quando uma palavra é acentuada graficamente, isso significa que ela foge ao padrão de pronúncia da língua.

Existem três acentos gráficos na língua portuguesa:

- **agudo** — marca as vogais *i* e *u* tônicas (*faísca*, *baú*) e as vogais tônicas abertas *a*, *e* e *o* (*rajá*, *café*, *bobó*);
- **circunflexo** — marca as vogais tônicas fechadas (*lâmpada*, *sachê*, *avô*);
- **grave** — marca exclusivamente que há crase (*à*, *àquele*).

Além de indicar a tonicidade e o timbre da vogal, quando sua pronúncia foge à regra da língua, os acentos gráficos também servem para distinguir certos vocábulos (acento diferencial).

PARA LEMBRAR

Sílaba tônica: a que é pronunciada com mais intensidade.

Monossílabos tônicos: são pronunciados fortemente e não se apoiam em outra palavra (*pá*, *fez*, *eu*, etc.)

Monossílabos átonos: são pronunciados com menos força, portanto necessitam do apoio da sílaba tônica de uma palavra próxima (*a*, *ou*, *de*, etc.).

Reprodução proibida. Art. 184 do Código Penal e Lei 9.610 de 19 de fevereiro de 1998.

Revisão das regras principais

Acabamos de ver que acentuação gráfica é marca de exceção, isto é, a palavra acentuada graficamente foge ao padrão de pronúncia. Como, na língua portuguesa, poucas palavras têm a sílaba tônica na antepenúltima sílaba, a primeira regra de acentuação gráfica já pode ser formulada.

Primeira regra de acentuação gráfica:
Todas as palavras proparoxítonas são acentuadas graficamente. Exemplos: *câmara*, *cérebro*, *tímido*, *fósforo*, *lúgubre*.

Atenção: também são acentuadas graficamente as **proparoxítonas aparentes**, isto é, aquelas palavras terminadas em um ditongo crescente (*-ea*, *-eo*, *-ia*, *-ie*, *-io*, *-oa*, *-ua*, *-uo*, etc., seguidos ou não de *-s*) que pode ser pronunciado como hiato: *in-fân-cia* (ou *in-fân-ci-a*), *má-goas* (ou *má-go-as*), *vá-cuo* (ou *vá - cu - o*), *lín-gua* (ou *lín-gu-a*).

PARA LEMBRAR

As palavras em português são classificadas quanto à tonicidade em:

oxítonas: a sílaba tônica é a última sílaba da palavra;

paroxítonas: a sílaba tônica é a penúltima da palavra;

proparoxítonas: a sílaba tônica é a antepenúltima da palavra.

Registre as respostas no caderno.

1 As palavras do quadro apresentam sílaba tônica na mesma posição. Classifique-as.

parabéns	amor	saci
escrever	jacarandá	feliz
cordel	capitães	anéis
furacão	irmã	bambu
freguês	deduziu	amém
canção	avós	professor
herói	talvez	funil
encontrou	chapéu	flexão

2 Você observou que, apesar de todas as palavras do quadro terem a mesma classificação quanto à posição da sílaba tônica, nem todas foram acentuadas graficamente. Relacione as palavras que não receberam acento gráfico e indique por quais consoantes, vogais ou ditongos elas terminam. Atenção: a letra *-s* final pode indicar apenas flexão de número.

As oxítonas acentuadas graficamente são em menor número. Elas fogem ao padrão. Podemos formular, então, a segunda regra.

Segunda regra de acentuação gráfica:
Acentuam-se graficamente as oxítonas terminadas em *-a*(*s*), *-e*(*s*), *-o*(*s*); nos ditongos abertos *-ei*(*s*), *-eu*(*s*) e *-oi*(*s*); e *-em* ou *-ens*. Exemplos: *Pará, sapê, vovó, cascavéis, chapéus, aerossóis, ninguém, parabéns.*

SAIBA MAIS!

- As regras de acentuação das oxítonas valem também para os monossílabos tônicos, exceto no que diz respeito à terminação em *-em* ou *-ens*: *pá, pé, vô, céu, mói.*

As palavras **paroxítonas**, cuja sílaba tônica é a penúltima, são em maior número em nossa língua. Examine a lista de paroxítonas a seguir e atente para a terminação delas.

órgão	menino	caderno
móveis	encontrem	cadeira
caneta	mártir	elefante
Vênus	telefone	lousa
hífen	discutem	documento
amável	Félix	imprensa

Como você deve ter observado, as paroxítonas têm, como terminação padrão, as letras *-a*(*s*), *-e*(*s*), *-o*(*s*) e *-em*. Portanto, recebem o acento gráfico aquelas com terminações diferentes dessas. Temos, assim, a terceira regra de acentuação gráfica.

Reprodução proibida. Art. 184 do Código Penal e Lei 9.610 de 19 de fevereiro de 1998.

Terceira regra de acentuação gráfica:

As paroxítonas acentuam-se graficamente quando terminadas em:

- *-l, -n, -r, -x, -ps*: *agradável, hífen, líder, ônix, fórceps*
- *-i(s)* e *-us*: *júri, lápis, húmus*
- *-ei(s)*: *jóquei, répteis*
- *-ã(s), -ão(s)*: *ímã, órfãs, sótão, acórdãos*
- *-on(s), -um, -uns*: *eléctron, íons, fórum, álbuns*

3 Leia a regra das palavras oxítonas acentuadas graficamente e a das paroxítonas. Você consegue deduzir uma regra de acentuação gráfica que facilite a memorização dessas regras?

Independentemente da posição da sílaba tônica, há ainda mais dois fatos linguísticos que influenciam as regras de acentuação gráfica: **as vogais *i* e *u* tônicas** e o **acento diferencial**.

Vogais *i* e *u* tônicas

As respostas às questões devem ser registradas no caderno.

1 Observe os encontros vocálicos destacados nas palavras a seguir e classifique-os.

c**oi**sa	m**oí**da	**au**toestrada	b**aú**

2 Por que, em sua opinião, apenas um dos grupos recebeu acento gráfico?

As palavras *moída* e *baú* são paroxítona e oxítona, respectivamente, porém a acentuação gráfica que elas recebem não corresponde às regras de acentuação das paroxítonas nem das oxítonas. O acento gráfico de *moída* e de *baú* justifica-se pela regra de acentuação das vogais *i* e *u* tônicas nos hiatos.

Reprodução proibida. Art. 184 do Código Penal e Lei 9.610 de 19 de fevereiro de 1998.

Quarta regra de acentuação gráfica:

Acentuam-se as vogais *i* e *u* tônicas que formam hiato com a vogal anterior e estão sozinhas na sílaba, ou então acompanhadas por *-s*, e não são seguidas de *nh* nem precedidas por ditongo decrescente. Exemplo: *heroína, egoísta, viúvo, faísca.*

3 Releia a regra de acentuação gráfica das vogais *i* e *u* tônicas e responda: por que, na palavra *feiura*, a vogal *u* do hiato não recebe acento gráfico?

Acentos diferenciais

Algumas palavras mantiveram o acento diferencial, mesmo depois da adoção do acordo ortográfico de 1990. São acentuados com acento circunflexo:

- os verbos *ter*, *vir* e seus derivados, quando conjugados na 3ª pessoa do plural, no presente do indicativo: *eles* ***têm***, *eles* ***vêm***, *eles* ***detêm***, etc.;
- a forma infinitiva do verbo *pôr* para se diferenciar da preposição *por*;
- a 3ª pessoa do singular, no pretérito perfeito do verbo *poder*: *ele* ***pôde*** *nos acompanhar ontem, mas hoje não pode*;
- o substantivo *porquê*, para se diferenciar da conjunção *porque*: *não sei o* ***porquê*** *de sua zanga*;
- o substantivo, o pronome ou a interjeição *quê* no final de frase, para diferenciar das demais ocorrências e funções da palavra *que*: *queria lhe pedir algo, mas não sei o* ***quê***.

⊙ Outros sinais da escrita

Além dos acentos agudo e circunflexo, existem outros sinais usados na escrita que indicam a pronúncia e mesmo a estrutura morfológica de algumas palavras.

- O **til (˜)** indica a nasalidade das vogais *a* e *o*. Só pode ser considerado uma marca de acento tônico quando não houver outra sílaba marcada como tônica na palavra: *irmã, pagão, constelação*. Se a sílaba tônica for outra, o til é apenas o indicador de nasalidade: *ímã, órfão*.
- O **apóstrofo (')** indica a supressão de uma letra, geralmente a vogal da preposição *de* antes de palavra iniciada por *a*: *estrela-d'alva, galinha-d'angola*.
- O **cedilha (,)** é o sinal adicionado sob a letra *c*, em alguns contextos, para indicar que essa letra deve ser pronunciada como /s/: *almoço, caroço, açude*.
- O **hífen (-)** é empregado para diversos fins. Alguns deles são:
  a) unir elementos de palavras compostas: *bem-te-vi, cirurgião-dentista*;
  b) unir pronomes oblíquos aos verbos: *encontrei-a, deixá-lo*;
  c) separar sílabas ou dividi-las ao final de uma linha: *man-do, os-so*;
  d) escrever palavras iniciadas pelos prefixos tônicos: *pós-graduação, recém--formado*.
- O **trema (¨)** é usado apenas em palavras estrangeiras e derivadas destas, como: Müller, mülleriano, Staël.

Objeto educacional digital (animação)
• Acentuação gráfica

NAVEGUE

Em 2016, deve entrar em vigor o novo Acordo Ortográfico da Língua Portuguesa, que busca a unificação do idioma na Comunidade dos Países de Língua Portuguesa (CPLP), formada por Angola, Brasil, Cabo Verde, Guiné-Bissau, Moçambique, Portugal, São Tomé e Príncipe e Timor Leste. Para consultar o texto oficial do acordo, acesse <http://www.academia.org.br/abl/media/O%20Acordo%20Ortográfico%20da%20Língua%20Portuguesa_anexoI%20e%20II.pdf>.

Reprodução proibida. Art. 184 do Código Penal e Lei 9.610 de 19 de fevereiro de 1998.

Atividades

As respostas às questões devem ser registradas no caderno.

1 Copie as frases a seguir empregando corretamente as palavras *viagem* e *viajem*. Justifique suas escolhas.

a) Vou fazer o possível para que meus pais viagem / viajem nestas férias.

b) A viagem / viajem de Juazeiro do Norte a Fortaleza leva mais de seis horas.

2 Os substantivos abstratos terminados com som de /s/ + *ão* causam muitas dúvidas na hora da escrita.
Copie o quadro abaixo e distribua os substantivos do boxe nas colunas adequadas, grafando-os de acordo com as normas ortográficas vigentes.

Grafam-se com **ç** os derivados dos compostos do verbo *ter*	Grafam-se com **s** os derivados de verbos terminados em *-nder*, *-ndir* e *-pelir*	Grafam-se com **ss** os derivados de verbos terminados em *-eder*, *-edir*, *-eter*

progre★ão	conten★ão	manuten★ão	repul★ão
expan★ão	expul★ão	conce★ão	reten★ão
interce★ão	agre★ão	remi★ão	exten★ão

3 Reescreva as frases a seguir, eliminando os problemas de ortografia. Consulte as regras revistas neste capítulo.

a) Ele não quiz contar ao pai que o carro não tinha concerto.

b) Pediu uma lasanha à bolonheza e cometeu a indelicadesa de não dividí-la com ninguém.

c) Só depois de enxerem todos os balões, decidiram distribui-los às crianças.

d) Estava temeroza de que regeitassem meu trabalho.

e) Cecilia se programou para arrumar o guarda-roupa no dia do aniversario dela.

f) Esqueci o relojio na garajem, mas, quando fui atraz dele, percebi que alguem o havia levado.

g) Não temos outro geito: a menos que um de nós arrange um trabalho urjentemente, nosso dinheiro acabara.

h) Por mais que corresemos, chegamos atrazados aquela cessão especial de cinema.

i) Voce tem conciencia de que seu dezempenho na fabrica foi excepcional?

j) Não consegui encontrar minhas frutas prediletas: abacaxi, maracujá, côco e melancia.

4 A placa a seguir foi fotografada por José Eduardo Camargo para o livro *O Brasil das placas: viagem por um país ao pé da letra*.

a) Leia-a e comente se você entendeu os serviços que J. M. está anunciando.

REPRODUÇÃO/EDITORA ABRIL

CAMARGO, José Eduardo Rodrigues; FONTENELLE, André Luís. *O Brasil das placas: viagem por um país ao pé da letra*. São Paulo: Panda Books, 2007. p. 105.

b) Reescreva, de acordo com as regras ortográficas, as palavras que apresentam, na placa, os fonemas /s/ e /z/ e não estão grafadas de acordo com essa convenção.

c) Por que a transgressão das regras ortográficas não impediu a compreensão dessas palavras?

NAVEGUE

Leia mais informações sobre o livro *O Brasil das placas: viagem por um país ao pé da letra* e veja outros exemplos de placas curiosas retratadas pelos autores: <http://guiadoscuriosos.com.br/blog/2008/04/26/o-divertido-brasil-das-placas/>.

Reprodução proibida. Art. 184 do Código Penal e Lei 9.610 de 19 de fevereiro de 1998.

Leia a seguinte notícia publicada na revista *Língua Portuguesa* e responda às questões de 5 a 7.

É nóis

No mês passado, ladrões invadiram uma agência bancária na região central da cidade de Três Lagoas, no Estado de Mato Grosso do Sul, e levaram R$ 160 mil. O assalto só foi percebido quando os funcionários do banco chegaram para trabalhar e viram que havia um buraco no teto.

Um recado escrito à mão foi deixado no local do crime pelos assaltantes com os seguintes dizeres: "cem arma, cem drogas, cem violência — agradeçemos a preferencia e acima de tudo nossa percistencia — é nois (**sic**)".

Língua Portuguesa, São Paulo, ano III, n. 37, p. 11, nov. 2008.

Sic: expressão latina que quer dizer "assim" (empregada para esclarecer que o texto está igual ao original).

5 Em sua opinião, qual foi a intenção da revista ao publicar a notícia sobre o assalto?

6 Justifique por que a palavra *cem* foi empregada de maneira inadequada no contexto.

7 Corrija as outras palavras do bilhete que não estão de acordo com a norma ortográfica e explique a correção.

8 Observe o quadro abaixo:

réptil	míope	fêmur	hidráulico
síndrome	vírus	açúcar	sábado

a) Separe as palavras em dois grupos, de acordo com a regra de acentuação gráfica.

b) Que regra está determinando a acentuação de cada um dos grupos de palavras?

Reprodução proibida. Art. 184 do Código Penal e Lei 9.610 de 19 de fevereiro de 1998.

O QUE VOCÊ APRENDEU NO PERCURSO DESTE CAPÍTULO

- A representação dos fonemas pelas letras, na escrita, e o uso de acentos gráficos são determinados por regras convencionadas.
- Certos fonemas da língua portuguesa são representados por diferentes letras, na escrita.
- Existem algumas regras que podem nos ajudar a escolher a letra adequada em cada situação.
- Todas as palavras em português, com exceção dos monossílabos átonos, têm acento tônico, mas nem todas levam acento gráfico.
- As palavras que fogem ao padrão em relação à pronúncia são acentuadas graficamente.
- Os acentos gráficos empregados em português para marcar o timbre e/ou a tonicidade da vogal são o agudo e o circunflexo.
- Também são sinais acessórios da escrita a cedilha, o trema, o til, o apóstrofo e o hífen.

CAPÍTULO

8

Estrutura das palavras

PERCURSO DO CAPÍTULO

- Morfemas: elementos formadores das palavras
- Radical ou morfema lexical
- Afixos
- Desinências
- Vogal temática

Em um automóvel, cada uma das peças desempenha um papel único e fundamental. Muitas línguas, como o português, têm também pequenas "peças" de significado específico que, reunidas, formam palavras. Estas, por sua vez, organizam-se em enunciados por meio dos quais interagimos e nos comunicamos (foto de 2010).

DAVID MADISON/CORBIS/LATINSTOCK

Introdução

Globalização, informática, multimídia... Você já parou para pensar que palavras como essas não existiam há cem anos?
À medida que a sociedade se modifica, novas palavras e expressões são criadas para atender à nova realidade. Saber como as palavras são formadas nos ajuda a entender por que um termo ou uma expressão são usados em determinada situação comunicativa. E também a criar efeitos de sentido em certos contextos, além de facilitar nossa compreensão de algumas convenções ortográficas.

Responda às questões oralmente.

1 O infográfico a seguir foi publicado no caderno de tecnologia do jornal *Folha de S.Paulo*. Leia-o e indique as novas palavras incorporadas à língua portuguesa em decorrência dos avanços tecnológicos.

TEMPESTADES NA WEB
Algumas falhas protagonizadas por empresas que gerenciam serviços na nuvem

Hotmail
Hotmail
03/1/11
Após a virada de ano, cerca de 17 mil usuários tiveram e-mails, contato e pastas subitamente deletados

Gmail by Google
Gmail
28/2/11
E-mails de cerca de 150 mil usuários do Gmail foram apagados devido a uma falha no servidor do Google

PLAYSTATION® Network
Sony
01/5/11
Ataques a redes on-line da empresa resultaram no roubo de dados de mais de 100 milhões de usuários

Dropbox
Dropbox
17/5/11
Um centro de pesquisa acusou o Dropbox de dar a seus funcionários acesso a informações de usuários

Google agenda
Google Agenda
20/5/11
A ferramenta foi infectada com uma praga virtual que fez com que a notificação por e-mail não funcionasse

LinkedIn
LinkedIn
24/5/11
Rishi Narang, um especialista indiano de segurança on-line, descobriu quatro cookies do LinkedIn que duram um ano

EDITORIA DE ARTE/FOLHAPRESS

Folha de S.Paulo, São Paulo, 1º jun. 2011.

Reprodução proibida. Art. 184 do Código Penal e Lei 9.610 de 19 de fevereiro de 1998.

2 Que palavras, já pertencentes ao português, adquiriram novo sentido nesse contexto tecnológico? Defina o significado de cada uma delas.

3 Em português, a terminação *-ado* pode, em alguns contextos, indicar mudança, transformação, efeito da ação. Explique como o verbo inglês *to delete* (apagar) originou a forma verbal *deletados* em nossa língua.

4 Que verbos deram origem, respectivamente, às palavras *usuários* e *servidor*, presentes no infográfico?

A língua portuguesa, como qualquer outra, é um organismo vivo. São os falantes do português que enriquecem seu léxico por meio da criação de novas palavras, sempre que a situação comunicativa exige. Em geral, a ampliação lexical se dá pela assimilação de palavras estrangeiras (*e-mail*, por exemplo), pela atribuição de novos sentidos a vocábulos já existentes (como *servidor*, que adquiriu um novo significado no contexto tecnológico) ou então pela formação de novas palavras a partir de elementos estruturais da própria língua.

Esse último caso pode ser exemplificado pela palavra *bafômetro*, que foi criada nas últimas décadas a partir de *bafo* + *metro*. Nas questões anteriores, você também percebeu que algumas palavras estrangeiras são adaptadas à língua portuguesa e, nesse processo, podem receber essas "partículas" de nossa língua, como ocorreu com *deletados*.

Neste capítulo, você estudará quais são as partículas que entram na estruturação e na formação das palavras da língua portuguesa.

NAVEGUE

O português assimilou palavras de muitas outras línguas ao longo de sua formação. Conheça algumas delas neste curioso dicionário de estrangeirismos: <http://www.portaldalinguaportuguesa.org/index.php?action=loanwords&act=list>.

Reprodução proibida. Art. 184 do Código Penal e Lei 9.610 de 19 de fevereiro de 1998.

Morfemas

Leia a tira a seguir e responda às questões no caderno.

GARFIELD **Jim Davis**

© 2011 PAWS, INC. ALL RIGHTS RESERVED / DIST. UNIVERSAL UCLICK

1 Observe a sequência dos quadrinhos e relacione a imagem à "fala" dos personagens.

2 A relação entre os adjetivos é responsável pelo humor da tira. Explique essa afirmação.

3 Observe os adjetivos que caracterizam o gato e o rato e responda:

a) Qual é o elemento comum às duas palavras?

b) Que elementos as diferenciam?

c) Na palavra *gordo*, o que a letra *-o* final indica?

d) Que informação o *-s* final, em *gorduchos*, dá ao leitor? Por quê?

Elementos como *gord-*, *-o*, *-ucho* e *-s*, constituintes da palavra *gorduchos*, são denominados **morfemas**.

Morfemas são os menores elementos significativos que compõem as palavras.

A seguir estudaremos os diferentes tipos de morfema.

Radical ou morfema lexical

Volte à tira do Garfield e descubra:

• Qual é o morfema que concentra o significado básico dos dois adjetivos?

O morfema que concentra o significado básico de uma palavra é chamado de **radical** ou **morfema lexical**.

Ao examinarmos os adjetivos *gordo* e *gorducho*, percebemos que essas duas palavras apresentam o mesmo **radical**. Por isso dizemos que elas pertencem à mesma **família de palavras** e são chamadas **palavras cognatas**.

Palavras cognatas são as que têm a mesma origem, pertencem à mesma família e apresentam o mesmo radical.

Alguns morfemas são agregados ao radical e com ele formam palavras. São os **afixos**, as **desinências** e as **vogais temáticas**.

NAVEGUE

Leia um interessante artigo sobre palavras que, embora se pareçam, não são cognatas: <http://tvcultura.cmais.com.br/aloescola/linguaportuguesa/significacaodaspalavras/falsoscognatos-topush-topretend.htm>.

Afixos

Conforme você observou, a tira do Garfield busca produzir humor relacionando duas palavras cognatas: *gordo* e *gorducho*. Veja outras palavras pertencentes à mesma família dessas e responda no caderno às questões a seguir.

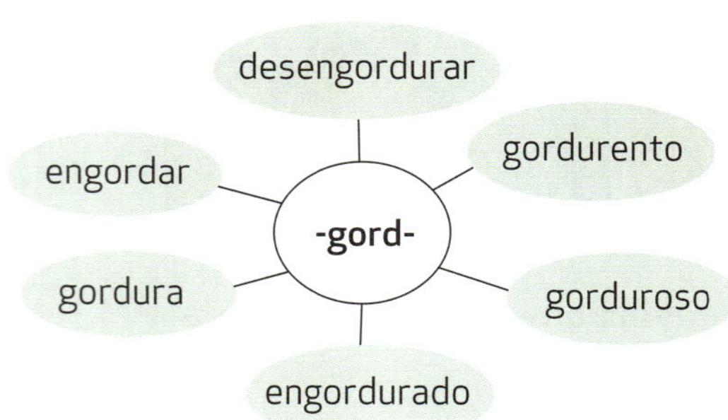

1 Copie as palavras nas quais aparecem morfemas *antes* do radical *gord-*.

2 Em qual delas esse morfema que aparece antes do radical tem sentido de oposição? E em quais acrescenta ao radical um sentido de processo, transformação?

3 Observe agora os morfemas que aparecem *após* o radical *gord-*. Identifique pelo menos um caso em que, ao juntar-se ao radical, o morfema formou um adjetivo e outro em que formou um verbo.

Reprodução proibida. Art. 184 do Código Penal e Lei 9.610 de 19 de fevereiro de 1998.

Conforme você observou, para formar as palavras do esquema, às vezes foram acrescentados morfemas antes do radical *-gord-*, às vezes depois dele e, às vezes, ainda, ocorreram ambos os movimentos (como em *desengordurar*). Você também notou que a cada um desses acréscimos a palavra formada adquiria novos sentidos e funções. Esses elementos que se juntam ao radical para formar palavras são os **afixos**.

Afixos são elementos mórficos que se juntam ao radical, formando novas palavras. Os afixos que antecedem os radicais são denominados **prefixos**, e os que os sucedem são chamados **sufixos**.

Os **prefixos** dão nova significação ao radical das palavras que com eles se formam. Em geral agregam-se a verbos (***re**fazer*, ***des**mentir*) a adjetivos (***in**decente*, ***des**necessário*) e, mais raramente, a substantivos, a maioria deles deverbais, isto é, derivados de verbos (como ***des**enlace*).

Já os **sufixos**, além de atribuir novos sentidos à palavra, têm como função formar classes gramaticais. Assim, acrescidos aos radicais, transformam substantivos em adjetivos (*barba* → *barb**ado***), adjetivos em substantivos (*belo* → *bel**eza***), verbos em substantivos (*cantar* → *cant**or***) ou adjetivos em advérbios; neste caso, com o sufixo *-mente* (*clara* → *clara**mente***). Note que cada sufixo também acrescenta um valor semântico diferente ao radical ao qual se une; por exemplo, tanto o sufixo *-aria* quanto o sufixo *-eiro* geram substantivos, porém com sentido distinto: *churras**caria*** (restaurante) × *churras**queiro*** (profissional).

Reprodução proibida. Art. 184 do Código Penal e Lei 9.610 de 19 de fevereiro de 1998.

Desinências

As **desinências**, diferentemente dos afixos, não alteram o sentido do radical; a função delas é apenas gramatical.

- As desinências que indicam gênero e número de substantivos, adjetivos e de certos pronomes denominam-se **desinências nominais**. Exemplo: *menin**as***.

Radical	Desinência de gênero	Desinência de número
menin-	-a	-s

- As desinências que indicam o modo, o tempo, o número e a pessoa verbal denominam-se **desinências verbais**. Exemplo: *estudá**ssemos***.

Radical		Desinência de modo-tempo	Desinência de pessoa
estud-	[á]	-sse	-mos

Desinências são elementos mórficos cuja função é indicar as flexões de gênero e número dos nomes (**desinências nominais**) e de tempo, modo, pessoa e número das formas verbais (**desinências verbais**).

Vogal temática

Você deve ter percebido que um elemento não foi analisado na forma verbal *estudássemos*: a vogal *-a*. Responda no caderno:

1 Em que posição essa vogal aparece?

2 Passe a forma verbal *estudássemos* para o modo infinitivo e indique a conjugação a que o verbo pertence.

3 O que você conclui quanto à função da vogal *-a* nesse caso?

- Nas formas verbais *estud**á**ssemos* e *estud**a**r*, a vogal *-a*, que sucede imediatamente o radical, marca a conjugação a que o verbo pertence e possibilita o acréscimo de desinências verbais a esse radical.
- Nos nomes, as vogais átonas *-a*, *-e* e *-o* posicionadas logo depois do radical são as **vogais temáticas nominais**. Elas possibilitam a ligação de um sufixo ou de uma desinência ao radical. Exemplo: *mestr**e**s*.

Radical	Vogal temática	Desinência nominal indicativa de número
mestr-	-e	-s

- Os nomes terminados por vogal tônica ou por consoante não têm vogal temática. É o caso de *café*, *azul*, *mar*, etc.

SAIBA MAIS!

A vogal átona final *-a* é **desinência de gênero feminino** quando se opõe à marca de gênero masculino. Compare:

- *cama*: o *-a* final átono é vogal temática nominal (não existe o masculino dessa palavra);
- *moça*: o *-a* final átono é desinência de gênero feminino, pois se opõe à desinência de gênero masculino *-o*, em *moço*.

Vogais temáticas são aquelas que sucedem imediatamente o radical e possibilitam a ligação deste com as desinências verbais ou nominais.

Ao conjunto **radical + vogal temática**, denominamos **tema**. Observe os elementos mórficos que compõem a forma verbal *escreverão* e o substantivo *livros*.

escrev	+ e	+ rão
radical	**vogal temática**	**desinência verbal**

tema = escrev + e

livr	+ o	+ s
radical	**vogal temática**	**desinência nominal**

tema = livr + o

EM RESUMO

- **Desinência**: morfema indicativo de flexão nominal ou verbal.
- **Vogal temática**: posicionada entre o radical e as desinências (verbais ou nominais).
- **Tema**: radical acrescido da vogal temática.

Vogais e consoantes de ligação

Observe a estrutura destas palavras:

cha	+ l	+ eira
radical		sufixo

facil	+ i	+ dade	+ s
radical		sufixo	desinência

Note que a consoante *l* e a vogal *i* não acrescentam nenhum significado ao radical, nem servem para marcar uma classe de palavras, tampouco para indicar a flexão. Vogais ou consoantes como essas, que são introduzidas entre morfemas com o único objetivo de facilitar a pronúncia de certos vocábulos, são chamadas de **vogais ou consoantes de ligação**. Veja outros exemplos: *cafe-**z**-al*, *gas-**o**-duto*.

Reprodução proibida. Art. 184 do Código Penal e Lei 9.610 de 19 de fevereiro de 1998.

Atividades

Responda no caderno às questões propostas.

1 Leia uma resposta à pergunta de um leitor, publicada nas páginas destinadas a perguntas e respostas da revista *Mundo Estranho*.

SHUTTERSTOCK

Objeto educacional digital (animação)
- Estrutura das palavras

POR QUE O GAGO NÃO GAGUEJA QUANDO CANTA?

Porque a parte do cérebro usada no canto é diferente da da fala. "O cérebro tem dois sistemas pré-motores: o medial e o lateral. O primeiro fica ativo quando a pessoa fala e o outro quando ela produz sons mais ritmados", explica a fonoaudióloga. Então, mesmo que haja um problema na área da fala, ele pode não afetar a cantoria. Sílabas prolongadas, emitidas durante o canto, também minimizam o problema. A causa da gagueira ainda é desconhecida, mas sabe-se que ela está relacionada tanto a fatores genéticos quanto a traços psicológicos e traumas.

Mundo Estranho, São Paulo, ed. 119, p. 54 dez. 2011.

a) Qual é a intenção comunicativa desse texto?

b) Explique sucintamente por que a gagueira não interfere no canto de um gago.

c) No texto, há dois grupos de palavras cognatas. Encontre-as e justifique por que recebem essa classificação.

d) O emprego de palavras cognatas ajuda a manter a coesão (unidade temática) do texto? Por quê?

Reprodução proibida. Art. 184 do Código Penal e Lei 9.610 de 19 de fevereiro de 1998.

2 Explique por que a última vogal átona *a* em *lâmpada* é vogal temática mas em *guerreira* é desinência nominal.

3 No capítulo 7 você recordou algumas regras para escolher a letra que deve representar, na escrita, o fonema /s/. O que acabamos de estudar sobre estrutura das palavras também pode ajudá-lo nessa escolha. Observe estes dois grupos de palavras.

Grupo 1	Grupo 2
burrice	subisse
meiguice	partisse
chatice	saísse

a) Quais são os radicais das palavras no grupo 1?

b) Qual é e como se classifica o elemento mórfico que aparece após esses radicais?

c) Levando em conta o que você estudou sobre a função desse tipo de elemento mórfico, que papel ele desempenha na formação dessas palavras?

d) No grupo 2, qual é e como se classifica o elemento mórfico que aparece após o radical de cada palavra? O que ele indica sobre a palavra?

e) Observe agora as letras empregadas, em cada grupo de palavras, para representar o fonema /s/ e escreva uma regra, baseada na morfologia (estrutura de morfemas) dessas palavras, para orientar os colegas a grafá-las adequadamente.

4 Esta tira, de Benett, brinca com um estereótipo. Observe:

BENETT

a) Leia o boxe abaixo e explique como o quadrinista utilizou o estereótipo comentado para construir o humor da tira.

Estereótipos em torno da psicanálise

A psicanálise é um método criado por Freud para investigar o universo psíquico, em que o analista busca atribuir significados a palavras, ações, sonhos, etc. do paciente, baseando-se na ideia de que esses elementos veiculariam conteúdos inconscientes (dos quais a pessoa não se dá conta).

Desse modo, como os psicanalistas tendem a buscar significados ocultos em fatos aparentemente banais, criou-se o estereótipo de que esses profissionais fariam isso em qualquer situação, transformando até os objetos mais corriqueiros em "símbolos". Trata-se, é claro, apenas de uma visão preconcebida e exagerada dessa atividade.

b) Observe alguns dos valores semânticos que o sufixo *-ista* pode acrescentar aos substantivos que forma.

Região de origem: nort**ista**, sul**ista**.	Pessoa adepta a determinada forma de pensar: comun**ista**, anarqu**ista**, fatal**ista**.	Ocupação, ofício: pian**ista**, romanc**ista**.

Qual ou quais desses valores se aplicam às palavras terminadas em *-ista* presentes na tira?

c) A repetição do sufixo também contribuiu para a criação do humor? Por quê?

O QUE VOCÊ APRENDEU NO PERCURSO DESTE CAPÍTULO

- As palavras são constituídas de elementos mínimos significativos denominados morfemas.
- Há diferentes tipos de morfemas: radical, afixo (prefixo e sufixo), vogal temática e desinência (verbal e nominal).
- O radical concentra a informação semântica mais importante da palavra.
- Os afixos alteram o significado do radical. No caso dos sufixos, sua função mais importante é a mudança da classe gramatical das palavras.
- As desinências indicam a flexão dos nomes (em gênero e/ou número) e dos verbos (em modo, tempo, número e pessoa).

Reprodução proibida. Art. 184 do Código Penal e Lei 9.610 de 19 de fevereiro de 1998.

CAPÍTULO

9

Formação de palavras

PERCURSO DO CAPÍTULO

- Derivação
- Composição
- Hibridismo
- Onomatopeia
- Redução ou abreviação
- Siglonimização
- Neologismo

GLORIA FILMS/RAVINA FILMES/THE KOBAL COLLECTION/AFP/OTHER IMAGES

Circuntristeza (tristeza circundante) e *suspirância* (suspiros repetidos) são alguns dos milhares de vocábulos inventados pelo escritor mineiro Guimarães Rosa (1908-1967), considerado um dos maiores mestres do mundo na criação de palavras. Mas essa arte não é exercida apenas por escritores talentosos. Ao longo da história de uma língua, seus falantes também usam a criatividade ao ampliar o vocabulário existente, seja pela combinação de elementos da própria língua, seja por outros processos de formação de palavras. (Cena do filme *Mutum*, de Sandra Kogut, baseado na obra *Campo geral*, de Guimarães Rosa, Brasil, 2007.)

Introdução

*As palavras nascem, vivem e morrem.
Com o tempo, algumas deixam de ser usadas, enquanto outras se incorporam ao vocabulário da língua para satisfazer as necessidades de comunicação. Conhecer novos vocábulos e experimentar diferentes possibilidades de arranjos linguísticos amplia nosso ponto de vista e enriquece nossa expressão.*

O personagem Homem-Legenda é uma das criações do cartunista gaúcho Adão Iturrusgarai. Observe a situação em que ele aparece na tira a seguir.

HOMEM-LEGENDA **Adão**

ADÃO ITURRUSGARAI

Responda às questões oralmente.

1 Qual o sentido de *apolítico*, nesse contexto? Se necessário, consulte um dicionário.

2 O adjetivo *apolítico* foi formado do mesmo modo que os adjetivos *amoral* e *assintomático*. O que se pode inferir disso?

3 Por que no último quadrinho, após a intervenção do Homem-Legenda, o personagem de blusa xadrez aparece com um semblante zangado?

4 Com base na análise dessa tira, indique a principal característica do personagem Homem-Legenda e explique por que ele tem esse nome.

5 Como foi formado o nome do personagem Homem-Legenda?

Nas questões, você notou que o autor da tira usou um adjetivo formado pelo acréscimo do prefixo **a-** ao radical *polític(o)* e, também, criou o nome de um personagem a partir da junção de dois radicais diferentes, *homem* e *legend(a)*. Essas são algumas das maneiras de formar palavras na língua portuguesa, conforme veremos neste capítulo.

Reprodução proibida. Art. 184 do Código Penal e Lei 9.610 de 19 de fevereiro de 1998.

Processos básicos de formação de palavras

⊙ Derivação

Vamos começar nosso estudo lembrando-nos de que **palavras cognatas** são as que pertencem à mesma família, porque têm o mesmo radical (esse assunto foi estudado no capítulo 8).

Entre as palavras cognatas, há uma formada inteiramente, ou em sua maior parte, apenas pelo radical. Ela é chamada de **primitiva**; as demais palavras são as **derivadas**.

Observe o quadro abaixo e, acionando os conhecimentos aprendidos no capítulo 8, responda às questões no caderno.

infeliz	feliz	felizmente	infelizmente

1 As palavras do quadro têm o mesmo significado?

2 Qual delas é a primitiva?

3 Transcreva as palavras derivadas.

4 Qual é o radical das palavras derivadas?

5 Transcreva de cada palavra os afixos agregados ao radical.

Observando novamente o quadro acima, é possível constatar que, pelo acréscimo de afixos à palavra primitiva, outras três foram formadas.

Derivação é o processo de formação de novos vocábulos pela agregação de afixos (prefixos e/ou sufixos) à palavra primitiva.

Há diferentes formas de derivar palavras. Vejamos cada uma delas.

Reprodução proibida. Art. 184 do Código Penal e Lei 9.610 de 19 de fevereiro de 1998.

Derivação prefixal e sufixal

Em 2012, o filósofo pernambucano Luiz Felipe Pondé publicou o *Guia politicamente incorreto da filosofia*.

No título desse livro há duas palavras derivadas: *incorreto*, formada pelo acréscimo do prefixo *in-* ao radical da palavra primitiva *correto*; e *politicamente*, formada pelo acréscimo do sufixo *-mente* ao radical da palavra primitiva *política*. Dizemos, então, que a primeira foi formada pelo processo de **derivação prefixal**, e a segunda, pelo processo de **derivação sufixal**.

REPRODUÇÃO

Em seu livro, o filósofo Pondé faz uma reflexão sobre o que hoje se considera politicamente correto.

Derivação prefixal é o processo de formação de palavras pelo acréscimo de **prefixos** ao radical da palavra primitiva.

Derivação sufixal é o processo de formação de palavras pelo acréscimo de **sufixos** ao radical da palavra primitiva.

Na derivação prefixal e sufixal pode-se juntar ao radical:

- só o prefixo. Ex.: **des**respeito (des + respeito).
- só o sufixo. Ex.: respeit**oso** (respeit(o) + oso).
- o prefixo e o sufixo. Ex.: **des**respeit**oso** (des + respeit(o) + oso).

Derivação parassintética

Tomemos novamente as palavras *incorreto* e *politicamente*. Se subtrairmos o prefixo de uma e o sufixo da outra, ainda assim teremos palavras pertencentes ao léxico da língua: *correto* e *política*, respectivamente.

Observe o quadro a seguir e responda no caderno ao que se pede.

acorrentado	engaiolar	amanhecer
entristecer	endurecer	desalmado

1 Transcreva as palavras, eliminando ora os prefixos, ora os sufixos de cada uma.

2 O que você pode concluir em relação à resposta dada à questão anterior?

Há casos em que os dois afixos (prefixo e sufixo) são agregados ao mesmo tempo à palavra primitiva. Dizemos, então, que palavras como *acorrentado* e *endurecer* formam-se pelo processo de **derivação parassintética** ou **parassíntese**. Note que os prefixos *a-* e *em-* (*en-*) entram em boa parte dessas palavras, que, em geral, pertencem à classe dos verbos.

Derivação parassintética ou **parassíntese** é o processo de formação de palavras pelo acréscimo **simultâneo** de **prefixo** e **sufixo** ao radical da palavra primitiva.

Na derivação por parassíntese, tanto o prefixo como o sufixo têm de ser acrescidos ao radical ao mesmo tempo. Exemplo: *entristecer* (en + trist(e) + ecer). Repare que não é possível formar "entriste" (en + triste) nem "tristecer" (trist(e) + ecer).

Derivação regressiva

Leia esta manchete, publicada no jornal eletrônico *Rondônia Agora* em 4 de abril de 2012.

Governo vai reforçar campanha de combate ao abuso sexual de crianças

Disponível em: <http://www.rondoniagora.com/noticias/governo-vai-reforcar-campanha-de-combate-ao-abuso-sexual-de-criancas-2012-04-04.htm>. Acesso em: 25 out. 2012.

Os substantivos *combate* e *abuso*, presentes na manchete, derivam dos verbos *combater* e *abusar*. Mas, nesse processo, não foram acrescidos afixos diretamente às palavras primitivas.

Para formar as palavras derivadas, primeiro se retirou a desinência de infinitivo *-r* dos dois verbos, bem como suas vogais temáticas verbais *-e* (*combat**er***) e *-a* (*abus**ar***). Depois, fez-se a substituição desses elementos pelas vogais temáticas nominais *-e* (*combat**e***) e *-o* (*abus**o***). Dizemos que, nesse caso, houve um processo de **derivação regressiva**.

Derivação regressiva é o processo de formação de substantivos derivados de verbos por meio de redução, isto é, retira-se da forma verbal (palavra primitiva) a desinência de infinitivo *-r*, assim como a vogal temática verbal, e substituem-se esses elementos pelas vogais temáticas nominais *-a*, *-e* ou *-o*.

Reprodução proibida. Art. 184 do Código Penal e Lei 9.610 de 19 de fevereiro de 1998.

Os substantivos formados a partir de verbos são chamados **deverbais** e sempre nomeiam ações. Observe o quadro de exemplos a seguir.

Forma verbal (infinitivo)	Radical: eliminação da vogal temática verbal e da desinência de infinitivo	Forma derivada regressiva: radical + vogal temática nominal = substantivo deverbal
vend**er**	vend-	vend**a**
chor**ar**	chor-	chor**o**
debat**er**	debat-	debat**e**
perd**er**	perd-	perd**a**

Derivação imprópria

Leia este fragmento da resenha de uma exposição de fotografias sobre a cidade de Joinville (SC).

Exposição mostra o ontem e o hoje de Joinville

Quem anda pelas ruas do Centro de Joinville e olha para as fachadas dos comércios, casas ou prédios abandonados pode não imaginar a história que cada edificação pode ter para contar. Pensando nisso, os historiadores Cibele Ferrari e Kleber Tobler organizaram a exposição "Retrofotografia: o passado e o presente, juntos, construindo o futuro", que começa nesta terça-feira (24), no Museu de Imigração e Colonização.

ZÉ PAIVA/FOLHAPRESS

Museu Nacional de Imigração e Colonização (antigo Palácio dos Príncipes), em Joinville (SC). Foto de 2013.

São dez fotografias mostrando o antes e o depois de Joinville, em imagens sobrepostas de um mesmo lugar, evidenciando prédios antigos, hoje patrimônios culturais. De um lado, o registro atual, colorido, e de outro, um recorte de um instante perdido nas primeiras décadas do século passado, em preto e branco. [...]

Disponível em: <http://www.gazetadejoinville.com.br/site/archives/16896>. Acesso em: 25 out. 2012. (Fragmento).

Ao enfatizar o contraste entre o passado e o presente das edificações de Joinville, o resenhista faz uso das expressões "**o** ontem e **o** hoje" e "**o** antes e **o** depois".

As palavras *ontem*, *hoje*, *antes* e *depois* são advérbios de tempo. Mas, no contexto da resenha, elas mudam de classe gramatical, passando a substantivos, porque estão acompanhadas (determinadas) pelo artigo definido *o*.

Como se vê, também é possível formar palavras novas sem o acréscimo de afixos à palavra primitiva, apenas alterando sua classe gramatical. A esse processo denominamos **derivação imprópria**.

Derivação imprópria é o processo de formação de palavras em que se muda a classe gramatical da palavra primitiva sem o acréscimo de afixos.

Reprodução proibida. Art. 184 do Código Penal e Lei 9.610 de 19 de fevereiro de 1998.

EM RESUMO

Tipos de derivação
- **Prefixal**: acréscimo de prefixo ao radical.
- **Sufixal**: acréscimo de sufixo ao radical.
- **Parassintética**: acréscimo simultâneo de sufixo e prefixo ao radical.
- **Regressiva**: formação de substantivos a partir de verbos, substituindo-se a vogal temática verbal e a desinência verbal por uma vogal temática nominal.
- **Imprópria**: alteração da classe gramatical da palavra sem o acréscimo de afixos.

⊙ Composição

Observe a capa e a quarta capa do livro *Laertevisão: coisas que não esqueci*, do cartunista Laerte Coutinho.

REPRODUÇÃO

REPRODUÇÃO

Um ramalhete de memórias, pessoais e televisivas, na visão singular de Laerte, um de nossos maiores cronistas do desenho.
Quadrinhos, fotos e ilustrações do fundo da gaveta compõem este retrato único da vida cotidiana brasileira, de uma época que se inicia com a chegada da televisão, no final dos anos 1950, e vai até o advento da TV em cores, no início da década de 1970.
Anos de aprendizado: para Laerte, que os viveu, e para nós, aqui convidados a revivê-los nesta bela edição.

Capa e quarta capa, respectivamente, do livro do cartunista Laerte (*Laertevisão: coisas que não esqueci*. São Paulo: Conrad, 2007).

A palavra que compõe o título da obra, *Laertevisão*, é plurissignificativa (tem vários significados): podemos associá-la à *televisão*, um dos assuntos do livro, à visão do autor, Laerte, sobre a época retratada, etc. Observe que, para inventar essa palavra, o cartunista não juntou afixos a um radical; em vez disso, ele uniu duas palavras da língua, ou seja, dois radicais: *Laerte*, um nome próprio, e *visão*. Esse processo de formação de palavras pela união de dois ou mais radicais se chama **composição**.

Composição é o processo de formação de palavras pela união de dois ou mais radicais.

EM RESUMO

Derivação: formação de palavras a partir do acréscimo (ou subtração) de afixos em um radical.
Composição: formação de palavras a partir da união de dois ou mais radicais.

Há dois tipos de composição: por **justaposição** e por **aglutinação**.

Composição por justaposição

Volte ao título do livro de Laerte Coutinho e reexamine a palavra *Laertevisão*. Você vai perceber que os radicais formadores desse vocábulo, *Laerte* e *visão*, não sofreram perda nem alteração de fonemas ao se unirem, isto é, mantiveram a mesma pronúncia que possuíam quando separados. A esse processo de formação de palavras denominamos **composição por justaposição**. Veja outros exemplos: *girassol* (gira + sol), *pontapé* (ponta + pé), *pré-histórico* (pré + histórico).

Reprodução proibida. Art. 184 do Código Penal e Lei 9.610 de 19 de fevereiro de 1998.

Composição por justaposição é o processo de formação de palavras em que os radicais agregados não sofrem perda nem alteração de fonemas. Os radicais podem unir-se por hífen ou não.

Composição por aglutinação

Leia esta manchete, publicada no jornal eletrônico *O Paraense* em 5 de abril de 2012.

Dilma diz que apoia construção de hidrelétricas na Amazônia

Disponível em: <http://www.oparaense.com.br/index.php?option=com_content&view=article&id=1712:dilma-diz-que-apoia-construcao-de-hidreletricas-na-amazonia&catid=3:brasil&Itemid=5>. Acesso em: 25 out. 2012. (Fragmento).

Reprodução proibida. Art. 184 do Código Penal e Lei 9.610 de 19 de fevereiro de 1998.

Hidrelétrica é uma usina de geração de energia elétrica por meio da exploração dos recursos hídricos (os rios) de uma região. Essa palavra é formada pelos radicais de origem grega *hidro* (água) e *elétrica*.

Examinando o vocábulo *hidrelétrica*, percebemos que o primeiro radical, *hidro*, ao unir-se ao segundo, *elétrica*, perdeu o *-o* final.

Quando, no processo de formação de uma palavra, um ou mais radicais que foram agregados sofrem perda de fonemas e, consequentemente, alteração de pronúncia, dizemos que houve **composição por aglutinação**. Outros exemplos: *embora* (em + boa + hora), *fidalgo* (filho + de + algo), *planalto* (plano + alto).

Composição por aglutinação é o processo de formação de palavras em que um ou mais dos radicais agregados sofrem perda de fonemas.

EM RESUMO

Tipos de composição:
- **Justaposição**: os radicais não sofrem alteração de pronúncia.
- **Aglutinação**: um dos radicais sofre alteração de pronúncia.

Outros processos de formação de palavras

Além da derivação e da composição, há outros processos de formação de palavras também muito importantes, pois revelam estratégias empregadas pelos usuários da língua para se expressar. Os gêneros da esfera jornalística e da publicidade são ricos em exemplos desses processos.

Hibridismo

Leia o verbete *híbrido*, conforme está apresentado no *Dicionário Aurélio da língua portuguesa*.

híbrido [Do lat. *ibrida*, *hibrida* ou *hybrida*, 'filho de pais de diferentes países ou de condições diversas', evidentemente relacionado com o gr. *hýbris*, 'destempero', 'excesso', poss. pelo fr. *hybride*.] ***Adj.*** **1.** *Biol.* Originário do cruzamento de espécies diferentes. **2.** *Fig.* Em que há mistura de espécies diferentes: *Seus olhos eram de uma cor híbrida*. **3.** *E. Ling.* Diz-se de vocábulo composto de elementos de línguas diversas, como, p. ex., *monóculo*, em que o primeiro elemento vem do grego e o segundo, do latim. ~ V. *orbital* —. • ***S.m.*** **4.** Animal ou vegetal híbrido: *A mula é híbrida do asno e da égua, ou do cavalo e da jumenta*. • **Híbrido de ressonância.** *Quím.* Representação da molécula, resultante das contribuições de duas ou mais formas de ressonância.

FERREIRA, Aurélio Buarque de Holanda. *Dicionário Aurélio da língua portuguesa*. Coord. Marina Baird Ferreira, Margarida dos Anjos. 5. ed. Curitiba: Positivo, 2010. p. 1087.

Agora observe o significado de algumas palavras e a origem dos elementos que as formam.

- **telecomunicação**: designação genérica das formas de comunicação a distância, tais como o telefone e a internet.
  tele-: originário do grego *tele* — "longe, de longe".
  -comunicação: originário do latim *comunicatio*.
- **burocracia**: vocábulo normalmente empregado em sentido pejorativo, para nomear estrutura morosa e excessivamente complexa.
  buro-: do francês *bureau* — "escritório".
  -cracia: do grego *kratía* — "poder, governo".
- **esqueitista**: aquele que pratica ou utiliza o esqueite para locomoção.
  esqueit-: do inglês *skate* — "patins".
  -ista: sufixo grego — "adepto de determinado esporte".

Como você constatou, as palavras acima foram formadas a partir de elementos de origens diferentes (grego + latim, francês + grego e inglês + grego). Esse processo de formação é chamado **hibridismo**.

Hibridismo é o processo de formação de palavras com elementos de origens diferentes.

Onomatopeia

Leia esta tira do gato Garfield.

GARFIELD **Jim Davis**

GARFIELD, JIM DAVIS © 2011 PAWS, INC. ALL RIGHTS RESERVED / DIST. UNIVERSAL UCLICK

A palavra *CA-BRUM!*, no segundo quadrinho da tira, busca imitar o barulho do trovão. Palavras que imitam sons naturais, produzidos por objetos, animais ou elementos da natureza, são chamadas de **onomatopeias**. Algumas onomatopeias são incorporadas ao vocabulário da língua (*tique-taque*, *cocoricó*), por isso esse também é um processo de formação de palavras.

Reprodução proibida. Art. 184 do Código Penal e Lei 9.610 de 19 de fevereiro de 1998.

Onomatopeia é o processo de formação de palavras que consiste na imitação de sons naturais por meio dos recursos da língua.

Redução ou abreviação

O texto a seguir é fragmento de uma reportagem publicada na editoria "Mercado" do jornal eletrônico *Folha.com*. Leia-o com atenção.

Governo quer rever assinatura básica de teles

O governo decidiu antecipar a discussão sobre a renovação dos contratos de concessão das operadoras de telefonia fixa, prevista para ocorrer em 2015, informa reportagem de **Julio Wiziack** e **Maria Paula Autran** na **Folha** deste sábado. [...]

Disponível em: <http://www1.folha.uol.com.br/mercado/1072775-governo-quer-rever-assinatura-basica-de-teles.shtml>. Acesso em: 26 out. 2012. (Fragmento).

Você reparou no vocábulo *teles*, presente no título da reportagem? Depois, lendo o trecho do texto apresentado, notou também a palavra *telefonia*? Pois bem: a palavra *teles*, do título, refere-se às empresas de telefonia. Trata-se de uma **abreviação**, processo de formação que consiste em eliminar uma parte da palavra, reduzindo-a.

São também abreviações: *moto* (motocicleta), *foto* (fotografia) *quilo* (quilograma), *futsal* (futebol de salão), *refri* (refrigerante), etc. Note que esses vocábulos podem deixar o enunciado mais ágil e sucinto, como ocorreu no caso do título jornalístico examinado, ou então mais informal.

Redução ou **abreviação** é o processo de formação de palavras em que se subtrai uma parte da palavra primitiva, a fim de reduzi-la.

Reprodução proibida. Art. 184 do Código Penal e Lei 9.610 de 19 de fevereiro de 1998.

Siglonimização

Você sabe o significado de CPF, RG, ONU, IPTU?

Atualmente, é bastante comum reduzir longos títulos ou nomes às iniciais de cada uma de suas palavras formadoras, criando-se, dessa forma, as **siglas**. Exemplos: OEA (Organização dos Estados Americanos), PT (Partido dos Trabalhadores), PSDB (Partido da Social-Democracia Brasileira), PMDB (Partido do Movimento Democrático Brasileiro), PV (Partido Verde), FIFA (Fédération Internationale de Football Association), EU (União Europeia). A esse processo, chamamos **siglonimização**.

A propósito, CPF significa Cadastro de Pessoas Físicas; RG, Registro Geral; ONU, Organização das Nações Unidas; e IPTU, Imposto Predial Territorial Urbano.

Siglonimização é o processo de formação de palavras a partir de cada letra inicial de nomes ou títulos, transformando-os em siglas.

Neologismo

Desde o início deste capítulo, você tem observado algumas palavras inventadas, como as criações de Guimarães Rosa (*circuntristeza* e *suspirância*) e o título do livro de Laerte Coutinho (*Laertevisão*). Todas as palavras criadas com elementos da própria língua, seja por composição, seja por derivação, são consideradas **neologismos**.

Também ocorre neologismo quando se atribui um sentido diferente a uma palavra já existente. Você observou exemplos disso no infográfico que abre o capítulo 8: algumas palavras do texto, como *nuvem* e *servidor*, existem há séculos na língua portuguesa, mas, nos últimos anos, ganharam novos sentidos quando empregadas no contexto da tecnologia.

Neologismo é a criação de palavras novas, ou a atribuição de novos sentidos a palavras já existentes, com a finalidade de satisfazer novas necessidades de expressão.

SAIBA MAIS!

- Os empréstimos linguísticos ou **estrangeirismos**, que já examinamos no capítulo 8, também são uma forma de ampliação do léxico. Conforme vimos, as palavras estrangeiras podem ser incorporadas à língua sem qualquer alteração (como em *e-mail*) ou então sofrer um processo de adaptação à sua estrutura e/ou ortografia (como em *deletar*).

Alguns neologismos são incorporados ao léxico da língua e com o tempo acabam sendo registrados nos dicionários. É o caso de *chocólatra*, *bafômetro* e *antimofo*, por exemplo. Outros, porém, têm seu emprego restrito a determinado contexto ou a determinada comunidade (é o caso de muitas gírias, que "saem de moda" antes de ter seu uso generalizado na população).

EM RESUMO

Hibridismo: formação de palavras pela junção de elementos mórficos de diferentes origens.
Onomatopeia: formação de palavras cuja sequência sonora imita sons naturais.
Abreviação: formação de palavras pela eliminação de um segmento da primitiva.
Siglonimização: formação de palavras com as letras iniciais de nomes ou títulos.
Neologismo: criação de palavras ou atribuição de novos sentidos a palavras já existentes para atender a novas necessidades de expressão.

Objeto educacional digital (animação)
- Formação de palavras

Atividades

As respostas devem ser registradas no caderno.

1 Leia esta tira do Recruta Zero.

RECRUTA ZERO — Greg e Mort Walker

© 2012 KING FEATURES SYNDICATE/IPRESS

a) O que o personagem quis dizer com a frase "Seu canto está errado!"?
b) Explique a resposta irônica da coruja.
c) O humor da tira apoia-se em um processo formador de palavras. Qual é ele? Explique.

Reprodução proibida. Art. 184 do Código Penal e Lei 9.610 de 19 de fevereiro de 1998.

2 Leia o *post* publicado no *blog* oficial da Campus Party — nome dado ao encontro mundial de comunidades da internet — em comemoração ao dia do blogueiro.

Parabéns, blogueiros!

A importância dos *blogs* vem crescendo a cada dia, mas isso não é novidade para ninguém. Acontece que hoje, dia 20 de março, se comemora o dia do blogueiro! A data ainda não é muito conhecida, afinal, a história dos *blogs* tem pouco mais de uma década.

Os *blogs* "nasceram" em 1997, mas só passaram a se tornar realmente populares em 1999, com o surgimento do Blogger. De lá para cá ser blogueiro, para muitos, acabou virando profissão. E, para outros tantos, um *hobby* indispensável. Em ambos os casos essa nova plataforma tem sido uma ótima maneira de disseminar informação, propagar opiniões diversas e revelar talentos.

Obrigada a todos os blogueiros que tanto agregam conteúdo em nossa querida internet. ☺

Disponível em: <http://blog.campus-party.com.br/index.php/2012/03/20/parabens-blogueiros/>. Acesso em: 26 out. 2012.

a) Nesse *post*, aparece um neologismo adicionado recentemente à língua portuguesa. Qual é ele?

b) Descreva como essa palavra foi formada.

3 Leia esta crônica de Ricardo Freire, turista profissional que comenta as viagens que faz e dá orientações de roteiros a seus leitores no *blog* <viagemnaviagem.com>. O texto foi publicado no caderno "Divirta-se" do jornal *O Estado de S. Paulo*.

Ovni

"Informamos que devido à mudança de posicionamento da aeronave o seu embarque, quando efetuado, será realizado pelo portão 9."

Eis uma frase que deixa possesso qualquer passageiro. Mas o que a mim incomoda mais nem é zanzar pela sala de embarque. É ouvir "aeronave" em vez de "avião". Eu sei, você nem nota. Uma companhia aérea chamar avião de aeronave é a coisa mais natural do mundo. Aposto que de vez em quando você deixa escapar um "aeronave" sem querer.

Quem foi o infeliz que fez isso com você? Provavelmente um mau tradutor de manuais. Os maus tradutores de manuais são responsáveis pela maioria das palavras mal contrabandeadas para o português. Esse "aeronave" decerto vem de uma tradução de *aircraft*. Em inglês até dá para entender o porquê de não usarem *airplane* — pode ser que soe "aeroplano", algo que lembra mais **teco-teco** do que jato.

Só que em português do Brasil a gente não voa — a gente "vai de avião". "Aeronave" é algo frio e desprovido de charme — o equivalente aéreo de um "automóvel" ou uma "embarcação". Tom Jobim não compôs o "Samba da aeronave". [...]. Quando você quer fazer o nenê comer o papá, você não fala "Olha a aeronavezinha!".

Teco-teco: avião dotado de um único motor.

Reprodução proibida. Art. 184 do Código Penal e Lei 9.610 de 19 de fevereiro de 1998.

Tudo bem — eu sei que muita gente tem medo de avião, e que talvez usar um eufemismo possa ser útil nessa hora. Mas desde que a palavra escolhida não lembre justamente "objeto voador", concorda?

Além do quê, é impossível não ter medo de uma coisa que o tempo todo é "reposicionada". Por que não trocam o "devido reposicionamento da aeronave" por um simples pedido de desculpas? Sugestão: "Atenção passageiros do voo tal. Pedimos desculpas, mas o seu embarque mudou para o portão 9." Pronto! Perdi o medo!

[...]

Um brasileiro inventou o avião, não a aeronave. Os aeroportos não ficarão prontos para a Copa, mas até lá pelo menos podemos voltar a falar "avião". Vamolá, Brasil!

FREIRE, Ricardo. *O Estado de S. Paulo*, São Paulo, 20 jan. 2012. Divirta-se, n. 97. (Fragmento).

a) Com a leitura da crônica, depreendemos que o cronista não concorda com o emprego de duas palavras. Quais são elas?

b) O que ele sugere para substituí-las?

c) Ao criticar o emprego da palavra *aeronave*, o cronista culpa os maus tradutores de manuais, afirmando serem eles os "responsáveis pela maioria das palavras mal contrabandeadas para o português". Explique as relações de sentido entre *contrabando* e *tradução* que ele construiu para se expressar dessa maneira.

d) Quais são os argumentos empregados por Ricardo Freire para rejeitar o uso de *aeronave*? Transcreva-os do texto.

e) Os substantivos *aeronave* e *aeroplano* são compostos por justaposição. Mas, por apresentarem radicais de origens diferentes, recebem também outra denominação. Pesquise as origens desses radicais e informe como são chamadas as palavras formadas por elementos mórficos provenientes de línguas distintas.

f) O processo de formação de *papá* e *embarque* é o mesmo? Qual é ele? De que outras palavras derivam esses substantivos? Como eles são chamados?

g) O título da crônica é "Ovni". Você sabe o que significa? Pesquise a respeito dessa palavra e informe o processo pelo qual ela é formada.

h) Relacione o título ao conteúdo da crônica.

O QUE VOCÊ APRENDEU NO PERCURSO DESTE CAPÍTULO

- Palavras cognatas são as que possuem a mesma origem e o mesmo radical.
- Entre as palavras cognatas, aquela formada inteiramente (ou em sua maior parte) apenas pelo radical denomina-se primitiva; as demais são derivadas.
- Na língua portuguesa, existem dois processos básicos de formação de palavras: derivação e composição.
- Há cinco tipos de derivação: prefixal, sufixal, parassintética, regressiva e imprópria.
- Há dois tipos de composição: por justaposição e por aglutinação.
- Há também outros processos de que os usuários lançam mão para formar palavras de acordo com suas necessidades: hibridismo, onomatopeia, redução ou abreviação, siglonimização e neologismo.

Reprodução proibida. Art. 184 do Código Penal e Lei 9.610 de 19 de fevereiro de 1998.

Questões do Enem e de vestibulares

1 (Unesp-SP)

> Pouco a pouco o ferro do proprietário queimava os bichos de Fabiano.
>
> Graciliano Ramos. *Vidas secas*. São Paulo: Livraria Martins Editora, 1974.

A forma verbal *queimava*, no período acima, apresenta o sentido de:

a) ignorava.

b) assava.

c) destruía.

d) marcava.

e) prejudicava.

2 (UFMG-MG) Analise este *slogan* de uma empresa gráfica:

> O NOSSO PRODUTO É UMA BOA IMPRESSÃO

Explique de que modo se explora, nesse *slogan*, a polissemia.

3 (UFT-TO) Leia o excerto abaixo:

> A sombra já se retirou da face da terra; e Martim viu que ela não se retirava ainda da face da esposa, desde o dia do combate.
>
> — A tristeza mora n'alma de Iracema!
>
> — A alegria para a esposa só vem de ti; quando teus olhos a deixam, as lágrimas enchem os seus.
>
> — Por que chora a filha dos tabajaras?
>
> — Esta é a taba dos pitiguaras, inimigos de seu povo. A vista de Iracema já conheceu o crânio de seus irmãos espetado na caiçara; seu ouvido já escutou o canto de morte dos cativos tabajaras; a mão já tocou as armas tintas do sangue de seus pais.
>
> José de Alencar, *Iracema*.

Transcreva no caderno a alternativa **correta**:

a) O texto contém metáfora, metonímia e prosopopeia.

b) O texto contém apenas metáfora e prosopopeia.

c) O texto não contém figuras de linguagem.

d) O texto contém apenas metonímia e metáfora.

4 (UFPE-PE)

> As empresas (e o setor informal **não é diferente**) tornam-se cada vez mais **exigentes quanto às** capacidades do diplomado de **usar a cabeça**. Querem quem entenda o que leu, escreva **coisa com coisa**, **lide** com quantidades, fale outra língua, ajunte **as peças** de um problema e **encaminhe** a solução; enfim, que saiba pensar. Os anos de faculdade **são** momentos de se **burilar** essas habilidades.

Reescreva o trecho acima, substituindo as expressões destacadas por outras semanticamente equivalentes.

5 (Unesp-SP)

> A economia argentina já está respirando sem aparelhos. Um dado eloquente dessa recuperação: o Brasil aumentou em 100% suas exportações para lá em março em comparação com o mesmo período do ano passado.
>
> *Veja*, 2 abr. 2003.

> Nas tempestades de areia do nosso destino, nas cavernas mais profundas da nossa ancestralidade, nos subterrâneos da nossa aventura, escondem-se delatores e terroristas, carcereiros e torturadores, cassandras* e patriotas, usurpadores e fanáticos, predadores e corruptos, sequestradores e sociopatas. As guerras são a hora de sua plena liberação.

Reprodução proibida. Art. 184 do Código Penal e Lei 9.610 de 19 de fevereiro de 1998.

*Cassandra era uma profetiza troiana que anunciava desgraças e era desacreditada por todos.

Rodolfo Konder, *Folha de S.Paulo*, 7 abr. 2003.

Os dois textos foram escritos com o emprego de linguagem figurada. Para efetivamente compreendê-los, é necessário "decodificar" as figuras que são, nesse caso, metáforas.

Depois de fazer isso, explique:

a) Qual é o sentido da frase: "A economia argentina está respirando sem aparelhos"?

b) Qual é a tese defendida pelo autor no segundo texto?

6 (Enem) O termo (ou expressão) destacado que está empregado em seu sentido próprio, denotativo, ocorre em

a) [...]
É de laço e de nó
De gibeira o jiló
Dessa vida, **cumprida a sol** [...]

Renato Teixeira. *Romaria*. Kuarup Discos, set. de 1992.

b) Protegendo os inocentes
é que Deus, sábio demais,
põe **cenários** diferentes
nas impressões digitais.

Maria N. S. Carvalho. *Evangelho da trova*, s.n.b.

c) O **dicionário-padrão** da língua e os dicionários unilíngues são os tipos mais comuns de dicionários. Em nossos dias, eles se tornaram um objeto de consumo obrigatório para as nações civilizadas e desenvolvidas.

Maria T. Camargo Biderman. O dicionário-padrão da língua. *Alfa* (28), 2743, 1974, Suplemento.

d)

ZIRALDO

e) Humorismo é a arte de **fazer cócegas no raciocínio** dos outros. Há duas espécies de humorismo: o trágico e o cômico. O trágico é o que não consegue fazer rir; o cômico é o que é verdadeiramente trágico para se fazer.

Leon Eliachar. Disponível em: <http://www.mercadolivre.com.br>. Acesso em: jul. 2005.

7 (Fuvest-SP)

Sair a campo atrás de descobridores de espécies é uma expedição arriscada. Se você não é da área, vale treinar um "biologuês" de turista. Mas, mesmo quem não tem nada a ver com o pato-mergulhão ou a morfologia da semente da laurácea, pode voltar fascinado da aproximação com esses especialistas.

De olhos nos livros e pés no mato, eles etiquetam a natureza, num trabalho de formiga. São minoria que dá nome aos bois — e a plantas, aves, mosquitos, vermes e outros bichos.

Heloisa Helvécia, *Revista da Folha*.

a) Transcreva do texto as expressões que mais diretamente exemplificam o "biologuês" mencionado pela autora.

b) Tomada em seu sentido figurado, como se deve entender a expressão "dar nome aos bois", utilizada no texto?

8 (Fuvest-SP)

O Brasil já está <u>à beira do abismo</u>. Mas ainda vai ser preciso um grande esforço de todo mundo pra colocarmos ele novamente lá em cima.

Millôr Fernandes.

a) Em seu sentido usual, a expressão sublinhada significa "às vésperas de uma catástrofe". Tal significado se confirma no texto? Justifique sua resposta.

b) Sem alterar o seu sentido, reescreva o texto em um único período, iniciando com "Embora o Brasil [...]" e substituindo a forma *pra* por *para que*. Faça as demais transformações que são necessárias para adequar o texto à norma escrita padrão.

Reprodução proibida. Art. 184 do Código Penal e Lei 9.610 de 19 de fevereiro de 1998.

PARTE 2

CAPÍTULO

10

Relações morfossintáticas

PERCURSO DO CAPÍTULO

- Forma gramatical
- Propriedades das classes gramaticais
- Função sintática
- Morfossintaxe: seleção e combinação

NATASHA NICHOLSON/RADIUS IMAGES/LATINSTOCK

Ao selecionar e combinar peças e cores, construímos arranjos singulares. Algo semelhante ocorre na língua: o efeito de sentido desejado pode ser alcançado com a escolha da palavra adequada em determinado contexto. (Foto de 2010.)

Introdução

Como falantes nativos de uma língua, construímos enunciados intuitivamente, sem nos dar conta de que, ao fazer isso, selecionamos e combinamos vocábulos. O conhecimento das classes gramaticais e das funções sintáticas das palavras nos permite extrapolar as construções convencionais e criar enunciados com diferentes efeitos de sentido, conforme veremos neste capítulo.

Reprodução proibida. Art. 184 do Código Penal e Lei 9.610 de 19 de fevereiro de 1998.

Nesta tira do Recruta Zero, o General Dureza, que comanda o quartel, conversa com seu motorista particular, Júlio. Acompanhe o diálogo e depois responda às questões oralmente.

RECRUTA ZERO Greg e Mort Walker

©2010 by King Features Syndicate, Inc. World rights reserved.
2012 KING FEATURES SYNDICATE/IPRESS

1 Por que podemos afirmar que o eufemismo é responsável pelo humor dessa tira?

2 Que palavra se repete na tira?

3 No primeiro quadrinho, essa palavra apresenta duas classificações morfológicas distintas, isto é, pertence a duas classes gramaticais diferentes. Quais são essas classes? Justifique.

PARA LEMBRAR

Eufemismo: figura de linguagem que consiste no emprego de termos, em geral mais agradáveis, para atenuar, suavizar determinada ideia.

Além de pertencer a classes gramaticais diferentes, a palavra que se repete no primeiro quadrinho exerce funções sintáticas também diversas em cada enunciado, gerando sentidos específicos.

Neste capítulo, trataremos das relações morfossintáticas, ou seja, da construção de enunciados pelos falantes da língua portuguesa a partir da seleção e combinação de palavras.

Forma gramatical

Em português, há dez classes morfológicas ou gramaticais: substantivo, adjetivo, artigo, pronome, verbo, advérbio, numeral, preposição, conjunção e interjeição.

Nessas classes, há palavras que variam, isto é, flexionam-se para indicar gênero, número, grau, pessoa, tempo e modo. E há aquelas que jamais se flexionam, isto é, permanecem invariáveis.

Veja o quadro a seguir:

Classe gramatical	Varia?	Flexões	Exemplos
substantivo	sim	gênero, número e grau	homem, mulheres, homúnculo
adjetivo	sim	gênero, número e grau	belo, belas, belíssimos
artigo	sim	gênero e número	o, a, os, as
pronome	sim	gênero e número	ele, elas, nosso, suas, estes
verbo	sim	pessoa, número, tempo e modo	conheço, fizemos, estudem
advérbio	não	---	devagar, ontem, felizmente
numeral	sim	gênero e número	um, duzentos, primeiras
preposição	não	---	a, até, com, contra, de, em, sem
conjunção	não	---	nem, mas, porém, logo, que, pois
interjeição	não	---	ah! oh! oba! bravo! puxa! psiu!

Ao tratarmos das propriedades das classes gramaticais, estamos estudando a **morfologia**.

Reprodução proibida. Art. 184 do Código Penal e Lei 9.610 de 19 de fevereiro de 1998.

Função sintática

Observe este enunciado:

Entrei no ônibus e perguntei ao motorista: "Este ônibus é o 347?".

A palavra *ônibus* é um substantivo. Embora sua classe gramatical seja a mesma nas duas ocorrências, ela desempenha uma função sintática diferente em cada uma delas. Na primeira, é núcleo do adjunto adverbial de lugar (*no ônibus*); na segunda, é núcleo do sujeito (*este ônibus*).

Ao construir o enunciado citado, o produtor selecionou um substantivo e, em segmentos organizados diferentemente, combinou-o com outras palavras para obter o efeito pretendido.

Quando analisamos as relações de combinação e organização que as palavras estabelecem nos enunciados, estamos estudando a **sintaxe**.

São doze as funções sintáticas dos termos da oração: sujeito, predicado, objeto direto, objeto indireto, predicativo do sujeito, predicativo do objeto, complemento nominal, adjunto adnominal, adjunto adverbial, aposto, vocativo e agente da passiva.

Morfossintaxe: seleção e combinação

Leia a tira Níquel Náusea, de Fernando Gonsales.

NÍQUEL NÁUSEA **Fernando Gonsales**

FERNANDO GONSALES

Observe que duas palavras de mesma classe gramatical se repetem nessa tira: *caçadores* e *caça*. Ambas são substantivos.

Veja agora como elas se combinam em cada enunciado.

"Ajuda os **caçadores** a encontrarem a **caça**."

caçadores → núcleo do sujeito; **caça** → núcleo do objeto direto

"E ajuda a **caça** a fugir dos **caçadores**."

caça → núcleo do sujeito; **caçadores** → núcleo do objeto indireto

Ao construir enunciados, operamos dois eixos gramaticais simultaneamente: o morfológico (a seleção dos substantivos *caça* e *caçadores*) e o sintático (a combinação deles no enunciado).

Quando conhecemos as diferentes classes gramaticais e a função sintática que cada uma desempenha nos enunciados, significa que dominamos as **relações morfossintáticas** presentes em nossa língua.

Morfossintaxe é o estudo das relações que se estabelecem nos enunciados entre a morfologia (classe gramatical) e a sintaxe (função) das palavras.

NAVEGUE

Conheça mais tirinhas de Gonsales acessando: <http://www2.uol.com.br/niquel>.

Reprodução proibida. Art. 184 do Código Penal e Lei 9.610 de 19 de fevereiro de 1998.

Atividades

Registre suas respostas no caderno.

1 O livro *O Brasil das placas* retrata um pouco do nosso país por meio das placas expostas em suas diferentes regiões. Ao lado, observe uma delas, fotografada na cidade de São Paulo.

a) O que há de curioso nessa placa que motivou o interesse do repórter por ela?

b) Quais são as duas interpretações possíveis da informação dada pela placa?

JOSÉ EDUARDO CAMARGO

CAMARGO, José Eduardo R.; FONTENELLE, André L. S. *O Brasil das placas*. São Paulo: Panda Books, 2007.

c) Você percebeu a importância da seleção e da organização sintática dos elementos na construção dos enunciados, para que estes não gerem sentidos tão distantes do pretendido. Como você reordenaria o texto dessa placa de modo a torná-lo mais eficiente?

Para responder às questões 2 e 3, leia um pensamento de Millôr Fernandes (1923-2012), publicado em seu livro *Millôr definitivo: a bíblia do caos*, que reúne mais de cinco mil frases escritas por ele.

O homem é o produto do meio. O meio é o produto do homem. O produto é um homem do meio.

FERNANDES, Millôr. *Millôr definitivo*: a bíblia do caos. 3. ed. Porto Alegre: L&PM, 1994. p. 228. (Fragmento).

2 Na sua opinião, o que há de interessante na construção desse pensamento de Millôr?

3 O que você entendeu da frase "O produto é um homem do meio"? Explique.

Leia a tira Calvin e Haroldo, de Bill Watterson, e responda às questões 4 e 5.

CALVIN E HAROLDO **Bill Watterson**

CALVIN & HOBBES, BILL WATTERSON © 1989 WATTERSON/DIST. BY UNIVERSAL UCLICK

4 As linguagens verbal e não verbal da tira expõem a situação aflitiva pela qual o personagem Calvin está passando. Justifique essa afirmação com elementos dos quatro quadrinhos.

5 O substantivo *Haroldo* é combinado de diferentes maneiras nos vários enunciados da tira. Explique a função dessa palavra nas diversas ocorrências que ela apresenta no contexto.

O QUE VOCÊ APRENDEU NO PERCURSO DESTE CAPÍTULO

- Relações morfossintáticas são aquelas que se estabelecem, nos enunciados, entre a forma e a função sintática das palavras.
- A morfologia estuda a relação entre a forma e o sentido das palavras.
- Em português, há dez classes gramaticais ou morfológicas: substantivo, adjetivo, artigo, numeral, pronome, verbo, advérbio, preposição, conjunção e interjeição.
- A sintaxe estuda a função das palavras combinadas nos enunciados.
- São doze as funções sintáticas: sujeito, predicado, adjunto adnominal, adjunto adverbial, complemento nominal, objeto direto, objeto indireto, agente da passiva, predicativo do sujeito, predicativo do objeto, aposto e vocativo.

Reprodução proibida. Art. 184 do Código Penal e Lei 9.610 de 19 de fevereiro de 1998.

CAPÍTULO

11

Substantivo e adjetivo (I)

PERCURSO DO CAPÍTULO

- Função dos substantivos
- Classificação dos substantivos
- Substantivo: núcleo do sintagma nominal
- Morfossintaxe do substantivo
- Função dos adjetivos e das locuções adjetivas
- Classificação dos adjetivos
- Morfossintaxe do adjetivo

CESAR DINIZ/PULSAR IMAGENS

PALÊ ZUPPANI/PULSAR IMAGENS

CESAR DINIZ/PULSAR IMAGENS

ERNESTO REGHRAN/PULSAR IMAGENS

DOUGLAS COMETTI/FOLHAPRESS

JOSÉ EMILIO PERILLO/FOLHAPRESS

ROGÉRIO REIS/PULSAR IMAGENS

Substantivos e adjetivos são classes gramaticais importantes para a construção de sinalizadores de espaços públicos, como placas de rua e letreiros.

Introdução

Pense em uma frase que descreva a roupa que você está usando. Ou então em uma que defina o que é um tablet. *Nos exemplos que você imaginou certamente aparecem substantivos e adjetivos, que são duas das classes gramaticais que mais utilizamos para falar do mundo ao nosso redor. Neste capítulo você vai recordar o que já aprendeu sobre essas classes gramaticais. Vamos relembrar como usá-las com propriedade e reconhecer os diferentes sentidos que o emprego delas pode gerar nos textos.*

Reprodução proibida. Art. 184 do Código Penal e Lei 9.610 de 19 de fevereiro de 1998.

Leia esta tira do personagem Níquel Náusea, de Fernando Gonsales, e responda às questões oralmente.

NÍQUEL NÁUSEA Fernando Gonsales

1 Qual é o significado da expressão "mãe coruja"?

2 Por que a coruja diz que a expressão "mãe coruja" não se aplica a ela? Você concorda?

3 Explique a ironia presente no enunciado do segundo quadrinho: "Corujas e bruxas se entendem".

4 O vocábulo *coruja* pertence a uma classe gramatical diferente em cada enunciado da tira. Justifique essa afirmação.

Para a construção do humor da tira que você leu, duas classes gramaticais foram importantes: a que nomeia a espécie de ave ("coruja", 2º quadrinho) e a que caracteriza (ou qualifica) a mãe (mãe "coruja", 1º quadrinho), respectivamente, o substantivo e o adjetivo.

Para que servem os substantivos?

Releia estas frases da tira:

"Eu não sou **mãe** coruja!"
"Meus **filhotes** é que são lindos mesmo!"
"**Corujas** e **bruxas** se entendem."

As palavras destacadas (*mãe*, *filhotes*, *corujas* e *bruxas*) estão nomeando seres. A função de **nomear** é do **substantivo**.

Substantivo é a classe gramatical empregada para nomear seres, objetos, lugares, fatos, ações, sentimentos, qualidades, etc.

Classificação dos substantivos

Os substantivos diferenciam-se uns dos outros por nomear elementos que possuem propriedades distintas e por apresentar formas diversas. Por isso, classificam-se de acordo com os critérios a seguir.

⊙ Quanto ao tipo de designação

Leia a seguir a manchete do jornal *Bahia Notícias*.

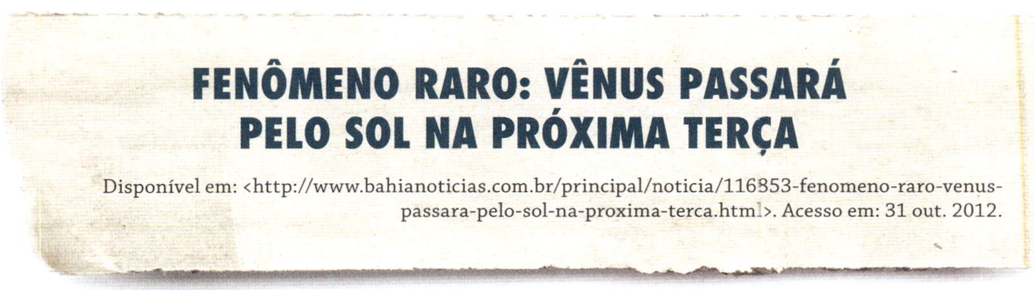
FENÔMENO RARO: VÊNUS PASSARÁ PELO SOL NA PRÓXIMA TERÇA

Disponível em: <http://www.bahianoticias.com.br/principal/noticia/116853-fenomeno-raro-venus-passara-pelo-sol-na-proxima-terca.html>. Acesso em: 31 out. 2012.

SHUTTERSTOCK

Substantivos que individualizam seres ao designá-los, como *Vênus* e *Sol*, são classificados como **substantivos próprios**. Já aqueles que designam quaisquer seres e coisas de determinada categoria, sem individualizá-los (por exemplo: *coruja*, *bruxa*, *mãe* e *filhote*), classificam-se como **substantivos comuns**.

ECKHARD SLAWIK/SPL/LATINSTOCK

Em 8 de junho de 2004, também se pôde observar Vênus (o ponto preto na imagem) transitando pelo Sol.

Os **substantivos comuns** designam qualquer ser de uma categoria, e os **substantivos próprios** particularizam um ser específico dessa categoria.

Reprodução proibida. Art. 184 do Código Penal e Lei 9.610 de 19 de fevereiro de 1998.

Entre os substantivos comuns há uma subclassificação, os **substantivos coletivos**. Estes, mesmo no singular, designam um conjunto de indivíduos: *alcateia* (de lobos), *arquipélago* (de ilhas), *cancioneiro* (de canções), *comunidade* (de pessoas), *pinacoteca* (de quadros artísticos), etc.

DELFIM MARTINS/PULSAR IMAGENS

Pinacoteca do Estado de São Paulo, em foto de 2006.

⊙ Quanto ao tipo de existência do ser

Leia a manchete de um artigo do portal jornalístico *UOL*.

RELAÇÃO ENTRE PAIS E ESCOLA PODE AFETAR DESEMPENHO DE ALUNOS

Disponível em: <http://educacao.uol.com.br/noticias/2012/05/30/relacao-entre-pais-e-escola-pode-afetar-desempenho-de-alunos.htm>. Acesso em: 31 out. 2012.

SHUTTERSTOCK

Entre os substantivos *pais*, *alunos*, *relação* e *desempenho* que compõem a manchete acima, percebemos que os dois últimos nomeiam seres dependentes de outros (alguém precisa *desempenhar* uma função, por exemplo, para que o *desempenho* ocorra). Os substantivos que nomeiam seres de existência independente, como *pais* e *alunos*, são classificados como **concretos**. Já os que dão nome a seres de existência dependente, como *relação* e *desempenho*, classificam-se como **abstratos**.

Os **substantivos concretos** nomeiam seres reais ou imaginários de existência independente, enquanto os **substantivos abstratos** denominam seres de existência dependente (ações, sentimentos, ideias, características, etc.).

⊙ Quanto à formação

Leia esta outra tira do cartunista Fernando Gonsales:

NÍQUEL NÁUSEA **Fernando Gonsales**

FERNANDO GONSALES

GONSALES, Fernando. *Níquel Náusea*: botando os bofes de fora. São Paulo: Devir, 2002. p. 42.

Sabendo que o tigre-dentes-de-sabre era um grande mamífero pré-histórico, que tinha como característica os enormes dentes caninos, responda oralmente:

- Em que consiste o efeito humorístico da tira?

Reprodução proibida. Art. 184 do Código Penal e Lei 9.610 de 19 de fevereiro de 1998.

Note que, na primeira vez em que se refere ao animal, o personagem usa o substantivo que designa um tipo específico de tigre, o *tigre-dentes-de-sabre*, e, na segunda, ele usa de maneira genérica a palavra *tigre*. Esses dois substantivos diferem-se quanto à formação: o primeiro é composto por mais de um radical (***tigr**e* + ***dent**es* + ***sabr**e*), enquanto o segundo por apenas um radical (***tigr**e*).

Dizemos, então, que *tigre* é um substantivo **simples**, e *tigre-dentes-de-sabre*, um substantivo **composto**.

Substantivos simples são assim classificados por serem formados por um único radical, enquanto os **substantivos compostos** recebem tal classificação porque são formados por mais de um radical.

⊙ Quanto à origem

Outro critério de classificação dos substantivos relacionado a seu processo de formação é o que distingue os substantivos constituídos apenas (ou praticamente) pelo radical (substantivos **primitivos**) dos que recebem prefixos ou sufixos no radical (substantivos **derivados**). Por exemplo: o substantivo *terra* é primitivo porque se constitui apenas pelo radical *terr-* (e a vogal temática *-a*). Já *terreiro* (radical *terr-* + sufixo *-eiro*) e *desterro* (prefixo *des-* + radical *terr-*) são substantivos derivados, uma vez que, além do radical, apresentam afixos.

Os **substantivos primitivos** são aqueles formados exclusivamente (ou quase) por um único radical e **substantivos derivados** são os que recebem prefixos e sufixos no radical.

Substantivo: núcleo do sintagma nominal

O substantivo participa de inúmeras funções sintáticas da oração como núcleo do sintagma nominal.

Sintagma é uma combinação de elementos que se organizam em torno de um núcleo, obedecendo a uma determinada ordem, para construir um sentido na oração.

Há dois tipos de sintagma: o **nominal** e o **verbal**. No primeiro, o núcleo em torno do qual os outros elementos se organizam é um nome (substantivo); no segundo, é um verbo.

Observe esta manchete de uma notícia da área científica.

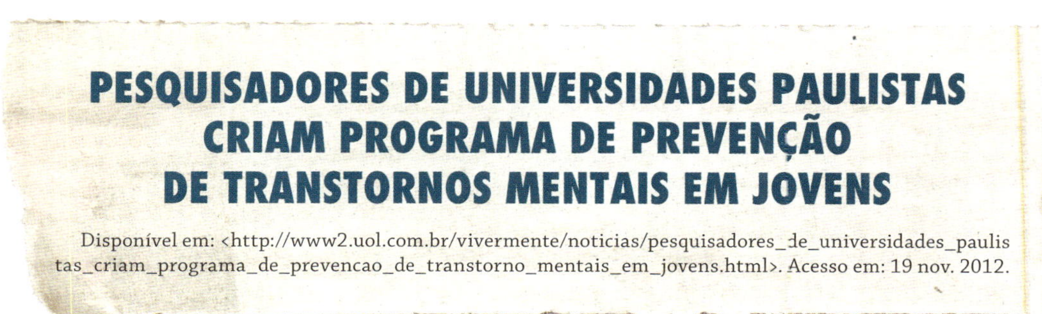

PESQUISADORES DE UNIVERSIDADES PAULISTAS CRIAM PROGRAMA DE PREVENÇÃO DE TRANSTORNOS MENTAIS EM JOVENS

Disponível em: <http://www2.uol.com.br/vivermente/noticias/pesquisadores_de_universidades_paulistas_criam_programa_de_prevencao_de_transtorno_mentais_em_jovens.html>. Acesso em: 19 nov. 2012.

SHUTTERSTOCK

Nessa manchete, temos dois blocos de sintagmas nominais: **pesquisadores** *de universidades paulistas* e **programa** *de prevenção de transtornos mentais em jovens*. Repare que, em cada um deles, há um substantivo (*pesquisadores* e *programa*, respectivamente) em torno do qual se organizam outros elementos para construir sentido.

Sintagma é uma combinação de elementos que se organizam em torno de um núcleo para construir um sentido na oração. Pode ser **nominal** (o núcleo é um nome) ou **verbal** (o núcleo é um verbo).

Reprodução proibida. Art. 184 do Código Penal e Lei 9.610 de 19 de fevereiro de 1998.

Morfossintaxe do substantivo

Releia a oração empregada na manchete:

"Pesquisadores de universidades paulistas criam programa de prevenção de transtornos mentais em jovens".

Já sabemos que os substantivos *pesquisadores* e *programa* são núcleos de dois sintagmas nominais. Cada um desses substantivos exerce uma **função sintática** na oração: o primeiro é sujeito, o segundo é objeto direto (complementa o verbo *criar*).

Os substantivos podem exercer a função de **núcleo** nos seguintes termos da oração:

Sujeito	O **artista** foi aplaudido de pé.
Objeto direto	Nós aplaudimos o **artista**.
Objeto indireto	Nós nos esquecemos do **artista**.
Predicativo do sujeito	Ele é um **artista**.
Predicativo do objeto	Consideramos você um **artista**.
Complemento nominal	Tenho esperança no **artista**.
Adjunto adnominal	O papel de **artista** já está preenchido.
Adjunto adverbial	Viajei com o **artista**.
Aposto	Pedro, **artista** circense, era ótimo malabarista.
Vocativo	**Artista**, respeite seu público.
Agente da passiva	O espetáculo foi apresentado pelo **artista**.

Objeto educacional digital (animação)
• Substantivo

Reprodução proibida. Art. 184 do Código Penal e Lei 9.610 de 19 de fevereiro de 1998.

Para que servem os adjetivos?

Leia o fragmento de uma página de diário em que o autor, Júlio Capobianco, relata suas impressões de viagem ao Parque Indígena do Xingu, em 2000.

Do diário de Julinho

A primeira surpresa, violenta, veio quando nos foi trazido o jantar: uma esteira com um grande biju e sobre ele um tucunaré inteiro assado. Não sei se já comi um peixe tão bom. Pensava, enquanto comia, na Cris, que adora peixe de rio, e nas nossas tentativas de conseguir comer em casa um peixe como aquele. Não sei se consigo descrever como é. Pedaços que pegávamos com os dedos, firmes como mármore macio. Úmidos, na medida em que sobre um pedaço de biju faziam a combinação perfeita. A meia dúzia de conquistadores — exploradores? — devorou o peixe em quinze minutos.

CAPOBIANCO, Júlio. *Xingu*: a viagem sem volta. São Paulo: Terceiro Nome, 2003. p. 47. (Fragmento).

Observe as seguintes expressões extraídas do texto: surpresa *violenta*; *grande* biju; tucunaré *inteiro assado*; peixe *bom*; pedaços *firmes* e *úmidos*; mármore *macio*; combinação *perfeita*.

Os termos destacados modificam ou caracterizam os substantivos a que se referem. Não se trata de uma surpresa qualquer, mas *violenta*; não é um biju qualquer, é *grande*; e assim por diante.

As palavras que modificam os substantivos, atribuindo características ao ser, objeto ou noção por eles nomeados, ou estabelecendo com eles uma relação de tempo, espaço, matéria, finalidade, etc., são chamadas de **adjetivos**.

Adjetivo é o termo que modifica e caracteriza o substantivo com o qual se relaciona.

Ao modificar ou caracterizar um ser, um objeto ou uma noção, os adjetivos podem referir-se a:

- sua qualidade (boa ou má): peixe tão *bom*;
- seu modo de ser: criança *educada*;
- seu aspecto ou aparência: *grande* biju; pedaços *firmes*, *úmidos*;
- seu estado: tucunaré *assado*.

Os adjetivos também estabelecem com os substantivos algumas relações de tempo, espaço, propriedade, finalidade, etc. São os chamados **adjetivos relacionais**. Exemplos:

- comemoração *anual* (tempo);
- casa *paterna* (propriedade);
- pasta *dental* (finalidade).

Reprodução proibida. Art. 184 do Código Penal e Lei 9.610 de 19 de fevereiro de 1998.

O que são locuções adjetivas?

Observe o trecho a seguir, extraído do diário de Capobianco.

"[...] na Cris, que adora peixe **de rio** [...]".

Analisando esse fragmento, podemos perceber que o substantivo *peixe* é caracterizado pela expressão *de rio*, a qual funciona como um adjetivo (nesse caso, poderia ser substituída por *fluvial*).

Por desempenhar o papel de adjetivo, esse tipo de expressão denomina-se **locução adjetiva**.

Locução adjetiva é uma expressão que funciona como adjetivo.

Muitas locuções adjetivas possuem um adjetivo correspondente, como [transporte] *de escola* = [transporte] *escolar*. Entretanto, os significados nem sempre se equivalem.

Em "A menor mulher do mundo", título de um conto integrante da obra *Laços de família*, da escritora Clarice Lispector, a locução *do mundo* não pode ser substituída pelo adjetivo *mundial*, porque seus significados são diferentes. *Do mundo*, nesse caso, quer dizer "já vista, que já existiu".

Classificação dos adjetivos

Assim como os substantivos, os adjetivos também se classificam quanto à formação (podem ser simples ou compostos) e à origem (podem ser primitivos ou derivados de verbos e substantivos). Veja abaixo alguns exemplos.

- **Simples**: *feliz, cansado, jovem, paulista, brasileiro.*
- **Compostos**: *bem-humorado, malfeito, bem-vindo, azul-marinho.*
- **Primitivos**: *claro, longo, livre, grande, azul, vermelho.*

- **Derivados**: *elogiado* (de *elogio*), *estudante* (de *estudar*), *ambiental* (de *ambiente*), *poético* (de *poesia*).

Há também os **adjetivos pátrios**, que, como a própria classificação indica, referem-se a continentes, países, regiões, estados, cidades, etc.

Os adjetivos pátrios são usados para indicar a naturalidade, a nacionalidade ou a procedência do ser a que se referem. Observe alguns exemplos a seguir.

Alagoas	**alagoano**
América	**americano**
Ásia	**asiático**
Brasil	**brasileiro**
Cabo Verde	**cabo-verdiano**
Europa	**europeu**
França	**francês**
Maranhão	**maranhense**

Minas Gerais	**mineiro**
Nordeste (região)	**nordestino**
Norte (região)	**nortista**
Pernambuco	**pernambucano**
Recife	**recifense**
São Paulo (cidade)	**paulistano**
São Paulo (estado)	**paulista**
Sul (região)	**sulista**

Morfossintaxe do adjetivo

A revista *Piauí* é uma publicação mensal que mescla jornalismo e literatura, trazendo reportagens e artigos que lembram narrativas ficcionais. A revista dirige-se, portanto, a pessoas que gostam de literatura. Levando isso em conta, examine o texto verbal do anúncio que uma agência de publicidade criou para divulgar essa revista.

REPRODUÇÃO

Você está pegando a chave do carro para voltar ao trabalho. Ouve um ruído e volta para trás. É ela. Você finge que não a viu. Sabe que ela tem armas desleais. E aquilo que ela fez não estava certo. Você pensa: "*Desta vez, não vou ceder.*" Você está decidido. Caminha em direção à porta de saída. Mas os passos dela são mais ágeis. Você pensa: "*Não vou ceder.*" Ela chega até você. Mesmo de costas, você sente a sua presença. "*Não vou ceder.*" O seu cheirinho doce, angelical. "*Não vou ceder.*" Aquela mãozinha suave toca em suas costas. "*Não vou ceder.*" Aquela voz meiga soa em seus ouvidos. "*Lê pra mim essa historinha, papai?*" Você começa a narrar o primeiro parágrafo em voz alta.

Responda oralmente às questões:

1 Quando começa a ler o anúncio, o interlocutor tem uma expectativa, que é quebrada ao final.

a) Qual é essa expectativa?

b) De que forma ela é quebrada?

2 Relacione a finalidade do anúncio em estudo com o perfil do interlocutor.

Reprodução proibida. Art. 184 do Código Penal e Lei 9.610 de 19 de fevereiro de 1998.

A quebra de expectativa contribui para a originalidade e o impacto do anúncio. Tanto para criar a expectativa em torno da personagem feminina como para desfazê-la, o autor do anúncio utilizou adjetivos: armas *desleais*, aquilo não estava *certo*, passos *ágeis*, cheirinho *doce*, *angelical*, mãozinha *suave*, voz *meiga*. Observe a função sintática exercida por dois desses adjetivos.

adjunto adnominal de *armas* — predicativo do sujeito *aquilo*

"Sabe que ela tem armas desleais. E aquilo que ela fez não estava certo."

Os adjetivos e as locuções adjetivas exercem duas funções sintáticas: são adjuntos adnominais ou predicativos (do sujeito ou do objeto).

Objeto educacional digital (animação)
- Adjetivo

Atividades

Registre suas respostas no caderno.

O trecho a seguir, extraído do livro *Contos africanos dos países de língua portuguesa*, fala sobre o povo mandinga, que vivia na Guiné-Bissau, país da África, quando os portugueses lá chegaram em 1446. Leia-o e responda às questões de 1 a 4.

Quem não pode com mandinga não carrega patuá

O povo mandinga é um dos formadores da Guiné-Bissau, e praticava o islamismo misturado a cultos africanos. Conhecidos guerreiros, muitos mandingas foram trazidos ao Brasil na época da escravidão.

Penduravam ao pescoço um pedaço de couro, onde se liam inscrições do Alcorão — negros de outras etnias o chamavam de "patuá". Os mandingas tinham funções como as de capitães do mato. Reconheciam-se recitando versos do Alcorão. Se algum negro de outra etnia quisesse fugir, fingindo ser um mandinga, e não soubesse as palavras, era um traidor. Outras etnias viam nas palavras com sonoridade estranha (o árabe), uma feitiçaria, atribuindo poderes ao patuá. Com o passar do tempo, a própria palavra "mandinga" começou a designar feitiço, feitiçaria. [...]

CHAVES, Rita (Org.). *Contos africanos dos países de língua portuguesa*. São Paulo: Ática, 2009. (Para gostar de ler, vol. 44). (Fragmento).

NAVEGUE

Leia uma entrevista com Rita Chaves, professora brasileira de literatura africana, em: <http://www.ueangola.com/entrevistas/item/774-entrevista-com-rita-chaves-professora-brasileira-de-literatura-africana>.

1 Copie o trecho que explica a provável criação do substantivo *patuá*.

2 Como se classifica esse substantivo quanto ao tipo de designação, à sua formação e ao tipo de existência do ser nomeado?

3 Nesse texto, encontramos também alguns substantivos próprios. O que eles nomeiam?

4 Os substantivos *islamismo*, *escravidão* e *sonoridade*, quanto ao tipo de existência, classificam-se como abstratos. Por quê?

Reprodução proibida. Art. 184 do Código Penal e Lei 9.610 de 19 de fevereiro de 1998.

5 Justifique a importância do emprego de adjetivos pátrios na construção do texto de Rita Chaves.

Leia esta placa de sinalização, afixada na entrada de um município paulista, e responda às questões de 6 a 8.

JOSÉ EDUARDO CAMARGO

CAMARGO, José Eduardo R.; FONTENELLE, André Luís. *Brasil das placas*. São Paulo: Panda Books, 2007. p. 57.

6 Que expressão provoca a ambiguidade na placa? Como ela se classifica morfologicamente?

7 Explique essa ambiguidade.

8 Reescreva o texto da placa de (pelo menos) duas maneiras diferentes, a fim de eliminar a ambiguidade.

Leia a tira Hagar, de Dik Browne, e responda às questões de 9 a 11.

© 2012 KING FEATURES SYNDICATE/IPRESS

BROWNE, Dik. *O melhor de Hagar, o horrível*. v. 2. Porto Alegre: L&PM, 2005. p. 70.

9 Que tipo de resposta o filho de Hagar esperava do pai?

10 Em sua opinião, o que a resposta de Hagar revela sobre ele?

11 No último quadrinho, houve uma quebra de expectativa não apenas do ponto de vista semântico (do significado), mas também do ponto de vista sintático: como o menino usou um substantivo na pergunta (*viking*), esperava-se que o pai também usasse um substantivo na resposta. Explique como se deu essa quebra do paralelismo sintático e de que maneira ela contribuiu para o humor da tira.

Encadeamento de termos sintaticamente equivalentes, como em: *Eles querem* **casa, comida** *e* **trabalho** (todos os complementos da forma verbal *querem* são substantivos); *Você* **quer ver TV?** *Não, prefiro* **ler um livro** (tanto na pergunta como na resposta aparece a estrutura verbo + substantivo).

Reprodução proibida. Art. 184 do Código Penal e Lei 9.610 de 19 de fevereiro de 1998.

Leia o anúncio do provedor UAI, publicado no jornal *Estado de Minas*, e responda às questões de 12 a 16.

ARQUIVO EM/D.A PRESS

Mineira é pra casar. Lava, passa, cozinha e faz pão de queijo.

Fala tudo junto e misturado. "Lidileite, pó pô um poquin di pó?"

Só quem é de Minas sabe realmente como são os mineiros.

Reprodução proibida. Art. 184 do Código Penal e Lei 9.610 de 19 de fevereiro de 1998.

12 A quem se dirige o anúncio?

13 Qual é a intenção comunicativa do anunciante?

14 Para atingir sua intenção comunicativa, o anunciante brinca com a visão estereotipada que, segundo ele, os paulistas têm dos mineiros. Transcreva do anúncio:

a) um estereótipo linguístico;

b) um estereótipo cultural.

15 Justifique por que, no título e no *slogan* do anúncio, os vocábulos *mineira* e *mineiros* não são adjetivos pátrios.

16 Além de estereótipos relacionados aos mineiros, o anúncio revela uma visão estereotipada quanto ao papel da mulher na sociedade. Explique.

O QUE VOCÊ APRENDEU NO PERCURSO DESTE CAPÍTULO

- Os substantivos nomeiam os seres em geral e classificam-se em próprios ou comuns, coletivos, concretos ou abstratos, primitivos ou derivados, simples ou compostos.
- Os substantivos são núcleos de sintagmas nominais, e os adjetivos integram esses sintagmas.
- Os substantivos podem desempenhar as funções sintáticas de núcleo: do sujeito, do objeto direto, do objeto indireto, do predicativo do sujeito, do predicativo do objeto, do adjunto adnominal, do adjunto adverbial, do complemento nominal, do agente da passiva, do aposto e do vocativo.
- Os adjetivos modificam os substantivos, geralmente caracterizando os seres nomeados por estes.
- As locuções adjetivas desempenham o mesmo papel dos adjetivos, mas nem sempre há correspondência semântica entre eles.
- Sintaticamente, os adjetivos podem desempenhar a função de núcleo do adjunto adnominal e também do predicativo do sujeito e do objeto.

CAPÍTULO

12

Substantivo e adjetivo (II)

PERCURSO DO CAPÍTULO

- Flexões de gênero e número dos substantivos
- Plural dos substantivos compostos
- Flexão de grau dos substantivos
- Flexões de gênero e número dos adjetivos
- Adjetivos compostos: gênero e número
- Concordância dos adjetivos com os substantivos
- Flexão de grau dos adjetivos

THE M. C. ESCHER COMPANY-HOLLAND

ESCHER, M. C. *Divisão regular do plano, nº 70*. 1948. Tinta e aquarela, 28 × 28 cm. Para descrever essa tela, podemos usar palavras como: borboletas amarelas, vermelhas, azuis, coloridas. Neste capítulo, estudaremos como os substantivos e os adjetivos se flexionam para expressar as noções de número, gênero e grau.

Introdução

As situações de interação verbal em que nos envolvemos no dia a dia são inúmeras, umas mais formais que outras. Em contextos nos quais se exige o emprego das normas urbanas de prestígio, é preciso ficar atento às flexões dos nomes em português. Esse estudo contribuirá para que você reflita sobre essa particularidade da língua, empregando-a adequadamente.

Reprodução proibida. Art. 184 do Código Penal e Lei 9.610 de 19 de fevereiro de 1998.

Leia o anúncio a seguir, publicado na revista *Veja* em 16 de maio de 2012.

REPRODUÇÃO

Venha para um lugar com paisagens de cinema, atrações inesquecíveis e com o Astro Rei dominando o horizonte, onde você vai se esquecer da vida e dos compromissos. Aqui, turismo e conservação da natureza andam juntos pra você aproveitar melhor cada momento. Natal/Rio Grande do Norte, o maior espetáculo da natureza aguarda você nas suas próximas férias.

Responda oralmente ao que se pede.

1 Quem é o produtor desse anúncio?

2 Qual é a intenção do anunciante?

Releia os dizeres no topo do anúncio da revista:

"A vida é bela e tira férias aqui."

Agora leia o boxe a seguir.

REPRODUÇÃO

A vida é bela

Ganhador de três Oscars, o filme *A vida é bela* (1998), dirigido e estrelado pelo italiano Roberto Benigni, conta a história de um pai judeu que, durante a Segunda Guerra Mundial, é levado, com seu filho de 4 anos, para um campo de concentração. Lá, com a intenção de proteger o menino da violência nazista, o pai cria uma fantasia a fim de que o filho pense que estão participando de uma brincadeira.

3 Relacione as informações do boxe ao texto do anúncio. Preste atenção na imagem, nos elementos gráficos. Você saberia dizer a que gênero textual esse anúncio se assemelha? Justifique sua resposta.

4 Em sua opinião, qual seria a intenção do anunciante ao utilizar esse recurso no anúncio?

5 O que é destacado, no topo do anúncio, como elementos diferenciadores e atrativos da cidade potiguar?

6 Que marca linguística permite ao leitor do anúncio identificar que, em Natal, é possível conhecer mais de uma praia paradisíaca, experimentar a emoção de passear por várias dunas e desfrutar de diversas paisagens tentadoras?

Com o intuito de persuadir o leitor a passar suas férias em Natal, entre os vários recursos empregados, o anunciante o informa sobre a diversidade e a beleza geográfica da cidade: "praias paradisíacas", "dunas emocionantes", "paisagens tentadoras". Além disso, garante, por meio da flexão de número, que o viajante encontrará mais de uma praia, mais de uma duna, mais de uma paisagem com as características anunciadas.

Neste capítulo, estudaremos como os nomes — substantivos e adjetivos — se flexionam para indicar gênero, número e grau dos seres por eles nomeados ou modificados.

Reprodução proibida. Art. 184 do Código Penal e Lei 9.610 de 19 de fevereiro de 1998.

Flexões dos substantivos

⊙ Gênero

Alguns substantivos em português suscitam dúvida em relação ao gênero. Veja manchete publicada no *site* jornalístico *Globo rural on-line*.

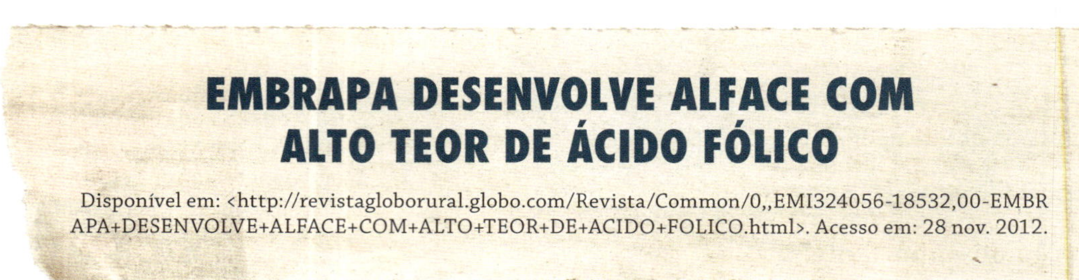
EMBRAPA DESENVOLVE ALFACE COM ALTO TEOR DE ÁCIDO FÓLICO

Disponível em: <http://revistagloborural.globo.com/Revista/Common/0,,EMI324056-18532,00-EMBRAPA+DESENVOLVE+ALFACE+COM+ALTO+TEOR+DE+ACIDO+FOLICO.html>. Acesso em: 28 nov. 2012.

SHUTTERSTOCK

Para referir-se às plantas desenvolvidas pela Empresa Brasileira de Pesquisa Agropecuária (Embrapa), você acha que o jornalista deveria usar a expressão ***a** alface enriquecid**a*** ou ***o** alface enriquecid**o***? Neste caso, o substantivo é feminino, ou seja, o jornalista deveria usar a expressão ***a** alface enriquecid**a***.

Segundo a gramática normativa, todos os substantivos de nosso idioma se classificam quanto ao gênero: são masculinos ou femininos. São masculinos os substantivos acompanhados pelo artigo *o*, e femininos, aqueles precedidos pelo artigo *a*: *o aluno, o mato, o prego, o ano; a alface, a vida, a teia, a selva, a moça.*

Apesar de não existirem, propriamente, regras fechadas em relação à flexão de gênero, podemos classificar os substantivos como biformes e uniformes (epicenos, sobrecomuns e comuns de dois gêneros). Leia o quadro a seguir.

<table>
<tr><td rowspan="2">Biformes: apresentam formas diferentes para o masculino e o feminino.</td><td>a) O feminino é formado pela substituição ou pelo acréscimo de desinências ao masculino.</td><td>aluno, aluna
professor, professora
galo, galinha
leitão, leitoa
campeão, campeã
papa, papisa</td></tr>
<tr><td>b) O feminino é formado por uma palavra totalmente diferente do masculino.</td><td>homem, mulher
cavalheiro, dama
bode, cabra
cavalo, égua</td></tr>
<tr><td rowspan="3">Uniformes: apresentam a mesma forma para o masculino e o feminino.</td><td>Epicenos: um único gênero indica animais de ambos os sexos.
Para designar o sexo do animal, juntam-se ao substantivo as palavras macho ou fêmea.</td><td>a águia, o tatu, o besouro, a mosca

a águia macho, o tatu fêmea, o besouro macho, a mosca fêmea</td></tr>
<tr><td>Sobrecomuns: um único gênero indica pessoas de ambos os sexos.</td><td>o carrasco
o indivíduo
a criança
a testemunha</td></tr>
<tr><td>Comuns de dois gêneros: uma só forma indica o masculino e o feminino (a diferenciação é feita pelo artigo).</td><td>o(a) estudante
o(a) dentista
o(a) indígena
o(a) jornalista
o(a) mártir</td></tr>
</table>

Reprodução proibida. Art. 184 do Código Penal e Lei 9.610 de 19 de fevereiro de 1998.

⊙ Número

Releia este trecho do anúncio do governo do estado do Rio Grande do Norte:

"Venha para um lugar com **paisagens** de cinema, **atrações** inesquecíveis e com o Astro Rei dominando o horizonte, onde você vai se esquecer da vida e dos **compromissos**."

As palavras destacadas estão indicando a quantidade de seres nomeados pelo substantivo.

Na língua portuguesa, a maior parte dos substantivos flexiona-se em número com o acréscimo da desinência -s: *cabana, cabanas; réu, réus; ímã, ímãs; mãe, mães; sótão, sótãos;* etc. Entretanto, como acontece na flexão de gênero, alguns substantivos formam o plural de maneira diferente. Observe o quadro a seguir.

Terminações	Singular	Plural
-im, -om, -um	fim, tom, álbum	fins, tons, álbuns
-ão	leão, pão, cidadão	leões, pães, cidadãos
-r , -z, -n	doutor, rapaz, cânon	doutores, rapazes, cânones

Os substantivos terminados em *-l* também apresentam flexões de número irregulares: *carnaval, carnavais; pastel, pastéis; anzol, anzóis; fuzil, fuzis; réptil, répteis; fóssil, fósseis; cônsul, cônsules.*

Volte ao quadro e observe o plural dos substantivos terminados em *-ão*. Você notará que ele pode ser formado de três maneiras diferentes: trocando-se o *-ão* por *-ões* (*leões*), por *-ães* (*pães*), ou ainda meramente acrescentando-se -s à terminação original (*cidadãos*). Essa variação pode nos dar a impressão de que a flexão de número dos substantivos terminados em *-ão* ocorre de modo aleatório. Não devemos nos esquecer, entretanto, de que nossa língua é derivada do latim, o que explica a existência de terminações variadas.

Observe:

- substantivos derivados de palavras latinas que, no plural, terminavam em *-ones* geralmente formam o plural em *-ões*: *leones* → *leões*;
- substantivos derivados de palavras latinas que, no plural, terminavam em *-anes* geralmente formam o plural em *-ães*: *panes* → *pães*;
- substantivos derivados de palavras latinas que, no plural, terminavam em *-anos* geralmente formam o plural em *-ãos*: *manos* → *mãos*.

Evidentemente, essas informações sobre a etimologia (origem) da palavra só podem ser obtidas mediante pesquisa. No dia a dia, sempre que tiver dúvidas quanto ao plural desses substantivos, basta fazer uma consulta ao dicionário.

SAIBA MAIS!

- Substantivos que não se flexionam no plural: *o(s) ônibus, o(s) tórax, o(s) pires, o(s) lápis, a(s) xérox*, etc.
- Substantivos que só se usam no plural: *os óculos, os pêsames, as núpcias, os anais*, etc.
- Substantivos que, no plural, alteram o timbre da vogal tônica, de fechada (ô) para aberta (ó): *corvos, fogos, miolos, impostos*, etc.

Reprodução proibida. Art. 184 do Código Penal e Lei 9.610 de 19 de fevereiro de 1998.

Plural dos substantivos compostos

Você já aprendeu, no Ensino Fundamental, que a flexão de número dos substantivos compostos varia de acordo com seus elementos formadores. No quadro a seguir, retomamos brevemente algumas regras.

Verbo (ou palavra invariável) + substantivo (ou adjetivo) → só o segundo elemento vai para o plural	guarda-chuvas, abaixo-assinados, beija-flores, pica-paus, salve-rainhas, porta-joias
Substantivo + especificador → só o primeiro elemento vai para o plural	palavras-chave, navios-escola, elementos-surpresa
Termos unidos por preposição → só o primeiro elemento vai para o plural (mesmo estando ligados por hífen)	joões-de-barro, pães de ló, fins de semana, pimentas-do-reino
Substantivo + substantivo (ou adjetivo) → em geral, os dois elementos vão para o plural	couves-flores, águas-marinhas, cachorros-quentes, ervas-doces, bananas-nanicas

⊙ Grau

Leia a tira Níquel Náusea, de Fernando Gonsales.

NÍQUEL NÁUSEA **Fernando Gonsales**

FERNANDO GONSALES

• **Explique, oralmente, o que torna a tira engraçada.**

Na tira, as águias empregam substantivos flexionados em grau: *filhotes* e *ratinho*. Nas duas palavras, a flexão indica o tamanho (nesse caso, pequeno) dos seres.

Para indicar o tamanho dos seres por eles nomeados, os substantivos flexionam-se no grau aumentativo ou no grau diminutivo. Normalmente, essa flexão ocorre com o acréscimo de sufixos ao radical da palavra. Observe:

Grau aumentativo

boc-	-arra	menin-	-ão
↓	↓	↓	↓
radical	sufixo	radical	sufixo

Grau diminutivo

filh-	-ote	rat-	-inho
↓	↓	↓	↓
radical	sufixo	radical	sufixo

O grau do substantivo também pode ser expresso por meio de adjetivos: *menino* *pequeno*, *rato* *enorme*.

Além do tamanho do ser nomeado, a flexão de grau pode atribuir valor pejorativo ou afetivo ao substantivo. Observe a tira Calvin e Haroldo, de Bill Watterson, e responda à questão oralmente:

CALVIN E HAROLDO **Bill Watterson**

CALVIN & HOBBES, BILL WATTERSON © 1985 WATTERSON/DIST. BY UNIVERSAL UCLICK

• **Nessa tira, quais são os dois substantivos flexionados quanto ao grau? O que estão indicando?**

> Os **substantivos** flexionam-se em **grau** (**aumentativo** e **diminutivo**) para indicar o tamanho dos seres por eles nomeados ou atribuir-lhes certos valores semânticos (afeto, depreciação, etc.).

Reprodução proibida. Art. 184 do Código Penal e Lei 9.610 de 19 de fevereiro de 1998.

Flexões dos adjetivos

Assim como os substantivos, os adjetivos também se flexionam em gênero, número e grau.

⊙ Gênero e número

Leia a seguir a manchete e o olho de uma notícia publicada no jornal eletrônico *G1*.

CIENTISTAS DEFENDEM CRIAÇÃO DE ACORDO SOBRE ÁGUAS SUBTERRÂNEAS

Poluição de aquíferos e lençóis freáticos cresce com mudança climática. Regiões áridas dependem desses reservatórios para o abastecimento.

Disponível em: <http://g1.globo.com/natureza/rio20/noticia/2012/06/cientistas-defendem-criacao-de-acordo-sobre-aguas-subterraneas.html>. Acesso em: 9 nov. 2012.

SHUTTERSTOCK

Podemos identificar nessa manchete o adjetivo *subterrâneas*, cuja importância, no contexto da notícia, é especificar o substantivo *águas*. Não se trata de águas dos rios, nem dos lagos e mares, mas das subterrâneas.

No olho da notícia é possível detectar três adjetivos: *freáticos*, *climática* e *áridas*, que caracterizam, respectivamente, os substantivos *lençóis*, *mudança* e *regiões*. Estão flexionados em gênero (masculino e feminino) e número (singular e plural) para concordar com os substantivos que acompanham.

O adjetivo *climáticas* flexionou-se em gênero (feminino) e número (plural) para concordar com o substantivo *mudanças*. Caso o substantivo fosse *fenômenos*, o adjetivo estaria no gênero masculino e também no plural: *climáticos*.

Os **adjetivos** flexionam-se em **gênero** e **número** para concordar com os substantivos a que se referem. Em geral, o processo de formação do feminino e do plural é o mesmo observado no caso dos substantivos.

Adjetivos biformes

São os adjetivos que têm uma forma para o masculino e outra para o feminino. São geralmente **biformes** os seguintes:

1. Os terminados em *-o* átono, que formam o feminino alterando a terminação para *-a*: *lindo, linda*; *brasileiro, brasileira*.
2. Os terminados em *-u*, *-ês* e *-or*, que geralmente fazem o feminino com o acréscimo de *-a* ao masculino: *cru, crua*; *inglês, inglesa*; *burguês, burguesa*; *orador, oradora*; *acolhedor, acolhedora*. Exceções: *hindu, zulu, cortês, montês, pedrês, melhor, pior, superior, anterior*, etc. (que são uniformes).
3. Os terminados em *-ão*, que formam o feminino em *-ã* ou *-ona*: *são, sã*; *chorão, chorona*. Exceção: *beirão, beiroa*.
4. Os terminados em *-eu* (som fechado, *ê*), que fazem o feminino em *-eia* (som aberto, *é*): *europeu, europeia*; *hebreu, hebreia*; *ateu, ateia*. Exceções: *judeu, judia*; *sandeu, sandia*.
5. Os terminados em *-éu* (som aberto), que formam o feminino em *-oa*: *ilhéu, ilhoa*.

Reprodução proibida. Art. 184 do Código Penal e Lei 9.610 de 19 de fevereiro de 1998.

SAIBA MAIS!

- Alguns adjetivos que no masculino têm *o* tônico fechado, ao passar para o feminino, além de receber a desinência *-a*, mudam o *o* para aberto: *formoso* (ô), *formosa* (ó); *grosso* (ô), *grossa* (ó); *composto* (ô), *composta* (ó). Exceções: *oca*, *fofa*, *fosco*, *chocha* (todos com som de ô).

Adjetivos uniformes

Há adjetivos que apresentam uma única forma para os dois gêneros. São geralmente **uniformes** os terminados em:

- *-a* (muitos deles funcionam também como substantivos): *agrícola*, *silvícola*, *cosmopolita*, *homicida*, *indígena*, *asteca*, *celta*, etc.
- *-e*: *árabe*, *breve*, *doce*, *terrestre*, *triste*, etc.
- *-ense*, *-ante*, *-ente*, *-inte*: *paraense*; *irritante*; *descrente*; *ouvinte*, etc.
- *-l*: *cordial*, *infiel*, *amável*, *pueril*, *ágil*, *azul*, etc. Exceção: *espanhol*, *espanhola*.
- *-ar*, *-or* (neste último caso, só os comparativos): *exemplar*, *ímpar*; *menor*, *inferior*, etc.
- *-z*: *capaz*, *feliz*, *veloz*, etc. Exceção: *andaluz*, *andaluza*.
- *-m*: *virgem*, *ruim*, *comum*, etc. Exceção: *bom*, *boa*.

Reprodução proibida. Art. 184 do Código Penal e Lei 9.610 de 19 de fevereiro de 1998.

Adjetivos compostos

Leia esta manchete de uma notícia de 2012 a respeito de uma nova universidade no Ceará.

UNIVERSIDADE LUSO-AFRO-BRASILEIRA TERÁ APOIO DA ONU

Disponível em: <http://noticias.uol.com.br/ultnot/radioonu/2010/08/25/universidade-luso-afro-brasileira-tera-apoio-da-onu.jhtm>. Acesso em: 9 nov. 2012.

SHUTTERSTOCK

Observando o adjetivo composto *luso-afro-brasileira*, podemos concluir que apenas o último elemento foi flexionado em gênero, a fim de concordar com o substantivo *universidade*, que é feminino. Se este estivesse no plural, *universidades*, o adjetivo seria *luso-afro-brasileiras*.

Tanto na flexão de gênero quanto na de número dos adjetivos compostos, apenas o último elemento varia. Exemplos: *sapato verde-claro*, *camisa verde-clara*; *sapatos azul-escuros*; *camisas azul-escuras*; *aluno anglo-japonês*, *aluna anglo-japonesa*; *alunos franco-chineses*, *alunas franco-chinesas*. Exceção: *surdos-mudos*, *surdas-mudas* (os dois elementos vão para o feminino e para o plural).

Os adjetivos compostos que caracterizam os substantivos quanto à cor são invariáveis quando o segundo elemento é outro substantivo: *olhos verde-mar*, *rosas vermelho-sangue*, *blusas amarelo-canário*, *vestidos azul-turquesa*.

Em quase todos os **adjetivos compostos**, apenas o último elemento flexiona-se em gênero e número.

Concordância dos adjetivos com os substantivos

Você já sabe que normalmente os adjetivos concordam em gênero e número com os substantivos a que se referem. Agora, preste atenção nos casos em que a posição do adjetivo em relação a dois ou mais substantivos determina a concordância entre essas classes gramaticais.

1. Se o adjetivo vem depois de dois ou mais substantivos, pode concordar com o mais próximo ou com os dois.

   A candidata foi eliminada por atitude e comportamento incorreto.
   (concordância com o substantivo mais próximo)

   A candidata foi eliminada por comportamento e atitude incorreta.
   (concordância com o substantivo mais próximo)

   A candidata foi eliminada por atitude e comportamento incorretos.
   (concordância com os dois substantivos)

   A candidata foi eliminada por comportamento e atitude incorretos.
   (concordância com os dois substantivos)

2. Se o adjetivo vem antes de dois ou mais substantivos, deve necessariamente concordar com o mais próximo.

   Ela foi submetida a novos testes e entrevistas.

   Ela foi submetida a novas entrevistas e testes.

⊙ Grau

Leia a tira Gato & Gata, do cartunista Laerte, e responda oralmente ao que se pede.

GATO & GATA **Laerte**

COUTINHO, Laerte. *Striptiras*. Porto Alegre: L&PM, 2010. p. 52.

- Por que o último quadrinho da tira surpreende o leitor?

No último quadrinho da tira, a Gata avaliou as palavras do Gato como "a coisa mais linda" da vida dela. Ao fazer isso, intensificou o adjetivo *linda*, isto é, flexionou-o em grau.

Em português, o grau do adjetivo pode ser expresso por meio de uma terminação (*lindíssima*) ou mediante expressões superlativas (*a coisa mais linda de*) ou comparativas (*mais linda que*).

Os adjetivos sofrem **flexão de grau** para indicar a intensidade da qualidade que expressam. O grau dos adjetivos pode ser **comparativo** (de superioridade, igualdade ou inferioridade) ou **superlativo** (absoluto ou relativo).

Reprodução proibida. Art. 184 do Código Penal e Lei 9.610 de 19 de fevereiro de 1998.

Grau comparativo

Leia este fragmento de reportagem.

[...] Embora ter emprego seja importante, 91% das mulheres solteiras disseram que o amor é mais importante que o dinheiro na hora de contrair matrimônio. [...]

Disponível em: <http://mulher.terra.com.br/comportamento/mulheres-nao-casariam-com-homem-desempregado-diz-pesquisa,94496ee9f9e27310VgnCLD100000bbcceb0aRCRD.html>. Acesso em: 9 nov. 2012.

Nesse trecho, lemos que as mulheres entrevistadas estabeleceram uma comparação entre dois elementos (*amor* e *dinheiro*) por meio de uma característica comum a ambos: *importante*. Porém, destacaram que essa característica está em maior grau no substantivo *amor*.

Ao fazer essa comparação, elas empregaram o adjetivo *importante* no grau comparativo de superioridade. Assim como dois seres podem ser comparados a partir de uma mesma característica, também é possível comparar duas características de um mesmo ser.

O **grau comparativo** apresenta três formas diferentes:

- **Superioridade** (mais... que). Exemplos:
  O filme foi mais comovente que o livro. / O filme 3D é mais surpreendente que envolvente.
- **Igualdade** (tão... quanto). Exemplos:
  O filme foi tão comovente quanto o livro. / O filme 3D é tão surpreendente quanto envolvente.
- **Inferioridade** (menos... que). Exemplos:
  O filme foi menos comovente que o livro. / O filme 3D é menos envolvente que surpreendente.

Reprodução proibida. Art. 184 do Código Penal e Lei 9.610 de 19 de fevereiro de 1998.

Grau superlativo

Leia este trecho de um conto de Machado de Assis:

[...] Um vestido branco, de finíssima cambraia, envolvia-lhe castamente o corpo [...]

ASSIS, Machado de. A chinela turca. *Contos*. São Paulo: FTD, 2002. p. 74. (Coleção Grandes Leituras). (Fragmento).

O narrador do fragmento, para realçar a característica atribuída ao tecido, flexionou o adjetivo em grau de intensidade máxima, isto é, no **grau superlativo**.

Em português, para indicar a intensidade de uma característica em um ser, o adjetivo pode ser empregado no **grau superlativo absoluto** ou no **grau superlativo relativo**. O primeiro destaca a característica de um único ser (*cambraia finíssima*), enquanto o segundo relaciona a característica de um ser ao grupo a que este pertence (*a mais fina das cambraias*). Observe o quadro.

Grau superlativo		
Tipo	**Procedimento**	**Exemplo**
Absoluto sintético	Acréscimo de sufixos como *-íssimo(a)*, *-érrimo(a)* ou *-imo(a)* ao adjetivo	A cambraia era fin*íssima*.
Absoluto analítico	Acréscimo da palavra intensificadora *muito* antes do adjetivo	A cambraia era *muito* fina.
Relativo de superioridade	Acréscimo da expressão *o(a) mais... de* ao adjetivo	A cambraia era *a mais* fina *de* todas.
Relativo de inferioridade	Acréscimo da expressão *o(a) menos... de* ao adjetivo	A cambraia era *a menos* fina *de* todas.

Alguns adjetivos sofrem processos diferentes para indicar o grau. Observe:

Adjetivo	Comparativo de superioridade	Superlativo absoluto	Superlativo relativo
bom	melhor	ótimo	o melhor
mau	pior	péssimo	o pior
grande	maior	máximo	o maior
pequeno	menor	mínimo	o menor

Atividades

Registre no caderno as respostas às questões.

Leia um trecho da resenha da exposição "Bem Brasil", que esteve em São Luís (MA), em junho de 2012, e responda às questões de 1 a 4.

Exposição itinerante "Bem Brasil" será vista em São Luís

A Casa de Nhozinho, anexo do Centro de Cultura Popular Domingos Vieira Filho, da secretaria de Estado da Cultura (na Rua Portugal, 185 — centro histórico na Praia Grande) [em São Luís, MA], foi o local escolhido para a instalação da exposição itinerante "Bem Brasil", mescla dos bens brasileiros do folclore e da cultura popular. A abertura foi na segunda-feira (25), às 18h, e está à disposição de 26 de junho a 25 de julho, de terça-feira a domingo, no horário das 9h às 18h.

Promovida e patrocinada pelo Banco Nacional de Desenvolvimento Social (BNDES), a exposição "Bem Brasil" nasceu da iniciativa do presidente do Instituto do Patrimônio Histórico e Artístico Nacional (Iphan), Luiz Fernando de Almeida, que, em 2010, incumbiu a equipe do Paço Imperial, do Centro Cultural do Iphan, com parceria do Centro Nacional de Folclore e Cultura Popular, a desenvolver a exposição, com o objetivo de levar os visitantes a conhecerem, compartilharem e valorizarem o patrimônio brasileiro e suas múltiplas expressões materiais e simbólicas. [...]

Disponível em: <http://www.jornalpequeno.com.br/2012/6/21/exposicao-itinerante-bem-brasil-sera-vista-em-sao-luis-201407.htm>. Acesso em: 12 nov. 2012.

1 Em que consiste a exposição "Bem Brasil"?

2 Que substantivo do primeiro parágrafo designa, de modo genérico, os itens que podem ser encontrados no evento?

3 Qual é o valor semântico da palavra *bem* no nome da exposição?

4 É possível substituir o nome da exposição por um único adjetivo, mantendo o mesmo sentido? Qual?

5 Leia um pequeno conto do livro *As palavras andantes*, do escritor uruguaio Eduardo Galeano.

Reprodução proibida. Art. 184 do Código Penal e Lei 9.610 de 19 de fevereiro de 1998.

Janela sobre as telenovelas

O Direito de Nascer foi a radionovela mais popular de todos os tempos. Esse melodrama de meio século atrás desatou muitas e graves inundações de lágrimas sobre as terras latino-americanas.

— E por que você faz tanta gente chorar? — perguntaram ao autor.

E Félix B. Caignet se defendeu:

— Eu não faço ninguém chorar. Eu só dou o pretexto para que as pessoas chorem.

GALEANO, Eduardo. *As palavras andantes*. 5. ed. Porto Alegre: L&PM, 2007. p. 54.

a) Por que podemos afirmar que o sucesso da radionovela *O direito de nascer* não se restringiu a seu país de origem, Cuba?

b) Atualmente, as novelas brasileiras são um produto de exportação e fazem sucesso principalmente em Portugal e nos países africanos de língua portuguesa. Que adjetivo pátrio composto podemos usar para nos referir a esses países africanos?

6 Leia a tira a seguir.

NÍQUEL NÁUSEA Fernando Gonsales

FERNANDO GONSALES

a) Há um adjetivo no primeiro quadrinho. Qual?

b) O sufixo *-inho* é indicativo de flexão de grau diminutivo no substantivo. No adjetivo, que valor semântico ele atribui a essa classe gramatical?

c) Como as linguagens verbal e não verbal do último quadrinho constroem o humor da tira?

O QUE VOCÊ APRENDEU NO PERCURSO DESTE CAPÍTULO

- Quanto ao gênero, os substantivos classificam-se em masculino e feminino. Flexionam-se apenas os que nomeiam seres sexuados.
- Quanto ao número, os substantivos classificam-se em singular e plural.
- A flexão de gênero dos substantivos compostos varia de acordo com seus elementos formadores.
- Para indicar o tamanho dos seres nomeados, os substantivos flexionam-se nos graus aumentativo ou diminutivo. Essas flexões servem também para atribuir-lhes valores semânticos (afetivos, pejorativos, etc.).
- Os adjetivos flexionam-se em gênero e número para concordar com os substantivos a que se referem. Em geral, o processo de flexão dos adjetivos é o mesmo dos substantivos.
- Na maior parte dos adjetivos compostos, apenas o último elemento flexiona-se em gênero e número.
- O grau dos adjetivos pode ser comparativo (de superioridade, igualdade ou inferioridade) ou superlativo (absoluto ou relativo).

Reprodução proibida. Art. 184 do Código Penal e Lei 9.610 de 19 de fevereiro de 1998.

CAPÍTULO

13

Artigo, numeral e interjeição

PERCURSO DO CAPÍTULO

- Artigo: conceito e tipos
- Flexões do artigo: gênero e número
- Valores semânticos do artigo
- Numeral: conceito e tipos
- Flexões do numeral: gênero e número
- Como escrever alguns numerais
- Concordância de porcentagem com o verbo
- Interjeição e locução interjetiva

CHASSENET/PHOTOCUISINE/CORBIS/LATINSTOCK

Apenas uma pitada de pimenta, noz-moscada ou outras especiarias é o suficiente para fazer a diferença no sabor de um prato. Em nossa língua, também existem certas palavras, como os artigos e os numerais, que, apesar de curtas e aparentemente simples, são fundamentais para produzirmos os sentidos desejados em nossos enunciados. (Foto de 2011.)

Introdução

Nas diferentes situações de comunicação, precisamos identificar, generalizar, quantificar e ordenar seres ou noções, assim como exprimir emoções, sentimentos e estados de espírito. Para isso empregamos artigos, numerais e interjeições, os quais serão estudados neste capítulo.

Leia esta tira do Calvin e responda às questões oralmente.

CALVIN & HAROLDO **Bill Watterson**

CALVIN & HOBBES, BILL WATTERSON © 1992 WATTERSON/DIST. BY UNIVERSAL UCLICK

Reprodução proibida. Art. 184 do Código Penal e Lei 9.610 de 19 de fevereiro de 1998.

1 Que pedido Calvin faz a Suzi?

2 Suzi poderia ter escolhido outro número e outra letra? Por quê?

3 Se o garoto desejasse que a menina escolhesse uma letra determinada, como ficaria o enunciado?

4 A sequência "Um, dois, três!", empregada por Calvin no segundo quadrinho, denota uma ação desse personagem. Qual?

5 Ao ler a sorte de Suzi no origâmi, Calvin revela: "Você é uma meleca bem verde e gosmenta". Podemos afirmar que *uma*, nesse contexto, tem o mesmo valor que no enunciado "Agora escolhe uma letra"? Por quê?

6 Em sua opinião, a menina teria recebido uma sorte melhor se tivesse escolhido outra letra? Justifique.

7 Que função você acha que têm as palavras "Hum", na fala de Suzi, e "Ah ha..." e "Ê", na de Calvin? Explique o que elas querem dizer.

O sentido da tira que você leu constrói-se com os **artigos** *um* e *uma*, que indeterminam os substantivos *número* e *letra*, com os **numerais** *um*, *dois* e *três*, que quantificam o movimento do origâmi e garantem o suspense à ação de Calvin, e também com as **interjeições** *hum*, *ah ha...* e *ê*, que expressam, respectivamente, a dúvida da menina e a satisfação do garoto.

A seguir, relembraremos o artigo, o numeral e a interjeição, conteúdos que você provavelmente já estudou em anos anteriores.

Artigo

Em português, o artigo pode indeterminar o sentido do substantivo, a exemplo do que ocorreu na tira estudada anteriormente, mas também pode determiná-lo, individualizá-lo.

Para compreendermos melhor essa classe gramatical, vamos ler uma receita culinária:

Sorbet de baunilha

Ingredientes

$^{1}/_{2}$ colher (chá) de *xantham gum* (açúcar natural derivado de milho — opcional)
$^{3}/_{4}$ xícara (chá) de **agave** ou mel ou melado
4 xícaras (chá) de leite de castanha
1 colher (chá) de essência de baunilha
4 colheres (chá) de óleo de coco na sua forma líquida
1 xícara (chá) de polpa de coco fresco

Modo de preparo

Bata tudo no liquidificador, menos o óleo de coco, até ficar homogêneo. Adicione o óleo e bata mais. Coloque na geladeira por 30 min ou no *freezer* por cerca de 15 min. Bata de novo até ficar cremoso. Deixe esfriar um pouco e coloque em uma máquina de bater sorvete. Não tendo a máquina, bata no liquidificador. Leve para gelar (24h) e sirva com calda quente de sua preferência. Rende 4 xícaras de chá.

Viva Saúde, n. 105, p. 27.

***Sorbet*:** tipo de sorvete mais leve e menos calórico.

Agave: planta da qual se extrai o hidromel (água + mel).

No "Modo de preparo" da receita, para identificar o ingrediente que deve ser batido por último no liquidificador (*óleo de coco*), o produtor emprega o artigo definido *o* antes do substantivo *óleo*. Isso porque tal palavra já foi citada na primeira parte da receita e, portanto, é conhecida do leitor. O artigo *o* também antecede os substantivos que nomeiam os eletrodomésticos familiares ao leitor: *liquidificador* e *freezer*. Mas, ao referir-se a um aparelho que ainda não foi mencionado e que não é comum nos lares brasileiros (*máquina de bater sorvete*), ele antepõe ao substantivo *máquina* o artigo indefinido *uma*. Note que, na segunda vez que esse mesmo termo é citado, ele é antecedido pelo artigo definido: *a* máquina.

Artigo é a classe gramatical que antecede o substantivo para particularizá-lo ou generalizá-lo. Pode ser **definido** ou **indefinido**.

Os **artigos definidos** (*o, a, os, as*) particularizam um ser em relação aos outros da espécie a que ele pertence ou indicam um ser do qual já se tem conhecimento, quer por já ter sido mencionado antes, quer por dispensar apresentações.

Os **artigos indefinidos** (*um, uma, uns, umas*) generalizam, indeterminam o ser nomeado pelo substantivo.

SAIBA MAIS!

- A **ausência de artigo** também indica **generalização**:
Pedreiro encontra dinheiro em bolsa jogada em bueiro.
Cientistas identificam novo vírus em laboratório.

NAVEGUE

O que você entende pela frase "Os dentes, nele, eram um artigo indefinido"? Leia o conto "Nas águas do tempo", no livro *Estórias abensonhadas*, de Mia Couto, e tire suas conclusões sobre o significado dessa metáfora. Disponível em: <http://www.companhiadasletras.com.br/trechos/13294.pdf>.

Reprodução proibida. Art. 184 do Código Penal e Lei 9.610 de 19 de fevereiro de 1998.

⊙ Flexões do artigo: gênero e número

Leia esta tira e responda às questões no caderno.

HAGAR Dik Browne

© 2012 KING FEATURES SYNDICATE/IPRESS

1 Em que consiste o humor da tira?

2 Transcreva os substantivos empregados no primeiro e no segundo quadrinho e mencione o número e o gênero de cada um.

3 Transcreva o artigo que acompanha cada um dos substantivos.

Ao responder às questões acima, você pôde observar que os artigos **concordam em gênero e número** com os substantivos a que se referem.

Nos casos em que os substantivos não indicam as flexões, cabe ao artigo essa função: um dentista, uma dentista; um lápis, uns lápis.

Os artigos também permitem fazer a distinção entre certos substantivos homônimos: *o* cisma (separação), *a* cisma (dúvida); *o* nascente (onde o sol nasce), *a* nascente (fonte de água ou de rio).

PARA LEMBRAR

Homônimas: palavras com a mesma forma, mas significados diferentes.

Reprodução proibida. Art. 184 do Código Penal e Lei 9.610 de 19 de fevereiro de 1998.

Artigo associado a preposição

Releia esta frase, retirada da tira do Calvin, no início deste capítulo:

"Escolhe um número **no** origâmi da sorte, Suzi."

Em alguns contextos, os artigos podem combinar-se com preposições, conforme você viu no exemplo acima, em que a palavra **no** é formada pela associação da preposição **em** com o artigo **o**. Observe o quadro:

prep. \ art.	o	a	os	as
a	ao	à	aos	às
de	do	da	dos	das
em	no	na	nos	nas
por	pelo	pela	pelos	pelas

SAIBA MAIS!

- A fusão (contração) do artigo definido feminino com a preposição *a* é denominada **crase**. Na escrita, é marcada com um acento grave (`) sobre a vogal *a*. Exemplo:

  Os animais foram reintegrados **à** natureza.

⊙ Valores semânticos do artigo

1. Atribuição de notoriedade:

   *Você é **a** amiga!*

2. Indicação de totalidade:

   *Toda **a** minha família gosta de você.*

Observe, porém, que, no enunciado "Toda criança deveria ser feliz", o pronome indefinido *toda* não tem o sentido de totalidade como ocorre no exemplo acima, mas de "cada", "qualquer".

3. Aproximação numérica:

   *Ela deve ter **uns** 15 anos.*

Relações morfossintáticas do artigo

Por acompanhar o substantivo, o artigo desempenha sempre a função sintática de **adjunto adnominal**:

adjunto adnominal → ***Os*** · núcleo do sujeito → *meninos* · adjunto adnominal → ***o*** · núcleo do objeto direto → *futebol*

__Os meninos__ têm como esporte favorito __o futebol__.

Os meninos → sujeito · *o futebol* → objeto direto

Objeto educacional digital (animação)
- Artigo

Reprodução proibida. Art. 184 do Código Penal e Lei 9.610 de 19 de fevereiro de 1998.

Numeral

Na tira que inicia este capítulo, Calvin conta o número de vezes que manipula o origâmi: *um*, *dois*, *três*. Essas três palavras, como você já aprendeu em anos anteriores, são chamadas de **numerais**. E, por indicarem quantidades numéricas, classificam-se como **cardinais**. Mas os numerais não se restringem à indicação de quantidades.

Leia a tira a seguir e responda às questões oralmente.

CALVIN & HAROLDO — Bill Watterson

CALVIN & HOBBES, BILL WATTERSON © 1992 WATTERSON/DIST. BY UNIVERSAL UCLICK

1 Por que a fala final de Calvin surpreende o leitor?

2 O que as palavras *primeira*, *segunda* e *terceira*, presentes na tira, indicam?

As palavras *primeira*, *segunda* e *terceira* são numerais **ordinais**.

Existem ainda dois outros tipos de numeral. Leia a tira do personagem Hagar:

HAGAR **Chris Browne**

© 2012 KING FEATURES SYNDICATE/IPRESS

Responda oralmente:

- O humor da tira está na resposta da mulher de Hagar. O que se pode inferir a partir da fala de Helga?

Se consultarmos a palavra *par* no dicionário, veremos que ela significa, entre outras acepções, "conjunto de dois seres de igual natureza" (duas pessoas, dois objetos, etc.). É sinônimo de *dupla*. Saberemos também que *duplo* quer dizer "duas vezes a mesma quantidade", e *quádruplo*, "quatro vezes".

As palavras *duplo* e *quádruplo* são numerais. E, por indicarem multiplicação de uma quantidade, são chamados **multiplicativos**.

Observe agora esta manchete:

METADE DOS AMERICANOS ACHA QUE FACEBOOK É UMA MODA PASSAGEIRA, INDICA PESQUISA

Disponível em: <http://m.tecnologia.uol.com.br/noticias/redacao/2012/05/15/metade-dos-americanos-acha-que-facebook-e-uma-moda-passageira-indica-pesquisa.htm>. Acesso em: 26 nov. 2012.

SHUTTERSTOCK

A palavra *metade* indica que nem todos os americanos entrevistados têm a mesma opinião sobre o Facebook: apenas uma parte, isto é, uma fração deles, pensa assim. Por indicar a divisão de um todo, dizemos que essa palavra é um numeral **fracionário**.

Emprego dos numerais cardinal e ordinal

- Para identificar capítulos de obras, séculos, títulos de papas e reis, emprega-se o numeral ordinal até o décimo. A partir daí, usa-se o cardinal:

  Já li o capítulo ***terceiro*** *do livro; agora vou ler o* ***onze***.

  Estamos no século ***vinte e um***.

  Luís XIV (lê-se **catorze**) *era conhecido como "Rei Sol"*.

- Se o numeral anteceder o substantivo, utiliza-se sempre o ordinal:

  Chegamos ao ***décimo oitavo*** *capítulo do romance.*

  Vivemos no ***vigésimo primeiro*** *século da era cristã.*

ALESSANDRA BENEDETTI/CORBIS/LATINSTOCK

O ex-papa Bento XVI ("dezesseis"), sucessor de João Paulo II ("segundo"), durante a celebração da missa de Páscoa, no Vaticano, em 2007.

Reprodução proibida. Art. 184 do Código Penal e Lei 9.610 de 19 de fevereiro de 1998.

⊙ Flexões do numeral: gênero e número

Enquanto os numerais ordinais variam em gênero e número para concordar com os substantivos que acompanham, o mesmo nem sempre acontece com os cardinais: *dois* copos, *duas* tigelas; *três* sofás, *três* mesas; *cem* homens, *cem* mulheres; *etc.*

O numeral fracionário *meio* concorda em gênero com o número inteiro de que é fração:

Comprei ***um*** *quilo e* ***meio*** *de arroz e* ***duas*** *dúzias e* ***meia*** *de ovos.*

masculino (um, meio) — feminino (duas, meia)

SAIBA MAIS!

- Na linguagem coloquial (informal), pode ocorrer a flexão de grau nos numerais, atribuindo-lhes certos valores semânticos:

  Eis uma notícia em ***primeiríssima*** *mão!* (ênfase)
  Ganhei ***metadinha*** *daquele bolo.* (afeto, familiaridade, etc.)

  Os numerais também podem ser usados como recurso expressivo, como a hipérbole (exagero):

  Mandei ***milhões*** *de abraços aos amigos queridos.*
  Andei ***quinhentos mil*** *quilômetros para te encontrar.*

⊙ Concordância de porcentagem com o verbo

O emprego de porcentagens nos enunciados exige atenção quanto à concordância verbal. Atualmente tende-se a concordar com o substantivo:

- Se o substantivo a que a porcentagem se refere estiver no plural, o verbo também fica no plural:

  25% dos ***entrevistados*** *não* ***fazem*** *exercício físico.*

- Se o substantivo estiver no singular, o mesmo ocorre com o verbo:

  30% da ***classe operária*** *não* ***ganha*** *um salário digno.*

Relações morfossintáticas do numeral

O numeral pode ser núcleo ou parte do sintagma nominal, ou seja, ele pode exercer duas funções: **núcleo de uma função sintática** (sujeito, objeto, predicativo, etc.) ou **adjunto adnominal**.

Observe:

adjunto adnominal (pronome) — núcleo do sujeito (numeral)

Muitos milhões serão destinados àquela obra.

sujeito

adjunto adnominal (numeral) — núcleo do predicado (substantivo)

Em casa, éramos dois irmãos.

predicativo do sujeito

Reprodução proibida. Art. 184 do Código Penal e Lei 9.610 de 19 de fevereiro de 1998.

SAIBA MAIS!

- Nem sempre escrever numerais por extenso é tarefa fácil, principalmente quando o número é muito grande. Em casos como esse, emprega-se a conjunção **e** na mesma ordem, mas não entre uma ordem e outra. Observe este exemplo:
202.526.302.106: duzentos e dois bilhões, quinhentos e vinte e seis milhões, trezentos e dois mil cento e seis.

Interjeição

Na tira que abre este capítulo, observamos que as palavras que manifestavam a dúvida e a alegria dos personagens colaboraram na construção do sentido do enunciado. Esses termos que expressam sentimentos, conforme você já estudou no decorrer de sua vida escolar, denominam-se **interjeições**.

Agora, para estudar mais sobre o assunto, leia esta outra tira do personagem Calvin, de Bill Watterson:

CALVIN **Bill Watterson**

CALVIN & HOBBES, BILL WATTERSON © 1990 WATTERSON/DIST. BY UNIVERSAL UCLICK

WATTERSON, Bill. *O ataque dos perturbados monstros de neve mutantes e assassinos*. São Paulo: Conrad, 2010. p. 5.

Reprodução proibida. Art. 184 do Código Penal e Lei 9.610 de 19 de fevereiro de 1998.

Responda oralmente ao que se pede.

1 Relacione a linguagem verbal e a não verbal do primeiro quadrinho e interprete o que a exclamação "Ah" está indicando.

2 Proceda da mesma maneira em relação ao último quadrinho e aponte o significado da exclamação "Legal!".

3 Explique de que maneira as palavras identificadas por você nas questões anteriores são responsáveis pelo humor da tira.

Interjeição é uma palavra que expressa emoção, sentimento ou estado de espírito do produtor de um enunciado.

Dois ou mais vocábulos com valor da interjeição, que indicam sentimento ou emoção, são chamados **locuções interjetivas**. Exemplos: *Alto lá!*, *Meu Deus!*, *Puxa vida!*, *Que coisa!*.

Locução interjetiva é o conjunto de duas ou mais palavras que expressam emoção, sentimento ou estado de espírito.

⊙ Algumas interjeições e locuções interjetivas

Como você acabou de ver, as interjeições e as locuções interjetivas exprimem diferentes tipos de emoções, sentimentos ou estados de espírito. Observe:

- Advertência: *Cuidado! Calma! Fogo!*
- Afugentamento: *Fora! Rua! Sai! Xô!*
- Alegria: *Ah! Oh! Gol! Viva!*
- Alívio: *Ufa!*
- Animação: *Coragem! Força!*
- Aplauso: *Bis! Bravo!*
- Aversão: *Xi! Ih!*
- Chamamento: *Alô! Psiu! Ó!*
- Desejo: *Oxalá! Tomara!*
- Dor: *Ui! Ai!*
- Espanto ou surpresa: *Ué! Uai! Puxa vida! Nossa!*
- Impaciência: *Hum! Raios!*
- Medo: *Uh! Ui! Que horror!*
- Satisfação: *Oba! Eba! Opa! Boa!*
- Saudação: *Oi! Olá!*
- Silêncio: *Psiu! Silêncio!*

DAVID MADISON/CORBIS/LATINSTOCK

Para classificar adequadamente uma interjeição é preciso levar em conta o contexto em que ela aparece. A imagem ao lado não deixa dúvida sobre a interjeição exclamada pelo jogador.

Reprodução proibida. Art. 184 do Código Penal e Lei 9.610 de 19 de fevereiro de 1998.

Leia a tira de Fernando Gonsales, e responda às questões oralmente.

NÍQUEL NÁUSEA — Fernando Gonsales

FERNANDO GONSALES

1 Por que uma das abelhas se recusa a passear, se está de férias?

2 O advérbio *não*, gritado pela abelha, assume, no contexto, valor de outra classe gramatical. Explique essa afirmação.

Qualquer palavra — substantivo, adjetivo, verbo, advérbio — que, em determinada situação comunicativa, é falada com o intuito de demonstrar emoção ou sentimento, pode adquirir valor de interjeição.

Atividades

Registre suas respostas no caderno.

1 Leia este trecho de notícia publicada no portal eletrônico *Globo.com*.

PAULO MANZI

http://globoesporte.globo.com/olimpiadas/noticia/2012/08/meninas...

As meninas superpoderosas: Missy, Ruta e Shiwen brilham nas piscinas

Trio de adolescentes, com idades de 15, 16 e 17 anos, rouba a cena no Centro Aquático de Londres, desbanca atletas renomadas e entra para a história

Por Amanda Kestelman e Helena Rebello
Rio de Janeiro

Elas não estão em Townsville, e sim em Londres. Não lutam com monstros, mas contra o relógio. Ainda têm dever de casa para fazer e poderiam passar o tempo livre preocupadas com compras, academia e namoro, como tantas outras adolescentes mundo afora. Poderiam. Preferiram abrir mão desta liberdade por um sonho e estão surpreendendo com seus superpoderes dentro d'água. Ruta Meilutyte, Shiwen Ye e Missy Franklin viraram o terror de rivais mais velhas e experientes na piscina do Centro Aquático e, antes dos 18 anos, já escreveram seus nomes na história olímpica com letras douradas.

Disponível em: <http://globoesporte.globo.com/olimpiadas/noticia/2012/08/meninas-superpoderosas-missy-ruta-e-shiwen-brilham-nas-piscinas.html>. Acesso em: 26 nov. 2012. (Fragmento).

a) No trecho acima há substantivos que não estão acompanhados de artigo, como *monstros*, *compras*, *academia* e *namoro*. Que valor semântico a ausência de artigos atribui a esses substantivos?

b) O substantivo *relógio*, no fragmento citado, é uma metonímia. Qual é o esporte praticado pelo trio de adolescentes? O que esse substantivo substitui no texto? Explique.

c) Justifique o emprego do artigo definido masculino antes do substantivo *relógio*.

d) Qual é o valor semântico do artigo *o* no trecho "... viraram o terror das rivais mais velhas..."?

PARA LEMBRAR

Metonímia: figura de linguagem que consiste na substituição de uma palavra por outra com a qual tenha uma relação objetiva de continuidade ou afinidade.

2 Leia a tira Níquel Náusea e explique como a oposição entre o artigo indefinido e o numeral *uma* construiu o humor na tira.

NÍQUEL NAUSEA — Fernando Gonsales

FERNANDO GONSALES

Reprodução proibida. Art. 184 do Código Penal e Lei 9.610 de 19 de fevereiro de 1998.

3 Leia o resultado de uma pesquisa sobre a psicologia das redes sociais, publicado no portal UOL Tecnologia:

http://uoltecnologia.blogosfera.uol.com.br/2012/07/31/terapia-virtual-psicologia-nas-

PAULO MANZI

Terapia virtual: "psicologia nas redes sociais" indica que 80% dos *posts* são sobre o autor

Juliana Carpanez

O *site* Psychology Degree juntou dados de diversos estudos e criou um infográfico que chamou de "Psicologia das redes sociais — falando sobre nós mesmos e adorando isso". [...] [Confira] os destaques sobre o conteúdo apresentado.

- De cada oito pessoas em todo o mundo, uma está no Facebook.
- A cada cinco minutos na internet, um minuto é dedicado às redes sociais.
- A cada minuto, são feitas 694,9 mil atualizações no Facebook.
- A cada minuto, são criados 532 mil tuítes.
- 80% dos *posts* são sobre o próprio autor.
- 82% dos usuários adicionam pessoas porque as conhecem na vida real.
- 60% dos usuários adicionam pessoas porque têm um amigo em comum.
- 29% dos usuários adicionam pessoas por causa da aparência.
- 11% dos usuários adicionam pessoas para *networking* nos negócios.
- Metade dos usuários se compara aos outros quando vê fotos ou atualizações.
- Após muito tempo no Facebook, o usuário tende a achar que a vida dos outros é melhor.
- Pessoas egocêntricas e com baixa autoestima ficam mais de uma hora por dia no Facebook.

Disponível em: <http://uoltecnologia.blogosfera.uol.com.br/2012/07/31/terapia-virtual-psicologia-nas-redes-sociais-indica-que-80-dos-posts-sao-sobre-o-autor/>. Acesso em: 26 nov. 2012.

a) Na apresentação dos dados de uma pesquisa, qual é a classe gramatical predominante?

b) Classifique os numerais presentes no texto da pesquisa.

ProvocAÇÃO

Para você, qual dos dados apresentados é mais preocupante?

O QUE VOCÊ APRENDEU NO PERCURSO DESTE CAPÍTULO

- Os artigos determinam ou generalizam os substantivos que acompanham.
- Os artigos definidos particularizam um ser em relação aos outros de sua espécie; indicam um ser do qual já se tem conhecimento; destacam um ser quanto à sua notoriedade; quando antecedidos de *todo* (*a*, *os*, *as*), indicam completude, totalidade.
- Os artigos indefinidos podem indicar quantidade aproximada.
- Os artigos concordam em gênero e número com os substantivos.
- Sintaticamente, os artigos exercem a função de adjunto adnominal.
- Os numerais cardinais expressam quantidade; os ordinais, ordem; os multiplicativos, multiplicação; os fracionários, fração.
- Os numerais podem ser núcleo de uma função sintática ou adjunto adnominal.
- As interjeições e locuções interjetivas exprimem diferentes tipos de emoções, sentimentos ou estados de espírito.

Reprodução proibida. Art. 184 do Código Penal e Lei 9.610 de 19 de fevereiro de 1998.

CAPÍTULO

14

Pronome

PERCURSO DO CAPÍTULO

- Conceito de pronome
- Pronomes pessoais
- Pronomes de tratamento
- Pronomes possessivos
- Pronomes demonstrativos
- Pronomes indefinidos
- Pronomes interrogativos

"Viu só *aquilo*?" Os pronomes nos auxiliam a fazer referência ao mundo ao nosso redor.

CAVAN IMAGES/ICONICA/GETTY IMAGES

Introdução

Você já sabe que, para nos referirmos às três pessoas do discurso e a tudo que nos cerca, usamos nomes (substantivos). E que, para evitar a repetição e promover a coesão, usamos os pronomes. Lembre-se de que, além de substituir, os pronomes podem acompanhar os substantivos e fornecer informações importantes sobre eles.

Leia esta tira do Menino Maluquinho, famoso personagem do desenhista, escritor e jornalista Ziraldo.

MENINO MALUQUINHO — Ziraldo

ZIRALDO

Disponível em: http://meninomaluquinho.educacional.com.br/PaginaTirinha/default.asp. Acesso em: 14 abr. 2013.

Reprodução proibida. Art. 184 do Código Penal e Lei 9.610 de 19 de fevereiro de 1998.

Responda às questões oralmente.

1 Qual elemento da tira nos permite supor que ela não é da época atual?

2 Segundo o *site* do desenhista Ziraldo, Lúcio, o personagem de blusa xadrez, é o "cérebro" da turma do Menino Maluquinho. Por que a atitude dele, na tira, confirma essa descrição?

3 Quanto a Bocão, o *site* diz que ele é "muito fiel, corajoso e simpático, o único problema dele é que ele só fala besteira, coitadinho". A tira lida confirma essa última característica do personagem? Por quê?

4 Releia a fala de Lúcio:

"Eu faço a pesquisa, você, as figuras e o Bocão... bem... ele bate à máquina!"

Quais palavras ele emprega para referir-se a cada um dos colegas e, assim, indicar quem deve fazer o quê?

NAVEGUE

Acesse o *site* do personagem mais famoso de Ziraldo: <www.omeninomaluquinho.com.br>.

5 Entre as palavras que você apontou na questão anterior, há uma que substitui um nome mencionado anteriormente. Qual é ela?

6 Qual tipo de informação as palavras *nosso* e *minha* dão sobre cada um dos substantivos que antecedem — respectivamente, *trabalho* e *capinha*?

As palavras *eu*, *você* e *ele* (empregadas pelo personagem Lúcio para referir-se a si mesmo e aos colegas) e as palavras *nosso* e *minha* (que indicam a quem pertencem o trabalho e a capinha, respectivamente) são **pronomes**.

Pronome é a classe gramatical que substitui ou acompanha o substantivo.

Os pronomes que tomam o lugar de um substantivo (como *ele*, que, no contexto da tira, substitui *Bocão*) são chamados **pronomes substantivos**. Já os que acompanham (e caracterizam) substantivos (como *minha* em "minha capinha") são denominados **pronomes adjetivos**.

De acordo com as diversas funções que desempenham nos enunciados, os pronomes classificam-se em **pessoais**, **de tratamento**, **possessivos**, **demonstrativos**, **indefinidos**, **interrogativos** e **relativos**.

Reprodução proibida. Art. 184 do Código Penal e Lei 9.610 de 19 de fevereiro de 1998.

Pronomes pessoais

Leia um fragmento da novela "A testemunha silenciosa", que faz parte do livro de mesmo nome, do escritor mineiro Otto Lara Resende (1922-1992). Observe como o narrador-personagem descreve a chegada da prima à pequena cidade de Lagedo:

Chamava-se Rita Maria. O casamento já tinha passado quando ela chegou, a tempo de comer uns doces e enterrar os ossos do banquete. Eu conhecia uma Rita e várias Marias. E conhecia, claro, santa Rita dos Impossíveis. Mas Rita Maria era para mim um nome original [...]

RESENDE, Otto Lara. *A testemunha silenciosa*: duas novelas. São Paulo: Companhia das Letras, 2012. p. 62. (Fragmento).

NAVEGUE

Conheça os textos de Otto Lara Resende em: <http://www.releituras.com/otresende_bio.asp>.

Responda oralmente:

- Nesse texto, dois pronomes referem-se ao narrador-personagem e outro substitui o nome *Rita Maria*. Quais são eles?

Os pronomes que você identificou no trecho referem-se às **pessoas** do discurso. São, por isso, denominados **pronomes pessoais**.

São três as pessoas do discurso:

- 1ª **pessoa**: emissor ou locutor (quem fala).
- 2ª **pessoa**: receptor ou locutário (com quem se fala).
- 3ª **pessoa**: assunto ou referente (de quem ou de que se fala).

Pronomes pessoais são aqueles que, em determinada situação de interação, representam as três pessoas do discurso.

⊙ Pronomes retos e pronomes oblíquos

Conforme a função sintática que exercem na oração, os **pronomes pessoais** recebem uma subclassificação:

- quando desempenham a função de *sujeito*, *predicativo do sujeito* ou *vocativo*, são chamados **pronomes pessoais retos**;
- quando desempenham a função de *complemento* (*verbal* ou *nominal*), *adjunto* (*adnominal* ou *adverbial*) ou *agente da passiva*, recebem o nome de **pronomes pessoais oblíquos**.

Leia outro fragmento da novela de Otto Lara Resende:

Atenciosa com todos, Rita Maria falava comigo e me olhava como se eu fosse um bobinho. Nunca me viu, nunca percebeu os meus olhos quentes e gulosos.

[...]

RESENDE, Otto Lara. *A testemunha silenciosa*: duas novelas. São Paulo: Companhia das Letras, 2012. p. 65. (Fragmento).

Observe a função sintática que os pronomes pessoais exercem no fragmento em questão:

"[...] falava ***comigo*** *e* ***me*** *olhava como se* ***eu*** *fosse um bobinho."*

- comigo → pronome oblíquo (objeto indireto)
- me → pronome oblíquo (objeto direto)
- eu → pronome reto (sujeito)

Os **pronomes pessoais oblíquos** podem ser **átonos** ou **tônicos**.

- Os tônicos são *mim*, *comigo*, *ti*, *contigo*, *si*, *consigo*, *ele(s)*, *ela(s)*, *nós*, *conosco*, *vós*, *convosco*. São sempre precedidos de (ou aglutinados a) preposição: *teve pena* ***de*** *mim*; *saiu* ***con****tigo*; *guardou o bolo* ***para*** *nós*; *concordo* ***con****vosco*; *etc*.
- Os átonos são *me*, *te*, *se*, *o(s)*, *a(s)*, *lhe(s)*, *nos*, *vos*. Estes não são acompanhados de preposição: *mamãe me ama*; *respeito-te*; *cortou-se*; *ele nos admira*; *ela vos obedece*; *convidou-a*; *ajudou-as*; *contou-lhes*; *etc*.

Observe a seguir o quadro com as funções sintáticas dos pronomes pessoais.

Pronomes pessoais retos	Função sintática
Ela foi escolhida para a missão.	sujeito
A escolhida para a missão foi **ela**.	predicativo do sujeito
Ó **tu**, que foste escolhida! Ó **vós**, que estais eleitas!	vocativo
Pronomes pessoais oblíquos	**Função sintática**
José saiu **conosco**.	adjunto adverbial
Contaram-**lhe** toda a verdade.	objeto indireto
A mim ele não engana.	objeto direto preposicionado
Não tenha raiva de **mim**.	complemento nominal
A operação foi realizada por **ti**.	agente da passiva
Convidou-**a** para a festa.	objeto direto

Reprodução proibida. Art. 184 do Código Penal e Lei 9.610 de 19 de fevereiro de 1998.

Pronomes pessoais oblíquos	Função sintática
Dediquei-**lhes** a vitória.	objeto indireto
Com delicadeza, beijou-**me** os lábios.	adjunto adnominal
Deixe-**me** ver (= que eu veja) o caso.	sujeito de oração infinitiva

O quadro a seguir apresenta os pronomes pessoais retos e oblíquos da língua portuguesa. Consulte-o quando julgar necessário.

	Pessoas do discurso	Pronomes retos	Pronomes oblíquos	
			Átonos	Tônicos (precedidos de preposição)
Singular	1ª	eu	me	mim, comigo
	2ª	tu	te	ti, contigo
	3ª	ele, ela	o, a, lhe, se	si, consigo, ele, ela
Plural	1ª	nós	nos	nós, conosco
	2ª	vós	vos	vós, convosco
	3ª	eles, elas	os, as, lhes, se	si, consigo, eles, elas

Reprodução proibida. Art. 184 do Código Penal e Lei 9.610 de 19 de fevereiro de 1998.

As estruturas *para eu*, *para mim* e *entre mim e ti*

Leia esta tira de Bill Watterson e responda oralmente ao que se pede.

CALVIN & HAROLDO — Bill Watterson

CALVIN & HOBBES, BILL WATTERSON © 1995 WATTERSON / DIST. BY UNIVERSAL UCLICK

- Na frase "Dê tudo para mim!", no primeiro balão da tira, Calvin empregou o pronome oblíquo *mim*. Mas, se a mesma frase terminasse com o verbo *comer*, por exemplo, como você empregaria o pronome?

Conforme determinam as normas urbanas de prestígio, os pronomes pessoais retos devem ser usados na função de sujeito, e os oblíquos, na função de complemento:

Este livro é para **eu** *ler.* → sujeito do verbo *ler*

Dê isso para **mim**. → núcleo do objeto indireto do verbo *dar*

Também é aconselhável, nas situações formais de uso, o emprego de *mim* e *ti* após a preposição *entre*:

Só existe amizade **entre ele e mim**. *Só existe amizade* **entre mim e ti**.

NAVEGUE

Reforce seus estudos sobre o uso dos oblíquos após a preposição assistindo a este quadro do programa *Nossa Língua Portuguesa*: <http://tvcultura.cmais.com.br/nossalingua/uso-dos-pronomes-obliquos>.

Pronomes de tratamento

Leia esta tira do cartunista Laerte e responda oralmente à questão.

FAGUNDES — Laerte

NAVEGUE

O trabalho do cartunista Laerte está disponível em: <http://p.php.uol.com.br/laerte/index.php>.

- Em que consiste o humor na tira?

No segundo quadrinho, Fagundes se vale da expressão "Vossa Excelência" para referir-se ao oficial. Essa expressão, dispensada no Brasil a altas autoridades do governo ou a oficiais militares, é um **pronome de tratamento**.

Pronomes de tratamento são palavras ou expressões empregadas para abordar o interlocutor ou para referir-se a alguém de maneira cerimoniosa ou com intimidade.

Um pronome de tratamento muito utilizado no Brasil é *você*(*s*), que substitui as formas *tu* e *vós* na maior parte do país.

Observe, no quadro a seguir, algumas formas de tratamento e as abreviaturas com que são indicadas na escrita.

Abreviatura	Tratamento	Usado para
V.A.	Vossa Alteza	Príncipes, arquiduques, duques
V.Em.ª	Vossa Eminência	Cardeais
V.Ex.ª	Vossa Excelência	No Brasil: altas autoridades do governo e oficiais generais das Forças Armadas; em Portugal: qualquer pessoa a quem se quer manifestar grande respeito.
V.Mag.ª	Vossa Magnificência	Reitores das universidades
V.M.	Vossa Majestade	Reis, imperadores
V.Ex.ª Rev.ᵐᵃ	Vossa Excelência Reverendíssima	Bispos e arcebispos
V.P.	Vossa Paternidade	Abades, superiores de conventos
V.Rev.ª V.Rev.ᵐᵃ	Vossa Reverência ou Vossa Reverendíssima	Sacerdotes em geral
V.S.	Vossa Santidade	Papa
V.S.ª	Vossa Senhoria	Funcionários públicos graduados e oficiais até coronel; na linguagem escrita do Brasil e na popular de Portugal, pessoas de cerimônia.

Fonte: CUNHA, Celso; CINTRA, Lindley. *Gramática do português contemporâneo*. 5. ed. Rio de Janeiro: Lexikon, 2008. p. 304.

Os pronomes de tratamento referem-se à segunda pessoa, mas os pronomes e os verbos relativos a eles devem ser flexionados na terceira:

*__**Vossa Senhoria**__ __**pode**__ deixar __**seus**__ pertences na recepção.*

(Vossa Senhoria: 2ª pessoa; pode deixar seus: 3ª pessoa)

Reprodução proibida. Art. 184 do Código Penal e Lei 9.610 de 19 de fevereiro de 1998.

Pronomes possessivos

Leia esta tira de Rick Kirkman e Jerry Scott, publicada no jornal *O Globo*, e responda às questões oralmente.

ZOÉ & ZEZÉ

Rick Kirkman & Jerry Scott

© 2013 KING FEATURES SYNDICATE/IPRESS

1 Você sabe o que é música *pop*? Explique o que entende por isso.

2 Você concorda que os Beatles sejam "o maior conjunto da história do *rock*"?

3 Na fala da menina, no último quadrinho, que palavra indica que ela e o pai têm opiniões divergentes sobre o assunto?

4 Como ficaria a frase "Talvez a **sua** música *pop*!" se substituíssemos o substantivo *música* pelo substantivo *som*?

Os pronomes possessivos, além de indicarem a quem pertence o ser designado pelo substantivo, concordam em gênero e número com ele:

Talvez a **sua** *música* pop.

indica que o "possuidor" é *você* ← **sua** → flexiona-se no feminino singular, pois concorda com o substantivo *música*

Pronomes possessivos são aqueles que dão ideia de posse em relação às três pessoas do discurso (primeira, segunda e terceira).

No quadro abaixo, os pronomes possessivos estão relacionados às pessoas do discurso a que correspondem:

Pessoa do discurso	Pronomes retos	Possessivos masculinos	Possessivos femininos
1ª	eu, nós	meu(s), nosso(s)	minha(s), nossa(s)
2ª	tu, vós	teu(s), vosso(s)	tua(s), vossa(s)
3ª	ele(a), eles(as)	seu(s)	sua(s)

Além de indicar posse, os pronomes possessivos podem ter outros valores semânticos.

- **Aproximação numérica:** *Era um rapagão, com* ***seus*** *dois metros de altura.*
- **Conotação negativa:** *Por que você fez isso,* ***seu*** *grosso?*
- **Ironia, amizade ou respeito:**
  Ora, ***meu*** *senhor, tenha santa paciência!* (ironia)
  Veja, ***meu*** *caro, quantas coisas belas há na natureza!* (amizade)
  Ilumina meu caminho, ***meu*** *São Cristóvão!* (respeito)

Reprodução proibida. Art. 184 do Código Penal e Lei 9.610 de 19 de fevereiro de 1998.

Pronomes demonstrativos

Leia a tira Hagar e responda oralmente ao que se pede.

HAGAR — Dik Browne

© 2013 KING FEATURES SYNDICATE/IPRESS

- A partir da leitura da tira, o que se pode inferir sobre a personalidade de Hagar?

Ao valer-se do pronome *esse*, Hagar indicou ao leitor não apenas a presença do menino, mas também sua localização: próximo a Helga, a interlocutora de Hagar. Por indicar a situação espacial de um ser em relação a uma das pessoas do discurso, o pronome *esse* é classificado como **demonstrativo**.

Os **pronomes demonstrativos** situam um ser em relação às três pessoas do discurso; além disso, podem indicar a posição desse ser no tempo ou em relação a outros elementos de um texto.

Veja, a seguir, o quadro dos pronomes demonstrativos relacionados às três pessoas do discurso. Consulte-o sempre que precisar.

Pessoa do discurso	Pronomes demonstrativos	
	Variáveis	Invariáveis
1ª	este(s), esta(s)	isto
2ª	esse(s), essa(s)	isso
3ª	aquele(s), aquela(s)	aquilo

Observe que as formas variáveis funcionam como pronomes demonstrativos substantivos ou adjetivos; já as invariáveis são sempre substantivos:

*"Dá aqui **esse** menino!"* (pronome adjetivo — acompanha o substantivo *menino*)

*Ele escreveu **isto**: amor!* (pronome substantivo — substitui algo que ainda será dito)

Os pronomes demonstrativos situam um objeto ou uma pessoa no **espaço físico** (como na tira) ou no **tempo**. Além disso, atuam como elemento coesivo em um texto: retomam um termo já mencionado ou antecipam um outro que ainda será informado.

Outras formas de pronomes demonstrativos

- ***O*(*s*), *a*(*s*)** são pronomes demonstrativos quando equivalem a *isto, isso, aquele*(*s*), *aquela*(*s*) ou *aquilo*: *Não escute **o** que ela fala.* (= aquilo)
- ***Tal*(*is*)** ou ***semelhante*(*s*)** são pronomes demonstrativos quando equivalem a *esse*(*s*), *essa*(*s*), *aquele*(*s*) ou *aquela*(*s*): *Não concordo com **tal** atitude.* (= essa)

Observe, a seguir, o emprego desses pronomes nas diferentes situações comunicativas, de acordo com as normas urbanas de prestígio.

Reprodução proibida. Art. 184 do Código Penal e Lei 9.610 de 19 de fevereiro de 1998.

• Situar algo ou alguém em relação ao espaço físico

Os pronomes demonstrativos *este(s)*, *esta(s)* e *isto* indicam que o ser referido encontra-se próximo à pessoa que fala. Leia a tira a seguir e responda à questão oralmente.

HAGAR — Chris Browne

© 2013 KING FEATURES SYNDICATE/IPRESS

• Essa tira refuta ou reforça sua resposta sobre Hagar, na página anterior?

No primeiro quadrinho, Hagar emprega o demonstrativo *esta*, pois a receita está na mão dele. Já os pronomes *esse(s)*, *essa(s)* e *isso* indicam que o ser referido encontra-se próximo à pessoa com quem se fala. O farmacêutico da tira poderia dizer, por exemplo:

Hagar, deixe-me ver ***essa*** *receita!*

Os pronomes *aquele(s)*, *aquela(s)* e *aquilo* indicam que o ser referido encontra-se distante dos interlocutores:

Crianças, vejam ***aquelas*** *árvores próximas à estrada.*

Reprodução proibida. Art. 184 do Código Penal e Lei 9.610 de 19 de fevereiro de 1998.

• Situar algo ou alguém em relação ao tempo

a) Os pronomes *este(s)*, *esta(s)* e *isto* indicam o tempo presente em relação à pessoa que fala. Leia a manchete do jornal *Zero Hora*:

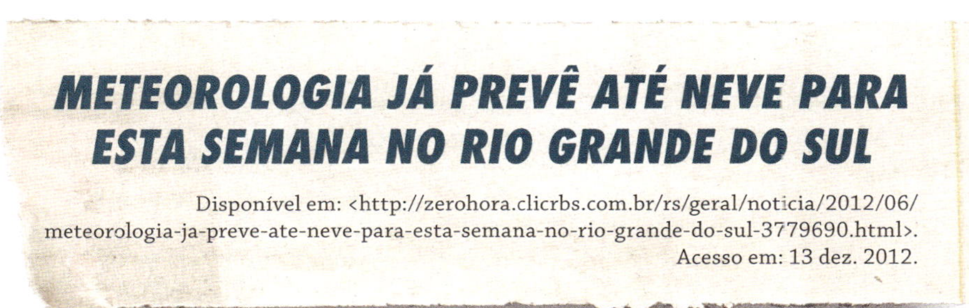

METEOROLOGIA JÁ PREVÊ ATÉ NEVE PARA ESTA SEMANA NO RIO GRANDE DO SUL

Disponível em: <http://zerohora.clicrbs.com.br/rs/geral/noticia/2012/06/meteorologia-ja-preve-ate-neve-para-esta-semana-no-rio-grande-do-sul-3779690.html>. Acesso em: 13 dez. 2012.

SHUTTERSTOCK

O jornalista empregou o pronome *esta* porque se refere à semana atual, àquela em que a notícia está sendo publicada.

b) Os pronomes *esse(s)*, *essa(s)* e *isso* indicam tempo anterior ou futuro próximos com relação à época em que se insere a pessoa que fala:

Essa *semana que passou foi bastante produtiva.*

c) Os pronomes *aquele(s)*, *aquela(s)* e *aquilo* indicam uma época remota, distante no tempo:

Aquelas *férias na praia, quando a família ficava toda reunida, foram as mais felizes da minha vida.*

• Orientar o leitor sobre um termo mencionado no texto

a) Os pronomes *este(s)*, *esta(s)* e *isto* indicam um termo que ainda será apresentado ao leitor ou ouvinte:

Só lhe digo ***isto****: queremos você em nosso grupo.*

b) Os pronomes *esse(s)*, *essa(s)* e *isso* indicam um termo já mencionado:

"A quantidade de florestas públicas no Brasil aumentou 21% em 2010, chegando a 290 milhões de hectares. Os números não significam criação de novas florestas, mas sim que o país começou a conhecer **essas** áreas", Cadastro Nacional de Florestas Públicas.

O CNFP é um instrumento oficial de gestão florestal.

Viva Saúde, n. 105, p. 76. (Fragmento).

c) Os pronomes *aquele(s)*, *aquela(s)* e *aquilo* indicam um elemento já referido anterior a outro também mencionado ao leitor ou ouvinte:
São consideradas artes marciais a capoeira e o kung-fu. Este favorece o condicionamento físico; ***aquela****, a desinibição e a noção de ritmo.*

Pronomes indefinidos

Leia a tira Calvin & Haroldo e responda oralmente à questão.

CALVIN & HAROLDO **Bill Watterson**

CALVIN & HOBBES, BILL WATTERSON © 1995 WATTERSON / DIST. BY UNIVERSAL UCLICK

• Você concorda com o pai de Calvin?

Observe que o personagem mais velho não define exatamente o que um cliente queria antes e o que quer hoje. E, para isso, se vale de duas palavras: *algo* e *tudo*. Essas palavras são **pronomes indefinidos**.

Os **pronomes indefinidos** referem-se à terceira pessoa do discurso de modo vago, impreciso.

Em português, os pronomes indefinidos podem ser variáveis (flexionam-se em gênero e número) ou invariáveis (não se flexionam). Observe o quadro a seguir.

Variáveis		Invariáveis
Masculino	**Feminino**	
algum, alguns nenhum, nenhuns todo, todos outro, outros muito, muitos pouco, poucos certo, certos tanto, tantos quanto, quantos qualquer, quaisquer	alguma, algumas nenhuma, nenhumas toda, todas outra, outras muita, muitas pouca, poucas certa, certas tanta, tantas quanta, quantas qualquer, quaisquer	alguém, ninguém tudo, outrem nada, cada algo

Fonte: CUNHA, Celso; CINTRA, Lindley. *Gramática do português contemporâneo*. 5. ed. Rio de Janeiro: Lexikon, 2008. p. 371.

Reprodução proibida. Art. 184 do Código Penal e Lei 9.610 de 19 de fevereiro de 1998.

Alguém, ninguém, algo e *nada* são pronomes indefinidos substantivos. Já *certo, cada* e *qualquer* são pronomes indefinidos adjetivos. Os demais podem ser adjetivos ou substantivos. Observe os exemplos:

*O trem chegou, mas **ninguém** esperava por ele.*
↓
pronome indefinido substantivo

*Não havia **nenhuma** alma na estação.*
↓
pronome indefinido adjetivo

Observe como empregar determinados pronomes indefinidos.

- **Algum(ns), alguma(s)**

Esses pronomes têm valor positivo quando antecedem o substantivo e negativo quando o sucedem:

*Essa observação tem **algum** sentido.*

*Essa observação não tem sentido **algum**.* (= nenhum sentido)

- **Mesmo, próprio**

Quando acrescentados aos demonstrativos, esses pronomes indicam ênfase:

*Reaja! **Isso mesmo**, não deixe ninguém se aproveitar de você.*

*"Adivinha quem veio aqui ontem?" "Maria?" "**Ela própria**!"*

Reprodução proibida. Art. 184 do Código Penal e Lei 9.610 de 19 de fevereiro de 1998.

Pronomes interrogativos

Leia a tira do cartunista Caco Galhardo e responda oralmente à questão.

DAIQUIRI — Caco Galhardo

- Que crítica está implícita na tira? O que você pensa sobre isso?

O galã iniciou sua pergunta à garota com a palavra *qual*. Os pronomes *quem, qual(is), que* e *quanto* são empregados para fazer perguntas e têm o mesmo valor vago e impreciso dos indefinidos. São os chamados **pronomes interrogativos**.

> **Pronomes interrogativos** são aqueles empregados para formular interrogativas diretas ou indiretas.
> **Interrogativa direta**: *"**Qual** a primeira coisa que quer fazer, gata?"*
> **Interrogativa indireta**: *Gata, quero saber **qual** a primeira coisa que quer fazer.*

Funções sintáticas dos demonstrativos, indefinidos e interrogativos

Quando são adjetivos, os pronomes demonstrativos, indefinidos e interrogativos exercem a função sintática de adjunto adnominal. Quando substituem o substantivo que é núcleo de um sintagma nominal, assumem a função desse substantivo. Observe os exemplos:

Se perguntarmos ***quantas*** *pessoas querem ler* ***esta*** *revista, ...*

quantas ↓ adjunto adnominal (pronome adjetivo interrogativo)

esta ↓ adjunto adnominal (pronome adjetivo demonstrativo)

... ***poucas*** *responderão afirmativamente.*

poucas ↓ núcleo do sujeito (pronome substantivo indefinido)

Atividades

Registre suas respostas no caderno.

1 Leia este trecho de uma crônica de Machado de Assis, publicada originalmente no jornal carioca *Gazeta de Notícias* entre abril de 1888 e outubro de 1889.

1888

5 de abril

Bons dias!

Hão de reconhecer que sou bem criado. Podia entrar aqui, chapéu à banda, e ir logo dizendo o que **me** parecesse; depois ia-**me** embora, para voltar na outra semana. Mas, não senhor; chego à porta, e o meu primeiro cuidado é dar-**lhe** os bons dias. Agora, se o leitor não **me** disser a mesma coisa, em resposta, é porque é um grande malcriado, um grosseirão **de borla e capelo**; ficando, todavia, entendido que há leitor e leitor, e que eu, explicando-**me** com tão nobre franqueza, não **me** refiro ao leitor, que está agora com este papel na mão, mas ao seu vizinho. Ora bem!

[...]

ASSIS, Machado de. In: COUTINHO, Afrânio (Org.). *Machado de Assis*: obra completa. v. 3. Rio de Janeiro: Nova Aguilar, 1986. p. 485. (Fragmento).

a) Por que podemos afirmar que, durante a leitura do texto, o leitor tem a impressão de que o cronista se encontra ao seu lado?

b) Ao estabelecerem a referência entre as pessoas do discurso, os pronomes pessoais (destacados em negrito) constroem a coesão textual. No fragmento lido, a quem se refere o pronome oblíquo *lhe*? E o pronome oblíquo *me*?

NAVEGUE

Se você gosta de crônicas, entre no *site*: <http://curtacronicas.com>.

De borla e capelo: expressão utilizada para referir-se a quem recebeu o título de doutor em alguma especialização.

Reprodução proibida. Art. 184 do Código Penal e Lei 9.610 de 19 de fevereiro de 1998.

2 Leia a placa a seguir, publicada no livro *No país das placas malucas*, de J. E. Camargo e L. Soares (São Paulo: Panda Books, 2011):

JOSÉ EDUARDO CAMARGO

a) Explique a ambiguidade provocada pelo pronome possessivo *suas*.

b) Proponha uma nova redação do enunciado a fim de desfazer a ambiguidade.

3 Leia esta tira de Bill Watterson:

CALVIN & HAROLDO — Bill Watterson

CALVIN & HOBBES, BILL WATTERSON © 1990 WATTERSON / DIST. BY UNIVERSAL UCLICK

a) O que Calvin lastima para o amigo Haroldo na situação comunicativa retratada na tira?

b) A que pronomes Calvin recorre para falar de si mesmo?

c) A palavra *você*, no terceiro quadrinho, representa a pessoa com quem o produtor do enunciado dialoga? Justifique sua resposta.

O QUE VOCÊ APRENDEU NO PERCURSO DESTE CAPÍTULO

- Os pronomes substituem ou acompanham os nomes a que se referem. No primeiro caso, são pronomes substantivos; no segundo, pronomes adjetivos.
- Os pronomes pessoais podem ser retos ou oblíquos.
- Pronomes de tratamento são palavras ou expressões empregadas para dirigir-se ao interlocutor ou para referir-se a alguém. Podem denotar respeito ou familiaridade.
- Além de posse, os pronomes possessivos podem expressar outros valores semânticos: aproximação numérica; conotação negativa; ironia, amizade, respeito; etc.
- Os pronomes demonstrativos, além de situar um ser em relação às três pessoas do discurso quanto à sua posição no espaço e no tempo, servem para estabelecer referências em um texto.
- Os pronomes indefinidos referem-se à terceira pessoa do discurso de modo vago, impreciso. Alguns são invariáveis. Esses são sempre substantivos. Os demais podem ser adjetivos ou substantivos.
- Os pronomes interrogativos são usados nas orações interrogativas diretas ou indiretas.

Reprodução proibida. Art. 184 do Código Penal e Lei 9.610 de 19 de fevereiro de 1998.

CAPÍTULO

15

Verbo (I)

PERCURSO DO CAPÍTULO

- Verbo e locução verbal: conceito
- Flexões verbais: pessoa, número, tempo, modo e voz

A capoeira é uma arte que sugere ação. Na língua, do ponto de vista semântico, o verbo é a palavra que expressa ação, estado, mudança de estado e fenômeno.

BLUE IMAGES/CORBIS/LATINSTOCK

Introdução

Dominar as várias possibilidades de utilização do verbo é essencial nas situações formais de uso da língua. Neste capítulo vamos rever essa classe gramatical que você, certamente, conhece desde o Ensino Fundamental.

Observe a capa da revista *Galileu* de setembro de 2012:

REPRODUÇÃO

1 *Galileu* é uma revista mensal, direcionada principalmente ao interlocutor jovem, como você. As reportagens e notícias publicadas nela trazem informações nas diferentes áreas do conhecimento: ciência, tecnologia, neurociência, etc.

a) A partir da leitura da capa, levante hipóteses sobre o assunto da matéria principal do mês.

b) No título: "Você compra. Eles sabem", que palavras identificam o comportamento do consumidor e das empresas?

2 No subtítulo do anúncio, o produtor do texto convoca o leitor a praticar algumas ações a partir da leitura da reportagem. Quais são elas?

3 De acordo com o subtítulo, o que fazem as empresas?

Reprodução proibida. Art. 184 do Código Penal e Lei 9.610 de 19 de fevereiro de 1998.

ProvocAÇÃO

Em sua opinião, que estratégias as empresas utilizam para influenciar o consumidor?

Você percebeu que as palavras *compra*, *sabem*, *entenda*, *vigiam* e *tentam*, bem como a expressão *aprenda a escapar*, correspondem a ações dos consumidores ou das empresas? Como você já estudou em anos anteriores, a classe gramatical que, entre outras coisas, expressa a "ação" praticada por algo ou alguém denomina-se **verbo**. Mas, como essa classe não se restringe a informar apenas uma ação, estudaremos mais detalhadamente o verbo e suas diferentes flexões.

Verbo

Veremos, a seguir, as inúmeras formas do verbo e as possibilidades de expressão que seu uso proporciona. Leia duas manchetes de jornal e o título de uma reportagem da revista *Mundo Estranho*, publicados em suas respectivas páginas virtuais, e responda oralmente às questões.

FOTOS: SHUTTERSTOCK

TATU-BOLA SERÁ O MASCOTE DA COPA DO MUNDO NO BRASIL

Disponível em: <http://g1.globo.com/jornal-nacional/noticia/2012/09/tatu-bola-sera-o-mascote-da-copa-do-mundo-no-brasil.html>. Acesso em: 2 jan. 2013. (Fragmento).

NEVA EM QUATRO CIDADES DA SERRA CATARINENSE

Disponível em: <http://diariocatarinense.clicrbs.com.br/sc/noticia/2011/06/neva-em-quatro-cidades-da-serra-catarinense-3366773.html>. Acesso em: 2 jan. 2013. (Fragmento).

COMO O SER HUMANO ENVELHECE?

Disponível em: <http://mundoestranho.abril.com.br/materia/como-o-ser-humano-envelhece>. Acesso em: 2 jan. 2013. (Fragmento).

1 Quais são as formas verbais que compõem os títulos acima?

2 Que sentido cada uma delas expressa?

Verbo é a classe gramatical que expressa um fato, uma ação, um estado, uma mudança de estado ou um fenômeno da natureza.

Reprodução proibida. Art. 184 do Código Penal e Lei 9.610 de 19 de fevereiro de 1998.

Locução verbal

Observe, a seguir, o título de uma notícia publicada na página eletrônica do *Jornal do Brasil*.

O JB foi fundado em 1891 e, a partir de 2010, passou a ter somente a versão digital: www.jb.com.br.

SHUTTERSTOCK

MOSTRA NACIONAL DE ROBÓTICA VAI PREMIAR TRABALHOS DE ESTUDANTES BRASILEIROS

Disponível em: <http://www.jb.com.br/ciencia-e-tecnologia/noticias/2012/09/09/mostra-nacional-de--robotica-vai-premiar-trabalhos-de-estudantes-brasileiros/>. Acesso em: 2 jan. 2013. (Fragmento).

Responda oralmente ao que se pede:

- Substitua a expressão *vai premiar* por uma forma verbal simples que tenha o mesmo valor semântico.

Expressões formadas por dois ou mais verbos que constituem uma única unidade semântica denominam-se **locuções verbais**.

Reprodução proibida. Art. 184 do Código Penal e Lei 9.610 de 19 de fevereiro de 1998.

As locuções verbais são compostas por:

- um **verbo principal**, que concentra o sentido da locução e fica sempre em uma forma nominal (gerúndio, infinitivo e particípio);
- um ou mais **verbos auxiliares**, que recebem as flexões indicativas de pessoa, número, modo e tempo. Os verbos auxiliares mais utilizados são: *ser*, *estar*, *ter*, *haver* e *ir*.

Com frequência, as locuções verbais atribuem determinadas noções semânticas ao fato expresso pelo verbo principal. Observe o quadro:

está premiando	ideia de duração no tempo
tem de premiar	ideia de obrigatoriedade
anda premiando	ideia de repetição, continuidade

Uma locução verbal formada pelos verbos auxiliares *ter* ou *haver* + particípio do verbo principal constitui um **tempo composto**.

Às vezes, a forma composta corresponde à forma simples, mas há casos em que isso não acontece. Observe os exemplos nos quadros:

Pretérito mais-que-perfeito simples	Pretérito mais-que-perfeito composto
Ele **revelara** o segredo à mulher antes de partir.	Ele **tinha revelado** o segredo à mulher antes de partir.
Nesse caso, a forma verbal simples equivale à composta: a ação de *revelar* ocorreu antes da outra (*partir*) no passado, e em ambos os casos a ação foi concluída, acabada.	

Futuro do presente simples	Futuro do presente composto
Sairei de férias na próxima semana.	Quando você chegar, já **terei saído** de férias.
Aqui o enunciador apenas indica que o fato será posterior ao momento presente.	Aqui, além de indicar que o fato será posterior ao momento presente, o enunciador enfatiza que ele será anterior a outro fato, também futuro ("Quando você *chegar*").
Nesse caso, as formas verbais **não são** equivalentes.	

SAIBA MAIS!

- Nem sempre uma expressão formada por dois ou mais verbos é locução verbal. Veja:

  O menino __apareceu chorando__ na escola.

  Nesse caso, o conjunto de verbos não forma uma locução verbal, porque se refere a dois fatos diferentes (aparecer e chorar).

Flexões verbais

Os verbos se flexionam em pessoa, número, modo e tempo.

Pessoa e número

Para indicar a pessoa do discurso a que se referem, os verbos flexionam-se em pessoa (1ª, 2ª e 3ª) e em número (singular ou plural).

- **1ª pessoa** (quem fala: eu, nós):

  Recebi *um prêmio na Mostra Nacional de Robótica.* (singular)

  Recebemos *um prêmio na Mostra Nacional de Robótica.* (plural)

- **2ª pessoa** (com quem se fala: tu, vós):

  Tu ***gostaste*** *do invento?* (singular)

  Vós ***gostastes*** *do invento?* (plural)

- **3ª pessoa** (de que ou de quem se fala: ele, ela, eles, elas):

  O tatu-bola ***será*** *o mascote da Copa.* (singular)

  As empresas ***vigiam*** *os consumidores.* (plural)

Modo

Para indicar a atitude do falante em relação aos fatos do enunciado, as formas verbais também sofrem **flexão de modo**.

São três os modos verbais em português:

- **Indicativo** — o falante expressa uma atitude de certeza em relação ao(s) fato(s) do enunciado:

  Você ***compra****. Eles* ***sabem****.*

  O mundo ***está*** *cheio de surpresas.*

- **Subjuntivo** — o falante expressa uma atitude de suposição, hipótese, incerteza sobre o(s) fato(s) do enunciado:

  Se não ***estiver*** *atento, pode cair nas artimanhas da publicidade.*

  Espero que você ***tenha*** *sorte no novo emprego.*

- **Imperativo** — o falante expressa uma atitude de mando (ordem), conselho, pedido, súplica sobre o(s) fato(s) do enunciado:

  Aprenda *a escapar disso.*

  Desculpe *a nossa falha.*

Tempo

Os verbos flexionam-se para situar os fatos em relação ao tempo: presente, passado (pretérito) e futuro.

NAVEGUE

Observe a utilização expressiva das flexões de pessoa no poema "Conjugação", de Affonso Romano de Sant'Anna, em: <http://www.jornaldepoesia.jor.br/aromano01.html#conju>.

PARA LEMBRAR

Embora os pronomes de tratamento – você, o(a) senhor(a), etc. – refiram-se ao interlocutor (com quem se fala), as formas verbais empregadas com tais pronomes pertencem à 3ª pessoa:

Você não ***viajou*** *nas férias?*

Reprodução proibida. Art. 184 do Código Penal e Lei 9.610 de 19 de fevereiro de 1998.

Flexões de tempo no modo indicativo

1. **Presente** — expressa uma ação habitual ou que ocorre no momento da fala:
   *Não **dirijo** à noite.*
   *Este prato **está** delicioso!*

SAIBA MAIS!

- O presente do indicativo também é usado para expressar:

a) uma verdade científica ou uma lei:
*Todo homem **é** mortal./ Toda criança **tem** direito à educação.*

b) uma ação que ocorrerá no futuro próximo:
*Quando você **volta** de férias?*

c) fatos ocorridos no passado, com a intenção de torná-los mais vívidos (presente histórico):
*Em 1888, a princesa Isabel **assina** a Lei Áurea.*

NAVEGUE

O pretérito imperfeito é considerado, também, o tempo da fantasia, presente na expressão "Era uma vez", com a qual tantas histórias se iniciam. Observe o expressivo uso que Chico Buarque faz desse tempo na canção "João e Maria" em: <http://www.chicobuarque.com.br/construcao/mestre.asp?pg=jooemari_77.htm>.

2. **Pretérito** — subdivide-se em perfeito, imperfeito e mais-que-perfeito.

   a) **Pretérito perfeito** — expressa fatos totalmente concluídos em determinado momento do passado:
   ***Tive** um pesadelo ontem à noite.*

   b) **Pretérito imperfeito** — expressa uma ação habitual ou contínua no passado:
   *Ela sempre se **levantava** cedo.*

   c) **Pretérito mais-que-perfeito** — expressa fatos ocorridos em um passado anterior a outro também ocorrido no passado:
   ***Lutara** muito por aquele emprego e não queria perdê-lo.*

O pretérito mais-que-perfeito composto é normalmente empregado em contextos informais:

*Ele já **tinha saído** de casa quando o telefone tocou.* (= saíra)

3. **Futuro** — subdivide-se em futuro do presente e futuro do pretérito.

   a) **Futuro do presente** — expressa um fato que certamente se realizará após o momento presente:
   ***Falarei** com ele assim que terminar este trabalho.*

No registro informal, o futuro do presente é normalmente substituído pelo presente do indicativo do verbo *ir* + o infinitivo do verbo principal:

***Vamos sair** daqui a pouco.* (= sairemos)

   b) **Futuro do pretérito** — expressa um fato que depende de uma condição para se realizar:
   *Eu **acompanharia** você até sua casa, se não estivesse tão cansada.*

REPRODUÇÃO

Para compor o título de seu romance, adaptado para o cinema, em 2012, por Beto Brant, Marçal Aquino utilizou o futuro do pretérito.

SAIBA MAIS!

- O futuro do pretérito pode expressar também:

a) um pedido feito de maneira polida, educada:
*Você me **passaria** seu endereço?*

b) uma incerteza, uma suposição sobre um fato passado:
*Ele **teria**, na época, uns 17 anos.*

Reprodução proibida. Art. 184 do Código Penal e Lei 9.610 de 19 de fevereiro de 1998.

Flexões de tempo no modo subjuntivo

O modo subjuntivo, como já vimos, é o que expressa a incerteza do falante sobre a realização do fato a que se refere. Esse caráter do subjuntivo interfere na noção de tempo de suas formas verbais, de modo que a determinação temporal dos verbos nesse modo não é tão precisa quanto a dos verbos do indicativo.

São três os tempos do subjuntivo:

1. **Presente** — expressa um fato incerto, uma possibilidade no presente ou um desejo:
   *Convém que você **chegue** no horário previsto.*
   *Talvez você **consiga** a aprovação desse projeto.*
   *Tomara que tudo se **realize** no próximo ano.*

2. **Pretérito imperfeito** — expressa um fato incerto ou um fato cuja possibilidade de realização determina a ocorrência de outro fato:
   *Se você me **pedisse**, eu chegaria mais cedo.*
   *Possivelmente, ele venceria a prova se **fosse** mais determinado.*
   *Ele teria chance de aprovação se **estudasse** mais.*

3. **Futuro** — expressa a possibilidade de realização de um fato no futuro:
   *Ela só se conformará quando ele lhe **pedir** desculpas.*
   *Se ele **concordar** com o orçamento, iniciaremos a reforma.*

Investigue em Espanhol

Os tempos verbais em espanhol são iguais aos da língua portuguesa?

Voz

Denomina-se **voz verbal** a forma como um verbo se relaciona com o sujeito. Em português, há três tipos de vozes verbais: ativa, passiva e reflexiva.

1. **Voz ativa** — o sujeito é o agente da ação verbal:

   As redes sociais (sujeito agente) ***alteraram*** (verbo) *a forma dos relacionamentos pessoais.*

2. **Voz passiva** — o sujeito é paciente, isto é, sofre a ação expressa pelo verbo. A voz passiva pode ser analítica ou sintética.

   a) Analítica — composta por verbo *ser* (auxiliar) + verbo principal (no particípio):

   A forma dos relacionamentos pessoais (sujeito paciente) ***foi alterada*** (locução verbal (*ser* + particípio de *alterar*)) *pelas redes sociais.*

   b) Sintética — composta por pronome *se* apassivador + verbo transitivo direto:

   ***Alterou**-se a forma dos relacionamentos pessoais.*
   Alterou: verbo transitivo direto; se: pronome apassivador; a forma dos relacionamentos pessoais: sujeito paciente

SAIBA MAIS!

- Os verbos na voz passiva sintética concordam com o sujeito em número:
  *Contrat**a**-se estagiári**o**.*
  *Contrat**am**-se estagiári**os**.*

3. **Voz reflexiva** — o sujeito pratica e sofre a ação verbal:

   *Os trens **se** chocaram.* — Os trens: sujeito; se: pronome reflexivo
   *Eu **me** sentei sobre o muro.* — Eu: sujeito; me: pronome reflexivo

Objeto educacional digital (animação)
- Verbo (I)

Reprodução proibida. Art. 184 do Código Penal e Lei 9.610 de 19 de fevereiro de 1998.

Atividades

Responda às questões no caderno.

Leia o cartum de Mandrade e responda às questões de 1 a 6.

HORA DO CAFÉ

MANDRADE/FOLHAPRESS

Reprodução proibida. Art. 184 do Código Penal e Lei 9.610 de 19 de fevereiro de 1998.

1 Como você entende a expressão "de quarta geração"?

2 Qual é, na verdade, o sentido que o personagem atribui à expressão?

3 Seria possível dizer que o sentido atribuído a essa expressão é responsável pelo humor do cartum? Justifique.

4 Que formas verbais indicam a quem pertence o celular hoje e a quem ele pertencia no passado?

5 Classifique esses verbos quanto ao tempo e ao modo.

6 No contexto, o que essas formas verbais expressam?

Leia o título de uma notícia publicada no jornal eletrônico manauara *A Crítica*, para responder às questões de 7 a 12.

Vias do Centro Histórico de Manaus serão revitalizadas e arborizadas

DELFIM MARTINS/PULSAR IMAGENS

Centro Histórico de Manaus (2010).

Disponível em <http://acritica.uol.com.br/noticias/Amazonas-Manaus-Meio_Ambiente-Cotidiano-Semmas-Sec-plantio-mudas-centro_historico-especies_nativas-arborizacao_0_778122237.html>. Acesso em: 7 jan. 2013.

SHUTTERSTOCK

7 O título da notícia informa sobre melhorias pelas quais as ruas do centro histórico de Manaus passarão. Que melhorias são essas?

8 A quem poderíamos atribuir a ação dessas melhorias?

9 Por que o agente das benfeitorias não está explícito no título?

10 Observe a locução verbal *serão revitalizadas* e o sujeito paciente *vias do Centro Histórico de Manaus*. Em que voz se encontra o enunciado?

11 Se o título estivesse na voz ativa, como ficaria essa construção?

12 Qual das duas construções atrai mais a atenção do leitor? Justifique.

13 Leia este poema da italiana Pierangela Bossi e faça o que se pede a seguir:

Alegria

Eu via o sol passando
Eu via o vento soprando
Eu via as flores se abrindo
Eu via tudo
Eu via alegria
Eu via o amor
Eu via a vida
Eu via...

In: BOSSI, Pierangela; VIEIRA, Aécio. *Terra quente*. São Paulo: João Scortecci, 1987. p. 36.

PIERRE VERDY/AFP PHOTO

Alegria é também o título de um dos espetáculos do Cirque du Soleil (Paris, foto de 2007).

Reprodução proibida. Art. 184 do Código Penal e Lei 9.610 de 19 de fevereiro de 1998.

O emprego, no poema, de formas verbais no pretérito imperfeito revela o aspecto de duração das ações praticadas pelo eu lírico. Esse mesmo aspecto é confirmado pelas formas verbais no gerúndio, atribuídas aos elementos da natureza.

A partir dessas informações, estabeleça as possíveis relações de sentido entre o aspecto das formas verbais empregadas no poema e seu título.

O QUE VOCÊ APRENDEU NO PERCURSO DESTE CAPÍTULO

- Os verbos expressam ação, estado, mudança de estado ou fenômenos naturais.
- As expressões formadas por verbo auxiliar (*ter*, *ser*, *estar*, *haver*, *vir*) + verbo principal no infinitivo, gerúndio ou particípio denominam-se locuções verbais.
- Os verbos flexionam-se em pessoa, número, modo, tempo e voz.
- As pessoas verbais são três e representam o sujeito do verbo.
- O modo verbal indica a atitude do falante em relação ao fato que enuncia. São três modos verbais em português: indicativo (certeza), subjuntivo (dúvida, desejo, suposição) e imperativo (ordem, pedido, súplica, convite).
- O tempo verbal indica o momento em que ocorre o fato expresso pelo verbo. São três os tempos básicos: presente, pretérito e futuro.
- As vozes verbais expressam a relação do verbo com o sujeito: voz ativa (sujeito agente), voz passiva (sujeito paciente) e voz reflexiva (sujeito agente e paciente).
- As formas nominais (infinitivo, gerúndio e particípio) podem apresentar-se em sua forma simples ou acompanhadas de verbos auxiliares. Neste último caso, constituem locuções verbais.

CAPÍTULO

16

Verbo (II)

PERCURSO DO CAPÍTULO

- Formas nominais dos verbos
- Estrutura do verbo
- Verbos regulares e verbos irregulares
- Formação dos verbos regulares (tempos primitivos e derivados)
- Formação do imperativo afirmativo e do imperativo negativo
- Verbos anômalos, defectivos e abundantes
- Correlação verbal

TOPIC PHOTO AGENCY/CORBIS-LATINSTOCK

Os gramados dos estádios de futebol, iguais a este de Seul, costumam apresentar padrões, como faixas transversais, que, além da estética, servem de ponto de referência para o juiz. Assim também os verbos, em sua maioria, seguem um padrão, ao qual damos o nome de paradigma. (Foto de 2011.)

Introdução

Nas diferentes situações formais de uso, é importante dominarmos as flexões dos verbos regulares e irregulares de acordo com as normas urbanas de prestígio. Neste capítulo, vamos recordar a estrutura dos verbos e o que os torna regulares ou irregulares, anômalos, defectivos ou abundantes. Veremos também as formas nominais do verbo, além de outras informações importantes sobre essa classe gramatical.

Observe este anúncio publicitário:

REPRODUÇÃO/ADERI COSTA/F NAZCA SAATCHI & SAATCHI

1 O texto principal do anúncio baseia-se em uma opinião do senso comum. Explique essa afirmação.

Reprodução proibida. Art. 184 do Código Penal e Lei 9.610 de 19 de fevereiro de 1998.

2 Que elementos da linguagem não verbal do anúncio confirmam o crescimento financeiro e a expansão territorial da empresa anunciante?

3 Em que tempo e modo estão as formas verbais do texto principal do anúncio?

4 Fora do contexto do anúncio, que outro tempo verbal pode ser expresso pelas formas *crescemos*, *enriquecemos* e *ficamos*? Justifique.

5 Leia o quadro abaixo e levante hipóteses: por que isso não ocorre com os mesmos verbos quando flexionados na 1ª e 3ª pessoas do singular?

Pessoa	Presente	Pretérito perfeito
1ª singular	cresço, enriqueço, fico	cresci, enriqueci, fiquei
3ª singular	cresce, enriquece, fica	cresceu, enriqueceu, ficou

Na estrutura das formas verbais, geralmente encontramos marcas, isto é, desinências que indicam as flexões de pessoa, número, tempo e modo. No caso de *crescemos*, *enriquecemos* e *ficamos*, entretanto, a desinência de tempo pode indicar tanto o presente quanto o pretérito perfeito do indicativo; por isso, fora de contexto, não sabemos em que tempo esses verbos estão flexionados.

A seguir, daremos continuidade ao estudo dos verbos, iniciado no capítulo 15.

Reprodução proibida. Art. 184 do Código Penal e Lei 9.610 de 19 de fevereiro de 1998.

Formas nominais dos verbos

Releia este trecho do romance *O cortiço*, de Aluísio Azevedo, e preste atenção às formas verbais destacadas em negrito.

[...]

E aquilo se foi **constituindo** numa grande lavanderia [...]. E os gotejantes jiraus, **cobertos** de roupa molhada, cintilavam ao sol [...]

E naquela terra encharcada e fumegante [...], um mundo, uma coisa viva, uma geração, que parecia **brotar** espontânea [...].

[...]

AZEVEDO, Aluísio. *O cortiço*. São Paulo: Saraiva, 2008. p. 22-23. (Clássicos Saraiva). (Fragmento).

As palavras destacadas constituem as **formas nominais** do verbo: gerúndio, particípio e infinitivo, respectivamente. Observe o quadro classificatório:

Formas nominais do verbo		
Infinitivo	Expressa ideia da ação verbal em si; desempenha função próxima de substantivo.	"[...] uma geração, que parecia **brotar** espontânea [...]"
Particípio	Exprime ideia de conclusão da ação; desempenha a função de adjetivo.	"[...] gotejantes jiraus, **cobertos** de roupa molhada [..]"
Gerúndio	Exprime ideia de continuidade da ação; desempenha a função de adjetivo ou de advérbio.	"E aquilo se foi **constituindo** numa grande lavanderia [...]".

A estrutura do verbo

Observe as formas verbais *entendemos* e *entendêssemos*. Nelas há um elemento que se repete: *entend-*. Ele contém o significado do verbo *entender*. Esse elemento denomina-se **radical**. Ao radical verbal podem juntar-se as seguintes terminações:

- **Vogal temática**: morfema indicativo da conjugação a que o verbo pertence (1ª, 2ª ou 3ª). Para identificar a vogal temática de um verbo, devemos colocá-lo no infinitivo, pois ela está sempre presente nessa forma verbal. Veja o quadro:

Verbo no infinitivo	Radical	Vogal temática	Conjugação
amar	am-	-a-	1ª
esquecer	esquec-	-e-	2ª
dividir	divid-	-i-	3ª

Observação: os verbos terminados em *-or* (*pôr* e seus derivados) pertencem à 2ª conjugação, pois são originários do português antigo *poer*.

Entre os verbos regulares, existe um modelo fixo de flexionar os pertencentes a cada conjugação. Assim, é importante identificar a que conjugação pertence um verbo, pois isso facilita sua flexão em qualquer tempo, modo ou pessoa.

- **Desinência modo-temporal**: indica em que tempo e/ou modo estão flexionados os verbos.
- **Desinência número-pessoal**: indica a pessoa (do singular ou do plural) em que o verbo está flexionado.

Vamos identificar agora os elementos estruturais das formas verbais *entendemos* e *entendêssemos*:

Forma verbal	Radical	Vogal temática	Desinência modo-temporal	Desinência número-pessoal
entendemos	entend-	-e-	–	-mos
entendêssemos	entend-	-e-	-sse-	-mos

Como você observou, nem todos os elementos estruturais estão presentes em todas as formas verbais. O único obrigatório é o radical.

PARA LEMBRAR

Morfemas

Ao estudar a estrutura das palavras, você aprendeu que elas são formadas por unidades mínimas de significado, os *morfemas*: o radical, os afixos (prefixos ou sufixos), a vogal temática e as desinências.

Verbos regulares e verbos irregulares

Leia a tira Níquel Náusea, de Fernando Gonsales:

NÍQUEL NÁUSEA — Fernando Gonsales

FERNANDO GONSALES

Reprodução proibida. Art. 184 do Código Penal e Lei 9.610 de 19 de fevereiro de 1998.

No primeiro quadrinho da tira, a forma verbal *fiz* expressa a ação de Níquel Náusea. Como o infinitivo desse verbo é *fazer*, concluímos que, ao ser conjugado na 1ª pessoa do singular do pretérito perfeito, ele sofreu uma alteração em seu radical. Quando, ao ser conjugado, um verbo sofre alteração no radical e/ou na desinência indicativa da conjugação a que pertence, dizemos que ele é **irregular**.

Já no último quadrinho, os filhotes atribuem a Níquel a ação de *desenhar* (infinitivo), por meio da forma verbal *desenha*. Aqui percebemos que, ao ser conjugado, o verbo não sofreu nenhuma alteração, nem no radical nem na desinência típica de sua conjugação. Nesse caso, o verbo é **regular**.

Os **verbos regulares** são aqueles que, ao serem conjugados, não apresentam alterações no radical e/ou na desinência indicativa do paradigma de sua conjugação.

Os **verbos irregulares** são os que apresentam alterações como essas.

SAIBA MAIS!

- Para saber se um verbo é regular ou irregular, basta conjugá-lo no presente e no pretérito perfeito do indicativo e observar se o radical e/ou as desinências se mantêm nas conjugações.
Exemplos de verbos irregulares conjugados na 1ª pessoa do singular em alguns tempos e modos: *dar* (*dou*, *desse*); *fazer* (*faço*, *fiz*, *fazia*, *farei*, *faça*); *caber* (*caibo*, *coube*, *cabia*, *caberei*, *caiba*); *querer* (*quis*, *queira*, *quisesse*), *ver* (*vejo*, *vi*, *via*, *verei*, *veja*).

A seguir, estudaremos a formação dos verbos regulares.

Reprodução proibida. Art. 184 do Código Penal e Lei 9.610 de 19 de fevereiro de 1998.

Tempos primitivos

Os **tempos primitivos** recebem esse nome porque deles derivam outros tempos verbais dos verbos regulares. Assim, conhecer os tempos primitivos é importante para flexionar corretamente os verbos regulares das três conjugações nos diferentes tempos verbais.

O **presente** e o **pretérito perfeito do indicativo**, além da forma nominal **infinitivo**, são os tempos primitivos que dão origem aos demais tempos derivados em português.

Leia no quadro como se flexionam nesses tempos os verbos regulares das três conjugações:

Tempo	1ª conjugação (-a-)	2ª conjugação (-e-)	3ª conjugação (-i-)
Infinitivo	amar	correr	dividir
Presente do indicativo	amo amas ama amamos amais amam	corro corres corre corremos correis correm	divido divides divide dividimos dividis dividem
Pretérito perfeito do indicativo	amei amaste amou amamos amastes amaram	corri correste correu corremos correstes correram	dividi dividiste dividiu dividimos dividistes dividiram

⊙ Tempos derivados do presente do indicativo

Do radical do tempo presente do modo indicativo derivam o **pretérito imperfeito do indicativo**, o **presente do subjuntivo** e o **modo imperativo**.

Formação do pretérito imperfeito do indicativo e do presente do subjuntivo

Observe, no quadro, que o **pretérito imperfeito** se forma a partir do radical do presente do indicativo, enquanto o **presente do subjuntivo** é formado a partir da 1ª pessoa do singular do presente do indicativo, menos a terminação, que é substituída pelas terminações do presente do subjuntivo.

	1ª conjugação (-a-)	2ª conjugação (-e-)	3ª conjugação (-i-)
Radical do presente do indicativo	**am-**	**corr-**	**divid-**
Pretérito imperfeito do indicativo	**am** ava **am** avas **am** ava **am** ávamos **am** áveis **am** avam	**corr** ia **corr** ias **corr** ia **corr** íamos **corr** íeis **corr** iam	**divid** ia **divid** ias **divid** ia **divid** íamos **divid** íeis **divid** iam
1ª pessoa do presente do indicativo	**am** o	**corr** o	**divid** o
Presente do subjuntivo	**am** e **am** es **am** e **am** emos **am** eis **am** em	**corr** a **corr** as **corr** a **corr** amos **corr** ais **corr** am	**divid** a **divid** as **divid** a **divid** amos **divid** ais **divid** am

Reprodução proibida. Art. 184 do Código Penal e Lei 9.610 de 19 de fevereiro de 1998.

Formação do imperativo

O **modo imperativo** possui uma formação um tanto complexa. Isso porque, no **imperativo afirmativo**, originam-se do presente do indicativo apenas a 2ª pessoa do singular e a 2ª pessoa do plural, eliminando-se dessas formas a letra **-s** final. As demais pessoas do imperativo afirmativo, assim como **todas** as do **imperativo negativo**, derivam do presente do subjuntivo. Os pronomes de tratamento (você[s], o[s] senhor[es], etc.) empregam as formas verbais da 3ª pessoa do singular ou do plural.

Observe, a seguir, as particularidades de formação do imperativo:

1ª conjugação: *amar*			
Presente do indicativo	**Imperativo afirmativo**	**Presente do subjuntivo**	**Imperativo negativo**
eu amo	------------------------	eu ame	------------------------
tu amas →	ama tu	tu ames →	não ames tu
ele ama	ame você ←	ele ame →	não ame você
nós amamos	amemos nós ←	nós amemos →	não amemos nós
vós amais →	amai vós	vós ameis →	não ameis vós
eles amam	amem vocês ←	eles amem →	não amem vocês

2ª conjugação: *correr*			
Presente do indicativo	**Imperativo afirmativo**	**Presente do subjuntivo**	**Imperativo negativo**
eu corro	-----------------	eu corra	---------------------
tu corres →	corre tu	tu corras →	não corras tu
ele corre	corra você ←	ele corra →	não corra você
nós corremos	corramos nós ←	nós corramos →	não corramos nós
vós correis →	correi vós	vós corrais →	não corrais vós
eles correm	corram vocês ←	eles corram →	não corram vocês

3ª conjugação: *partir*			
Presente do indicativo	**Imperativo afirmativo**	**Presente do subjuntivo**	**Imperativo negativo**
eu parto	-----------------	eu parta	---------------------
tu partes →	parte tu	tu partas →	não partas tu
ele parte	parta você ←	ele parta →	não parta você
nós partimos	partamos nós ←	nós partamos →	não partamos nós
vós partis →	parti vós	vós partais →	não partais vós
eles partem	partam vocês ←	eles partam →	não partam vocês

⊙ Tempos derivados do pretérito perfeito do indicativo

Entre os elementos estruturais das palavras, inclusive do verbo, encontra-se o tema (radical + vogal temática). Os temas dos verbos *amar*, *correr* e *dividir*, por exemplo, são *ama*, *corre* e *dividi*, respectivamente.

Do tema do pretérito perfeito do indicativo derivam o **pretérito mais-que-perfeito do indicativo**, o **pretérito imperfeito do subjuntivo** e o **futuro do subjuntivo**.

Veja no quadro a seguir como se formam esses tempos verbais a partir do tema do pretérito perfeito do indicativo:

	1ª conjugação (-a-)	2ª conjugação (-e-)	3ª conjugação (-i-)
Tema do pretérito perfeito do indicativo	**ama**	**corre**	**dividi**
Pretérito mais--que-perfeito do indicativo	**ama** ra **ama** ras **ama** ra **amá** ramos **amá** reis **ama** ram	**corre** ra **corre** ras **corre** ra **corrê** ramos **corrê** reis **corre** ram	**dividi** ra **dividi** ras **dividi** ra **dividí** ramos **dividí** reis **dividi** ram
Pretérito imperfeito do subjuntivo	**ama** sse **ama** sses **ama** sse **amá** ssemos **amá** sseis **ama** ssem	**corre** sse **corre** sses **corre** sse **corrê** ssemos **corrê** sseis **corre** ssem	**dividi** sse **dividi** sses **dividi** sse **dividí** ssemos **dividí** sseis **dividi** ssem
Futuro do subjuntivo	**ama** r **ama** res **ama** r **ama** rmos **ama** rdes **ama** rem	**corre** r **corre** res **corre** r **corre** rmos **corre** rdes **corre** rem	**dividi** r **dividi** res **dividi** r **dividi** rmos **dividi** rdes **dividi** rem

PARA LEMBRAR

Tema: elemento estrutural das palavras formado por radical + vogal temática.

NAVEGUE

Formas verbais não previstas pela gramática podem ser consagradas pelo uso constante que se faz delas? Leia um artigo sobre esse assunto em: <http://revistalingua.uol.com.br/textos/69/artigo249140-1.asp>.

Reprodução proibida. Art. 184 do Código Penal e Lei 9.610 de 19 de fevereiro de 1998.

Tempos derivados do infinitivo impessoal

Do infinitivo impessoal derivam o **futuro do presente** e o **futuro do pretérito do indicativo**, além das formas nominais **infinitivo pessoal**, **gerúndio e particípio**.

Veja no quadro como se formam os dois futuros do indicativo a partir do infinitivo impessoal:

	1ª conjugação (-a-)	2ª conjugação (-e-)	3ª conjugação (-i-)
Infinitivo impessoal	**amar**	**correr**	**dividir**
Futuro do presente do indicativo	**amar** ei **amar** ás **amar** á **amar** emos **amar** eis **amar** ão	**correr** ei **correr** ás **correr** á **correr** emos **correr** eis **correr** ão	**dividir** ei **dividir** ás **dividir** á **dividir** emos **dividir** eis **dividir** ão
Futuro do pretérito do indicativo	**amar** ia **amar** ias **amar** ia **amar** íamos **amar** íeis **amar** iam	**correr** ia **correr** ias **correr** ia **correr** íamos **correr** íeis **correr** iam	**dividir** ia **dividir** ias **dividir** ia **dividir** íamos **dividir** íeis **dividir** iam

Nos quadros seguintes, apresentam-se as **formas nominais** derivadas do infinitivo impessoal: primeiramente a conjugação do **infinitivo pessoal** e, em seguida, do **gerúndio** e do **particípio**.

	1ª conjugação (-a-)	2ª conjugação (-e-)	3ª conjugação (-i-)
Infinitivo impessoal	**amar**	**correr**	**dividir**
Infinitivo pessoal	**amar** **amar** es **amar** **amar** mos **amar** des **amar** em	**correr** **correr** es **correr** **correr** mos **correr** des **correr** em	**dividir** **dividir** es **dividir** **dividir** mos **dividir** des **dividir** em

- O sufixo **-r** de infinitivo é substituído pelos sufixos **-ndo** e **-do**, respectivamente, nas formas nominais gerúndio e particípio.
- A vogal temática da 2ª conjugação, na forma nominal particípio, altera o **-e** para **-i**.

	1ª conjugação (-a-)	2ª conjugação (-e-)	3ª conjugação (-i-)
Infinitivo impessoal	**ama** r	**corre** r	**dividi** r
Gerúndio	**ama** ndo	**corre** ndo	**dividi** ndo
Particípio	**ama** do	**corri** do	**dividi** do

Verbos anômalos, defectivos e abundantes

Além dos verbos irregulares, há outros que também se desviam do paradigma de sua conjugação: os **anômalos**, os **defectivos** e os **abundantes**.

Os **verbos anômalos** apresentam alterações no radical mais profundas que os verbos irregulares. Como exemplo, observe a conjugação do verbo *ir*:

- **Presente do indicativo**: vou, vais, vai, vamos, ides, vão.
- **Pretérito perfeito do indicativo**: fui, foste, foi, fomos, fostes, foram.
- **Pretérito imperfeito do indicativo**: ia, ias, ia, íamos, íeis, iam.

Reprodução proibida. Art. 184 do Código Penal e Lei 9.610 de 19 de fevereiro de 1998.

Os **verbos defectivos** não se flexionam em alguns tempos, modos ou pessoas. Às vezes, isso ocorre pela própria significação do verbo. A maioria dos verbos que são defectivos por razões não relacionadas à significação pertence à 3ª conjugação: *abolir, falir, colorir, demolir, esculpir, imergir*, etc.

Os **verbos abundantes** apresentam mais de uma forma verbal, principalmente no particípio, como exemplificam os quadros a seguir:

Infinitivo	Particípio regular	Particípio irregular
aceitar	aceitado	aceito
acender	acendido	aceso
eleger	elegido	eleito
entregar	entregado	entregue
enxugar	enxugado	enxuto
expressar	expressado	expresso
exprimir	exprimido	expresso
extinguir	extinguido	extinto

Infinitivo	Particípio regular	Particípio irregular
ganhar	ganhado	ganho
imprimir	imprimido	impresso
matar	matado	morto
morrer	morrido	morto
omitir	omitido	omisso
prender	prendido	preso
salvar	salvado	salvo
soltar	soltado	solto

Correlação verbal

Nos diferentes enunciados, os verbos estabelecem relação quanto ao tempo e/ou modo verbal. O estudo dessa relação chama-se **correlação verbal**.

Veja como se estabelecem as correlações verbais neste enunciado:

*Se ele **comparecer** à entrevista, **surpreenderá** o entrevistador.*

comparecer ↓ **futuro do subjuntivo** (hipótese de acontecimento futuro)

surpreenderá ↓ **futuro do presente do indicativo** (ação futura)

*Se ele **comparecesse** à entrevista, **surpreenderia** o entrevistador.*

comparecesse ↓ **pretérito imperfeito do subjuntivo** (hipótese de acontecimento)

surpreenderia ↓ **futuro do pretérito do indicativo** (ação possível condicionada pela anterior)

Em situações informais, nem sempre a correlação-padrão é obedecida; muitas vezes se fala ou escreve, por exemplo, "Se você tocar a campainha, eu abro a porta" (em vez de "abrirei"). Porém, em contextos mais formais, convém observar as correlações apontadas aqui.

Alguns paradigmas de conjugação

Verbos auxiliares

	Modo indicativo			
	ser	estar	ter	haver
Presente	sou, és, é, somos, sois, são	estou, estás, está, estamos, estais, estão	tenho, tens, tem, temos, tendes, têm	hei, hás, há, havemos, haveis, hão
Pretérito perfeito	fui, foste, foi, fomos, fostes, foram	estive, estiveste, esteve, estivemos, estivestes, estiveram	tive, tiveste, teve, tivemos, tivestes, tiveram	houve, houveste, houve, houvemos, houvestes, houveram

Reprodução proibida. Art. 184 do Código Penal e Lei 9.610 de 19 de fevereiro de 1998.

Modo indicativo	ser	estar	ter	haver
Pretérito imperfeito	era, eras, era, éramos, éreis, eram	estava, estavas, estava, estávamos, estáveis, estavam	tinha, tinhas, tinha tínhamos, tínheis, tinham	havia, havias, havia, havíamos, havíeis, haviam
Pretérito mais-que--perfeito	fora, foras, fora, fôramos, fôreis, foram	estivera, estiveras, estivera, estivéramos, estivéreis, estiveram	tivera, tiveras, tivera, tivéramos, tivéreis, tiveram	houvera, houveras, houvera, houvéramos, houvéreis, houveram
Futuro do presente	serei, serás, será, seremos, sereis, serão	estarei, estarás, estará, estaremos, estareis, estarão	terei, terás, terá, teremos, tereis, terão	haverei, haverás, haverá, haveremos, havereis, haverão
Futuro do pretérito	seria, serias, seria, seríamos, seríeis, seriam	estaria, estarias, estaria, estaríamos, estaríeis, estariam	teria, terias, teria, teríamos, teríeis, teriam	haveria, haverias, haveria, haveríamos, haveríeis, haveriam

Modo subjuntivo	ser	estar	ter	haver
Presente	seja, sejas, seja, sejamos, sejais, sejam	esteja, estejas, esteja, estejamos, estejais, estejam	tenha, tenhas, tenha, tenhamos, tenhais, tenham	haja, hajas, haja, hajamos, hajais, hajam
Pretérito imperfeito	fosse, fosses, fosse, fôssemos, fôsseis, fossem	estivesse, estivesses, estivesse, estivéssemos, estivésseis, estivessem	tivesse, tivesses, tivesse, tivéssemos, tivésseis, tivessem	houvesse, houvesses, houvesse, houvéssemos, houvésseis, houvessem
Futuro	for, fores, for, formos, fordes, forem	estiver, estiveres, estiver, estivermos, estiverdes, estiverem	tiver, tiveres, tiver, tivermos, tiverdes, tiverem	houver, houveres, houver, houvermos, houverdes, houverem

Modo imperativo	ser	estar	ter	haver
Afirmativo	sê, seja, sejamos, sede, sejam	está, esteja, estejamos, estai, estejam	tem, tenha, tenhamos, tende, tenham	hajas (em desuso), haja, hajamos, havei, hajam
Negativo	não sejas, não seja, não sejamos, não sejais, não sejam	não estejas, não esteja, não estejamos, não estejais, não estejam	não tenhas, não tenha, não tenhamos, não tenhais, não tenham	não hajas, não haja, não hajamos, não hajais, não hajam

Formas nominais				
Infinitivo impessoal	ser	estar	ter	haver
Infinitivo pessoal	ser, seres, ser, sermos, serdes, serem	estar, estares, estar, estarmos, estardes, estarem	ter, teres, ter, termos, terdes, terem	haver, haveres, haver, havermos, haverdes, haverem
Gerúndio	sendo	estando	tendo	havendo
Particípio	sido	estado	tido	havido

Reprodução proibida. Art. 184 do Código Penal e Lei 9.610 de 19 de fevereiro de 1998.

Alguns verbos irregulares

	Modo indicativo			
	dar	**ler**	**pôr**	**ouvir**
Presente	dou, dás, dá, damos, dais, dão	leio, lês, lê, lemos, ledes, leem	ponho, pões, põe, pomos, pondes, põem	ouço, ouves, ouve, ouvimos, ouvis, ouvem
Pretérito perfeito	dei, deste, deu, demos, destes, deram	li, leste, leu, lemos, lestes, leram	pus, puseste, pôs, pusemos, pusestes, puseram	ouvi, ouviste, ouviu, ouvimos, ouvistes, ouviram
Pretérito imperfeito	dava, davas, dava, dávamos, dáveis, davam	lia, lias, lia, líamos, líeis, liam	punha, punhas, punha, púnhamos, púnheis, punham	ouvia, ouvias, ouvia, ouvíamos, ouvíeis, ouviam
Pretérito mais-que--perfeito	dera, deras, dera, déramos, déreis, deram	lera, leras, lera, lêramos, lêreis, leram	pusera, puseras, pusera, puséramos, puséreis, puseram	ouvira, ouviras, ouvira, ouvíramos, ouvíreis, ouviram
Futuro do presente	darei, darás, dará, daremos, dareis, darão	lerei, lerás, lerá, leremos, lereis, lerão	porei, porás, porá, poremos, poreis, porão	ouvirei, ouvirás, ouvirá, ouviremos, ouvireis, ouvirão
Futuro do pretérito	daria, darias, daria, daríamos, daríeis, dariam	leria, lerias, leria, leríamos, leríeis, leriam	poria, porias, poria, poríamos, poríeis, poriam	ouviria, ouvirias, ouviria, ouviríamos, ouviríeis, ouviriam

Reprodução proibida. Art. 184 do Código Penal e Lei 9.610 de 19 de fevereiro de 1998.

	Modo subjuntivo			
	dar	**ler**	**pôr**	**ouvir**
Presente	dê, dês, dê, demos, deis, deem	leia, leias, leia, leiamos, leiais, leiam	ponha, ponhas, ponha, ponhamos, ponhais, ponham	ouça, ouças, ouça, ouçamos, ouçais, ouçam
Pretérito imperfeito	desse, desses, desse, déssemos, désseis, dessem	lesse, lesses, lesse, lêssemos, lêsseis, lessem	pusesse, pusesses, pusesse, puséssemos, pusésseis, pusessem	ouvisse, ouvisses, ouvisse, ouvíssemos, ouvísseis, ouvissem
Futuro	der, deres, der, dermos, derdes, derem	ler, leres, ler, lermos, lerdes, lerem	puser, puseres, puser, pusermos, puserdes, puserem	ouvir, ouvires, ouvir, ouvirmos, ouvirdes, ouvirem

NAVEGUE

Se você ficar em dúvida na conjugação do verbo de acordo com o paradigma adequado, acesse este banco de dados com mais de 280 mil registros de verbos: <http://linguistica.insite.com.br/mod_perl/conjugue>.

	Modo imperativo			
	dar	**ler**	**pôr**	**ouvir**
Afirmativo	dá, dê, demos, dai, deem	lê, leia, leiamos, lede, leiam	põe, ponha, ponhamos, ponde, ponham	ouve, ouça, ouçamos, ouvi, ouçam
Negativo	não dês, não dê, não demos, não deis, não deem	não leias, não leia, não leiamos, não leiais, não leiam	não ponhas, não ponha, não ponhamos, não ponhais, não ponham	não ouças, não ouça, não ouçamos, não ouçais, não ouçam

	Formas nominais			
Infinitivo impessoal	**dar**	**ler**	**pôr**	**ouvir**
Infinitivo pessoal	dar, dares, dar, darmos, dardes, darem	ler, leres, ler, lermos, lerdes, lerem	pôr, pores, pôr, pormos, pordes, porem	ouvir, ouvires, ouvir, ouvirmos, ouvirdes, ouvirem
Gerúndio	dando	lendo	pondo	ouvindo
Particípio	dado	lido	posto	ouvido

Objeto educacional digital (animação)
• Verbo (II)

Reprodução proibida. Art. 184 do Código Penal e Lei 9.610 de 19 de fevereiro de 1998.

Atividades

Responda às questões no caderno.

Leia a tira Níquel Náusea, de Fernando Gonsales, e responda às questões de 1 a 4.

NÍQUEL NÁUSEA

Fernando Gonsales

1 Com qual conto infantil a tira estabelece intertextualidade?

2 Em que o desfecho da tira difere daquele do conto?

3 Observe os verbos sublinhados no primeiro enunciado da tira e faça as adaptações para o registro formal.

4 Como ficaria o enunciado do primeiro quadrinho se ele começasse por "Se os porquinhos abrissem"?

Leia o fragmento de uma notícia publicada na página eletrônica do jornal *NH*, de Novo Hamburgo, e responda às questões 5 e 6.

Vitória no Superclássico das Américas mascara mau futebol

Brasil largou na frente na disputa ao vencer a Argentina por 2 a 1 no Estádio Serra Dourada

GOIÁS – A disputa pela taça do Superclássico das Américas começou com vitória por 2 a 1 do Brasil sobre a Argentina, ontem à noite, no Estádio Serra Dourada, em Goiânia. Martínez abriu o placar para os argentinos e Paulinho e Neymar colocaram os brasileiros na frente. Apesar do resultado mascarar a fraca atuação da seleção, o Brasil leva vantagem para o segundo jogo, dia 3 de outubro, dessa vez em território argentino.

Com pequena produção ofensiva, o técnico Mano Menezes terá uma gestação difícil até a Copa das Confederações, que inicia em nove meses: de 15 a 30 de junho de 2013, no Brasil. Isso se ele se manter no cargo até lá. [...]

Disponível em: <http://www.jornalnh.com.br/selecao/414054/vitoria-no-superclassico-das-americas-mascara-mau-futebol.html>. Acesso em: 15 jan. 2013. (Fragmento).

Reprodução proibida. Art. 184 do Código Penal e Lei 9.610 de 19 de fevereiro de 1998.

5 Escreva as informações mais importantes da notícia, que estão contidas no *lead*.

6 Ao levantar uma hipótese sobre a permanência do técnico até a Copa das Confederações, o jornalista infringe a regra da conjugação de um verbo irregular. Qual seria a forma adequada desse verbo no futuro do subjuntivo?

Leia a tira do personagem Hagar, de Dik Browne, para responder às questões de 7 a 11.

HAGAR Dik Browne

© 2013 KING FEATURES SYNDICATE/IPRESS

7 A expectativa de Hagar não se confirma. Observe o segundo quadrinho e justifique essa afirmação por meio das imagens, dos recursos gráficos e do modo verbal empregado por Helga.

8 No primeiro quadrinho, Hagar também emprega esse modo por meio de duas formas verbais. Quais são elas?

9 Em que tempo e modo está conjugado o verbo destacado no trecho "[...] quando [ela] me **vir** [...]"?

10 Qual é o infinitivo desse verbo?

11 Por que podemos afirmar que esse verbo é irregular?

Leia a tira Calvin e Haroldo, de Bill Watterson, para responder às questões de 12 a 14.

CALVIN & HAROLDO **Bill Watterson**

12 A fala do antagonista de Calvin não está de acordo com as normas urbanas de prestígio. Observe o primeiro quadrinho e justifique essa afirmação.

13 Reescreva esse quadrinho de duas maneiras diferentes, ambas de acordo com as normas urbanas de prestígio.

14 Na tira, esse desvio em relação às normas urbanas de prestígio é coerente na fala do personagem antagonista de Calvin? Justifique.

ProvocAÇÃO

Você já presenciou, no ambiente escolar, atitudes como a do garoto de camiseta escura? Qual sua opinião sobre esse tipo de comportamento?

O QUE VOCÊ APRENDEU NO PERCURSO DESTE CAPÍTULO

- As formas nominais do verbo são o infinitivo, o particípio e o gerúndio.
- A estrutura dos verbos apresenta os seguintes elementos mórficos: radical, vogal temática, desinência modo-temporal e desinência número-pessoal. Entre os elementos estruturais, o radical é o único que ocorre em todos os tempos, modos e pessoas.
- A vogal temática é o elemento identificador da conjugação a que o verbo pertence.
- Os verbos regulares seguem o paradigma da conjugação a que pertencem, isto é, mantêm sempre o radical e as terminações correspondentes a cada tempo, modo e pessoa. Os irregulares apresentam mudanças no radical e/ou nas desinências em certos tempos, modos ou pessoas.
- Os verbos podem ser anômalos, defectivos ou abundantes.
- Os tempos simples regulares são formados a partir dos tempos primitivos (presente e pretérito perfeito do indicativo) e da forma nominal infinitivo impessoal.
- Em contextos formais, convém seguir a correlação-padrão temporal: por exemplo, o futuro do subjuntivo "combina" com o futuro do presente do indicativo, e o pretérito imperfeito do subjuntivo "combina" com o futuro do pretérito do indicativo.

Reprodução proibida. Art. 184 do Código Penal e Lei 9.610 de 19 de fevereiro de 1998.

CAPÍTULO

17

Advérbio

PERCURSO DO CAPÍTULO

- Conceito de advérbio e locução adverbial
- Valor semântico dos advérbios
- Concordância nominal
- Relações morfossintáticas

A jogadora Lia Martins, do time brasileiro de basquete feminino em cadeira de rodas, prepara-se para arremessar a bola em partida contra os Países Baixos pelos Jogos Paralímpicos de Londres (2012). Para descrever esta imagem, recorremos a palavras ou expressões que nos deem, por exemplo, noção de tempo e de lugar, os chamados advérbios e as locuções adverbiais.

JUSTIN SETTERFIELD/GETTY IMAGES

Introdução

Nas situações de interação verbal, muitas vezes é necessário caracterizar as ações a que nos referimos em relação ao modo como são ou foram praticadas, bem como no que diz respeito a quando ou onde ocorrem ou ocorreram. Nesses casos, empregamos os advérbios, classe gramatical que estudaremos neste capítulo.

Leia o anúncio a seguir, publicado em uma revista infantil, e responda às questões oralmente.

REPRODUÇÃO

Aqui seu filho aprende inglês como se estivesse lá.

Reprodução proibida. Art. 184 do Código Penal e Lei 9.610 de 19 de fevereiro de 1998.

1 Embora os interlocutores em potencial da revista sejam crianças, o anúncio dirige-se a outro público-alvo. Qual é ele? Justifique sua resposta com elementos linguísticos presentes no anúncio.

2 O texto principal do anúncio compara dois espaços físicos.

a) Que palavras marcam esses espaços? A que espaço cada uma delas se refere?

b) A quais formas verbais do enunciado elas estão relacionadas?

c) Podemos afirmar que essas palavras complementam o sentido das formas verbais em questão? Justifique sua resposta.

3 Explique de que maneira os elementos não verbais do anúncio confirmam o texto verbal.

As palavras *aqui* e *lá*, que ajudam na construção de sentido do anúncio, indicam os lugares onde ocorrem as ações expressas pelos verbos *aprender* e *estar*. Estudaremos a seguir o **advérbio**, classe gramatical que se relaciona às ações verbais, indicando as circunstâncias (espaciais, temporais, etc.) em que elas ocorrem e tornando mais precisos e completos os enunciados.

Advérbio e locução adverbial

A denominação *advérbio* indica que as palavras pertencentes a essa classe gramatical se referem aos verbos, pois o prefixo *ad-* significa "junto a". *Advérbio*, então, quer dizer "junto ao verbo". Mas, em alguns contextos, o advérbio pode também referir-se a outras classes de palavras.

Leia esta tira do argentino Liniers e responda oralmente ao que se pede.

MACANUDO Liniers

RICARDO LINIERS

Reprodução proibida. Art. 184 do Código Penal e Lei 9.610 de 19 de fevereiro de 1998.

1 Qual é o conflito vivido pelo pinguim da esquerda?

2 No segundo balão da tira, de quais hábitos rotineiros o personagem se queixa?

3 Apenas as formas verbais *vou* e *paro* seriam suficientes para compreendermos o sentido do enunciado do segundo balão? Quais palavras completam o sentido das ações expressas por esses verbos?

Vamos analisar esta fala do personagem:

"**Não** paro **nunca**."

As palavras destacadas modificam o sentido da ação do verbo *parar*, atribuindo-lhe duas circunstâncias: de negação (*não* paro) e de tempo (*nunca* paro). Essas palavras são **advérbios**.

Observe este outro enunciado:

"Vou **de um lado para outro** **o tempo todo**."

As duas expressões em destaque modificam a ação do verbo *ir*, atribuindo-lhe, respectivamente, circunstâncias de lugar (vou *de um lado para outro*) e de tempo (vou *o tempo todo*). Essas expressões desempenham a mesma função dos advérbios e são denominadas **locuções adverbiais**.

Leia agora este trecho da fala do personagem:

"Estou **tão** cansado ultimamente!"

A palavra *tão* atribui ao adjetivo *cansado* a circunstância de intensidade: o pinguim não estava apenas cansado, ele estava *intensamente* cansado. Como indica uma circunstância, a palavra *tão* é um advérbio. Note que os advérbios não se relacionam apenas com verbos, mas também com adjetivos. Isso geralmente ocorre com advérbios de intensidade, como *tão*, *muito*, *bem*, *imensamente*, etc. Já *ultimamente* é advérbio de tempo.

Vejamos agora os seguintes exemplos:

Ele se expressa **bem** em público. / Ele se expressa **muito bem** em público.

advérbio de modo (modifica o sentido do verbo *expressar*)

advérbio de intensidade (modifica o sentido do advérbio *bem*)

Neste último caso, temos um advérbio modificando outro advérbio. Concluímos, portanto, que os advérbios podem modificar o sentido de verbos, adjetivos e outros advérbios.

> **Advérbios** são palavras invariáveis que modificam principalmente o sentido dos verbos, indicando-lhes circunstâncias de tempo, modo, lugar, intensidade, etc. Também podem modificar o sentido de um adjetivo e de outro advérbio.
>
> **Locuções adverbiais** são expressões que desempenham a mesma função dos advérbios.

O advérbio se flexiona em grau, como os adjetivos. Veja o quadro:

Grau comparativo	
Superioridade	Ele lê mais rápido (do) que eu.
Inferioridade	Ele lê menos rápido (do) que eu.
Igualdade	Ele lê tão rápido quanto eu.
Grau superlativo	
Analítico	Ele lê muito rápido.
Sintético	Ele lê rapidíssimo.

Alguns valores semânticos dos advérbios e das locuções adverbiais

Os advérbios e as locuções adverbiais são classificados conforme os valores semânticos que atribuem ao termo que modificam. Veja:

Afirmação	sim, certamente, realmente, com certeza, etc.
Dúvida	talvez, acaso, possivelmente, etc.
Intensidade	muito, pouco, bastante, bem, quase, etc.
Lugar	aqui, cá, acolá, ali, dentro, acima, etc.
Modo	bem, mal, assim, etc., e a maioria dos terminados pelo sufixo *-mente*.
Negação	não, de modo algum, absolutamente, etc.
Tempo	hoje, ontem, sempre, nunca, agora, às vezes, ultimamente, etc.

Algumas locuções adverbiais indicam ainda outras circunstâncias. Veja os exemplos:

Companhia	Ele apresentou o trabalho *com o grupo*.
Causa	Ele desistiu *por medo da derrota*.
Finalidade	Eles estudaram *para as provas*.
Instrumento	Eles namoram *pelo telefone*.

Reprodução proibida. Art. 184 do Código Penal e Lei 9.610 de 19 de fevereiro de 1998.

⊙ Advérbios interrogativos

Leia a tira Calvin e Haroldo e responda às questões oralmente.

CALVIN E HAROLDO — Bill Watterson

CALVIN & HOBBES, BILL WATTERSON © 1995 WATTERSON / DIST. BY UNIVERSAL UCLICK

1 Você já estudou que o radical *antropo-* designa aquilo que é relativo ao homem. Relacione essa informação à fala de Calvin, no último quadrinho, e responda por que a observação do menino constrói o humor da tira.

2 Para identificar a causa do choro da mãe, Calvin emprega um advérbio interrogativo. Qual é ele?

Alguns advérbios são empregados para formar interrogações diretas ou indiretas. É o caso de *como?* (modo), *onde?* (lugar), *por quê?* (causa) e *quando?* (tempo).

SAIBA MAIS!

Ao contrário dos substantivos, dos adjetivos e de alguns pronomes e numerais, os advérbios são invariáveis quanto ao gênero e ao número.

A seguir, apresentamos alguns casos de concordância nominal que costumam gerar dúvida. Observe que, na primeira coluna, as palavras não se flexionam: são advérbios.

A notícia nos deixou ***meio*** *tristes.* / *Não diga* ***meias*** *palavras.* (meias: numeral)

Ficamos todos ***muito*** *nervosos.* / *Trouxemos* ***muitas*** *frutas.* (muitas: pronome)

Eles embarcarão hoje ***mesmo****.* / *Moramos na* ***mesma*** *cidade.* (mesma: adjetivo)

Relações morfossintáticas dos advérbios

Os advérbios e as locuções adverbiais desempenham sintaticamente a função de **adjunto adverbial**.

Leia os termos destacados neste enunciado:

Às vezes*,* *Joaquim parece* ***muito*** *triste.*

↓ ← *morfologicamente* → ↓

locução adverbial de tempo (modifica o verbo *parecer*) — advérbio de intensidade (modifica o adjetivo *triste*)

↓ ← *sintaticamente* → ↓

adjunto adverbial de tempo — adjunto adverbial de intensidade

Objeto educacional digital (animação)
• Advérbio

Reprodução proibida. Art. 184 do Código Penal e Lei 9.610 de 19 de fevereiro de 1998.

Atividades

Registre as respostas no caderno.

Leia a crônica de Cecília Casas para responder às questões de 1 a 6.

Cecília Casas é escritora, tradutora e organizadora de inúmeras obras, entre elas O dedo do imperador e outros contos.

Duas luas

Existem duas luas.

Uma, no céu, outra, na poça aqui em frente à minha casa.

Esta, eu quase a peguei, mas a **marota** conseguiu escapar. Se escondeu na mata. Ainda vi o clarão de seus cabelos entre a galharia, tudo iluminado.

A lua da poça, assim, perto de mim, é ninfa noturna, encantada, que brinca, menina, de esconde-esconde comigo. E, criança descuidada, na fuga **desabalada**, não repara e deixa um rastro que é o luar.

CASAS, Cecília. *Pequenas crônicas de Itamambuca*: Quiuí! Quiuí! São Paulo: Ave-Maria, 2002. p. 47.

Marota: esperta.
Desabalada: veloz.

1 A cronista refere-se a duas luas. Quais são elas?

2 As ninfas são divindades mitológicas leves e fluidas, habitantes dos bosques e das montanhas. Explique a metáfora construída em: "A lua da poça, assim, perto de mim, é ninfa noturna [...]."

3 Para distinguir as duas luas, no segundo parágrafo, a cronista emprega predominantemente certa classe gramatical. Qual é ela?

4 No terceiro parágrafo, um advérbio sugere algo que poderia ter acontecido. Qual é ele e que circunstância expressa?

5 Substitua o advérbio *assim*, no último parágrafo, por uma locução com o mesmo valor semântico.

6 Esse advérbio, no texto, estabelece relação de coesão com a locução adverbial *perto de mim*. Explique essa afirmação.

NAVEGUE

Conheça a canção "No fundo", de Arnaldo Antunes, composta majoritariamente por advérbios e locuções adverbiais, o que causa um curioso efeito: <http://www.arnaldoantunes.com.br/new/sec_discografia_sel.php?id=31>.

Reprodução proibida. Art. 184 do Código Penal e Lei 9.610 de 19 de fevereiro de 1998.

Leia, ao lado, a charge de Gilmar e responda às questões de 7 a 12.

GILMAR

7 A charge está sempre relacionada a um fato sociopolítico do momento de sua publicação. A que acontecimento essa charge provavelmente se refere? Justifique sua resposta com elementos do próprio texto.

8 Ao ler o início da fala do eleitor, podemos inferir que o candidato lhe fez um pedido. Qual teria sido ele?

9 Quais são os advérbios presentes nessa fala? Classifique-os.

10 Ao empregar o advérbio *agora* em sua fala dirigida ao candidato, o eleitor marca uma diferença entre dois momentos. Quais? Explique.

11 Por que, ao usar o advérbio *aqui*, o eleitor convida o candidato a mudar o tipo de relação entre eles?

12 Substitua o advérbio *direitinho* por uma locução adverbial de mesmo valor semântico.

Leia este fragmento de notícia publicada no *site* G1 Natureza e responda às questões de 13 a 15.

SHUTTERSTOCK

PESQUISADORES GARIMPAM A HISTÓRIA CONTIDA NA TERRA PRETA DE ÍNDIO

Trincheiras são abertas em sítios arqueológicos espalhados na Amazônia. Na terra revolvida para o plantio também surgem vestígios dos índios.

Quando se pensa em Floresta Amazônica, muita gente tem a ideia de que há centenas de anos ela era uma mata virgem, intocada. Estudos de diversas áreas estão derrubando essa teoria. A floresta não só foi densamente povoada como estes povos foram responsáveis por uma das maiores riquezas da região, um solo altamente fértil: a terra preta de índio.

[...]

Disponível em: <http://g1.globo.com/natureza/noticia/2012/06/pesquisadores-garimpam-historia-contida-na-terra-preta-de-indio.html>. Acesso em: 22 jan. 2013 (Fragmento).

Reprodução proibida. Art. 184 do Código Penal e Lei 9.610 de 19 de fevereiro de 1998.

13 O primeiro parágrafo da notícia (o *lead*) contradiz uma ideia preconcebida sobre a Floresta Amazônica. Que ideia é essa?

14 A maioria dos advérbios terminados em *-mente* expressa circunstância de modo. É esse o caso de *densamente* e *altamente*, presentes no *lead*? Explique.

15 Por que os advérbios são importantes na construção desse *lead*?

O QUE VOCÊ APRENDEU NO PERCURSO DESTE CAPÍTULO

- O advérbio é uma classe gramatical invariável quanto ao gênero e ao número.
- O advérbio modifica o sentido dos verbos (atribuindo-lhes circunstâncias de tempo, modo, lugar, intensidade, negação, afirmação, dúvida, etc.), dos adjetivos e dos próprios advérbios.
- Os advérbios e as locuções adverbiais desempenham a função sintática de adjuntos adverbiais.
- As locuções adverbiais são expressões que exercem a mesma função dos advérbios.

CAPÍTULO

18

Preposição e conjunção

PERCURSO DO CAPÍTULO

- Funções da preposição e da conjunção
- Valores semânticos estabelecidos pela preposição
- Combinações e contrações da preposição
- Valores semânticos estabelecidos pela conjunção
- Importância da conjunção como elemento coesivo

MODE IMAGES/ALAMY/OTHER IMAGES

As preposições e as conjunções são elementos essenciais para estabelecer relações de sentido no texto. O uso equivocado dessas classes gramaticais compromete a compreensão do que se pretende comunicar. (Foto de 2010.)

Introdução

Em praticamente qualquer texto, podemos encontrar palavras que desempenham a função fundamental de ligar termos e/ou orações e estabelecer relações lógicas entre eles. Neste capítulo, estudaremos duas classes gramaticais cuja função é criar nexos de sentido em um texto: a preposição e a conjunção.

Reprodução proibida. Art. 184 do Código Penal e Lei 9.610 de 19 de fevereiro de 1998.

Leia o anúncio a seguir, produzido em 2011 por um conjunto de empresas envolvidas em uma campanha de limpeza de rios e praias, e responda oralmente ao que se pede.

REPRODUÇÃO

Favor reciclar esta garrafa
Depois avisar à Marinha que estou perdido em uma ilha a leste de Abrolhos.

Dia Mundial de Limpeza de Rios e Praias. Você pode marcar presença em qualquer lugar.
Sábado, 17 de setembro. Dia Mundial de Limpeza de Rios e Praias. Quase 9 mil pessoas em mais de 20 cidades participaram dessa iniciativa em 2010. Cerca de 47 toneladas de resíduos foram retirados das praias e dos rios. Nós da Coca-Cola Brasil apoiamos esse tipo de iniciativa há mais de 25 anos, porque acreditamos que a reciclagem tem o poder de transformar o mundo em que vivemos. Participe, dê a sua contribuição, viva positivamente.

1 Para chamar a atenção do interlocutor, os anunciantes criaram uma versão inusitada para os tradicionais pedidos de socorro em garrafas. Explique essa afirmação.

2 Releia um trecho da mensagem do náufrago e observe as palavras destacadas.

"Depois avisar **à** Marinha **que** estou perdido **em** uma ilha **a** leste **de** Abrolhos."

a) Sem as palavras destacadas, seria possível compreender a mensagem?
b) Em sua opinião, que função essas palavras desempenham no enunciado?

3 A oração introduzida pela palavra *que* completa o sentido de que outra palavra da oração anterior?

4 Substitua a palavra *que* por *porque* e explique se houve alteração de sentido entre as orações ligadas.

ENRICO MARONE/PULSAR IMAGENS
Abrolhos, arquipélago localizado ao sul do litoral baiano. (Foto de 2012.)

Na construção do texto principal do anúncio (mensagem do náufrago), pudemos observar que algumas palavras foram responsáveis por ligar termos e orações, estabelecendo relações de sentido entre eles(as). A seguir, estudaremos as classes gramaticais que expressam essas relações: a **preposição** e a **conjunção**.

Reprodução proibida. Art. 184 do Código Penal e Lei 9.610 de 19 de fevereiro de 1998.

Preposição

No enunciado principal do anúncio em estudo, as palavras *em*, *a* e *de* são denominadas **preposições**.

Preposição é uma classe gramatical invariável que, ao conectar termos de um enunciado, estabelece entre eles uma relação de sentido.

⊙ Valor semântico das preposições

Releia este fragmento do texto localizado na parte inferior do anúncio, prestando atenção nos termos destacados, e responda oralmente ao que se pede.

"Dia Mundial **de** Limpeza **de** Rios e Praias."

1 O que a preposição *de*, que aparece duas vezes no enunciado, está relacionando?

2 Nas duas ocorrências, a preposição *de* tem o mesmo sentido? Explique.

Você observou que uma mesma preposição pode adquirir diferentes sentidos conforme o contexto em que é utilizada. No quadro a seguir, apresentamos as principais preposições e as relações de sentido mais comuns que elas estabelecem.

SERGIO RANALLI/PULSAR IMAGENS
Praia poluída em Porto Seguro, Bahia. (Foto de 2008.)

Preposição	Relações de sentido	Exemplos
A	Lugar	Fui **à** (a + a) escola.
	Distância	Estou **a** seis quilômetros de casa.
	Modo	Saiu **às** (a + as) pressas.
	Tempo	Voltamos **às** (a + as) duas horas.
Até	Lugar	Eles vieram **até** nossa casa.
	Tempo	Eu te amarei **até** a morte.
	Limite numérico	Devem ser vacinadas crianças **até** 6 anos.
Com	Modo	Come **com** voracidade.
	Companhia	Saiu **com** o namorado.
	Causa	Ficou preocupada **com** a notícia.
	Oposição	Discutiu **com** os amigos.
De	Lugar, origem	O produto vem **do** Mediterrâneo.
	Assunto	Falamos **de** política.
	Posse	Encontrei o livro **de** José sob a cadeira.
	Classificação, tipo	O livro **de** História está na biblioteca.
	Modo	Saiu **de** fininho.
Em	Modo	Partimos **em** marcha acelerada.
	Tempo	Volto **em** dois dias.
	Matéria	Esculpiu a figura **em** mármore.
Para	Lugar, direção	Foi **para** a fazenda.
	Tempo	A reunião ficou marcada **para** a tarde.
	Finalidade	Estudei **para** a prova.
Por	Lugar	Ontem ele passou **por** esses lugares.
	Causa	Não irei **por** falta de recursos.
	Tempo	Não o vi **por** anos.

Reprodução proibida. Art. 184 do Código Penal e Lei 9.610 de 19 de fevereiro de 1998.

Locução prepositiva

Leia esta manchete e responda oralmente ao que se pede:

Lulu Santos toca sucessos ao lado de músicos da Sinfônica da Unicamp

Disponível em: <http://g1.globo.com/sp/campinas-regiao/noticia/2012/09/lulu-santos-toca-sucessos-ao-lado-de-musicos-da-sinfonica-da-unicamp.html>. Acesso em: 5 fev. 2013.

- Substitua a expressão *ao lado de*, sublinhada na manchete, por uma palavra de sentido equivalente.

A expressão *ao lado de*, presente na manchete, liga "Lulu Santos toca sucessos" a "músicos da Sinfônica da Unicamp", exprimindo relação de companhia. E, por desempenhar o mesmo papel de uma preposição, é denominada **locução prepositiva**.

As locuções prepositivas são compostas de duas ou mais palavras e sempre terminam com uma preposição (*a*, *de*, *com*, *entre*).

Locução prepositiva é uma expressão que cumpre o mesmo papel de uma preposição.

NAVEGUE

Conheça a canção "Diariamente", de Marisa Monte, e tente identificar a relação de sentido estabelecida pela preposição *para*, repetida ao longo dos versos, e o título da música. Letra: <http://www.marisamonte.com.br/pt/musica/mais/letra/diariamente>.

Combinações e contrações

Certas preposições podem unir-se a outras classes gramaticais, como artigos, pronomes ou advérbios, formando uma única palavra. Se, no processo de união, não houver perda de fonemas, temos uma **combinação** (como em "Fui **ao** cinema"); se ocorrer o contrário, dizemos que se trata de uma **contração**.

Observe estes exemplos de contração extraídos do anúncio estudado na introdução do capítulo:

"[...] toneladas de resíduos foram retiradas **das** praias [...]" (prep. *de* + art. *as*)

"Mais de 20 cidades participaram **dessa** iniciativa." (prep. *de* + pron. demonstr. *essa*)

"Depois de avisar **à** Marinha [...]" (prep. *a* + art. *a*)

Conjunção

Leia a tira Hagar, de Dik Browne, e responda à questão oralmente.

HAGAR — Dik Browne

2013 KING FEATURES SYNDICATE/IPRESS

NAVEGUE

Leia artigo sobre o humor e a representação de *Hagar, o horrível* em: <http://www.historiaehistoria.com.br/materia.cfm?tb=artigos&id=196>.

Reprodução proibida. Art. 184 do Código Penal e Lei 9.610 de 19 de fevereiro de 1998.

1 O que a mãe, possivelmente, quis dizer à filha com a recomendação "Lembre-se — você é uma donzela *viking*!"?

2 O que o pretendente oferece à jovem caso ela aceite o pedido de casamento?

3 Quais as qualidades do pretendente, enumeradas pela donzela *viking*?

4 Em que consiste o humor da tira?

O pretendente de Honi, no intuito de que a moça aceite seu pedido de casamento, enumera para ela tudo o que ele pode lhe oferecer: a metade de seus domínios, joias, luxo e servos. Para isso, usa como recurso linguístico a repetição da palavra ***e*** antes de cada um desses elementos. Essa palavra tem valor semântico de soma, adição. Honi, por sua vez, vale-se do mesmo recurso para enumerar as qualidades do rapaz.

Nesse contexto, a palavra ***e*** é uma **conjunção**, classe de palavras que pode relacionar:

- dois ou mais termos sintaticamente equivalentes:

*"[...] embora vós sejais gentil **e** rico **e** bonito [...]"*

vós → sujeito; gentil, rico, bonito → núcleos do predicativo do sujeito

- duas ou mais orações:

*"Case comigo, formosa donzela, **e** a metade de meus domínios será sua."*

"Case comigo, formosa donzela" → 1ª oração; "a metade de meus domínios será sua" → 2ª oração

Conjunção é uma palavra invariável que relaciona dois ou mais termos sintaticamente equivalentes, ou duas ou mais orações.

Reprodução proibida. Art. 184 do Código Penal e Lei 9.610 de 19 de fevereiro de 1998.

Locução conjuntiva

Observe este título de notícia e atente para a expressão sublinhada:

Seca no Paraguai é a pior desde que cheguei, diz agricultor brasileiro

Disponível em: <http://www.showdenoticias.com.br/index.php?pg=detalhe_noticia&noticia=1075&ver=sim>. Acesso em: 5 fev. 2013.

Nessa manchete há três orações, e as duas primeiras são ligadas pela expressão *desde que*. Ela introduz a segunda oração do período ("desde que cheguei"), atribuindo-lhe valor semântico de tempo. Tal expressão é chamada de **locução conjuntiva**.

Outras locuções conjuntivas: *visto que, já que, uma vez que, a fim de que, se bem que, assim que*.

Locução conjuntiva é uma expressão, composta de duas ou mais palavras, que desempenha o mesmo papel de uma conjunção.

Classificação das conjunções

Como você estudou, as conjunções podem relacionar termos sintáticos equivalentes ou orações. Estas, entretanto, nem sempre apresentam estruturas sintáticas equivalentes.

Observe um fragmento extraído da HQ lida anteriormente:

*"Honi é uma donzela viking **e** fala por ela mesma".*

"Honi é uma donzela viking" → 1ª oração; "fala por ela mesma" → 2ª oração

Temos aqui duas orações independentes e equivalentes, tanto em relação ao sentido quanto no que se refere à estrutura sintática: "Honi é uma donzela *viking* / e [Honi] fala por ela mesma". As conjunções que relacionam orações com essas características denominam-se **conjunções coordenativas**.

Agora, vamos reler o título da notícia sobre o efeito do clima na agricultura do Paraguai:

"*Seca no Paraguai é a pior* ***desde que*** *cheguei [...]*"

1ª oração — 2ª oração

A segunda oração ("desde que cheguei") desempenha a função de adjunto adverbial de tempo da primeira oração, funcionando, portanto, como um complemento sintático desta. As conjunções que ligam orações com essas características (uma dependendo sintaticamente da outra) são chamadas **conjunções subordinativas**.

As **conjunções coordenativas** relacionam termos ou orações sintaticamente independentes.
As **conjunções subordinativas** relacionam orações que estabelecem entre si uma relação de dependência sintática.

Reprodução proibida. Art. 184 do Código Penal e Lei 9.610 de 19 de fevereiro de 1998.

Valor semântico das conjunções e locuções conjuntivas

As **conjunções** e **locuções conjuntivas coordenativas** são classificadas conforme a relação de sentido que estabelecem ao ligar termos ou orações. Observe o quadro:

Classificação	Valor semântico	Exemplos
Aditivas	**Adição, soma:** *e, nem, mas também.*	Não foi à aula **nem** justificou a ausência.
Adversativas	**Contraste, oposição:** *mas, porém, todavia, contudo, entretanto; no entanto.*	Não foi à aula, **no entanto** justificou a ausência.
Alternativas	**Alternância, exclusão:** *ou; ou... ou; ora... ora; quer... quer; seja... seja.*	**Ou** amadurece, **ou** fica na casa dos pais. **Ora** estuda, **ora** passeia.
Conclusivas	**Conclusão, consequência:** *logo, pois, portanto, assim; por conseguinte, por isso.*	Estudei muito para as provas, **por isso** conseguirei a aprovação. Penso, **logo** existo.
Explicativas	**Justificação, explicação:** *que, porque, pois, porquanto.*	Fica comigo, **porque** estou com medo. **Porquanto** você veio, faça a prova.

As **conjunções** e **locuções conjuntivas subordinativas** classificam-se em dois grandes blocos: integrantes e adverbiais.

As conjunções **integrantes**, normalmente *que* e *se*, ligam a oração principal a uma subordinada substantiva (que desempenha, em relação à principal, uma função sintática igual à de um substantivo).

conjunção subordinativa integrante

Não sei ***se** você me contou sobre isso.*

oração principal — oração subordinada substantiva

conjunção subordinativa integrante

É preciso ***que** os candidatos esclareçam seu plano de governo.*

oração principal — oração subordinada substantiva

Nesses exemplos, as orações introduzidas por conjunções integrantes desempenham, respectivamente, a função de **objeto direto** e de **sujeito** da oração anterior.

As **conjunções** e **locuções conjuntivas adverbiais**, por sua vez, unem à oração principal uma subordinada adverbial, isto é, que exerce, em relação à principal, o mesmo papel sintático que o de um advérbio. Confira, no quadro a seguir, o valor semântico que cada tipo de conjunção (ou locução conjuntiva) subordinativa adverbial atribui às orações que introduz.

Classificação	Valor semântico	Exemplos
Causais	**Causa**: *porque, como; já que, uma vez que, visto que.*	**Como** não lhe apresentaram garantias de sucesso, desistiu do projeto.
Conformativas	**Conformidade**: *como, conforme, segundo, consoante.*	Chegou no horário **conforme** combinamos.
Comparativas	**Comparação**: *mais/menos, pior/melhor, maior/menor (do) que, como, como se, assim como, bem como, que nem.*	Agiu **como se** não soubesse de nada. O filhote **mais** dorme **do que** come. **Assim como** eu, ela foi bem na prova.
Concessivas	**Oposição** a um fato da principal, sem contudo anulá-lo: *embora, ainda que, mesmo que, se bem que, por mais que, apesar de.*	Abandonou o curso, **embora** essa decisão tenha sido difícil para ele. **Ainda que** estudasse arduamente, não conseguia passar no vestibular.
Condicionais	**Condição, hipótese**: *se, caso, sem que, contanto que, desde que.*	Ela voltará para casa **desde que** os pais fiquem felizes com seu retorno.
Consecutivas	**Consequência**: *(tal/tanto/tão...) que, de modo que, de forma que.*	Estava tão preocupado **que** esqueceu os documentos em casa.
Finais	**Finalidade**: *para que, a fim de que.*	Ele desenvolveu a máquina **para que** nós a testássemos.
Proporcionais	**Proporcionalidade**: *à medida que, à proporção que, quanto mais (menos)... mais (menos).*	**Quanto mais** eu leio esse livro, **menos** o entendo. Corrigirei as provas **à medida que** me forem sendo entregues.
Temporais	**Tempo**: *quando, enquanto, desde que, assim que, logo que.*	O telefone tocou **assim que** cheguei. Ela costurava **enquanto** eu cozinhava.

Observe que a mesma conjunção, dependendo do contexto, assume valores semânticos diferentes:

*Estudei bastante **e** cheguei cedo ao local da prova.* (relação aditiva)

*Estudei bastante **e** esqueci tudo na hora da prova.* (relação adversativa; = mas)

*Estudarei bastante **desde que** você me ajude.* (relação condicional)

*Estudei bastante **desde que** iniciei o curso.* (relação temporal)

Por estabelecerem diferentes tipos de relação semântica, as conjunções têm função coesiva importante no encadeamento de ideias de um texto.

Reprodução proibida. Art. 184 do Código Penal e Lei 9.610 de 19 de fevereiro de 1998.

Atividades

No romance *A casa dos espíritos*, a escritora Isabel Allende une fatos reais e ficcionais para narrar a saga da família Trueba. Leia o trecho em que o patriarca dos Trueba conhece sua futura esposa, Clara, e responda às questões de 1 a 3.

A escritora chilena, em foto de 2010.

Isabel Allende nasceu no Peru em 1942, mas naturalizou-se chilena. Foi jornalista e iniciou a carreira de escritora em 1982, com *A casa dos espíritos*, obra adaptada para o cinema em 1994. Escreveu também *Eva Luna* e *Contos de Eva Luna*, entre outros livros.

[...] Nívea foi buscar sua filha, e os dois homens ficaram sozinhos no salão, ocasião que Trueba, com a franqueza habitual, aproveitou para declarar sem rodeio sua excelente condição financeira.

— Por favor, não se antecipe, Esteban! — interrompeu Severo. — Primeiro tem que ver a menina, conhecê-la melhor, e também temos que considerar os desejos de Clara. Não lhe parece?

Nívea regressou com Clara. A jovem entrou no salão com as faces coradas e as unhas negras, porque estivera ajudando o jardineiro a plantar batatas de dálias e nessa ocasião faltou-lhe a clarividência para esperar o futuro noivo com um aspecto mais esmerado. Ao vê-la, Esteban pôs-se de pé, assombrado. Lembrava-se dela como uma criança fraca e asmática, sem a menor graça, mas a jovem que tinha à sua frente era um delicado **camafeu** de marfim, com rosto doce e uma mata de cabelos castanhos, crespos e desordenados, os cachos escapando do penteado, olhos melancólicos, que se transformavam numa expressão **matreira** e faiscante quando sorria, com um riso franco e aberto, a cabeça ligeiramente inclinada para trás. Ela o cumprimentou com um aperto de mão, sem dar mostras de timidez.

— Estava à sua espera — disse com naturalidade.

[...]

ALLENDE, Isabel. *A casa dos espíritos*. Trad. Carlos Martins Pereira. 41. ed. Rio de Janeiro: Bertrand Brasil, 2010. p. 99-100. (Fragmento).

Camafeu: no contexto, uma mulher com o rosto delicado.

Matreira: esperta, experiente.

Reprodução proibida. Art. 184 do Código Penal e Lei 9.610 de 19 de fevereiro de 1998.

1 A preposição *com*, recorrente no fragmento, apresenta diferentes valores semânticos nas conexões que estabelece. Transcreva do texto exemplos em que ela expressa: modo; característica ou qualificação; companhia; meio ou instrumento.

2 *Sem* é outra preposição que se repete no fragmento. Que relações semânticas são estabelecidas em suas diversas ocorrências?

3 A recorrência das preposições *com* e *sem* justifica-se no fragmento pela função que este desempenha na narrativa, que é o de descrever as características e a forma de agir dos personagens formadores da família Trueba. Justifique a afirmação.

4 Relacione os enunciados a seguir por meio de conjunções ou locuções conjuntivas, formando um único período. Mantenha a ordem dos enunciados e faça as adaptações necessárias para garantir a coesão e a progressão do texto.

- Os *outdoors*, devido à legislação de combate à poluição visual, foram banidos de várias metrópoles.
- O excesso de *outdoors* infesta as rodovias de acesso às metrópoles.
- Os *outdoors* comprometem a segurança do tráfego.
- Os *outdoors* competem com a sinalização de trânsito.

5 Leia o anúncio publicitário da Fundação Abrinq, organização social que luta pela defesa dos direitos de crianças e adolescentes.

REPRODUÇÃO

FUNDAÇÃO ABRINQ.
HÁ 20 ANOS A VOZ DAS CRIANÇAS NO BRASIL.
A Fundação Abrinq é uma instituição sem fins lucrativos que trabalha para que os direitos da criança e do adolescente sejam ouvidos e respeitados em todo o Brasil. E, agora, ao completar 20 anos de atuação, se uniu à Save the Children Alliance, tornando-se também a voz das crianças no mundo.
www.fundabrinq.org.br

a) Observe atentamente a imagem e descreva o objeto em destaque.

b) Na parte superior do anúncio existe outro objeto, que provavelmente está sendo sustentado pela mão de alguém. A que ele se assemelha?

c) Leia o *slogan* do anunciante e relacione a ele as imagens que você descreveu. O que o *slogan* e as imagens, juntos, sugerem ao interlocutor?

d) Que expressão do *slogan* confirma sua resposta anterior?

e) Releia o texto abaixo do *slogan*. Qual a finalidade do trabalho desenvolvido pela Fundação Abrinq?

f) Que locução conjuntiva introduz, no texto, a ideia de finalidade que você expôs na resposta anterior? Como ela se classifica?

g) Há uma conjunção nesse texto que relaciona um enunciado a outro, adicionando ao anterior uma informação nova. Que informação é essa? Qual é a conjunção? Como ela se classifica?

O QUE VOCÊ APRENDEU NO PERCURSO DESTE CAPÍTULO

- Em português, há duas classes gramaticais que funcionam como elementos de ligação entre termos ou entre termos e orações: a preposição e a conjunção.
- A preposição estabelece entre os termos uma relação de sentido, e este varia conforme o contexto.
- Há dois tipos de conjunção: coordenativa e subordinativa. A primeira conecta termos ou orações sintaticamente equivalentes; a segunda relaciona orações que apresentam dependência sintática.
- As conjunções coordenativas classificam-se em: aditivas, adversativas, alternativas, conclusivas e explicativas.
- As conjunções subordinativas classificam-se em integrantes e adverbiais.
- Há nove tipos de conjunções subordinativas adverbiais: causais, comparativas, concessivas, condicionais, conformativas, consecutivas, finais, proporcionais e temporais.

Reprodução proibida. Art. 184 do Código Penal e Lei 9.610 de 19 de fevereiro de 1998.

Questões do Enem e de vestibulares

1 (Enem)

Viajam de bonde silenciosamente. Devia ser quase uma hora, pois o veículo já se enchia do público especial dos domingos.

Eram meninas do povo envolvidas nos seus vestidos empoados com suas fitinhas cor-de-rosa ao cabelo e o leque indispensável; eram as baratas casemiras claras dos ternos, [...] eram as velhas mães, prematuramente envelhecidas com a maternidade frequente, a acompanhar a escadinha dos filhos, ao lado dos maiores, ainda moços, que fumavam os mais compactos charutos do mercado — era dessa gente que se enchia o bonde e se via pelas calçadas em direção aos jardins, aos teatros em matiné, aos arrabaldes e às praias.

Era enfim o povo, o povo variegado da minha terra. As napolitanas baixas com seus vestidos de roda e suas africanas, as portuguesas coradas e fortes, caboclas, mulatas e pretas — era tudo sim preto, às vezes todos exemplares em bando, às vezes separados, que a viagem de bonde me deu a ver.

E muito me fez meditar o seu semblante alegre, a sua força prolífica, atestada pela cauda de filhos que arrastavam, a sua despreocupação nas anemias que havia, em nada significando a preocupação de seu verdadeiro estado — e tudo isso muito me obrigou a pensar sobre o destino daquela gente.

BARRETO, Lima. O domingo. *Contos completos de Lima Barreto*. Organização e introdução de Lília Moritz Schwarcz. São Paulo: Companhia das Letras, 2010. p. 589.

Sobre os elementos linguísticos do texto, está correto o que se afirma em:

a) A forma verbal "Viajam" refere-se a um sujeito não explicitado na sequência textual.

b) O termo em negrito, em "a acompanhar a **escadinha** dos filhos", apresenta um valor quantitativo.

c) A palavra "enfim", em "Era enfim o povo", constitui uma palavra denotativa de finalidade.

d) As formas pronominais "seus" e "suas" denotam posse de sujeitos distintos no contexto da frase.

e) O vocábulo em destaque, em "**que** a viagem de bonde me deu a ver", pode ser permutado por "porque", preservando-se o mesmo sentido do contexto.

2 (Unicamp-SP)

Há notícias que são de interesse público e há notícias que são de interesse do público. Se a celebridade "x" está saindo com o ator "y", isso não tem nenhum interesse público. Mas, dependendo de quem sejam "x" e "y", é de enorme interesse do público, ou de um certo público (numeroso), pelo menos.

As decisões do Banco Central para conter a inflação têm óbvio interesse público. Mas quase não despertam interesse, a não ser dos entendidos.

O jornalismo transita entre essas duas exigências, desafiado a atender às demandas de uma sociedade ao mesmo tempo massificada e segmentada, de um leitor que gravita cada vez mais apenas em torno de seus interesses particulares.

Fernando Barros e Silva, O jornalista e o assassino. *Folha de São Paulo* (versão *on-line*), 18/4/2011. Acessado em 20/12/2011.

a) A palavra "público" é empregada no texto ora como substantivo, ora como adjetivo. Exemplifique cada um desses empregos com passagens do próprio texto e apresente o critério que você utilizou para fazer a distinção.

Reprodução proibida. Art. 184 do Código Penal e Lei 9.610 de 19 de fevereiro de 1998.

b) Qual é, no texto, a diferença entre o que é chamado de interesse público e o que é chamado de interesse do público?

3 (Unesp-SP)

Elegia na morte de Clodoaldo Pereira da Silva Moraes, poeta e cidadão

A morte chegou pelo interurbano em longas
[espirais metálicas.
Era de madrugada. Ouvi a voz de minha mãe,
[viúva.
De repente não tinha pai.
[...]
Deste-nos pobreza e amor. A mim me deste
A suprema pobreza: o dom da poesia, e a
[capacidade de amar
Em silêncio. Foste um pobre. Mendigavas nosso
[amor
Em silêncio. Foste um no lado esquerdo. Mas
Teu amor inventou. Financiaste uma lancha
Movida a água: foi reta para o fundo. Partiste
[um dia
Para um brasil além, garimpeiro sem medo e
[sem mácula.
Doze luas voltaste. Tua primogênita — diz-se —
Não te reconheceu. Trazias grandes barbas e
[pequenas águas-marinhas.
[...]

Vinicius de Moraes. *Antologia poética*. 11. ed. Rio de Janeiro: José Olympio Editora, 1974. p. 180-181.

Nos versos "Movida a água: foi reta para o fundo. Partiste um dia / Para um brasil além, garimpeiro sem medo e sem mácula.", o emprego da palavra "brasil" com inicial minúscula, no poema de Vinicius, tem a seguinte justificativa:

a) O eu-poemático se serve da inicial minúscula para menosprezar o país.

b) Empregar um nome próprio com inicial minúscula era comum entre os modernistas.

c) O eu-poemático emprega "brasil" como metáfora de "paraíso", onde crê estar a alma de seu pai.

d) O emprego da inicial maiúscula em nomes de países é facultativo.

e) Na acepção em que é empregada no texto, a palavra "brasil" é um substantivo comum.

4 (Unesp) Em qual das alternativas a frase contém um numeral cardinal empregado como substantivo?

a) Há muitos anos que a política em Portugal apresenta... (Eça de Queirós)

b) Doze ou quinze homens, sempre os mesmos, alternadamente possuem o Poder... (Eça de Queirós)

c) ... os cinco que estão no Poder fazem tudo o que podem para continuar... (Eça de Queirós)

d) ... são tirados deste grupo de doze ou quinze indivíduos... (Eça de Queirós)

e) ... aos quatro cantos de uma sala... (Eça de Queirós)

5 (Unesp) Ou não **lhe** ensinaram, ou ensinaram e **ele** não aprendeu. O certo é que **ele** se formou no curso secundário.

As palavras colocadas em negrito, nessa passagem,

I. São pronomes pessoais.
II. São pronomes pessoais do caso reto.
III. Apresentam no contexto o mesmo referente.
IV. Pertencem à terceira pessoa do singular.

As afirmações corretas estão contidas apenas em:

a) I e II.
b) II e III.
c) I, II e III.
d) I, III e IV.
e) II, III e IV.

6 (Enem-MEC) Leia o texto de um anúncio a seguir.

Com Niciga, parar de fumar fica muito mais fácil.

1. Fumar aumenta o número de receptores do seu cérebro que se ativam com nicotina.

2. Se você interrompe o fornecimento de uma vez, eles enlouquecem e você sente os

Reprodução proibida. Art. 184 do Código Penal e Lei 9.610 de 19 de fevereiro de 1998.

desagradáveis sintomas da falta do cigarro.

3. Com seus adesivos transdérmicos, Niciga libera nicotina terapêutica de forma controlada no seu organismo, facilitando o processo de parar de fumar e ajudando a sua força de vontade. Com Niciga, você tem o dobro de chances de parar de fumar.

Revista *Época*, 24 de nov. 2009 (adaptado).

Para convencer o leitor, o anúncio emprega como recurso expressivo, principalmente:

a) As rimas entre Niciga e nicotina.

b) O uso de metáforas como "força de vontade".

c) A repetição enfática de termos semelhantes como "fácil" e "facilidade".

d) A utilização dos pronomes de segunda pessoa, que fazem um apelo direto ao leitor.

e) A informação sobre as consequências do consumo do cigarro para amedrontar o leitor.

7 (ESPM-SP) Em qual dos itens abaixo o pronome grifado tem valor semântico de possessivo?

a) "A borboleta, depois de esvoaçar muito em torno de mim, pousou-<u>me</u> na testa." (Machado de Assis)

b) "Começo a arrepender-<u>me</u> deste livro. Não que ele <u>me</u> canse; eu não tenho que fazer." (Machado de Assis)

c) "Perdi-<u>me</u> dentro de mim / Porque eu era labirinto." (Mário de Sá Carneiro)

d) "Vou-<u>me</u> embora pra Pasárgada / Lá sou amigo do rei!" (Manuel Bandeira)

e) "Perdi alguma coisa que <u>me</u> era essencial, e que já não <u>me</u> é mais." (Clarice Lispector)

8 (UFSCar)

Eis o que eu queria dizer: — quando entrei, pela primeira vez, numa redação, acabava de fazer dez anos. Com a trágica inocência das calças curtas, tive a sensação de que entrava numa outra realidade. As pessoas, as mesas, as cadeiras e até as palavras tinham um halo intenso e lívido. Era, sim, uma paisagem tão fascinante e espectral como se redatores, mesas, cadeiras e contínuos fossem também submarinos.

(Nelson Rodrigues, *O reacionário: memórias e confissões*)

A palavra **até**, no trecho "até as palavras tinham um halo intenso e lívido", não está empregada em sua função própria de preposição.

a) Qual a função estilística dessa palavra no trecho?

b) Dê dois exemplos em que **até** seja empregado como preposição.

9 (Unifesp)

E disse [Deus]: Certamente tornarei a ti por este tempo da vida; e eis que Sara tua mulher terá um filho. E Sara escutava à porta da tenda, que estava atrás dele.

E eram Abraão e Sara já velhos, e adiantados em idade; já a Sara havia cessado o costume das mulheres. Assim, pois, riu-se Sara consigo, dizendo: Terei ainda deleite depois de haver envelhecido, sendo também o meu senhor já velho? (...)

E concebeu Sara, e deu a Abraão um filho na sua velhice, ao tempo determinado, que Deus lhe tinha falado.

(www.bibliaonline.com.br, Gn 18, 10-12; 21, 2.)

Em

- *Assim, pois, riu-se Sara consigo...*
- *... que Deus lhe tinha falado.*

a conjunção pois tem valor .... e o pronome lhe refere-se ao termo ....

Os espaços devem ser preenchidos, respectivamente, com

a) conclusivo e Abraão.

b) explicativo e Sara.

c) causal e Sara.

d) explicativo e Abraão.

e) condicional e Abraão.

Reprodução proibida. Art. 184 do Código Penal e Lei 9.610 de 19 de fevereiro de 1998.

PARTE 3

CAPÍTULO

19

Termos essenciais da oração

PERCURSO DO CAPÍTULO

- Sintaxe: mecanismo de seleção e combinação
- Diferentes estruturas de enunciado: frase, oração e período
- Termos essenciais da oração: sujeito e predicado
- Estudo do termo sintático sujeito
- Tipos de sujeito
- Orações sem sujeito
- Alguns casos de concordância verbal

SEBASTIAN PFUETZE/CORBIS/LATINSTOCK

Na língua há inúmeras palavras. A todo momento, para interagirmos uns com os outros, nós as selecionamos e as combinamos, como fazemos ao montar um quebra-cabeça. Essas combinações têm regras, e conhecê-las nos ajuda a construir e a entender melhor os textos, até mesmo para infringi-las, a fim de criar novos efeitos de sentido.

Introdução

Você já sabe que os falantes de uma língua, ao se comunicarem, combinam palavras e com elas constroem enunciados. A parte da língua que estuda a combinação de palavras nos enunciados denomina-se sintaxe. Neste capítulo, daremos início ao estudo desse componente da gramática, o que certamente vai colaborar para que seus textos sejam ainda mais claros e para que você compreenda melhor o que lê ou ouve.

Reprodução proibida. Art. 184 do Código Penal e Lei 9.610 de 19 de fevereiro de 1998.

Leia a tira a seguir, de Bill Watterson.

O MELHOR DE CALVIN — Bill Watterson

CALVIN & HOBBES, BILL WATTERSON © 1992 WATTERSON / DIST. BY UNIVERSAL UCLICK

Responda às questões oralmente.

1 Podemos afirmar que a linguagem visual, nessa tira, é suficiente para que entendamos a narrativa que ela apresenta? Justifique sua resposta.

2 Levante hipóteses: o que a mãe pode ter perguntado ou dito ao filho?

3 O humor da tira concentra-se na reação do menino. Por quê?

4 Calvin revela uma visão estereotipada da fala de estrangeiros ao imitar um alemão construindo frases em português e marcando seu sotaque na pronúncia de certas palavras.

a) Que palavras grafadas na tira buscam reproduzir o sotaque de um alemão ao falar o português?

b) Explique como o garoto combina as palavras no enunciado para fazer parecer que elas são ditas por um falante não nativo da língua portuguesa.

A solução encontrada por Calvin para tentar escapar da bronca da mãe é o elemento responsável pelo humor da tira. O menino procura se passar por um estrangeiro que desconhece o funcionamento da língua portuguesa. Para isso, constrói um enunciado que desobedece a certos mecanismos de combinação próprios do português, como a flexão de verbos e de pronomes, por exemplo.

Neste capítulo, iniciaremos nossos estudos da **sintaxe**, parte da gramática responsável pela combinação de palavras e pelo estabelecimento das funções que estas desempenham nos enunciados.

Os dois eixos da sintaxe: seleção e combinação de palavras

- Observe as palavras a seguir e proponha, no caderno, diferentes possibilidades de organizá-las, mas de modo que os enunciados apresentem sentido.

novo lerão autor nestas de eles
seu o férias livro preferido

Cada língua possui sua maneira de combinar as palavras do léxico, isto é, tem regras próprias de organização dos termos nos enunciados. Para estabelecer combinações que produzam enunciados coerentes, devemos nos orientar por algumas regras estabelecidas pela sintaxe da língua portuguesa, que levam em conta:

a) **A ordem convencional das palavras nos enunciados**: o artigo não pode vir depois do substantivo, por exemplo.

b) **As relações de concordância**: o adjetivo *novo* pode se relacionar tanto a *autor* quanto a *livro*, pois, assim como ele, os dois substantivos estão no masculino singular.

c) **As relações de função**: as palavras desempenham funções em um enunciado.

Observe as funções que as palavras desempenham neste enunciado:

Nestas férias, eles lerão o novo livro de seu autor preferido.

- O pronome *eles* desempenha a função de agente da ação verbal *lerão*.
- A expressão *o novo livro de seu autor preferido* completa a ação verbal expressa pela forma verbal *lerão*.
- O artigo *o*, o adjetivo *novo* e a expressão *de seu autor preferido* especificam (determinam) o *livro* (substantivo) que será lido por *eles* (agente da ação verbal).
- A expressão *nestas férias* (locução adverbial de lugar) relaciona a ação verbal *lerão* a uma determinada circunstância.

Essas relações de função que as palavras estabelecem nos enunciados denominam-se **relações sintáticas**.

Sintaxe é a parte da gramática que estuda as relações entre as palavras (regras de ordenação, dependência, concordância) e as **funções sintáticas** destas nos enunciados.

PARA LEMBRAR

Enunciado: aquilo que é dito ou escrito em determinada situação de comunicação. Na fala, é marcado pela entonação; na escrita, pela pontuação.

Reprodução proibida. Art. 184 do Código Penal e Lei 9.610 de 19 de fevereiro de 1998.

⊙ Diferentes estruturas dos enunciados

Os enunciados podem apresentar três diferentes estruturas: **frase**, **oração** e **período**.

Frase: estrutura simples ou complexa

Leia a charge a seguir, de Pelicano, e responda no caderno ao que se pede.

PELICANO

- O substantivo *queda*, nesse contexto, é o elemento que gera o humor da charge, por apresentar duplo sentido. Explique essa afirmação, levando em conta o aspecto não verbal da charge.

Você reparou que nessa charge há um enunciado formado por apenas uma palavra e que, mesmo assim, apresenta sentido completo? Trata-se de "Cuidado!". Palavras ou expressões como essa, que, em determinada situação comunicativa, apresentam sentido completo e são delimitadas por um sinal de pontuação (um ponto de exclamação, por exemplo) na escrita ou por uma entonação específica, na fala, denominam-se **frases**.

O conceito de frase é muito amplo. Nele se incluem diferentes estruturas, desde as mais simples, como o exemplo estudado, até as mais complexas. Enunciados como "Olé!!!" ou "Goool!", em um jogo de futebol, são plenamente compreensíveis. Por isso, apesar de serem formados por apenas uma palavra e de não possuírem nenhum verbo, são considerados frases.

Assim, também são frases estruturas bem mais complexas, como esta:

O artilheiro da seleção marcou um gol, depois de receber um cartão amarelo do juiz da partida.

Frase é um enunciado linguístico com sentido completo, marcado na oralidade pela entonação e na escrita por sinais de pontuação (ponto, ponto de exclamação, de interrogação, reticências).

Oração: estrutura organizada por um verbo

Os enunciados que apresentam estruturas mais complexas e que se organizam em torno de um verbo ou de uma locução verbal são denominados **orações**. Observe alguns exemplos:

***Acorde**!*

*Na internet, **encontramos** sites interessantes sobre poesia concreta.*

*Ele **estava precisando** de ajuda.*

Essas orações são também frases, uma vez que possuem sentido completo e delimitam-se por sinais de pontuação. Porém, o que as caracteriza é a presença do verbo ou da locução verbal.

O **verbo** ou a **locução verbal** é o elemento principal do predicado, um **termo essencial da oração**.

Reprodução proibida. Art. 184 do Código Penal e Lei 9.610 de 19 de fevereiro de 1998.

Oração é um enunciado linguístico organizado em torno de um verbo ou de uma locução verbal, responsável pelo predicado.

Período: simples ou composto

Outro enunciado linguístico com sentido completo é o período. Ele é constituído por uma ou mais orações. Denomina-se período simples quando é formado por uma única oração, e período composto quando se constitui de duas ou mais. As orações que estudamos no tópico anterior são **períodos simples**.

Leia agora a introdução do romance *Crônica de uma morte anunciada*, do escritor colombiano Gabriel García Márquez:

No dia em que o matariam, Santiago Nasar levantou-se às 5h30m da manhã para esperar o navio em que chegava o bispo.

MÁRQUEZ, Gabriel García. *Crônica de uma morte anunciada*. Trad. Remy Gorga Filho. 36. ed. Rio de Janeiro: Record, 2007. p. 9. (Fragmento).

Por meio desse fragmento, o leitor toma ciência de diversos fatos: (a) Santiago Nasar levantou-se às 5h30; (b) ele esperaria o navio em que estava o bispo; (c) ele seria morto nesse dia; (d) o bispo chegaria de navio.

Todas essas informações estão organizadas em orações, pois, para cada uma delas, identificamos uma forma verbal correspondente: *matariam*, *levantou*, *esperar* e *chegava*. E todas elas, em conjunto, constroem um todo com sentido completo, delimitado na escrita por letra maiúscula e ponto.

A esse conjunto de orações que forma um todo com sentido completo denominamos **período composto**.

Período é um enunciado linguístico de sentido completo, formado por uma ou mais orações e marcado na escrita por se iniciar por letra maiúscula e terminar por ponto, ponto de interrogação, de exclamação, por reticências ou às vezes por dois-pontos. Pode ser **simples** ou **composto**, de acordo com o número de orações que o compõe.

⊙ Termos essenciais da oração: sujeito e predicado

Como você viu, a sintaxe estuda as funções que as palavras desempenham ao se relacionarem no enunciado. Essas palavras e os conjuntos que elas formam (sintagmas), no estudo da sintaxe, são denominados **termos da oração**. De acordo com a função desempenhada, esses termos classificam-se em **essenciais**, **integrantes** ou **acessórios**.

Leia a tira a seguir, de Dik Browne:

HAGAR — Dik Browne

© 2013 KING FEATURES SYNDICATE/IPRESS

Reprodução proibida. Art. 184 do Código Penal e Lei 9.610 de 19 de fevereiro de 1998.

Essa tira é composta por três orações. Primeira: "Eu só tenho certeza de uma coisa nesse mundo!". Segunda: "O mundo é quadrado!". Terceira: "Acho eu...".

Cada uma dessas orações tem uma forma verbal, a qual está relacionada a uma pessoa do discurso, concordando com ela em número. Na primeira oração, *tenho* refere-se a *eu* (1ª pessoa do singular); na segunda, *é* refere-se a *o mundo* (3ª pessoa do singular); e, na terceira, *acho* refere-se também a *eu* (1ª pessoa do singular).

Ao identificar os termos a que essas formas verbais se referem, encontramos o **sujeito** de cada oração. E descobrimos que todo o resto, incluindo a forma verbal, é o **predicado**.

A maioria das orações, em português, é constituída por sujeito e predicado, considerados os **termos essenciais da oração**. Observe:

"Eu (sujeito) *só* ***tenho*** *certeza de uma coisa nesse mundo!"* (predicado)

"O mundo (sujeito) ***é*** *quadrado!"* (predicado) / *"**Acho*** (predicado) *eu..."* (sujeito)

O sujeito constitui um **sintagma nominal** e, como tal, possui um **núcleo** (o elemento que concentra a ideia principal do termo). Retomemos os exemplos:

"O ***mundo*** (sujeito: O mundo; núcleo (substantivo)) *é quadrado."* / *"Acho* ***eu**..."* (sujeito: eu; núcleo (pronome))

Além de substantivo e pronome, o núcleo do sujeito pode ser um numeral ou uma expressão substantivada. Observe:

Todos desistiram, só ***dois*** *vieram.* (sujeito: dois; núcleo (numeral)) / *O* ***partir*** *é sempre difícil.* (sujeito: O partir; núcleo (verbo substantivado))

Reprodução proibida. Art. 184 do Código Penal e Lei 9.610 de 19 de fevereiro de 1998.

SAIBA MAIS!

- Uma oração também pode desempenhar a função de **sujeito** de outra:

É preciso ***que você se manifeste***. (sujeito da oração "é preciso")

Sujeito é o termo da oração com o qual o verbo concorda.
Predicado é o termo que contém o verbo da oração.

Tipos de sujeito

Há quatro tipos de sujeito: simples, composto, oculto (ou elíptico) e indeterminado. Em cada enunciado, o falante, de acordo com sua necessidade de comunicação, seleciona o tipo de sujeito mais adequado.

• Sujeito simples e sujeito composto: uma questão de núcleo

O sujeito simples ou o composto são identificados de acordo com o número de núcleos que apresentam.

Na oração extraída da tira de Dik Browne que você leu, "O mundo é quadrado!", o sujeito (*o mundo*) apresenta um único núcleo: *mundo*. Portanto, nessa oração, ele se classifica como **sujeito simples**.

Observe agora o sujeito destacado nesta oração:

Provas e trabalhos escolares *deixaram a estudante apreensiva.*

Esse sujeito possui dois núcleos: *provas* e *trabalhos*. Logo, classifica-se como **sujeito composto**.

• Sujeito oculto ou elíptico: identificação pela desinência verbal ou pelo contexto

Leia um fragmento do primeiro parágrafo da reportagem "O celular que escraviza", extraído da revista *Época*. Observe os verbos sublinhados e veja como os jornalistas responsáveis pela matéria evitam informações desnecessárias com o emprego do sujeito oculto (ou elíptico):

Estamos viciados. Em qualquer lugar, a qualquer momento do dia, não conseguimos deixar de lado o objeto de nossa dependência. Dormimos ao lado dele, acordamos com ele, o levamos para o banheiro [...]

BARIFOUSE, Rafael; AYUB, Isabella. O celular que escraviza. *Época*, 11 jun. 2012, p. 72. (Fragmento).

O comportamento descrito pelos jornalistas não se restringe a um grupo específico; quase todos os que possuem celular agem assim. Por ser uma atitude comum à maioria das pessoas, os autores do texto também se incluem no grupo, assumindo que se comportam da mesma maneira em relação ao aparelho.

Responda oralmente:

1 Qual é o sujeito das formas verbais sublinhadas? Como você chegou a essa conclusão?

Leia agora o olho dessa mesma reportagem e responda oralmente ao que se pede:

Eles roubam nosso tempo, atrapalham os relacionamentos e podem até causar acidentes de trânsito. Quando é a hora de desligar?

BARIFOUSE, Rafael; AYUB, Isabella. O celular que escraviza. *Época*, 11 jun. 2012, p. 72. (Fragmento).

2 Qual é o sujeito das formas verbais *atrapalham* e *podem causar*? Como foi possível chegar a essa conclusão?

Muitas vezes, para evitar repetições ou informações redundantes, o produtor do texto suprime o sujeito da oração, já que este pode ser recuperado pelo leitor ou ouvinte por meio da desinência verbal ou do contexto.

• Sujeito indeterminado: esconde-se ou desconhece-se o referente

Observe este fragmento do conto "Missa do galo", de Machado de Assis:

Boa Conceição! Chamavam-lhe "a santa", e fazia jus ao título, tão facilmente suportava os esquecimentos do marido. [...]

ASSIS, Machado de. Missa do galo. In: GLEDSON, John (Org.). *50 contos de Machado de Assis*. São Paulo: Companhia das Letras, 2007. p. 434. (Fragmento).

Reprodução proibida. Art. 184 do Código Penal e Lei 9.610 de 19 de fevereiro de 1998.

Responda oralmente:

1 A quem é atribuída a forma verbal *chamavam*?

2 Em que pessoa o verbo está flexionado?

Quando o verbo se encontra flexionado na 3ª pessoa do plural, e o sujeito a que ele se refere não pode ser identificado com precisão, dizemos que este é **indeterminado**.

Veja outros casos de sujeito indeterminado nos exemplos a seguir:

Precisa-se de blogueiros.

Vive-se bem nesta cidade.

A quem se referem as formas verbais *precisa* e *vive*? Nesse caso, não é possível identificar com exatidão o sujeito, nem pelo contexto, nem pela desinência verbal.

Orações com estrutura **verbo na 3ª pessoa do singular + se** nas quais não é possível identificar o sujeito também têm sujeito indeterminado. Os verbos que compõem esse tipo de estrutura podem ser transitivos indiretos, de ligação ou intransitivos. E o pronome *se* classifica-se como **índice de indeterminação do sujeito**.

Emprega-se o sujeito indeterminado em situações de comunicação em que o produtor do discurso não sabe ou não quer revelar o referente do verbo.

Reprodução proibida. Art. 184 do Código Penal e Lei 9.610 de 19 de fevereiro de 1998.

• Oração sem sujeito: apresenta apenas o predicado

A oração em que o verbo é impessoal, isto é, não se refere a nenhum ser do enunciado, denomina-se **oração sem sujeito**.

Leia a tira de Bill Watterson e responda oralmente ao que se pede.

CALVIN E HAROLDO **Bill Watterson**

CALVIN & HOBBES, BILL WATTERSON © 1988 WATTERSON / DIST. BY UNIVERSAL UCLICK

• **Explique a comparação que Calvin estabelece, no último quadrinho, entre nevar e ganhar na loteria.**

Nessa tira há um **verbo impessoal**, flexionado na 3ª pessoa do singular: *nevou*. Isso porque não há um referente para ele. Trata-se de uma ação atribuída à natureza, ao tempo, ao clima.

Os verbos impessoais, normalmente, não se referem a nenhum ser do enunciado. A informação mais importante da oração está restrita ao fato expresso pelo verbo.

Orações com esse tipo de verbo não apresentam sujeito. Classificam-se, por isso, como **orações sem sujeito**.

Conheça abaixo alguns verbos impessoais.

- Indicadores de fenômenos da natureza: *chover*, *ventar*, *anoitecer*, *amanhecer*, *nevar*, etc.
- *Haver* com sentido de "existir": ***Havia** alguma esperança nos olhos dele*
- *Ser*, *estar*, *fazer* e *haver* indicando tempo cronológico: ***Era** época de prova. **Está** tarde! Cheguei **faz** duas horas. **Há** dois anos ele não vem aqui.*
- *Estar* e *fazer* indicando tempo climático: ***Está** frio. **Fez** muito frio ontem.*

Os verbos impessoais são conjugados na 3ª pessoa do singular, com exceção do verbo *ser*, que concorda com o numeral que o acompanha:

*Ainda **é** meia-noite. Só sairemos quando **forem** duas da manhã.*

Algumas regras de concordância

Como você estudou, o verbo da oração flexiona-se para concordar com o sujeito. Por isso, o conhecimento de algumas regras é importante para situações em que se deve empregar um registro formal. Observe as regras a seguir.

- Sujeito simples formado por expressão partitiva: o verbo pode concordar com a expressão ou com o substantivo ou o pronome que a acompanham:

  ***A maior parte** dos alunos **foi reprovada**. / A maior parte dos **alunos foram reprovados**.*

  ***Uma porção** de devotos **chegou** ao santuário. / Uma porção de **devotos chegaram** ao santuário.*

- Pessoas gramaticais diferentes como núcleo do sujeito composto: a concordância com o verbo obedece à seguinte ordem:

  1ª pessoa do plural: *Eu e tu **iremos** ao cinema.*

  2ª pessoa do plural: *Tu e teus filhos **sereis** protegidos.*

  3ª pessoa do plural: *Você e seus colegas **serão** aprovados.*

- Sujeito composto posposto ao verbo: o verbo pode concordar com os dois núcleos ou então com o núcleo mais próximo:

  ***Partiram** ontem **aluno e professor**. / **Partiu** ontem **aluno e professor**.*

Haver ou ter?

Em muitas situações informais de uso, o verbo *haver*, com sentido de existir, é substituído por *ter*. É importante que se mantenha, nesses casos, a 3ª pessoa do singular: *Há alunos na classe. / Tem alunos na classe.*

SAIBA MAIS!

Os termos essenciais da oração (sujeito e predicado) não se separam por vírgula.

Reprodução proibida. Art. 184 do Código Penal e Lei 9.610 de 19 de fevereiro de 1998.

Atividades

Registre suas respostas no caderno.

Leia a tira de Liniers para responder às questões de 1 a 3.

MACANUDO — **Liniers**

RICARDO LINIERS

1 Em termos estruturais, é possível afirmar que os enunciados presentes na tira diferem entre si? Explique.

2 Por que podemos dizer que os enunciados produzidos pela mãe mosquito e pelos filhotes são frases?

3 Explique a importância das frases produzidas pela mãe e pelos filhotes para a construção do humor da tira.

NAVEGUE

Leia um artigo sobre as dificuldades de estabelecer a concordância nos casos em que o predicado antecede o sujeito, em: <http://revistalingua.uol.com.br/textos/76/a-concordancia-sumiu-ou-evoluiu-250586-1.asp>.

Leia a tira de Jim Davis e responda às questões de 4 a 7.

GARFIELD **Jim Davis**

GARFIELD, JIM DAVIS. © 2012 PAWS, INC. ALL RIGHTS RESERVED / DIST. UNIVERSAL UCLICK

4 Na "fala" de Garfield, há um juízo de valor implícito. Qual é ele?

5 O humor da tira se constrói com a ironia de Garfield diante da aflição de Jon. Que oração do segundo quadrinho indica o motivo dessa aflição?

6 Como se classifica essa oração em relação ao sujeito?

7 O registro linguístico das tiras é marcado geralmente pela informalidade. Relacione as marcas do registro informal que ocorrem nessa tira.

Leia este trecho do depoimento que o jornalista, escritor e apresentador de TV Marcelo Tas deu à revista *Mais* e responda ao que se pede.

Quando me perguntam por que trabalho com criança, digo que é mais legal. Adulto é sempre desanimado.

TAS, Marcelo. *Mais*, out. 2012. (Fragmento).

8 O que se subentende do depoimento do jornalista a respeito da opinião dele sobre as crianças?

9 Os substantivos *criança* e *adulto* estão empregados em sentido genérico. Que outro recurso linguístico, presente no depoimento, contribui para o efeito de generalização?

10 A que sujeito se referem as formas verbais *trabalho* e *digo*? Classifique-o.

O QUE VOCÊ APRENDEU NO PERCURSO DESTE CAPÍTULO

- A sintaxe estuda a combinação das palavras e sua função nos enunciados.
- Os enunciados podem estruturar-se de três maneiras diferentes: frase, oração e período.
- Frase é um enunciado com sentido completo, que pode ou não ter verbo e é delimitada, na escrita, por um sinal de pontuação e, na fala, por uma entonação específica.
- Oração é uma frase que possui verbo ou locução verbal, podendo ou não ter sentido completo.
- Período é uma estrutura formada por uma oração (simples) ou mais de uma (composto). É delimitado por letra maiúscula (no início) e ponto, ponto de interrogação, de exclamação, reticências ou às vezes dois-pontos (no final).
- Os termos essenciais da oração são o sujeito e o predicado.
- O verbo concorda em número e pessoa com o sujeito.
- As orações sem sujeito são formadas apenas por predicado, cujos verbos são impessoais.

Reprodução proibida. Art. 184 do Código Penal e Lei 9.610 de 19 de fevereiro de 1998.

CAPÍTULO

20

Termos relacionados ao verbo

PERCURSO DO CAPÍTULO

- Tipos de predicado: nominal, verbal e verbo-nominal
- Predicação verbal e transitividade verbal
- Complementos verbais: objeto direto e objeto indireto
- Pronomes oblíquos como complementos verbais
- Agente da passiva
- Adjunto adverbial

RODRIGO BERTON

O que garante o encantamento do grupo musical O Teatro Mágico é a associação perfeita entre elementos como circo, teatro, poesia, música e literatura. Na língua, é a associação adequada de determinados termos ao verbo que garante a produção de enunciados eficientes.

Introdução

No capítulo 19, você estudou que o predicado é um elemento essencial da oração. Dominar a estrutura do predicado permite-nos, como leitores, ouvintes ou produtores de um texto, entender ou expressar melhor as relações entre o verbo, seus complementos e o que se diz sobre o sujeito da oração.

Reprodução proibida. Art. 184 do Código Penal e Lei 9.610 de 19 de fevereiro de 1998.

Leia a tira Níquel Náusea, de Fernando Gonsales, e responda oralmente às questões a seguir.

NÍQUEL NÁUSEA **Fernando Gonsales**

1 Qual é o sujeito das orações que compõem o primeiro e o segundo quadrinhos da tira?

2 Como você observou, o referente do sujeito é o mesmo nas duas orações, mas as afirmações do predicado sobre ele são diferentes. Em que consiste essa diferença?

3 Leia com atenção o último quadrinho e justifique por que o apelido dado à mosquinha pelos outros insetos constrói o humor da tira.

Ao responder às questões acima, você observou que o predicado, além de possuir um verbo, pode fazer diferentes tipos de declaração sobre o sujeito a que se refere.

Na tira em estudo, o predicado da oração "Primeiro, o bicho da goiaba faz um casulo..." declara uma ação praticada pelo sujeito simples *o bicho da goiaba*. Já o predicado da oração "... e depois se transforma nesta mosquinha!" declara uma mudança de estado desse mesmo sujeito, desta vez oculto.

Neste capítulo, estudaremos como o **predicado** se estrutura para construir as diferentes declarações sobre o sujeito da oração e também como se relacionam os termos que o constituem.

Tipos de predicado

Em razão das diferentes declarações que faz sobre o sujeito, o núcleo do predicado varia: pode ser um verbo, um nome ou os dois, um verbo e um nome.

A seguir, vamos estudar os três diferentes tipos de predicado e seus respectivos núcleos.

⊙ Predicado verbal

Leia este fragmento de um relato de Júlio Capobianco:

[...]

Desci direto para a "biblioteca", peguei o livro indicado, espichei na rede e fui lendo. A luz apagou e continuei lendo na escuridão da oca. [...]

CAPOBIANCO, Júlio. *Xingu*: viagem sem volta. São Paulo: Terceiro Nome, 2003. p. 74. (Fragmento).

Os verbos e as locuções verbais sublinhados acima são núcleos dos predicados em que se encontram, pois concentram a informação sobre os sujeitos *eu* (oculto) e *a luz*. Eles são denominados **verbos significativos**. Quando o verbo é o elemento mais importante do predicado, este é chamado de **predicado verbal**.

> **Predicado verbal** é aquele cujo núcleo é um verbo significativo.

⊙ Predicado nominal

Leia a tira de Bill Watterson e responda à questão oralmente.

CALVIN E HAROLDO — **Bill Watterson**

CALVIN & HOBBES, BILL WATTERSON © 1995 WATTERSON / DIST. BY UNIVERSAL UCLICK

- **Compare o primeiro e o último quadrinho da tira e explique como a linguagem verbal e a não verbal constroem o humor da tira.**

Nos dois quadrinhos, o sujeito das orações é *a vida*, e a palavra do predicado que concentra a informação principal sobre o sujeito é um adjetivo: *cheia*. A função do verbo, em casos assim, é apenas ligar o sujeito ao núcleo do predicado; por isso, ele é chamado de **verbo de ligação**.

Quando o núcleo do predicado é um nome e o verbo é de ligação, temos o **predicado nominal**:

sujeito: *"A vida* — predicado nominal: *é cheia de possibilidades."*

é → verbo de ligação

cheia → núcleo do predicado (adjetivo)

Reprodução proibida. Art. 184 do Código Penal e Lei 9.610 de 19 de fevereiro de 1998.

O **predicado nominal** tem como núcleo um nome (substantivo, adjetivo, locução adjetiva, numeral ou pronome) que se relaciona ao sujeito por meio de um verbo de ligação.

SAIBA MAIS!

O verbo de ligação relaciona dois termos (sujeito e predicativo do sujeito). Alguns verbos de ligação: *ser, estar, ficar, permanecer, parecer, andar, tornar.*

O núcleo do predicado nominal é também um termo da oração e classifica-se como **predicativo do sujeito**.

Relações morfossintáticas do predicado nominal

Além de substantivo, o núcleo do predicado nominal pode vir representado por:

- **adjetivo**: *O dia estava* ***nublado.***
- **pronome**: *Sua dor é* ***minha.***
- **numeral**: *Em casa somos* ***dois.***

⊙ Predicado verbo-nominal

Esse tipo de predicado resulta da união dos outros dois tipos (verbal e nominal). Por isso, apresenta dois núcleos: um verbal e outro nominal.

Leia o fragmento que introduz um relato pessoal da cantora e compositora gaúcha Adriana Calcanhotto e responda oralmente ao que se pede.

[...] Saí do Brasil exaurida como sempre saio, porque deixo uma casa funcionando, são cheques que não acabam mais, providências [...].

CALCANHOTTO, Adriana. *Saga lusa*: o relato de uma viagem. 2. impr. Rio de Janeiro: Cobogó, 2008. p. 12. (Fragmento).

- Identifique, na primeira oração, as informações importantes que o predicado traz sobre o sujeito.

No relato da compositora, ambas as informações sobre ela justificam, em parte, algumas dificuldades por que passou durante uma turnê em Portugal. Observe como se estrutura esse predicado com **dois** núcleos:

*"****Saí*** *do Brasil* ***exaurida*** *[...]"*
verbo significativo + predicativo do sujeito
predicado verbo-nominal

→ ***Saí*** *do Brasil.*
(o núcleo é um verbo significativo)
predicado verbal

→ *Estava* ***exaurida.***
(o núcleo é um nome)
predicado nominal

O **predicado verbo-nominal** é aquele formado por dois núcleos: um verbo significativo e um nome (predicativo).

No predicado verbo-nominal, o predicativo também pode referir-se ao objeto, conforme veremos com mais detalhes no capítulo 21.

Reprodução proibida. Art. 184 do Código Penal e Lei 9.610 de 19 de fevereiro de 1998.

Predicação verbal: verbo intransitivo e verbo transitivo

Os verbos significativos, além de expressarem uma informação importante sobre o sujeito (por isso são núcleos dos predicados verbais e verbo-nominais), muitas vezes mantêm outras relações sintáticas e semânticas nos enunciados. O estudo dessas relações denomina-se **predicação verbal**.

A predicação verbal classifica os verbos significativos quanto à sua transitividade. Vamos estudar esse conceito mais detalhadamente lendo esta tira de Chris Browne:

HAGAR — Chris Browne

©2012 by King Features Syndicate, Inc. World rights reserved.

© 2013 KING FEATURES SYNDICATE/IPRESS

- Por que a pergunta de Hagar para o médico, no último quadrinho, é responsável pelo humor da tira?

Para comunicar o que há de errado com Hagar, o doutor emprega uma série de orações, cujos verbos significativos se relacionam de modos diferentes com os outros elementos do enunciado: alguns apresentam sentido completo (*bebe*, *come*, *dorme*), enquanto outros necessitam de termos para completar seu significado (*tem*, *faz*, *precisa*). Essa variação ocorre devido à **transitividade verbal**.

Os verbos que concentram em si o significado total da ação, isto é, que não precisam de complementos, são os verbos **intransitivos**. Exemplos:

***Saiu** da festa. / **Partiu** hoje cedo. / Meu filho **viajou**.*

Já os verbos que, em determinado contexto, necessitam de elementos para completar seu significado, denominam-se **transitivos**. Os verbos transitivos podem ser: **diretos**, **indiretos** e **diretos e indiretos**.

⊙ Verbo transitivo direto

É aquele que se relaciona diretamente com seu complemento, isto é, não existe preposição entre ele e o termo que o completa.

Na oração "[Você] não faz exercício", o verbo *fazer* é **transitivo direto**, pois entre ele e seu complemento (*exercício*) não há preposição.

PARA LEMBRAR

Preposições: a, ante, após, até, com, contra, de, desde, em, entre, para, perante, por, sem, sob, sobre, trás.

⊙ Verbo transitivo indireto

É aquele que se relaciona indiretamente com seu complemento, isto é, necessita de uma preposição para ligar-se ao termo que o completa.

Em "[Você] precisa de óculos", o verbo *precisar* é **transitivo indireto**, porque entre ele e seu complemento (*óculos*) existe a preposição *de*.

Reprodução proibida. Art. 184 do Código Penal e Lei 9.610 de 19 de fevereiro de 1998.

⊙ Verbo transitivo direto e indireto

Observe este exemplo:

Enviei	*meu currículo*	***a**o diretor da empresa.*
verbo transitivo direto e indireto	objeto do verbo *enviar*	preposição + objeto do verbo *enviar*

Nessa oração, o verbo *enviar* possui dois complementos: um ligado a ele diretamente (*meu currículo*) e outro, indiretamente, por meio de uma preposição (***a**o diretor da empresa*). Trata-se, nesse contexto, de um verbo **transitivo direto e indireto**.

Termos relacionados ao verbo

⊙ Objeto direto

Leia a charge Gaturro, de Nik, e responda oralmente à questão proposta.

GATURRO Nik

GATURRO, NIK © 2004 NIK / DIST. BY UNIVERSAL UCLICK

Reprodução proibida. Art. 184 do Código Penal e Lei 9.610 de 19 de fevereiro de 1998.

• Que comportamento é alvo da crítica bem-humorada da charge?

Os verbos presentes na mensagem (*reenviar* e *terá*) são transitivos, pois necessitam de **objetos** para completar, integrar seu sentido. Os termos que desempenham a função de objetos desses verbos são, respectivamente, *esta mensagem*, *para vinte pessoas* e *muitos anos de azar*.

Desses complementos, dois (*esta mensagem*/*muitos anos de azar*) se relacionam diretamente com o verbo, isto é, sem o auxílio de preposição. Esses complementos são denominados **objetos diretos**.

> **Objeto direto** é o termo da oração que completa, integra o sentido de um verbo diretamente.

Objeto direto preposicionado

O objeto direto pode vir acompanhado da preposição *a*. Veja algumas situações em que se emprega o **objeto direto preposicionado**.

- Com verbos que exprimem sentimentos: *Amar **a Deus** sobre todas as coisas.*
- Quando vem antecipado: ***A Pedro** ninguém engana.*
- Com pronomes indefinidos ou oblíquos tônicos: *Ouço **a todos** atentamente. / Magoou a esposa e **a ele** mesmo.*

Objeto indireto

Leia a tira Recruta Zero, de Greg e Mort Walker, e responda à questão oralmente.

RECRUTA ZERO — Greg + Mort Walker

©2012 by King Features Syndicate, Inc. World rights reserved.
© 2013 KING FEATURES SYNDICATE/IPRESS

- Explique por que a resposta do sargento Tainha, no segundo quadrinho, garante o humor da tira.

Na oração "Confiem em mim", o verbo *confiar* é transitivo, pois necessita de um termo (objeto) para integrar seu sentido. O termo que nessa oração desempenha a função de objeto é *em mim*.

Como você estudou nos itens anteriores, os verbos que se relacionam com seus objetos indiretamente, isto é, por meio de uma preposição, são denominados transitivos indiretos. O complemento *em mim*, portanto, é um **objeto indireto**.

O **objeto indireto** é um termo da oração que integra o sentido do verbo por meio de uma preposição.

Objetos direto e indireto pleonásticos

Em determinados contextos, o objeto direto ou o indireto podem vir repetidos na oração por meio de um pronome oblíquo. Esse pronome representa o **objeto pleonástico**. Observe:

Sua mãe,	*eu*	*a*	*vi*	*na saída da escola.*
objeto direto do verbo *ver*	sujeito simples	objeto direto pleonástico	verbo transitivo direto	

A você,	*dedico-*	***lhe***	*todo o meu carinho.*
objeto indireto do verbo *dedicar*	verbo transitivo direto e indireto	objeto indireto pleonástico	objeto direto do verbo *dedicar*

Pronome oblíquo com função de objeto direto ou indireto

Os pronomes oblíquos podem exercer a função de complementos verbais (objeto direto ou objeto indireto).

Alguns oblíquos de 3ª pessoa geralmente desempenham função definida: *o*, *a*, *os*, *as*, de objetos diretos; *lhe* e *lhes*, de objetos indiretos. Observe:

Todos ***o*** *encontraram bem.* (objeto direto)

*Dei-****lhe*** *os parabéns pela vitória.* (objeto indireto)

Os demais (*me*, *mim*, *nos*, etc.) dependem da predicação verbal e podem desempenhar tanto a função de objeto direto quanto a de indireto. Veja:

Ele não ***me*** *convidou para a festa.* (objeto direto)

Os amigos ***me*** *enviaram um* twitter *sobre a festa.* (objeto indireto)

Reprodução proibida. Art. 184 do Código Penal e Lei 9.610 de 19 de fevereiro de 1998.

Relações morfossintáticas dos complementos verbais

O núcleo do objeto direto ou do objeto indireto é sempre substantivo, palavra substantivada ou pronome:

*O diretor **nos** apresentou o novo **professor** de matemática.*

nos → objeto indireto — núcleo: *nos* (pronome oblíquo)

o novo professor de matemática → objeto direto — núcleo: *professor* (substantivo)

*Finalmente, os noivos pronunciaram aquele **sim**!*

aquele sim → objeto direto — núcleo: *sim* (palavra substantivada)

EM RESUMO

Objeto direto: integra o sentido do verbo transitivo direto sem preposição.
Objeto direto preposicionado: integra o sentido do verbo transitivo direto com preposição.
Objeto indireto: integra o sentido do verbo transitivo indireto por meio de preposição.
Objeto direto ou indireto pleonástico: o objeto é repetido por um pronome oblíquo.

Reprodução proibida. Art. 184 do Código Penal e Lei 9.610 de 19 de fevereiro de 1998.

Agente da passiva

Leia um fragmento do *lead* da notícia "Bombeiros salvam um filhote de gato em operação que ganha aplausos", veiculada na rádio *Santa Cruz AM*, de Pará de Minas (MG):

Final feliz para o gatinho que subiu em um pinheiro seco no bairro Recanto da Lagoa e foi salvo pelo Corpo de Bombeiros. Um telefonema recebido pela redação do *Jornal da Manhã* mostrava a aflição dos moradores da rua Edson Lanes Barbosa. [...]

Disponível em: <www.santacruzam.com/parademinas/noticia/2960/180>. Acesso em: 12 mar. 2013. (Fragmento).

Observe a oração extraída do *lead* da notícia:

"... [o gatinho]	*foi salvo*	*pelo Corpo de Bombeiros."*
sujeito paciente (oculto)	verbo da voz passiva analítica	agente da passiva

O gatinho é o sujeito paciente da ação verbal praticada *pelo Corpo de Bombeiros*. O termo da oração que, na voz passiva analítica, desempenha a função de responsável pela ação verbal denomina-se **agente da passiva**.

PARA LEMBRAR

Voz passiva: o sujeito paciente sofre a ação expressa pelo verbo.

Estrutura da voz passiva analítica: verbo *ser* (auxiliar) + verbo principal (no particípio).

Agente da passiva é o termo da oração que, na voz passiva, pratica a ação verbal recebida pelo sujeito paciente.

Relações morfossintáticas do agente da passiva

O núcleo do agente da passiva é um substantivo, uma expressão substantivada ou um pronome:

*Ele foi salvo **por nós**.*

por nós → agente da passiva — núcleo: *nós* (pronome)

*O filho é protegido **pelos pais**.*

pelos pais → agente da passiva — núcleo: *pais* (substantivo)

⊙ Adjunto adverbial

Leia o anúncio a seguir e responda oralmente à questão.

REPRODUÇÃO/SECRETARIA DE TURISMO DO ESTADO DA BAHIA

- Que termos do enunciado principal do anúncio atribuem ao verbo circunstâncias de lugar e de modo?

Os termos que, num enunciado, atribuem circunstâncias ao verbo são denominados **adjuntos adverbiais**.

Os adjuntos adverbiais também podem estar associados a adjetivos ou a advérbios, intensificando o sentido destes.

Adjunto adverbial é um termo acessório da oração que atribui circunstâncias ao verbo ou intensifica o sentido de um adjetivo ou de um advérbio.

SAIBA MAIS!

Outras circunstâncias que os adjuntos adverbiais podem expressar:

- **Afirmação**: *Reconheço, **com certeza**, meu erro.*
- **Negação**: *Você **não** precisa se preocupar com isso.*
- **Companhia**: *Venha **conosco** à festa de formatura.*
- **Causa**: *Fizemos isso **por você**.*
- **Finalidade**: *Construímos tudo isso **para nossa família**.*
- **Intensidade**: *O exame foi **imensamente** desafiador.*

Há inúmeras outras circunstâncias que são definidas pelo contexto.

Relações morfossintáticas do adjunto adverbial

O adjunto adverbial pode ser representado por um advérbio ou por uma locução adverbial:

Nos dias atuais, a prática de exercícios físicos é muito incentivada.

Nos dias atuais: locução adverbial (adjunto adverbial)
muito: advérbio (adjunto adverbial)

Reprodução proibida. Art. 184 do Código Penal e Lei 9.610 de 19 de fevereiro de 1998.

Atividades

Registre as respostas no caderno.

Leia a tira de Fernando Gonsales e responda às questões de 1 a 5.

NÍQUEL NÁUSEA — Fernando Gonsales

1 A que se deve a discussão entre os dois ratos?

2 Que tipo de predicado cada personagem emprega para referir-se a seu pedaço de queijo e ao pedaço que coube ao outro? Explique.

3 O humor da tira é construído com a entrada de outro personagem. Levante hipóteses: por que os ratos encerraram a discussão?

4 No enunciado do novo personagem, qual é a transitividade do verbo *discutir*, presente na locução verbal *estavam discutindo*?

5 Dê um exemplo de enunciado em que esse mesmo verbo seja intransitivo.

Leia esta crônica de Cecília Casas para responder às questões de 6 a 12.

Reprodução proibida. Art. 184 do Código Penal e Lei 9.610 de 19 de fevereiro de 1998.

O beija-flor egoísta

Apossou-se do galho que coloquei para conforto de todos os passarinhos, junto ao bebedouro de água açucarada, e não deixa nenhum semelhante se aproximar.

Governa, também, o outro bebedouro, no extremo do terraço. Eu o vejo partir como um dardo no encalço de um desavisado beija-flor que vai tomar a água a que tem direito.

E os persegue. Quer o domínio absoluto da situação.

Volta, então, vitorioso e solitário, para o improvisado poleiro, seu quartel-general.

Verde armadura, peito enfunado, mostrando a língua de légua e meia, este beija-flor quer tudo para si: usufruir do que só conquistou pela força, controlar o que nada fez para construir e, depois, virar as costas, fingir não ver um pássaro maior que se acerca e, simplesmente, bebe à farta. Grande covarde!

CASAS, Cecília. O beija-flor egoísta. *Pequenas crônicas de Itamambuca*: Quiuí! Quiuí! São Paulo: Ave-Maria, 2002. p. 32.

6 Na crônica, quatro adjetivos são utilizados para descrever a "personalidade" e o comportamento do beija-flor. Quais são eles?

7 Quais são as formas verbais dos três primeiros parágrafos que descrevem o comportamento tirânico do pássaro?

8 Classifique esses verbos quanto à predicação e explique por quê.

9 Como se classifica o predicado da oração a seguir? E qual é o predicativo do sujeito?

ANYUDINA/SHUTTERSTOCK

"Volta, então, vitorioso e solitário, para o improvisado poleiro, seu quartel-general."

10 De acordo com o trecho acima, o comportamento do beija-flor o faz experimentar duas sensações: a de vitória e a de solidão. Você acha que a primeira inclui invariavelmente a segunda? Justifique.

11 Que comportamento do pássaro leva a cronista a considerá-lo um "grande covarde"?

12 O verbo *beber*, em muitos contextos, é transitivo direto. Por que, no finalzinho da crônica, ele é intransitivo?

Reprodução proibida. Art. 184 do Código Penal e Lei 9.610 de 19 de fevereiro de 1998.

O QUE VOCÊ APRENDEU NO PERCURSO DESTE CAPÍTULO

- A declaração que se faz sobre o sujeito da oração determina o tipo de predicado que será empregado pelo produtor do enunciado.
- Há três tipos de predicado: nominal (o núcleo é um nome); verbal (o núcleo é um verbo significativo) e verbo-nominal (os núcleos são um verbo significativo e um nome).
- O núcleo-nome, no predicado nominal ou verbo-nominal, denomina-se predicativo do sujeito ou predicativo do objeto.
- Os verbos significativos classificam-se quanto à predicação, que determina sua transitividade, isto é, se eles precisam ou não de termos que lhes complementem o sentido.
- Os verbos significativos que possuem em si o sentido completo da ação denominam-se intransitivos. Aqueles que necessitam de complemento são os transitivos.
- A relação que os verbos transitivos mantêm com seu complemento pode ser direta (sem preposição) ou indireta (com preposição). Os que se relacionam diretamente com o complemento são os transitivos diretos, e os que se relacionam com o auxílio de preposição são os transitivos indiretos.
- Os complementos dos verbos transitivos são denominados termos integrantes do verbo. Os que completam os verbos transitivos diretos são os objetos diretos, e os que completam os transitivos indiretos são os objetos indiretos.
- Há outros tipos de complementos verbais: os objetos diretos preposicionados e os objetos diretos ou indiretos pleonásticos.
- O agente da passiva, termo a que se atribui a ação verbal na voz passiva, é também um termo integrante do verbo.
- Os adjuntos adverbiais são termos acessórios do verbo, pois seu papel é atribuir-lhe circunstâncias de tempo, modo, lugar, finalidade, causa, etc.

CAPÍTULO

21

Termos associados ao nome e vocativo

PERCURSO DO CAPÍTULO

- Complemento nominal: termo integrante de nomes e advérbios
- Adjunto adnominal: termo acessório dos nomes
- Predicativos do sujeito e do objeto: núcleos dos predicados nominal e verbo-nominal
- Aposto: outro termo acessório dos nomes
- Vocativo: um chamamento

IMAGES.COM/CORBIS/LATINSTOCK

O termo da oração usado para interpelar ou chamar aquele com quem se fala é o vocativo.

Introdução

Como falantes da língua, compreendemos e produzimos enunciados como "O rapaz confiante chegou ao evento" e "O rapaz chegou confiante ao evento", em que o adjetivo confiante *estabelece diferentes sentidos ao se relacionar com o substantivo* rapaz. *Neste capítulo, estudaremos as diferentes relações que, na oração, certos termos estabelecem entre si, a fim de criar variados efeitos de sentido.*

Reprodução proibida. Art. 184 do Código Penal e Lei 9.610 de 19 de fevereiro de 1998.

Leia este poema da autora contemporânea paulista Orides Fontela e responda oralmente às questões.

Lembretes

É importante acordar
a tempo

É importante penetrar
o tempo

É importante vigiar
o desabrochar do destino.

FONTELA, Orides. *Poesia resumida.* São Paulo: Cosac Naify; Rio de Janeiro: 7 Letras, 2006. p. 205.

1 Explique a relação de sentido entre a estrutura do poema e o título.

2 Qual o significado do substantivo *tempo* nas duas primeiras estrofes?

3 A última estrofe do poema sintetiza as duas anteriores.

a) Em sua opinião, por que "é importante vigiar o desabrochar do destino"?

b) *Desabrochar* é um verbo. Mas, no poema, essa palavra tem uma classificação morfológica diferente. Qual é ela?

c) Essa palavra é núcleo de que função sintática?

d) Que palavras se relacionam a esse núcleo? Qual a importância de cada uma delas no enunciado?

4 Se eliminássemos o termo *do destino*, o sentido do enunciado "É importante vigiar o desabrochar do destino" estaria completo? Justifique sua resposta.

5 Sugira outras expressões que poderiam substituir a expressão *do destino* no poema.

Na construção da última estrofe do poema, a relação entre o verbo *vigiar* e seu complemento (*o desabrochar do destino*) é fundamental para a síntese de todos os lembretes para os quais o eu lírico nos chama a atenção.

Assim como o verbo *vigiar* precisa de um termo que integre seu sentido (vigiar o quê?), a expressão substantivada *o desabrochar* (que é um nome) também necessita de um complemento (o desabrochar de quê?). E o termo que, no último verso do poema, desempenha essa função é *do destino*, um exemplo de **complemento nominal**.

Além do complemento nominal, estudaremos, neste capítulo, o **adjunto adnominal**, o **predicativo do sujeito**, o **predicativo do objeto**, o **aposto** e o **vocativo**.

Complemento nominal

Leia a tira Recruta Zero, de Greg e Mort Walker, e responda oralmente à questão.

RECRUTA ZERO — Greg + Mort Walker

© 2013 KING FEATURES SYNDICATE/IPRESS

Reprodução proibida. Art. 184 do Código Penal e Lei 9.610 de 19 de fevereiro de 1998.

• O que determinou a decisão do personagem no final da tira?

O "efeito colateral" (*a perda de argumentos com sua esposa*) é um dos núcleos do objeto direto que completa a locução verbal *podem incluir*.

Como podemos ver, esse extenso objeto direto contém seis núcleos, três dos quais são constituídos apenas por um substantivo (*tonteiras*, *náuseas*, *dor*), enquanto os outros três configuram expressões (*perda de audição*, *falta de ar*, *perda de argumentos com sua esposa*). Analisemos estes últimos.

As palavras *perda* e *falta* são substantivos, também chamados de nomes. E precisam de um termo para integrar seu sentido (perda de quê?, falta de quê?). O termo que, numa oração, completa o sentido de um nome por meio de uma preposição denomina-se **complemento nominal**. Observe:

perda (substantivo) **de audição** (complemento nominal)

falta (substantivo) **de ar** (complemento nominal)

perda (substantivo) **de argumentos** (complemento nominal)

O complemento nominal pode integrar o sentido de qualquer função sintática que tenha como núcleo um substantivo, um adjetivo ou um advérbio. Veja:

Ele decidiu favoravelmente ***a nós*** — *a nós*: complemento nominal; *favoravelmente a nós*: adjunto adverbial/núcleo: *favoravelmente* (advérbio)

O cão é fiel ***ao dono*** — *ao dono*: complemento nominal; *fiel ao dono*: predicativo do sujeito/núcleo: *fiel* (adjetivo)

Complemento nominal é um termo integrante da oração que completa o sentido de um nome (substantivo ou adjetivo) ou de um advérbio por meio de preposição.

NAVEGUE

Nas histórias, a fala mais comum do gênio da lâmpada, quando invocado por alguém, contém um complemento nominal. Veja se você o identifica nesta tirinha de Mauricio de Sousa: <www.monica.com.br/comics/tirinhas/tira83.htm>.

Relações morfossintáticas do complemento nominal

O complemento nominal estrutura-se por preposição + substantivo, palavra ou expressão substantivada, pronome ou numeral:

Ele ama todos os filhos, mas tem paixão ***por um***.

complemento nominal/núcleo: *um* (numeral)

A opção ***pelo novo*** *foi o motivo* ***do sucesso***.

complemento nominal núcleo: *novo* (palavra substantivada)

complemento nominal núcleo: *sucesso* (substantivo)

O complemento nominal estabelece com os nomes (substantivos e adjetivos) e com os advérbios uma relação semelhante à dos complementos verbais (objeto direto e indireto) com os verbos transitivos.

Adjunto adnominal

Leia a tira Bichinhos de Jardim, de Clara Gomes, e responda à questão oralmente:

BICHINHOS DE JARDIM **Clara Gomes**

- **Como, por meio da hipérbole, a fala de Caramelo, no último quadrinho, colabora para a construção do humor da tira?**

Analisemos esta frase:

"***Todo bom*** *ator usa roupa* ***preta coladinha***."

Se restringirmos esse enunciado de Caramelo a seus termos fundamentais, teremos: *ator* — *usa* — *roupa*. Os outros termos cumprem o papel de especificar ou caracterizar esses núcleos: *todo*, *bom*, *preta* e *coladinha*.

Os termos que se relacionam aos núcleos do sujeito (*ator*) e do objeto (*roupa*) são denominados **adjuntos adnominais**, pois especificam ou determinam os nomes que são núcleos de uma função sintática. Embora o adjunto adnominal seja considerado um termo acessório da oração, vemos que, se esses termos estivessem ausentes no enunciado do caramujo, o efeito de sentido pretendido não seria produzido.

Leia outro enunciado de Caramelo:

objeto direto
núcleo: tradição (substantivo)

"*Quer quebrar* ***uma*** *tradição* ***secular***?"

adjuntos adnominais

Reprodução proibida. Art. 184 do Código Penal e Lei 9.610 de 19 de fevereiro de 1998.

Adjunto adnominal é um termo acessório da oração que determina, especifica ou modifica os nomes que são núcleos de uma função sintática.

Relações morfossintáticas dos adjuntos adnominais

Os adjuntos adnominais podem vir expressos por:

- adjetivos: *"Todo **bom** ator usa roupa **preta coladinha**."*
- locuções adjetivas: *O ator **de teatro** interage com o público.*
- pronomes adjetivos: *Aguardamos **sua** confirmação. / **Todo** cachorro gosta de osso.*
- artigos definidos e indefinidos: *"Quer ouvir **a** terceira regra?" / "Quer quebrar **uma** tradição secular?"*
- numerais: *Éramos **três** amigas inseparáveis.*

Predicativos do sujeito e do objeto

Leia este fragmento de uma reportagem publicada na página virtual UOL Educação:

PAULO MANZI

http://educacao.uol.com.br/noticias/2011/07/04/facebook-twitter-e-youtube-eles-pod

Facebook, Twitter e YouTube: eles podem ser os melhores amigos dos seus estudos

THIAGO MINAMI
EM SÃO PAULO

Se você considera Facebook, Twitter e YouTube companheiros só para a hora do lazer, está na hora de pensar diferente. Ferramentas como essas podem ser seus melhores amigos nos estudos, dizem especialistas de tecnologias da educação.

Quer escrever melhor? Conte com a ajuda de Twitter, Wikipédia e um *blog*. Treinar línguas estrangeiras? O Facebook pode dar uma bela mão. Entender melhor a reprodução das plantas gimnospermas? Talvez a resposta esteja lá no YouTube, entre todos aqueles vídeos de palhaçadas. São usos como esses e muitos outros que estão fazendo das ferramentas aliadas do aprendizado.

As novas tecnologias nos tornaram consumidores vorazes de informação. Ao mesmo tempo, nos deram instrumentos poderosos para nos comunicar com quantas pessoas quisermos. "Nesse processo, podemos aprender muito mais sobre nós mesmos e o mundo", diz Will Richardson, em seu livro *Blogs, wikis, podcasts and other powerful Web tools for classrooms* (Ed. Corwin, sem tradução para o português). [...]

Disponível em: <http://educacao.uol.com.br/noticias/2011/07/04/facebook-twitter-e-youtube-eles-podem-ser-os-melhores-amigos-dos-seus-estudos.htm>. Acesso em: 14 mar. 2013. (Fragmento).

O jornalista, com o intuito de enfatizar os benefícios das novas tecnologias como ferramentas de estudo, optou por construir orações em que se destacam as transformações que essas tecnologias podem operar em seus usuários. Para isso, valeu-se de dois termos da oração: o predicativo do sujeito e o predicativo do objeto.

Observe uma dessas orações:

verbo de ligação — predicativo do sujeito (núcleo do predicado)

*"Ferramentas como essas podem ser **seus melhores amigos nos estudos** [...]."*

sujeito — predicado nominal

Reprodução proibida. Art. 184 do Código Penal e Lei 9.610 de 19 de fevereiro de 1998.

O termo *seus melhores amigos* é a informação do predicado mais importante sobre o sujeito; por isso, dizemos que é o núcleo do predicado. Ele se relaciona com o sujeito por meio de um verbo de ligação. Como vimos no capítulo 20, esse termo que pertence ao predicado, mas está relacionado ao sujeito, atribuindo a este uma qualidade, uma característica, um estado, denomina-se **predicativo do sujeito**.

Você estudou ainda que o predicativo do sujeito pode ocorrer também com verbos significativos, como neste exemplo:

verbo significativo → *chegou*; predicativo do sujeito → ***apreensivo***

*O candidato chegou **apreensivo** para a entrevista de emprego.*

sujeito: *O candidato*

predicado verbo-nominal: *chegou apreensivo para a entrevista de emprego*
núcleos: *chegou* (verbo) e *apreensivo* (adjetivo)

Nesse enunciado, o predicado é **verbo-nominal**, porque possui dois núcleos: o verbo significativo *chegar* (forma verbal *chegou*) e predicativo do sujeito (*apreensivo*).

Veja agora esta outra oração extraída do mesmo trecho de reportagem:

objeto direto → *nos*; verbo TD → *tornaram*; predicativo do objeto → ***consumidores vorazes de informação***

*"As novas tecnologias nos tornaram **consumidores vorazes de informação**."*

sujeito: *As novas tecnologias*

predicado verbo-nominal: *nos tornaram consumidores vorazes de informação*
núcleos: *tornaram* (verbo) e *consumidores* (substantivo)

Nesse exemplo, o predicado também é verbo-nominal, já que tem dois núcleos: a forma verbal *tornaram* e o predicativo do objeto *consumidores vorazes de informação*, que atribui uma característica ou estado ao objeto (*nos*).

Predicativo do sujeito é o termo da oração que, no predicado nominal ou no verbo-nominal, relaciona-se com o sujeito, atribuindo-lhe uma característica ou um estado.

Predicativo do objeto é o termo da oração que, no predicado verbo-nominal, atribui uma característica ou um estado ao objeto.

Relações morfossintáticas do predicativo do objeto

O núcleo do predicativo do objeto pode ser expresso por substantivo, adjetivo ou locução adjetiva:

- Substantivo: *As novas tecnologias tornaram o Facebook uma **ferramenta** de estudo.*
- Adjetivo: *Eu o considero **inteligente**.*
- Locução adjetiva: *Ele deixou **sem sentido** minha presença na festa.*

Aposto

Leia um trecho da sinopse do DVD *As aventuras de Tintin*, publicada na revista *Época*, e responda oralmente ao que se pede:

Depois de descobrir que um navio naufragado, <u>o *Licorne*</u>, pode conter um tesouro e um grande segredo, o jovem Tintin e seu fiel cachorro, <u>Milu</u>, partem em busca desse mistério. A busca também conta com a ajuda do rabugento capitão Haddock e dos detetives Dupond e Dupont. Dirigido por Steven Spielberg, o filme *As aventuras de Tintin* foi baseado na série de quadrinhos criada pelo escritor belga Hergé. [...]

Época, n. 373, 11 jun. 2012, p. 104. (Fragmento).

Reprodução proibida. Art. 184 do Código Penal e Lei 9.610 de 19 de fevereiro de 1998.

• Qual a função dos termos *o Licorne* e *Milu*, sublinhados no texto?

A sinopse de um filme tem como intenção comunicativa expor ao leitor uma síntese do enredo dessa obra. Para isso, o produtor do texto precisa empregar alguns termos explicativos para que todas as informações fiquem claras. *O Licorne* e *Milu*, que fazem referência a nomes (*navio* e *cachorro*) a fim de torná-los mais claros, isto é, para explicá-los, denominam-se **aposto**. Há três tipos de aposto: o **explicativo** (como os que acabamos de estudar), o **especificativo** e o **enumerativo** ou **recapitulativo**.

Agora releia este fragmento:

"A busca também conta com a ajuda do rabugento capitão Haddock e dos detetives Dupond e Dupont. Dirigido por Steven Spielberg, o filme *As aventuras de Tintin* foi baseado na série de quadrinhos criada pelo escritor belga Hergé."

Os termos sublinhados são apostos do tipo **especificativo**, pois especificam, individualizam os nomes com que se relacionam: *capitão* (Haddock), *detetives* (Dupond e Dupont), *filme* (*As aventuras de Tintin*) e *escritor* (Hergé).

Enquanto o aposto explicativo é normalmente, na escrita, separado do termo a que se refere por vírgula ou dois-pontos (como em "um navio naufragado, o *Licorne*, pode conter"), o aposto especificativo não se separa do termo referido por nenhum sinal de pontuação.

O aposto também pode ter valor **enumerativo**, ou **recapitulativo**, como nestas orações:

*Dedicou **tudo** aos filhos: **sua vida, seu trabalho, suas esperanças**.*

aposto com valor enumerativo
(desenvolve os elementos que fazem parte desse "tudo")

***Sua vida, seu trabalho, suas esperanças, tudo** dedicara aos filhos.*

aposto com valor recapitulativo
(retoma os elementos que fazem parte desse "tudo")

Reprodução proibida. Art. 184 do Código Penal e Lei 9.610 de 19 de fevereiro de 1998.

Aposto é um termo acessório da oração que se relaciona a outro termo com o objetivo de esclarecê-lo, explicá-lo (explicativo), especificá-lo (especificativo), desenvolvê-lo (enumerativo) ou resumi-lo (recapitulativo).

Relações morfossintáticas do aposto

O núcleo do aposto pode ser expresso por substantivo, palavra substantivada ou pronome.

*Fernando Pessoa, **poeta** português, é um de meus autores preferidos.*

aposto explicativo (núcleo: substantivo)

*O poeta baiano **Castro Alves** escreveu "Vozes d'África".*

aposto especificativo (núcleo: substantivo)

*Dois momentos aqui são únicos: o **amanhecer** e o **anoitecer**.*

aposto enumerativo (núcleos: palavras substantivadas)

*Livros, filmes, peças teatrais, canções, **nada** a interessava.*

aposto recapitulativo (núcleo: pronome)

Vocativo

Leia a tira a seguir e responda oralmente à questão.

NÍQUEL NÁUSEA **Fernando Gonsales**

• Que fato é responsável pelo efeito de humor na tira?

O termo da oração que é empregado como chamamento denomina-se **vocativo** (palavra derivada do verbo latino *vocare*, que se traduz por "chamar").

Os vocativos são independentes sintaticamente, isolados na oração por vírgulas ("por favor, srta. Joana, queira comparecer..."). Não pertencem nem ao sujeito, nem ao predicado, e sua presença é marca explícita de enunciação (chamamento).

Vocativo é um termo sintaticamente independente que serve para chamar, invocar o interlocutor. Não faz parte do sujeito nem do predicado.

Relações morfossintáticas do vocativo

O núcleo do vocativo pode ser substantivo, palavra ou expressão substantivada ou pronome.

- Substantivo: *Eu te suplico, **João**, me ajuda!*
- Palavra substantivada: *Perdoe-me, **amada**!*
- Pronome: ***Tu**, apenas **tu**, podes me ajudar!*

NAVEGUE

- Leia um curioso artigo sobre o uso da vírgula nos vocativos em: <http://revistalingua.uol.com.br/textos/80/veta-dilma-260759-1.asp>.
- O *link* a seguir traz um desafio de pontuação que se relaciona com o uso da vírgula no vocativo. Veja se consegue desvendá-lo em: <http://revistalingua.uol.com.br/textos/blog-redacao/exercicios-de-clareza-252452-1.asp>.

Reprodução proibida. Art. 184 do Código Penal e Lei 9.610 de 19 de fevereiro de 1998.

Atividades

Registre suas respostas no caderno.

Leia este microconto do autor curitibano Dalton Trevisan:

O varredor

Entra ano
sai ano
e eu?
varrendo sempre
as mesmas folhas secas
das mesmas velhas árvores
nesta mesma cidade fantasma!

TREVISAN, Dalton. *Desgracida*. Rio de Janeiro: Record, 2010. p. 11.

1 A sensação de rotina é sugerida por um termo que se repete no texto. Qual é esse termo?

2 Na primeira ocorrência desse termo, a que outro termo da oração ele está relacionado?

3 Na segunda ocorrência do termo, ele se relaciona ao núcleo do adjunto adnominal (*árvores*) e, na terceira, ao núcleo do adjunto adverbial (*cidade*). Em todas as três ocorrências, como esse termo se classifica sintaticamente?

4 Se esse termo for suprimido, o sentido do texto permanecerá o mesmo? Justifique.

5 Leia este anúncio publicitário:

REPRODUÇÃO/EXÉRCITO DA SALVAÇÃO

congelados

Milhares de pessoas sentem frio no inverno por não terem agasalhos para se aquecer. Para lembrar as pessoas desta dura realidade, nós decidimos passar a nossa mensagem no momento em que elas mais sentem na pele a falta de um agasalho.

a) Quem é o anunciante?
b) Qual é a intenção do anunciante?
c) Após observar a imagem, explique o que há de inusitado nela.
d) Qual é a relação entre o texto principal do anúncio e a imagem?
e) A que se refere o pronome *desses*, no texto principal do anúncio?
f) Que função sintática esse pronome desempenha no texto?
g) O substantivo *agasalho* ocorre duas vezes no texto inferior do anúncio. Por que essa palavra se repete em um trecho tão curto?
h) Esse substantivo desempenha uma função sintática diferente em cada ocorrência. Quais são as duas funções?

Leia este parágrafo de uma carta enviada pelo Departamento de Assinaturas de uma revista a um possível assinante:

> [...]
> Enfim, C. R., a intenção é oferecer as melhores opções e os melhores descontos para você voltar a aproveitar essa grande facilidade da vida moderna: a assinatura. [...]

Veja. Departamento de Assinaturas.
Editora Abril. (Arquivo particular) (Fragmento).

Reprodução proibida. Art. 184 do Código Penal e Lei 9.610 de 19 de fevereiro de 1998.

6 O destinatário, C. R., já havia sido assinante dessa revista? Justifique sua resposta.

7 Por que podemos afirmar que o termo *assinatura* é um aposto?

8 No fragmento também encontramos um vocativo. Qual é ele?

9 Justifique a presença desse termo no fragmento.

10 Reescreva o trecho deslocando o nome *C. R.* para depois do pronome *você*. Em seguida, explique se isso alterou a classificação sintática do nome.

11 Leia o perfil do professor canadense Steven Pinker, entrevistado na revista *Veja*:

SHUTTERSTOCK

> O canadense Steven Pinker, de 57 anos, professor de psicologia da universidade americana de Harvard, é autor de treze livros que fizeram dele uma celebridade intelectual planetária. Seu sucesso se deu sem que ele fosse forçado a banalizar suas concepções científicas. Em seu novo livro, *The better angels of our nature: why violence has declined* (Os anjos bons dentro de nós: por que a violência declinou), Pinker demonstra com estatísticas que a humanidade passa por seu mais pacífico período histórico. [...]
>
> *Veja*, ed. 2250, ano 45, n. 1, 4 jan. 2012. (Fragmento).

a) No primeiro período do texto, o produtor do perfil emprega alguns termos para apresentar o entrevistado ao leitor. Transcreva aqueles que exercem a função de aposto e explique cada um deles.

b) Nesse mesmo período, também atribuem características ao entrevistado um predicativo do sujeito e um predicativo do objeto. Quais são eles?

c) Você acredita que esse período desperta a atenção do leitor para a leitura da entrevista? Justifique sua resposta.

O QUE VOCÊ APRENDEU NO PERCURSO DESTE CAPÍTULO

- O complemento nominal integra o sentido de um nome (substantivo ou adjetivo) ou de um advérbio por meio de preposição.
- O adjunto adnominal determina, especifica ou modifica um nome (substantivo ou palavra substantivada) que é núcleo de uma função sintática.
- O adjunto adnominal é representado por artigo, adjetivo ou locução adjetiva, pronome adjetivo e numeral.
- O predicativo do sujeito ou do objeto está sempre associado a um nome (núcleo do sujeito ou do complemento verbal, respectivamente).
- O predicativo é um termo pertencente ao predicado nominal ou verbo-nominal.
- O aposto está sempre associado a um nome para esclarecê-lo, explicá-lo, especificá-lo ou enumerá-lo.
- O vocativo é um termo que, na oração, representa a interlocução.

Reprodução proibida. Art. 184 do Código Penal e Lei 9.610 de 19 de fevereiro de 1998.

CAPÍTULO

22

Orações coordenadas

PERCURSO DO CAPÍTULO

- Período composto por coordenação
- Orações coordenadas assindéticas e sindéticas
- Classificação das orações coordenadas sindéticas
- Paralelismo sintático e semântico

RICHARD BAKER/IN PICTURES/CORBIS/LATINSTOCK

Antes da demolição desse edifício londrino, seus moradores estamparam as janelas com suas imagens, compondo dessa forma um conjunto de condôminos, sem abrir mão, contudo, de sua individualidade. Foto de junho de 2012. Na língua ocorre algo semelhante: juntas em um período composto por coordenação, as orações constroem um sentido; porém, individualmente, elas conservam sua estrutura e seu sentido particular.

Introdução

Você já estudou que, ao escrever ou falar, encadeamos enunciados e formamos textos. Sabe também que os enunciados diferem entre si quanto à estrutura e ao sentido.
Neste capítulo, analisaremos o período composto por coordenação, formado por orações justapostas ou por aquelas que estabelecem diferentes relações semânticas entre si.

Reprodução proibida. Art. 184 do Código Penal e Lei 9.610 de 19 de fevereiro de 1998.

Leia este poema do pernambucano Olegário Mariano (1889-1958):

Conselho de amigo

Cigarra! Levo a ouvir-te o dia inteiro,
Gosto da tua **frívola** cantiga,
Mas vou dar-te um conselho, rapariga:
Trata de abastecer o teu celeiro.

Trabalha, segue o exemplo da formiga,
Aí vêm o inverno, as chuvas, o nevoeiro,
E tu, não tendo um pouso hospitaleiro,
Pedirás... e é bem triste ser mendiga!

E ela, ouvindo os conselhos que eu lhe dava
(Quem dá conselho sempre se consome...)
Continuava cantando... cantando...

Parece que no canto ela dizia:
— Se eu deixar de cantar morro de fome...
Que a cantiga é o meu pão de cada dia.

MARIANO, Olegário. Conselho de amigo.
In: GONÇALVES, Maria Magaly Trindade.
Antologia escolar de literatura brasileira: poesia e prosa.
São Paulo: Musa Editora, 1998. p. 223.

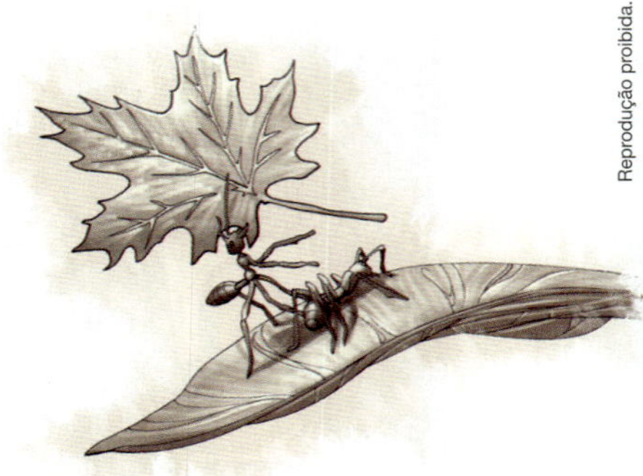

Frívola: fútil, inútil.

PARA LEMBRAR

Hipotextos: textos de partida (fontes) utilizados na composição dos intertextos.

Intertextos: textos compostos de "colagens" de outros textos.

Responda às questões oralmente.

1 A leitura permite ao leitor estabelecer relação com o hipotexto desse poema. Qual é esse hipotexto?

2 No intertexto, o diálogo se estabelece entre dois seres. Quais são eles? Comprove sua resposta com elementos do poema.

3 Justifique o título do poema.

4 Releia este verso:

"(Quem dá conselho sempre se consome...)"

a) Por que, segundo o eu lírico, isso ocorre a quem dá conselhos?

b) Você concorda com essa opinião do eu lírico? Justifique sua resposta.

c) Qual a função expressiva dos sinais de pontuação (parênteses e reticências) presentes nesse verso?

5 Diferentemente do que ocorre na fábula "A cigarra e a formiga", o eu lírico do poema dá outra explicação para o comportamento da cigarra. Que explicação é essa?

6 Que versos do poema expressam tal explicação?

7 Na segunda estrofe, há um verso que expõe o motivo que leva o eu lírico a aconselhar a cigarra. Qual é esse verso?

8 Na primeira estrofe do poema, há um verso que expressa uma relação de oposição com o verso anterior.

a) Que verso expressa essa oposição?

b) Que palavra introduz esse verso?

Reprodução proibida. Art. 184 do Código Penal e Lei 9.610 de 19 de fevereiro de 1998.

No poema "Conselho de amigo", o eu lírico propõe ao leitor uma imagem da cigarra oposta à da personagem da fábula reescrita por La Fontaine, *A cigarra e a formiga*. Para o sujeito poético, o que explica o comportamento despreocupado da cigarra, em relação à chegada do inverno, é o fato de ela se alimentar de cantigas. Portanto, o conselho que ele lhe dá parece não fazer sentido, nem a ela, nem a ele.

Para construir as explicações e sua oposição, o eu lírico faz uso de **orações coordenadas**.

Neste capítulo, estudaremos o **período composto por coordenação** e as relações semânticas que as orações coordenadas estabelecem no texto.

O período composto por coordenação

Leia a tira Garfield, de Jim Davis, e responda às questões no caderno.

GARFIELD **Jim Davis**

GARFIELD, JIM DAVIS © 1993 PAWS, INC. ALL RIGHTS RESERVED / DIST. UNIVERSAL UCLICK

Nos dois primeiros balões da tira, há um período composto por cinco orações:

"***Estraga*** *a mobília,* ***come*** *toda a comida,* ***persegue*** *o Odie,*
(oração 1) (oração 2) (oração 3)

solta *pelos por tudo... e ainda* ***é*** *egoísta!"*
(oração 4) (oração 5)

1 Qual é o sujeito de cada uma das orações?

2 O predicado de cada oração está completo? Explique.

3 Se excluirmos do período qualquer oração, as demais terão seu sentido prejudicado?

4 Com base em sua resposta às questões anteriores, conclua: as orações analisadas dependem uma da outra?

As orações que você acabou de analisar são **coordenadas**, e o período que as abriga é classificado como **período composto por coordenação**.

O **período composto por coordenação** é aquele formado por duas ou mais orações independentes sintática e semanticamente.

Classificação das orações coordenadas

As orações coordenadas classificam-se de acordo com a relação que estabelecem com as demais orações do período. Voltemos ao exemplo da tira:

"***Estraga*** *a mobília, /* ***come*** *toda a comida, /* ***persegue*** *o Odie, /* ***solta*** *pelos por tudo... / e ainda* ***é*** *egoísta!"*

Como podemos ver, as quatro primeiras orações estão separadas por um sinal de pontuação: a vírgula. E a quinta oração se relaciona à anterior por meio do conectivo **e**.

No período composto por coordenação, as orações que se separam umas das outras apenas por vírgula denominam-se **orações coordenadas assindéticas**. E as que se relacionam por meio de conectivos são as **orações coordenadas sindéticas**.

Assim, no período estudado, com exceção da quinta oração, todas são coordenadas assindéticas, pois estão apenas justapostas, não estabelecendo relação de sentido entre si. Já a quinta oração estabelece relação de adição com a quarta, pois lhe acrescenta uma informação. Ela é, por isso, denominada **oração coordenada sindética aditiva**.

⊙ Coordenadas sindéticas

As orações coordenadas sindéticas são introduzidas por **conjunções coordenadas** (conectivos) e classificam-se de acordo com o sentido que adquirem no contexto.

São cinco os tipos de orações coordenadas sindéticas: **aditivas**, **adversativas**, **alternativas**, **conclusivas** e **explicativas**.

SAIBA MAIS!

- O termo *sindética* origina-se do grego *síndeton*, que significa "síndeto" ou "conjunção". Assim, orações sindéticas são aquelas que possuem síndeto, e assindéticas, as que não têm.

Reprodução proibida. Art. 184 do Código Penal e Lei 9.610 de 19 de fevereiro de 1998.

Oração coordenada sindética aditiva

Esse tipo de oração estabelece relação de **soma**, de **adição** com a anterior. Observe o período a seguir:

conjunção aditiva (= e não)

Ele não compareceu à reunião ***nem*** *justificou sua ausência.*

1ª oração: coordenada assindética — 2ª oração: coordenada sindética aditiva

PARA LEMBRAR

Outras conjunções aditivas: e, não só... mas (como) também.

Oração coordenada sindética adversativa

Estabelece relação semântica de **oposição** com a oração antecedente:

conjunção adversativa

Ele não compareceu à reunião, ***porém*** *justificou sua ausência.*

1ª oração: coordenada assindética — 2ª oração: coordenada sindética adversativa

PARA LEMBRAR

Outras conjunções adversativas: mas, e (= mas), contudo, entretanto, no entanto.

Oração coordenada sindética alternativa

Estabelece relação semântica de **alternância** ou de **opção** com a oração antecedente:

conjunção alternativa

Anoiteceu de repente ***ou*** *a luz apagou?*

1ª oração: coordenada assindética — 2ª oração: coordenada sindética alternativa

PARA LEMBRAR

Outras conjunções alternativas: ou... ou, ora... ora, quer... quer.

Reprodução proibida. Art. 184 do Código Penal e Lei 9.610 de 19 de fevereiro de 1998.

Oração coordenada sindética conclusiva

A tira de Liniers, abaixo, estabelece intertextualidade com a máxima do filósofo e matemático francês René Descartes (1596-1650): "Penso, logo existo". Leia-a:

MACANUDO — **Liniers**

RICARDO LINIERS

PARA LEMBRAR

Outras conjunções conclusivas: pois (após o verbo), por isso.

O diálogo entre os textos verbal e não verbal é o responsável pelo humor da tira. Para muitos, a divulgação de uma imagem na tevê significa reconhecimento público, mas o espectador tem o poder de decidir se quer ou não ver essa imagem. É como se ele dissesse: "Tenho o controle, logo você não existe para mim".

As orações coordenadas sindéticas conclusivas estabelecem relação semântica de **conclusão** com o fato mencionado na oração anterior. Veja:

conjunção conclusiva

"Eu apareço na TV, ***logo*** *existo."*

1ª oração: coordenada assindética — 2ª oração: coordenada sindética conclusiva

Oração coordenada sindética explicativa

Estabelece relação semântica de **explicação**, pois apresenta um motivo para o fato expresso na oração anterior.

conjunção explicativa ↓

Eles devem ter saído, ***pois*** *o carro não está na garagem.*

1ª oração: coordenada assindética — 2ª oração: coordenada sindética explicativa

> **PARA LEMBRAR**
> **Outras conjunções explicativas:** que, porque.

⊙ Paralelismo sintático-semântico

As **conjunções coordenativas aditivas** relacionam termos e/ou orações equivalentes sintática e semanticamente, isto é, ligam dois substantivos ou dois adjetivos ou duas orações com estrutura sintática e valor semântico semelhantes, por exemplo.

> **PARA LEMBRAR**
> **Paralelismo sintático:** encadeamento de termos sintaticamente equivalentes.

Leia o fragmento de um artigo de opinião publicado no *blog* Tu Decides, voltado a programas de prevenção de saúde e de dependências no meio escolar.

PAULO MANZI

http://programatudecides.blogspot.com.br/2012/02/vicio-em-novas-tecnolog-

Álcool, tabaco, jogo, sexo e drogas: estas são as dependências mais conhecidas — e censuradas — pela sociedade. Mas há outros vícios comumente aceitos que podem ser igualmente nocivos: a dependência do celular, do computador, da internet e até mesmo do trabalho. Fruto das novas tecnologias, essas manias não são tóxicas, mas reduzem a liberdade e alteram o comportamento social das pessoas. E vêm se tornando mais e mais frequentes.

Como explica o doutor Otín Grasa, um dos profissionais que dirige o *site* espanhol <adictosainternet.com>, "no princípio, os usuários da rede eram empresários e profissionais, mas a população em geral foi aumentando gradativamente, sendo que os mais jovens correm maior risco de se tornarem viciados, especialmente os adolescentes. As novas tecnologias não apenas tornam a vida mais fácil, mas também produzem mudanças nos costumes e hábitos sociais. Seu uso compulsivo pode provocar patologias relativamente novas, como ficar dependente do celular ou da internet, que apareceram há pouco mais de dez anos — embora, em países como os Estados Unidos, tenham começado a surgir mais cedo". [...]

Disponível em:<http://programatudecides.blogspot.com.br/2012/02/vicio-em-novas-tecnologias-cresce-entre.html>. Acesso em: 19 mar. 2013. (Fragmento).

Releia este trecho, observando como se comportam as conjunções coordenativas aditivas:

"[...] 'no princípio, os usuários da rede eram empresários **e** profissionais, mas a população em geral foi aumentando gradativamente [...]. As novas tecnologias **não apenas** tornam a vida mais fácil, **mas também** produzem mudanças nos costumes **e** hábitos sociais'. [...]".

Reprodução proibida. Art. 184 do Código Penal e Lei 9.610 de 19 de fevereiro de 1998.

Nesse fragmento, a conjunção **e** liga substantivos semelhantes quanto ao sentido: empresários — profissionais; costumes — hábitos. E a locução conjuntiva *não apenas... mas também* relaciona estruturas sintáticas (duas orações) e semânticas (duas transformações produzidas pelas novas tecnologias) equivalentes.

Ao estabelecer corretamente a relação de equivalência (sintática e semântica) entre termos e/ou orações conectadas pelas conjunções (ou locuções conjuntivas) coordenativas aditivas, garantimos um recurso importante para a clareza do texto: o **paralelismo sintático-semântico**.

A pontuação nas orações coordenadas

- As orações coordenadas, exceto as aditivas, separam-se por vírgulas. Nas aditivas com sujeito distinto daquele da oração anterior, também se pode empregar esse sinal:

  Fomos ao teatro, mas não houve apresentação.

  Ele não leu o livro nem (= e não) *o devolveu à biblioteca.*
  (O sujeito das duas orações é o mesmo.)

  Ele não devolveu o livro, e eu não pude alugá-lo.
  (O sujeito da segunda oração é diferente daquele da oração anterior.)

- Algumas orações coordenadas podem ser separadas por ponto e vírgula quando são muito extensas ou constroem uma enumeração, quando já apresentam vírgulas em seu interior ou quando, nas adversativas, se quer destacar o contraste:

  Tomamos algumas resoluções para o Ano-Novo: faríamos exercícios físicos; teríamos alimentação saudável; desligaríamos o celular.
  (As orações constroem uma enumeração.)

  Estavam muito cansados, desanimados; mas, ainda assim, receberam os convidados.
  (Há vírgulas no interior das orações e quer-se destacar o contraste provocado pela adversativa.)

NAVEGUE

Muitos alunos têm dúvidas sobre o uso da vírgula por ocasião do emprego da conjunção *mas*. Se esse é o seu caso, leia este artigo e tire sua dúvida: <http://revistaescola.abril.com.br/fundamental-2/sempre-devo-usar-virgula-antes-palavra-669205.shtml>.

Objeto educacional digital (animação)
- Orações coordenadas

Reprodução proibida. Art. 184 do Código Penal e Lei 9.610 de 19 de fevereiro de 1998.

Atividades

Registre suas respostas no caderno.

A revista *Veja*, em sua edição comemorativa de 40 anos, publicou na seção "Brasil em frases" algumas que marcaram a história do país. Leia uma delas, a seguir, e responda às questões 1 e 2.

"Brasil: ame-o ou deixe-o."

Inscrição que começou a circular em adesivos em São Paulo, em 1970, e logo virou *slogan* da ditadura.

Veja 40 anos, ano 41, n. 2077, set. 2008, p. 92. (Fragmento).

1 Que estrutura coordenada foi empregada para construir esse *slogan*?

2 Relacione o contexto histórico de circulação do *slogan* com o modo verbal em que se encontram os verbos das orações e explique o efeito de sentido da oração coordenada sindética nesse período.

Leia os quadrinhos e responda às questões de 3 a 8.

GARFIELD Jim Davis

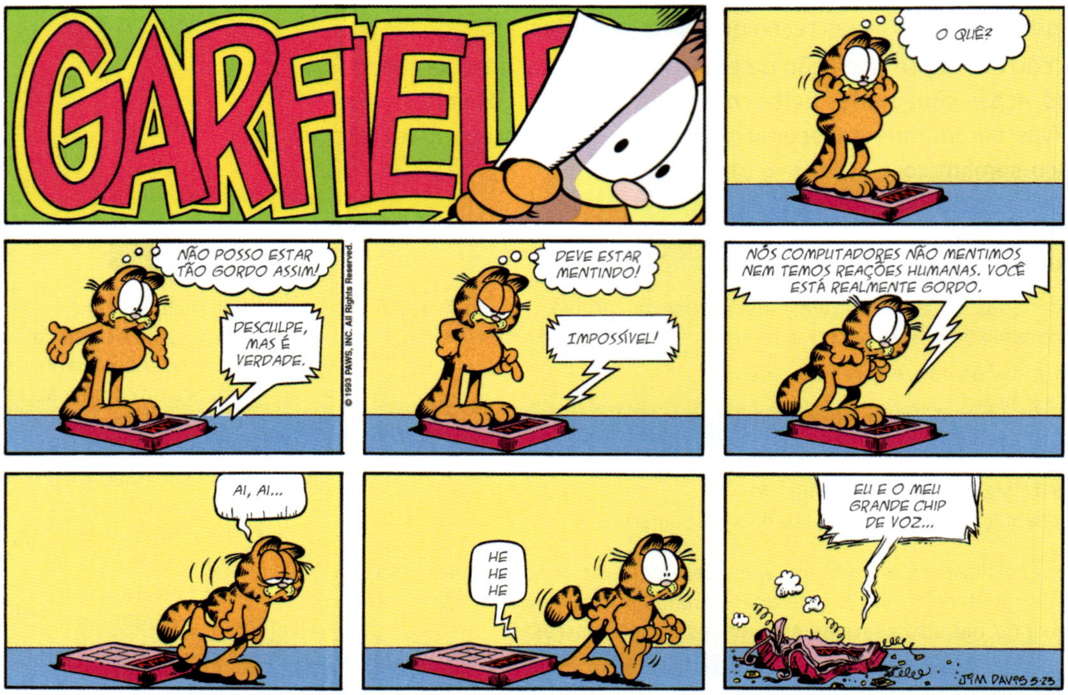

© 1993 PAWS, INC. All Rights Reserved.

GARFIELD, JIM DAVIS © 1993 PAWS, INC. ALL RIGHTS RESERVED / DIST. UNIVERSAL UCLICK

3 Nos quadrinhos 2 e 3, Garfield tem uma atitude comum a muitas pessoas diante do ponteiro da balança. Qual é ela?

4 Diante da "insistência" da balança, o gato a destrói. Quais são os dois enunciados que expressam essa insistência?

5 Em qual dos enunciados uma oração se opõe à anterior? Qual é ela e como se classifica?

6 No quadrinho 4, que relação semântica o segundo período ("Você está realmente gordo") estabelece com o anterior ("Nós computadores não mentimos nem temos reações humanas")? Que conjunção (ou locução conjuntiva) coordenativa poderia introduzi-lo?

7 Nesse mesmo quadrinho, a balança computadorizada expõe dois motivos que contrariam a suposição de Garfield. Quais são eles?

8 Na construção desse enunciado, que relação a segunda oração estabeleceu com a anterior? E como se classifica essa oração?

O QUE VOCÊ APRENDEU NO PERCURSO DESTE CAPÍTULO

- O período composto por coordenação é formado por orações independentes sintática e semanticamente.
- As orações coordenadas classificam-se como sindéticas ou assindéticas. Estas últimas não são introduzidas por conjunções. As sindéticas são introduzidas por conjunções coordenativas e classificam-se de acordo com o valor semântico dessas conjunções.
- As orações coordenadas sindéticas podem ser de cinco tipos: aditivas, adversativas, alternativas, conclusivas e explicativas.

Reprodução proibida. Art. 184 do Código Penal e Lei 9.610 de 19 de fevereiro de 1998.

CAPÍTULO

23

Orações subordinadas substantivas

PERCURSO DO CAPÍTULO

- Período composto por subordinação: oração principal e oração subordinada
- Orações subordinadas substantivas
- Classificação das orações subordinadas substantivas
- Orações subordinadas substantivas reduzidas
- Período misto

PAUL GIAMOU/WORKBOOK STOCK/GETTY IMAGES

No período composto por subordinação (tal como o tronco, os galhos e as folhas de uma árvore) há uma oração principal e, ligadas a ela, numa relação de dependência, orações subordinadas que complementam a carga informativa do enunciado. Na foto, carvalho centenário perto de Charleston, na Carolina do Sul, EUA.

Introdução

Ao ler ou escrever determinados textos, percebemos que alguns períodos apresentam orações interdependentes sintática e semanticamente, como se estivessem encaixadas uma na outra. Trata-se de períodos compostos por subordinação. Conhecer essa estrutura sintática é essencial para a construção da progressão textual. Neste capítulo, estudaremos o período composto por subordinação e a oração subordinada substantiva.

Reprodução proibida. Art. 184 do Código Penal e Lei 9.610 de 19 de fevereiro de 1998.

Leia este anúncio e responda às questões oralmente.

REPRODUÇÃO

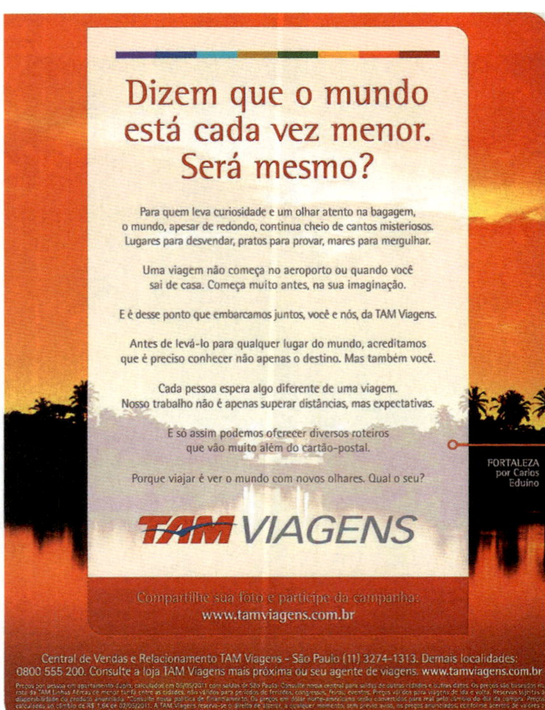

Para quem leva curiosidade e um olhar atento na bagagem, o mundo, apesar de redondo, continua cheio de cantos misteriosos. Lugares para desvendar, pratos para provar, mares para mergulhar.
Uma viagem não começa no aeroporto ou quando você sai de casa. Começa muito antes, na sua imaginação.
E é desse ponto que embarcamos juntos, você e nós, da TAM Viagens.
Antes de levá-lo para qualquer lugar do mundo, acreditamos que é preciso conhecer não apenas o destino. Mas também você.
Cada pessoa espera algo diferente de uma viagem. Nosso trabalho não é apenas superar distâncias, mas expectativas.
E só assim podemos oferecer diversos roteiros que vão muito além do cartão-postal.
Porque viajar é ver o mundo com novos olhares. Qual o seu?

1 Qual é a relação de sentido entre o texto principal do anúncio e o papel social do anunciante?

O texto publicitário, como você já estudou, é um gênero persuasivo. Nesse anúncio, o anunciante constrói uma argumentação para convencer o leitor (interlocutor) das vantagens de sua empresa em relação às concorrentes.

2 Releia este parágrafo:

> "Antes de levá-lo para qualquer lugar do mundo, / acreditamos / que é preciso / conhecer não apenas o destino. Mas também você."

a) Observe que o primeiro período desse parágrafo é composto por quatro orações, que estão divididas entre barras. Essas orações apresentam uma relação de dependência entre si. Justifique essa afirmação.

b) Levante hipóteses: que efeito de sentido provoca no texto a última frase desse parágrafo ("Mas também você")?

Para construir sua argumentação, o anunciante empregou períodos compostos por orações que estabelecem entre si uma relação de dependência. Essa estrutura linguística que permite ao produtor encadear orações para expressar suas ideias denomina-se **período composto por subordinação**.

Os períodos compostos por subordinação apresentam três tipos de orações subordinadas: **substantivas**, **adjetivas** e **adverbiais**. Neste capítulo, estudaremos o primeiro deles.

Reprodução proibida. Art. 184 do Código Penal e Lei 9.610 de 19 de fevereiro de 1998.

Oração principal e oração subordinada

Você estudou, nas questões da "Introdução", que há períodos compostos por orações dependentes entre si. Observe este período que compõe o texto principal do anúncio:

conjunção integrante

"Dizem ***que*** *o mundo está menor."*

1ª oração — 2ª oração

Nesse período há uma dependência sintática entre as duas orações, pois a segunda, ao completar o sentido do verbo transitivo *dizer* (*dizem*), da primeira, exerce a função de **objeto direto** desta. A relação entre essas orações se estabelece por meio da **conjunção integrante** *que*.

Devido a essa relação de dependência sintática entre as orações que compõem o período, este se classifica como **período composto por subordinação**.

As orações formadoras do período composto por subordinação classificam-se a partir do seguinte critério: aquela cuja estrutura sintática é completada denomina-se **oração principal** ("Dizem"), e a que exerce a função de um termo sintático da principal é chamada **oração subordinada** ("que o mundo está cada vez menor").

De acordo com a função sintática desempenhada pela oração subordinada, esta recebe uma classificação específica: **substantiva**, **adjetiva** ou **adverbial**.

PARA LEMBRAR

As conjunções integrantes (*que* e *se*) são vazias de sentido, e sua função é apenas estabelecer a ligação entre duas orações.

> O **período composto por subordinação** é aquele formado por uma oração principal, à qual uma ou mais orações subordinadas se relacionam. A **oração subordinada** exerce a função de um termo sintático da **oração principal**.

Orações subordinadas substantivas

As orações subordinadas substantivas exercem função comparável às de um termo da oração cujo núcleo é um nome (sujeito, objeto direto, objeto indireto, predicativo, complemento nominal, agente da passiva e aposto). Normalmente, são introduzidas pelas conjunções integrantes *que* ou *se*.

Leia a tira Macanudo, de Liniers:

MACANUDO

Liniers

RICARDO LINIERS

- **Explique oralmente a metáfora que a personagem produz para descrever as manifestações climáticas do dia.**

Observe o período que a personagem constrói para comentar sobre o tempo:

conjunção integrante

"Parece **que** *hoje o clima está com soluço."*

oração principal — oração subordinada

Ao analisar esse período, temos a impressão de que falta o sujeito, mas na verdade essa função sintática é exercida pela oração subordinada "(que) hoje o clima está com soluço", pois é a ela que se refere o verbo *parecer*, núcleo do predicado da oração principal. A oração subordinada que exerce a função sintática de um termo da oração principal (cujo núcleo é um nome, um substantivo) é chamada **oração subordinada substantiva**.

PARA LEMBRAR

No período simples, o substantivo é o núcleo das seguintes funções sintáticas: sujeito, objeto direto, objeto indireto, predicativo do sujeito, predicativo do objeto, complemento nominal, agente da passiva e aposto.

> **Oração subordinada substantiva** é aquela que, no período composto por subordinação, desempenha a função sintática de um termo da oração principal. Esse termo deve ter como núcleo um **substantivo**.

De acordo com a função sintática que a subordinada substantiva desempenha em relação à principal, ela recebe uma classificação específica. São sete os tipos de orações subordinadas substantivas, mas neste livro estudaremos apenas seis delas.

Subordinada substantiva subjetiva

Esse tipo de oração exerce a função de **sujeito** da oração principal. Observe o exemplo:

conjunção integrante

É fundamental **que** *todos participem das decisões da assembleia.*

oração principal (**predicado**) — oração subordinada substantiva subjetiva (**sujeito**)

Reprodução proibida. Art. 184 do Código Penal e Lei 9.610 de 19 de fevereiro de 1998.

Você percebeu que o predicado desse período está estruturado com verbo de ligação (*é*) + predicativo do sujeito (*fundamental*)? Mas quem é o sujeito a que ele se refere? O sujeito é a oração subordinada. Por isso, ela é denominada **oração subordinada substantiva subjetiva**.

A **oração subordinada substantiva subjetiva** é aquela que desempenha a função de **sujeito** da oração principal.

A substantiva subjetiva na produção textual

Em textos dissertativo-argumentativos ou expositivos nos quais o produtor não tem a intenção de revelar a quem pertence uma opinião ou quem é o responsável por determinada descoberta, é comum o emprego de orações subordinadas substantivas subjetivas:

Nota-se ***que a temperatura dos oceanos está subindo.***

É importante ***que todos respeitem as diferenças.***

Subordinada substantiva objetiva direta

Observe este período:

conjunção integrante

Todos perguntam (oração principal) ***se*** *ele realmente falou a verdade.* (oração subordinada substantiva objetiva direta)

A oração subordinada "(se) ele realmente falou a verdade" completa o sentido do verbo transitivo direto *perguntar* e desempenha a função sintática de **objeto direto** da oração principal. É chamada de **oração subordinada substantiva objetiva direta**.

A **oração subordinada substantiva objetiva direta** é aquela que exerce a função de **objeto direto** da oração principal.

Subordinada substantiva objetiva indireta

Observe este período:

preposição conjunção integrante

O objetivo do jogo consiste (oração principal) ***em que*** *todos participem das atividades.* (oração subordinada substantiva objetiva indireta)

A oração "(em que) todos participem das atividades" completa o sentido do verbo transitivo indireto *consistir*, da oração principal. Exerce, portanto, a função sintática de **objeto indireto** dela e recebe o nome de **oração subordinada substantiva objetiva indireta**.

A **oração subordinada substantiva objetiva indireta** é aquela que desempenha a função de **objeto indireto** da oração principal.

Reprodução proibida. Art. 184 do Código Penal e Lei 9.610 de 19 de fevereiro de 1998.

⊙ Subordinada substantiva completiva nominal

Observe este período:

preposição (de) — conjunção integrante (que)

Não tenho dúvida **de que** *ele será um bom professor.*

oração principal: *Não tenho dúvida* — oração subordinada substantiva completiva nominal: *de que ele será um bom professor.*

A oração subordinada "(de que) ele será um bom professor" completa o sentido do substantivo *dúvida*, da oração principal. Assim, ela desempenha a função sintática de **complemento nominal** da oração principal. É então denominada **oração subordinada substantiva completiva nominal**.

A **oração subordinada substantiva completiva nominal** é aquela que exerce a função de **complemento nominal** (completa o sentido de um substantivo, adjetivo ou advérbio) da oração principal.

Diferença entre objetiva indireta e completiva nominal

Tanto na oração subordinada objetiva indireta quanto na completiva nominal, a preposição antecede a conjunção integrante. Porém, no primeiro caso, a preposição está relacionada ao verbo, enquanto, no segundo, ela se refere a um substantivo, adjetivo ou advérbio.

⊙ Subordinada substantiva predicativa

Observe este período:

conjunção integrante (que)

O importante é **que** *eles sejam felizes.*

oração principal: *O importante é* — oração subordinada substantiva predicativa: *que eles sejam felizes.*

A oração subordinada "(que) eles sejam felizes" exerce a função sintática de **predicativo** da oração principal. Observe que esta apresenta sujeito (*o importante*) + verbo de ligação (*é*). E, para que sua estrutura esteja completa, falta o predicativo do sujeito. Essa função sintática é desempenhada pela **oração subordinada substantiva predicativa**.

A **oração subordinada substantiva predicativa** é aquela que desempenha a função de **predicativo** da oração principal.

⊙ Subordinada substantiva apositiva

Observe este período:

conjunção integrante (que)

Só espero de você uma atitude: **que** *seja ético.*

oração principal: *Só espero de você uma atitude:* — oração subordinada substantiva apositiva: *que seja ético.*

A oração subordinada "(que) seja ético" esclarece, explica o substantivo *atitude*, presente na oração principal, desempenhando, portanto, a função de **aposto** desse nome. Por isso ela é chamada de **oração subordinada substantiva apositiva**.

Reprodução proibida. Art. 184 do Código Penal e Lei 9.610 de 19 de fevereiro de 1998.

A **oração subordinada substantiva apositiva** é aquela que tem a função de **aposto**, isto é, de esclarecer, explicar, precisar um substantivo, adjetivo ou advérbio da oração principal. Na escrita, ela é em geral marcada por dois-pontos, travessão e, menos frequentemente, reticências.

EM RESUMO

Orações subordinadas substantivas: subjetiva, objetiva direta, objetiva indireta, completiva nominal, predicativa e apositiva.

Orações subordinadas reduzidas

Em alguns contextos, as orações subordinadas apresentam o verbo em uma forma nominal (**infinitivo**, **gerúndio** ou **particípio**) e não são introduzidas por conjunções. Essas orações subordinadas são denominadas **reduzidas**, enquanto as estudadas anteriormente recebem o nome de **desenvolvidas**.

O formato reduzido, entretanto, não interfere na função sintática que a subordinada exerce em relação à principal. Observe o exemplo:

verbo no infinitivo

Convém (oração principal) ***ignorar** provocações.* (oração subordinada substantiva subjetiva **reduzida de infinitivo**)

verbo no particípio

***Terminada** a prova,* (oração subordinada adverbial temporal **reduzida de particípio**) *todos saíram.* (oração principal)

Orações subordinadas reduzidas são aquelas que desempenham, em relação à principal, função sintática equivalente às desenvolvidas e cuja estrutura é marcada pela ausência de conjunção e pelo verbo em uma das formas nominais: **infinitivo**, **gerúndio** e **particípio**.

⊙ Subordinadas substantivas reduzidas

As orações subordinadas substantivas reduzidas apresentam o verbo sempre no infinitivo e têm o mesmo valor sintático das desenvolvidas. Assim, para classificar tais orações, basta desenvolvê-las. Veja:

verbo no infinitivo

Convém (oração principal) ***ignorar** provocações.* (oração subordinada substantiva subjetiva **reduzida de infinitivo**)

conjunção integrante — verbo flexionado em tempo e modo

Convém (oração principal) ***que ignoremos** provocações.* (oração subordinada substantiva subjetiva **desenvolvida**)

Reprodução proibida. Art. 184 do Código Penal e Lei 9.610 de 19 de fevereiro de 1998.

Observe outro exemplo:

Tomei a decisão (oração principal) *de **partir**.* (verbo no infinitivo — oração subordinada substantiva completiva nominal **reduzida de infinitivo**)

Tomei a decisão (oração principal) *de **que partirei**.* (conjunção integrante; verbo flexionado em tempo e modo — oração subordinada substantiva completiva nominal **desenvolvida**)

Em alguns gêneros textuais, as orações reduzidas substantivas podem ser mais eficientes em razão de sua forma mais sintética, como nos textos que são predominantemente injuntivos, isto é, aqueles cuja intenção é provocar uma atitude no interlocutor. Exemplos:

*É preciso **lutar**.*

*Convém **estudar** para os exames.*

Esse tipo de oração é também empregado, algumas vezes, para evitar o "queísmo", isto é, o excesso de ocorrências da conjunção *que* em um texto.

SAIBA MAIS!

- Para facilitar a classificação de uma oração subordinada substantiva, basta substituí-la pelo demonstrativo *isso*. A função sintática desempenhada por esse pronome na oração será equivalente à da oração substantiva. Veja:

João não desconfia *de que preparamos uma festa para ele.*

disso (de + isso) = objeto indireto

(Logo, a oração subordinada substantiva é objetiva indireta.)

EM RESUMO

As **orações subordinadas** podem ser **desenvolvidas** (conjunção + verbo flexionado em tempo e modo) ou **reduzidas** (sem conjunção e com verbo em forma nominal).

Reprodução proibida. Art. 184 do Código Penal e Lei 9.610 de 19 de fevereiro de 1998.

Período composto misto: coordenação e subordinação

Em alguns contextos, os períodos podem ser **mistos**, isto é, compostos por orações **coordenadas** e **subordinadas**.

Leia a tira Minduim, de Charles M. Schulz, e responda à questão oralmente.

MINDUIM — Charles M. Schulz

© PEANUTS WORLDWIDE LLC. / DIST. BY UNIVERSAL UCLICK

- Por que podemos afirmar que o humor da tira se constrói com o comentário irônico de Linus, irmão de Lucy?

Releia o segundo balão e observe as orações que compõem o período, bem como a relação que elas estabelecem entre si:

"Estas revistas são minhas	***e** eu não quero*	***que** você toque nelas!"*
1ª oração coordenada assindética	2ª oração coordenada sindética aditiva e oração principal	3ª oração subordinada substantiva objetiva direta

Entre a primeira e a segunda oração não há relação de dependência sintática nem semântica: trata-se de duas coordenadas. Já entre a segunda e a terceira essa relação se estabelece: a última oração exerce a função de objeto direto de um termo da antecedente.

Assim, a segunda oração apresenta duas classificações: é coordenada em relação à primeira e principal em relação à terceira.

O **período composto misto** é aquele formado por **coordenação** e **subordinação**.

EM RESUMO

Período composto: coordenação, subordinação e misto das duas.

Objeto educacional digital (animação)
- Período simples e composto

Atividades

Responda às questões no caderno.

1 Leia a tira de Bill Watterson:

CALVIN E HAROLDO — Bill Watterson

CALVIN & HOBBES, BILL WATTERSON © 1990 WATTERSON / DIST. BY UNIVERSAL UCLICK

a) Que reflexões a mãe de Calvin faz no primeiro quadrinho?

b) A que oração principal se relacionam as orações que contêm essas reflexões?

c) Como se classificam sintaticamente essas orações?

d) Releia os balões do segundo quadrinho e observe a expressão do casal no terceiro. Em que provavelmente consiste a dificuldade dos pais de Calvin em assumir a teoria de Thoreau, poeta americano defensor de um estilo de vida mais simples?

Reprodução proibida. Art. 184 do Código Penal e Lei 9.610 de 19 de fevereiro de 1998.

2 Leia a seguir o fragmento de uma reportagem científica publicada na seção Educação da revista *Veja* em fevereiro de 2012:

SHUTTERSTOCK

ATÉ OS 8 SÓ ELOGIO, O.K.?

A neurociência revela que só mais tarde a criança passa a entender as críticas negativas e a aprender com os erros. Até os 8 anos, só incentivos funcionam

CAROLINA MELO

[...]

O maior dos mitos pedagógicos desmontados recentemente pela neurociência reza que a mente das crianças é uma folha em branco, e cabe aos pais e à escola preenchê-la com conhecimentos. Para isso, acreditava-se que era pré-requisito que a criança já tivesse desenvolvido a linguagem. Ocorre que as crianças são mais sabidas do que se pensava. Uma série de estudos prova que, a partir dos 3 meses de idade, os bebês já se engajam num processo intenso de aprendizado de noções rudimentares de biologia, física e aritmética. Antes se pensava que os bebês observam o ambiente à sua volta e têm a atenção despertada por pessoas e objetos, mas não são capazes de adquirir conhecimento com isso.

[...]

Agora se sabe que os bebês já têm consciência de que, por exemplo, os objetos precisam de um suporte para não cair no chão e de que coisas inanimadas só se movimentam se alguém mexer nelas. Antes se acreditava que a voz dos pais ou das pessoas conhecidas desperta a atenção das crianças muito pequenas porque elas se habituam a ouvi-la. Agora se sabe que as crianças desenvolvem mecanismos linguísticos antes mesmo de aprender a falar. Elas sabem que as palavras expressam um conteúdo e que o latido de um cachorro ou o toque de um telefone não têm significado algum. As descobertas da neurociência possibilitam aos educadores saber exatamente com o que estão lidando ao incutir conhecimento nos 100 bilhões de neurônios que carregamos no crânio.

MELO, Carolina. Até os 8 só elogio, o.k.? *Veja*, ed. 2254, ano 45, n. 5, 1º fev. 2012, p. 73. (Fragmento).

Reprodução proibida. Art. 184 do Código Penal e Lei 9.610 de 19 de fevereiro de 1998.

a) Segundo a reportagem, que afirmação da neurociência contradiz a maior máxima da pedagogia?

b) Para construir uma argumentação bastante convincente, a jornalista estabelece um paralelismo entre as crenças da pedagogia anteriores às descobertas dos neurocientistas e o que já se sabe hoje sobre as mentes infantis. Em sua opinião, por que tais descobertas são importantes para os educadores?

c) Na construção desse paralelismo, a jornalista recorreu às orações subordinadas substantivas subjetivas. Duas delas estão no trecho abaixo. Transcreva uma dessas orações e explique por que ela recebe tal classificação.

"O maior dos mitos pedagógicos desmontados recentemente pela neurociência reza que a mente das crianças é uma folha em branco, e cabe aos pais e à escola preenchê-la com conhecimentos. Para isso, acreditava-se que era pré-requisito que a criança já tivesse desenvolvido a linguagem."

d) Que diferença existe entre a função sintática desempenhada pela oração que você transcreveu e a exercida pelas sublinhadas a seguir?

Elas sabem <u>que as palavras expressam conteúdo</u> e <u>que o latido de um cachorro ou o toque de um telefone não têm significado algum</u>.

e) Levante hipóteses: por que as orações subordinadas substantivas subjetivas são recorrentes no fragmento da reportagem em estudo?

f) Observe as orações sublinhadas neste outro período e explique sua relação sintática com a principal. Depois, classifique-as.

"Agora se sabe que os bebês já têm consciência <u>de que, por exemplo, os objetos precisam de um suporte para não cair no chão</u> e <u>de que coisas inanimadas só se movimentam se alguém mexer nelas</u>."

Reprodução proibida. Art. 184 do Código Penal e Lei 9.610 de 19 de fevereiro de 1998.

3 Leia esta tira de Chris Browne:

HAGAR	Chris Browne

© 2013 KING FEATURES SYNDICATE/IPRESS

a) Que oração é responsável pelo efeito de humor na tira?

b) Como ela se classifica sintaticamente?

c) Explique como o contexto e essa oração constroem o sentido da tira.

O QUE VOCÊ APRENDEU NO PERCURSO DESTE CAPÍTULO

- Nos períodos compostos por subordinação, há dois tipos de oração: uma principal e uma ou mais subordinadas.
- As orações subordinadas podem ser substantivas, adjetivas ou adverbiais.
- As subordinadas substantivas substituem um termo da oração principal de natureza nominal, isto é, cujo núcleo seja um nome: sujeito, objeto direto, objeto indireto, complemento nominal, predicativo do sujeito ou aposto.
- De acordo com o termo que substituem, as subordinadas substantivas recebem uma classificação: subjetiva, objetiva direta, objetiva indireta, completiva nominal, predicativa ou apositiva.
- As subordinadas substantivas podem apresentar-se em sua forma desenvolvida (conjunção integrante *que* ou *se* + verbo flexionado em tempo e modo) ou em sua forma reduzida (ausência de conjunção e verbo no infinitivo).
- Os períodos compostos podem também ser mistos, quando formados por orações coordenadas e subordinadas.

CAPÍTULO

24

Orações subordinadas adverbiais

PERCURSO DO CAPÍTULO

- Orações subordinadas adverbiais
- Conjunções e locuções conjuntivas subordinativas adverbiais
- Classificação das orações subordinadas adverbiais
- Orações subordinadas adverbiais reduzidas

"A manobra foi tão ousada que obteve os maiores pontos", "Como começou a chover de repente, elas resolveram correr", "Assim que ultrapassou a linha de chegada, o atleta caiu exausto" são orações que indicam, respectivamente, consequência, causa e tempo, classificadas como orações subordinadas adverbiais.

DUOMO/CORBIS/LATINSTOCK

Gwinnetett County, Geórgia, EUA, 2002.

PHILIP AND KAREN SMITH/ ICONICA/PKS MEDIA INC./ GETTY IMAGES

Turim, Itália, 2010.

WALLY MCNAMEE/CORBIS/LATINSTOCK

Atlanta, Geórgia, EUA, 1996.

Introdução

Neste capítulo, estudaremos outro tipo de estrutura subordinada. Trata-se das orações adverbiais, que acrescentam à oração principal circunstâncias de causa, comparação, concessão, condição, conformidade, consequência, finalidade, proporção e tempo. Mais importante do que classificar as orações subordinadas adverbiais é compreender as relações de sentido que elas estabelecem com a oração principal e os mecanismos de progressão textual que possibilitam no texto.

Reprodução proibida. Art. 184 do Código Penal e Lei 9.610 de 19 de fevereiro de 1998.

Leia esta história em quadrinhos, publicada no *blog* dos quadrinistas paulistas Fábio Moon e Gabriel Bá:

Fábio Moon e Gabriel Bá

FÁBIO MOON & GABRIEL BÁ

Responda às questões oralmente.

1 A que reflexão pode nos levar a frase "Mais uma árvore dá lugar ao progresso"?

2 O que a raposa, no segundo e terceiro quadrinhos, conclui ao observar a devastação da floresta?

3 No segundo balão do segundo quadrinho há um período composto.

a) A relação entre as orações que compõem esse período é de coordenação ou de subordinação? Por quê?

b) A primeira oração atribui uma circunstância à segunda. Que circunstância é essa? Justifique.

4 Explique a relação que se estabelece entre as orações do último balão.

5 Qual é o termo da oração que, no período simples, atribui circunstâncias ao verbo?

Para construir a reflexão da raposa a partir do segundo quadrinho, o quadrinista empregou períodos compostos por orações subordinadas que expressam circunstâncias de tempo ("Quando acabarem as árvores") e de condição ("se eu não estiver mais aqui") em relação às respectivas orações principais ("o progresso virá atrás de mim" e "Ou [virá atrás] de você"). Essas orações subordinadas equivalem a **advérbios** e funcionam sintaticamente como **adjunto adverbial** de suas orações principais. São, por isso, denominadas **orações subordinadas adverbiais**, assunto deste capítulo.

Orações subordinadas adverbiais

Vamos analisar os períodos compostos da HQ:

conjunção subordinativa

"***Quando*** *acabarem as árvores,* *o progresso virá atrás de mim."*

oração subordinada adverbial (atribui uma circunstância à principal) — oração principal

conjunção subordinativa

"Ou [virá atrás] de você, ***se*** *eu não estiver mais aqui."*

oração principal — oração subordinada adverbial (atribui uma circunstância à principal)

As orações subordinadas adverbiais, em sua forma desenvolvida, são introduzidas por **conjunções subordinativas**.

Oração subordinada adverbial é aquela que, no período composto por subordinação, desempenha a função sintática de **adjunto adverbial** da oração principal e, quando desenvolvida, é introduzida por uma **conjunção subordinativa**.

PARA LEMBRAR

Orações subordinadas desenvolvidas são aquelas introduzidas por conectivos e apresentam o verbo flexionado em tempo e modo.

Orações subordinadas reduzidas não são introduzidas por conectivos, e os verbos se apresentam em uma forma nominal (infinitivo, gerúndio ou particípio).

Tipos de orações subordinadas adverbiais

São nove os tipos de orações subordinadas adverbiais, classificadas de acordo com a conjunção (ou locução conjuntiva) que as introduz: **causais**, **comparativas**, **concessivas**, **condicionais**, **conformativas**, **consecutivas**, **finais**, **proporcionais** e **temporais**. Vamos estudá-las a seguir.

Oração subordinada adverbial causal

Observe este período:

conjunção subordinativa

O treino foi suspenso ***porque*** *o atleta se sentiu mal.*

oração principal — oração subordinada adverbial causal

Reprodução proibida. Art. 184 do Código Penal e Lei 9.610 de 19 de fevereiro de 1998.

A oração subordinada adverbial "porque o atleta se sentiu mal" expressa a **causa** de um fato apresentado na oração principal ("O treino foi suspenso"). Por isso recebe o nome de **oração subordinada adverbial causal**.

Oração subordinada adverbial causal é aquela que exerce a função de **adjunto adverbial de causa** da oração principal. É introduzida pelas conjunções (e locuções conjuntivas) *porque, pois, visto que, uma vez que, já que, como*, etc.

Oração subordinada adverbial comparativa

Observe este período:

conjunção subordinativa

José estuda | ***como*** *a irmã [estuda].*

oração principal | oração subordinada adverbial comparativa

A oração subordinada adverbial "como a irmã [estuda]" estabelece uma **comparação** com a ação praticada por "José", na oração principal. Recebe, por isso, o nome de **oração subordinada adverbial comparativa**.

Oração subordinada adverbial comparativa é aquela que exerce a função de **adjunto adverbial de comparação** da oração principal. É introduzida pelas conjunções (ou locuções conjuntivas) *como, tão... quanto, tanto... quanto, mais (do) que, menos... (do) que*.

Verbos elípticos nas adverbiais comparativas

Como no exemplo apresentado, muitas vezes o verbo da oração subordinada adverbial comparativa não está expresso por ser o mesmo da oração principal. Deixá-lo elíptico é um recurso que favorece a coesão textual.

NAVEGUE

Leia a letra desta composição de Chico Buarque, estruturada principalmente com orações subordinadas adverbiais comparativas: <http://www.chicobuarque.com.br/construcao/mestre.asp?pg=construc_71.htm>.

Reprodução proibida. Art. 184 do Código Penal e Lei 9.610 de 19 de fevereiro de 1998.

Oração subordinada adverbial concessiva

Observe este período:

conjunção subordinativa

Embora *estudasse bastante,* | *não obteve sucesso nos exames.*

oração subordinada adverbial concessiva | oração principal

A oração subordinada adverbial "Embora estudasse bastante" expressa uma **concessão**, isto é, um fato que deveria impedir que ocorresse aquele expresso pela oração principal ("não obteve sucesso nos exames"), mas não consegue. Por isso, ela é denominada **oração subordinada adverbial concessiva**.

Oração subordinada adverbial concessiva é aquela que desempenha a função de **adjunto adverbial de concessão** da oração principal. É introduzida pelas conjunções (e locuções conjuntivas) *embora, ainda que, apesar de (que), mesmo que, se bem que*.

Oração subordinada adverbial condicional

Observe este período:

conjunção subordinativa

Terá sucesso nos exames **se** *estudar bastante.*

oração principal — oração subordinada adverbial condicional

A oração subordinada adverbial "se estudar bastante" expressa uma **condição** para que se realize o fato apresentado na principal ("Terá sucesso nos exames"). É, por isso, chamada de **oração subordinada adverbial condicional**.

Oração subordinada adverbial condicional é aquela que exerce a função de **adjunto adverbial de condição** da oração principal. É introduzida pelas conjunções (e locuções conjuntivas) *se, caso, desde que, contanto que, salvo se, a não ser que, a menos que.*

Oração subordinada adverbial conformativa

Observe este período:

conjunção subordinativa

Segui aquele caminho **conforme** *suas instruções.*

oração principal — oração subordinada adverbial conformativa

A oração subordinada adverbial "conforme suas instruções" estabelece uma relação de **conformidade** com o fato expresso na oração principal ("Segui aquele caminho"). Por essa razão, é denominada **oração subordinada adverbial conformativa**.

Oração subordinada adverbial conformativa é aquela que exerce a função de **adjunto adverbial de conformidade** da oração principal. É introduzida pelas conjunções *conforme, segundo, consoante.*

Oração subordinada adverbial consecutiva

Observe este período:

conjunção subordinativa (combinada ao elemento intensificador *tanto*, presente na oração principal)

Ele estudou tanto **que** *obteve sucesso nos exames.*

oração principal — oração subordinada adverbial consecutiva

A oração subordinada adverbial "que obteve sucesso nos exames" expressa a **consequência** de um fato apresentado na principal ("Ele estudou tanto"). Por isso, denomina-se **oração subordinada adverbial consecutiva**.

Oração subordinada adverbial consecutiva é aquela que desempenha a função de **adjunto adverbial de consequência** da oração principal. É introduzida pelas conjunções (e locuções conjuntivas) *que (tão... que, tanto... que), de maneira que, de forma que, de sorte que,* etc.

Reprodução proibida. Art. 184 do Código Penal e Lei 9.610 de 19 de fevereiro de 1998.

Oração subordinada adverbial final

Observe este período:

locução conjuntiva subordinativa

Desistiu do jogo ***para que** o reserva jogasse em seu lugar.*

oração principal — oração subordinada adverbial final

A oração subordinada adverbial "para que o reserva jogasse em seu lugar" indica o **propósito**, a **finalidade** do fato expresso na oração principal ("Desistiu do jogo"). É classificada, portanto, como **oração subordinada adverbial final**.

Oração subordinada adverbial final é aquela que exerce a função de **adjunto adverbial de finalidade** da oração principal. É introduzida pelas conjunções (e locuções conjuntivas) *a fim de que, para que, por que* (com valor semântico de *para que*).

Oração subordinada adverbial proporcional

Observe este período:

locução conjuntiva subordinativa

***À medida que** o professor explica,* *entendemos a matéria.*

oração subordinada adverbial porporcional — oração principal

A oração subordinada adverbial "À medida que o professor explica" estabelece uma relação de **proporção** com o fato exposto na oração principal ("entendemos a matéria"). Por isso, é chamada de **oração subordinada adverbial proporcional**.

Oração subordinada adverbial proporcional é aquela que desempenha a função de **adjunto adverbial de proporção** da oração principal. É introduzida pelas conjunções (e locuções conjuntivas) *à medida que, à proporção que, quanto mais (menos)... mais (menos).*

Oração subordinada adverbial temporal

Observe este período:

locução conjuntiva subordinativa

***Antes que** eu me manifestasse,* *ele encerrou a discussão.*

oração subordinada adverbial temporal — oração principal

A oração subordinada "Antes que eu me manifestasse" expressa uma **circunstância de tempo** em relação à oração principal ("ele encerrou a discussão"). Por isso é classificada como **oração subordinada adverbial temporal**.

Oração subordinada adverbial temporal é aquela que desempenha a função de **adjunto adverbial de tempo** da oração principal. É introduzida pelas conjunções (e locuções conjuntivas) *quando, antes que, no momento que, enquanto, sempre que*, etc.

Reprodução proibida. Art. 184 do Código Penal e Lei 9.610 de 19 de fevereiro de 1998.

Orações subordinadas adverbiais reduzidas

As orações subordinadas adverbiais reduzidas não são introduzidas por conjunções subordinativas. Podem apresentar o verbo no infinitivo, gerúndio ou particípio. Desempenham a mesma função sintática das desenvolvidas. Assim, para classificá-las, basta desenvolvê-las. Observe os exemplos:

verbo no infinitivo

Nosso vizinho partiu *ao **anoitecer**.*

oração principal — oração subordinada adverbial temporal **reduzida de infinitivo**

conjunção subordinativa — verbo flexionado em tempo e modo

Nosso vizinho partiu ***quando anoiteceu**.*

oração principal — oração subordinada adverbial temporal **desenvolvida**

verbo no gerúndio

***Estudando** bastante,* *todos vocês passarão nos exames.*

oração subordinada adverbial condicional **reduzida de gerúndio** — oração principal

conjunção subordinativa — verbo flexionado em tempo e modo

***Se estudarem** bastante,* *todos vocês passarão nos exames.*

oração subordinada adverbial condicional **desenvolvida** — oração principal

verbo no particípio

***Encerrada** a votação,* *iniciou-se a contagem dos votos.*

oração subordinada adverbial temporal **reduzida de particípio** — oração principal

locução conjuntiva subordinativa — verbo flexionado em tempo e modo

***Depois que** a votação **encerrou**,* *iniciou-se a contagem dos votos.*

oração subordinada adverbial temporal **desenvolvida** — oração principal

A pontuação na subordinada adverbial

A subordinada adverbial é obrigatoriamente separada da oração principal por vírgula em duas situações: quando a primeira antecede a segunda ou está intercalada nesta. Caso contrário, o emprego da vírgula é optativo.

Objeto educacional digital (animação)
- Orações subordinadas adverbiais

Reprodução proibida. Art. 184 do Código Penal e Lei 9.610 de 19 de fevereiro de 1998.

Atividades

Registre as respostas no caderno.

1 Leia a tira a seguir, de João Montanaro.

João Montanaro

JOÃO MONTANARO

a) Para relatar sua experiência, o quadrinista emprega um período composto misto no primeiro quadrinho. Classifique as orações que formam esse período.

b) O quadrinista localiza a possibilidade de ser feliz em uma determinada faixa etária. A oração que expressa essa ideia acrescenta à oração principal que tipo de circunstância? Que conjunção nela utilizada colabora para a identificação dessa circunstância?

2 Leia este fragmento de uma crônica de Millôr Fernandes:

Para um apoio mais visível à argumentação dos editoriais

Quero formar uma associação, um sindicato, um clube, um time, um sei-lá-o-quê de leitores de editoriais. Sendo um deles assíduo, diário, **pertinaz**, sinto, há muito tempo, que falta aos nossos editorialistas um apoio logístico-moral mais aparente. Creio que é só por isso que apelam para figuras vagas, retóricas, distantes, tais como "todo leitor bem informado", "qualquer cidadão contribuinte do Imposto de Renda", "todo cidadão acima de 40 anos" e "qualquer dona de casa e mãe de família que vai à feira e paga escola" para **corroboração** — improvável? — dos seus pontos de vista.

Como, de uma forma ou de outra, estou sempre na faixa dos anônimos citados e concitados pelos editorialistas e como, individualmente, não tenho meios nem tempo de telefonar ou escrever diariamente a esses meus dignos colegas pra lhes dar o meu apoio ("Olha aí, é aquilo mesmo! Aqui está falando um dos 'todos os autônomos descontados para o **INPS**!'", ou "Alô, pode continuar, rapaz! Aqui fala um dos 'inúmeros trabalhadores categorizados que sofrem diariamente o martírio do transporte urbano'", ou ainda: "Caro senhor redator, dá duro neles e conta aqui com o aplauso irrestrito de uma dos 'milhões de vítimas da burocracia estatal!'"), é que resolvi formar uma organização [...].

FERNANDES, Millôr. *Todo homem é minha caça*. Rio de Janeiro: Record, 2005. p. 147. (Fragmento).

Pertinaz: persistente, obstinado.

Corroboração: confirmação, ratificação.

INPS: antigo órgão público responsável pela previdência social, hoje INSS (Instituto Nacional do Seguro Social).

Reprodução proibida. Art. 184 do Código Penal e Lei 9.610 de 19 de fevereiro de 1998.

a) A crônica de Millôr expõe uma crítica bem-humorada aos editorialistas. Explique por que, segundo o cronista, o emprego de figuras vagas e retóricas é prejudicial à intenção comunicativa de um editorial. Que palavra expressa diretamente essa crítica?

b) Transcreva do texto uma oração subordinada adverbial causal reduzida de gerúndio.

c) Transcreva as duas outras orações subordinadas causais (desenvolvidas) do fragmento lido.

d) O protesto de Millôr é marcado por uma linguagem irreverente, distante daquela normalmente empregada nos editoriais. Explique essa afirmação e embase-a com exemplos extraídos do texto.

3 Leia a tira Bichinhos de Jardim, de Clara Gomes:

BICHINHOS DE JARDIM — Clara Gomes

a) Explique como o duplo sentido da palavra *explodir* colabora com o efeito de humor na tira.

b) Como a articulação da linguagem verbal com a não verbal também é responsável pelo humor na tira?

c) Transcreva a oração subordinada do quadrinho 2 e classifique-a.

4 Leia esta tira de Bill Watterson:

O MELHOR DE CALVIN — Bill Watterson

CALVIN & HOBBES, BILL WATTERSON © 1990 WATTERSON / DIST. BY UNIVERSAL UCLICK

a) Nessa tira, Calvin revela algumas estratégias persuasivas dos comerciais voltados para a TV. Quais são elas?

b) Um tipo de oração subordinada adverbial se repete em todos os balões referentes à fala de Calvin. Como se classifica essa oração? Transcreva da tira dois exemplos.

5 Leia, na página ao lado, o fragmento do poema do paulista Mafra Carbonieri, um dos vencedores do 1º Prêmio Redescoberta da Literatura Brasileira (2000), patrocinado pela revista *Cult*.

Reprodução proibida. Art. 184 do Código Penal e Lei 9.610 de 19 de fevereiro de 1998.

Ladainha

Por que a filosofia
se temos a publicidade.

Por que a metafísica
se nos atrai a **metempsicose**.

Por que o horizonte
se nos devora a regressão.

Por que a ética
se nos diverte a política.

Por que a estética
enquanto jogamos na **Bolsa**.

Por que a lógica
se nos basta a bruxaria.

Por que a moral.
Por falar nisso. Por que a moral.

[...]

CARBONIERI, Mafra. Ladainha. *Cult*, n. 161, ano 14, set. 2011.

Metempsicose: reencarnação.
Bolsa [de valores]: instituição pública ou privada onde se negociam ações, títulos de crédito, mercadorias, etc.

a) Ladainha é o nome dado à repetição exaustiva de uma mesma ideia, geralmente no mesmo ritmo. Em que aspecto a estrutura do poema se aproxima de uma ladainha?
b) Os versos que compõem as seis primeiras estrofes apresentam entre si uma relação aparentemente contraditória. Escolha uma dessas estrofes e justifique essa afirmação.
c) Substitua a conjunção que introduz as orações subordinadas dessas estrofes por outra com o mesmo valor semântico. Em seguida, classifique essas orações.
d) Crie mais um verso para a última estrofe, no qual se mantenha o mesmo paralelismo sintático das anteriores, isto é, que seja introduzido pelo mesmo tipo de oração.

NAVEGUE
Teste seus conhecimentos sobre as orações adverbiais neste *quiz online*: <http://www1.folha.uol.com.br/folha/interacao/quizfo15.shtml>.

6 Leia, ao lado, o título do romance do escritor e jornalista fluminense Edney Silvestre.
a) O título do livro se constitui de uma oração subordinada adverbial. Levante hipóteses: qual poderia ser a oração principal subentendida?
b) Que circunstância a oração subordinada atribui à principal?
c) Em sua opinião, se a oração subordinada fosse reduzida, o título teria o mesmo efeito de sentido? Justifique.

O livro de Edney Silvestre recebeu o Prêmio Jabuti Melhor Romance 2010.

O QUE VOCÊ APRENDEU NO PERCURSO DESTE CAPÍTULO

- As orações que equivalem a advérbios e desempenham a função de adjunto adverbial da oração principal são denominadas subordinadas adverbiais.
- São nove os tipos de subordinadas adverbiais: causais, comparativas, concessivas, condicionais, conformativas, consecutivas, finais, proporcionais e temporais.
- As orações subordinadas adverbiais podem se apresentar em sua forma desenvolvida (conjunção subordinativa adverbial + verbo flexionado em tempo e modo) ou reduzida (ausência de conjunção e verbo no infinitivo, gerúndio ou particípio).
- A oração subordinada adverbial é obrigatoriamente separada da principal por vírgula em duas situações: quando aquela antecede esta ou se encontra intercalada nesta. Caso contrário, o emprego da vírgula é facultativo.

Reprodução proibida. Art. 184 do Código Penal e Lei 9.610 de 19 de fevereiro de 1998.

CAPÍTULO

25

Pronome relativo e orações adjetivas

PERCURSO DO CAPÍTULO

- O que são e quais são os pronomes relativos
- O duplo papel dos pronomes relativos no enunciado
- Funções sintáticas dos pronomes relativos
- Definição de orações subordinadas adjetivas
- Classificação semântica das orações subordinadas adjetivas
- A pontuação nas orações subordinadas adjetivas
- Orações subordinadas adjetivas reduzidas
- A regência nas orações subordinadas adjetivas

JOHN LUND/CORBIS/LATINSTOCK

O pronome relativo une duas orações e estabelece entre elas uma relação de dependência mútua. Na foto, acrobatas dos EUA, 2012.

Introdução

Muitas vezes, ao produzirmos um enunciado oral ou escrito, percebemos que um adjunto adnominal não é suficiente para explicar ou descrever um substantivo. Que estratégia linguística empregar em tais situações?
Neste capítulo, estudaremos as orações subordinadas adjetivas, que podem oferecer uma solução nesses casos, e os pronomes relativos, que introduzem tais orações.

Reprodução proibida. Art. 184 do Código Penal e Lei 9.610 de 19 de fevereiro de 1998.

Leia este anúncio:

REPRODUÇÃO/AGÊNCIA SALEM

Chegou a coleção "Dias que Abalaram o Mundo 3". Produzida pela BBC e lançada pela revista *Aventuras na História*, esta coleção reconstitui, minuto a minuto, os dias que chocaram a humanidade e definiram o curso da história. São 8 filmes inéditos no Brasil, reunidos em 3 DVDs: *Os Diários de Hitler, Gandhi e a Independência da Índia* e *Revolução Islâmica no Irã.* Vá agora até uma banca e garanta já o seu.

Responda às questões oralmente.

1 Quem são as personalidades destacadas no centro do anúncio e a que fatos históricos elas estão associadas?

2 No enunciado que ocupa o topo do anúncio, usou-se uma palavra polissêmica para criar um jogo linguístico.

PARA LEMBRAR

Polissemia: multiplicidade de significados.

a) Que palavra é essa?
b) Que sentidos ela apresenta nesse contexto?

3 Explique o efeito de sentido que esse jogo linguístico provoca.

4 Releia o enunciado:

Conheça os fatos que definiram o curso da História e o curso de História.

a) A palavra *que* está relacionada a que palavra da oração anterior?
b) Se, na segunda oração, você substituir a palavra *que* pela palavra com a qual ela está relacionada, como ficará essa oração?

5 Leia o boxe ao lado e informe se *que*, no contexto do anúncio, é um pronome.

PARA LEMBRAR

Pronome: classe gramatical que substitui ou acompanha nomes, geralmente substantivos.

6 Agora compare os enunciados para responder às questões.

I. Conheça os fatos *que definiram o curso da História e o curso de História*.

II. Conheça os fatos *definidores do curso da História e do curso de História*.

a) Sintaticamente, qual é a função do termo destacado em II?
b) Podemos afirmar que, em I, a oração em destaque exerce a mesma função sintática em relação a *fatos*? Justifique sua resposta.

No enunciado que você analisou, uma oração, introduzida por um pronome (*que*) determina, especifica um termo da oração anterior (*fatos*). Os pronomes que relacionam orações são denominados **pronomes relativos**, e as orações introduzidas por eles, que exercem a função de adjunto adnominal de um substantivo ou outro nome da oração antecedente, são as **orações subordinadas adjetivas**.

A seguir, estudaremos esses dois assuntos, relacionados entre si.

O que é o pronome relativo?

Vamos retomar o enunciado do anúncio de filmes históricos:

"Conheça os fatos / **que** *definiram o curso da História [...]."*

(o pronome relativo retoma e substitui o substantivo *fatos*, ligando as duas orações)

Como você viu, o período está formado por duas orações: "Conheça *os fatos*" + "*Os fatos* definiram o curso da História [...]". Ao uni-las, em vez de repetir o substantivo *fatos*, o redator o substituiu pelo pronome *que*. Esse pronome, portanto, cumpre duas funções: retoma um substantivo da oração antecedente e introduz a oração subordinada seguinte. Denomina-se **pronome relativo**.

Pronome relativo é aquele que retoma um nome (substantivo, pronome, adjetivo, etc.) da oração antecedente e introduz uma oração subordinada adjetiva.

Reprodução proibida. Art. 184 do Código Penal e Lei 9.610 de 19 de fevereiro de 1998.

Os **pronomes relativos** são seis: *que*, *quem*, *onde*, *qual*, *cujo* e *quanto*. Dividem-se, quanto à forma, em dois grupos: os **variáveis** e os **invariáveis**. Observe a tabela:

Relativos invariáveis	Relativos variáveis em número e gênero
que, quem, onde	qual (o qual, a qual, os quais, as quais)
	cujo (cuja, cujos, cujas)
	quanto (quantos, quantas)

O emprego dos pronomes relativos

Em virtude de sua função coesiva de retomar um termo antecedente, o pronome relativo tem seu emprego determinado pela natureza desse termo.

Conheça a seguir os contextos de uso de cada um dos relativos.

Pronome	Contexto de uso	Exemplo
que	Retoma antecedentes que se referem a pessoas, animais, objetos, sentimentos.	Vi o filme **que** você recomendou. Ele, **que** nunca sai de casa, resolveu viajar.
qual	Substitui o pronome *que*, quando este, por ser invariável, provoca ambiguidade em alguns contextos. Também tem o objetivo de tornar o enunciado mais eufônico (com som mais agradável).	Ela é a autora do artigo **a qual** o jornal mencionou. (refere-se à autora) Ela é a autora do artigo **o qual** o jornal mencionou. (refere-se ao artigo) Este é o projeto **ao qual** me referi.
quem	Retoma antecedentes que se referem a pessoas ou a seres personificados.	Reencontrei o amigo com **quem** não falava há anos.
cujo	Indica posse, equivalendo a *do qual*, *de quem*, *de que*. Concorda em gênero e número com o possuidor. (Após o relativo *cujo*, não se usa artigo.)	As crianças **cujos** pais acabaram de chegar estão dispensadas. As bicicletas **cujos** donos não se apresentarem serão doadas.
onde	Retoma substantivos que nomeiam lugares físicos, geográficos.	Fiquei (no lugar) **onde** você me pediu que a esperasse.
quanto	*Quanto* e suas variações retomam os indefinidos *tudo* e *todos(as)*.	Tudo **quanto** ele exigiu foi feito.

Reprodução proibida. Art. 184 do Código Penal e Lei 9.610 de 19 de fevereiro de 1998.

Funções sintáticas dos pronomes relativos

Leia a tira Daiquiri, do cartunista Caco Galhardo, e responda oralmente ao que se pede.

DAIQUIRI **Caco Galhardo**

CACO GALHARDO

- Em que se apoia o humor da tira?

O enunciado do primeiro balão da tira foi construído a partir da união de duas orações: "Lili, você encrenca com todas as *mulheres*" + "Eu escolho *mulheres* pra mim".

Nesse exemplo, o substantivo *mulheres* (da primeira oração) foi retomado pelo pronome relativo *que*. Este passou a exercer, na segunda oração, a função sintática de objeto direto do verbo *escolher* (*mulheres*), o qual está substituindo.

Observe mais exemplos no quadro a seguir.

Funções sintáticas dos pronomes relativos	
Sujeito	Assisti a um filme **que** me encantou. (*que* substitui *filme* em "O filme me encantou")
Predicativo	Sou **quem** sou hoje graças à minha família. (*quem* substitui a ideia de, por exemplo, *uma boa pessoa* em: "Sou uma boa pessoa hoje")
Objeto direto	Ele procura um livro **que** o professor recomendou. (*que* substitui *livro* em: "O professor recomendou um livro")
Objeto indireto	A garota a **quem** me referi durante a palestra chegou. (*quem* substitui *garota* em: "Eu me referi à garota durante a palestra")
Complemento nominal	Não comente o assunto sobre **o qual** você tem dúvida. (*o qual* substitui *o assunto* em: "Você tem dúvida sobre o assunto")
Adjunto adverbial	O prefeito propôs a reforma do museu **onde** trabalho. (*onde* substitui *no museu* em: "Eu trabalho no museu")
Agente da passiva	Ele é o médico por **quem** meu pai foi operado. (*quem* substitui *médico* em: "Meu pai foi operado pelo médico")
Adjunto adnominal	Comprei o livro **cujo** autor recebeu o Nobel de Literatura. (*cujo* substitui *do livro* em: "O autor do livro recebeu o Nobel de Literatura")

Orações subordinadas adjetivas

Leia o anúncio produzido pelo Ministério da Saúde:

REPRODUÇÃO/MINISTÉRIO DA SAÚDE

Reprodução proibida. Art. 184 do Código Penal e Lei 9.610 de 19 de fevereiro de 1998.

Para alertar a população, o produtor do anúncio criou um texto de impacto, destacando as consequências graves da dengue. Observe como ele construiu o primeiro período desse texto:

pronome relativo (retoma o substantivo *doença*)

"*A dengue é uma doença séria* **que** *mata muitas pessoas por ano.*"

oração principal — oração com função de adjunto adnominal (= mortal)

A oração iniciada pelo pronome relativo tem função de adjunto adnominal da principal, pois determina o substantivo *doença* dessa oração.

No segundo período do texto principal do anúncio, há novamente uma oração com esta mesma função: adjunto adnominal de um substantivo da oração antecedente. Na oração principal desse período, o verbo (*ocorreram*) está subentendido. Veja:

pronome relativo (retoma o substantivo *mortes*)

(Ocorreram) "Mortes **que** *poderiam ser evitadas com ações simples..."*

oração principal — oração com função de adjunto adnominal (= evitáveis)

Essas orações, que exercem a mesma função sintática dos adjuntos adnominais *mortal* e *evitáveis*, respectivamente, e que são introduzidas por um pronome relativo, denominam-se **orações subordinadas adjetivas**.

A **oração subordinada adjetiva** é introduzida por pronome relativo e exerce a função sintática de adjunto adnominal de um substantivo ou pronome da oração antecedente.

Reprodução proibida. Art. 184 do Código Penal e Lei 9.610 de 19 de fevereiro de 1998.

Classificação semântica das orações subordinadas adjetivas

As orações subordinadas adjetivas se subdividem semanticamente em **restritivas** e **explicativas**.

Leia atentamente este período composto:

Os alunos **que** *trabalham durante o dia chegam cansados à aula.*

oração principal — oração subordinada adjetiva — oração principal

A oração subordinada adjetiva mostrada no exemplo nos permite interpretar que nem todos os alunos da turma trabalham durante o dia. Nesse contexto, tal oração **restringe**, **particulariza** o substantivo *alunos*: dentre o conjunto deles, chegam cansados à aula somente os que trabalham durante o dia. Por isso, essa oração é classificada como **subordinada adjetiva restritiva**.

A **oração subordinada adjetiva restritiva** particulariza, restringe, limita o significado do termo antecedente. Por isso, é indispensável ao sentido do enunciado.

Agora, leia o mesmo período com a oração adjetiva isolada por vírgulas. Preste atenção à informação que ela acrescenta ao termo antecedente:

Os alunos, ***que*** *trabalham durante o dia,* *chegam cansados à aula.*

oração principal | oração subordinada adjetiva | oração principal

Nesse segundo exemplo, a oração subordinada adjetiva "que trabalham durante o dia", assim isolada por vírgulas, acrescenta uma informação ao substantivo *alunos* que nos permite interpretar que todos eles (e não apenas uma parte) trabalham durante o dia. Desta vez, a oração é classificada como **subordinada adjetiva explicativa**.

A **oração subordinada adjetiva explicativa** é aquela que amplia o significado de um termo antecedente, acrescentando-lhe uma informação. Por isso mesmo, não é indispensável ao sentido do enunciado.

NAVEGUE

Observe o efeito expressivo obtido por Carlos Drummond de Andrade com o uso de orações subordinadas adjetivas em seu poema "Quadrilha": <http://www.revista.agulha.nom.br/drumm11.html>.

A pontuação nas subordinadas adjetivas

O que determina a pontuação das orações adjetivas é o seu sentido, isto é, seu aspecto semântico. Como você observou pelos exemplos dados, as orações explicativas, ao contrário das restritivas, são isoladas por vírgulas.

Orações subordinadas adjetivas reduzidas

Leia fragmento de reportagem publicada no *site* da revista *Superinteressante*:

SHUTTERSTOCK

A VIDA DE UM TÍMIDO (OU POR QUE AS BOCHECHAS FICAM VERMELHAS)

O tímido tem muito medo de passar vergonha em público. Por isso, pensa em cada palavra e gesto que vai fazer. Conheça aqui a história das pessoas que se amedrontam com gente. E descubra se você também é uma delas

por Karin Hueck

Gisele é uma capixaba que odeia fazer aniversário. Não é que se incomode em ficar velha — ela odeia é ter pessoas ao redor, cantando em sua homenagem. Ela foge tanto dos holofotes que nunca realizou o sonho de se casar na igreja só para não virar o centro das atenções vestida de noiva. [...]

Disponível em: <http://super.abril.com.br/cotidiano/vida-timido-ou-bochechas-ficam-vermelhas-622381.shtml>. Acesso em: 9 abr. 2013. (Fragmento).

Reprodução proibida. Art. 184 do Código Penal e Lei 9.610 de 19 de fevereiro de 1998.

Observe que, no parágrafo inicial da reportagem, os períodos estão organizados para descrever a jovem Gisele, cuja história será utilizada no texto para exemplificar a vida de pessoas tímidas. As principais características dessa moça são: ela é capixaba, não suporta ter pessoas ao seu redor nem ser o centro das atenções, por isso não gosta de comemorar aniversários e nunca realizou seu sonho de casar vestida de noiva em uma igreja.

Releia este período:

> *"[...] ela odeia é ter pessoas ao redor, cantando em sua homenagem."*

A oração sublinhada é uma **subordinada adjetiva reduzida**. Observe como seria sua forma desenvolvida:

pronome relativo (retoma *pessoas*)

"[...] ela odeia é ter pessoas ao redor, ***que*** *cantam em sua homenagem.*

oração subordinada adjetiva explicativa

Como você pôde observar, a oração organizada em torno da forma verbal *cantando* exerce a mesma função de uma subordinada adjetiva. Isso ocorre porque as orações subordinadas adjetivas podem ser também reduzidas. No exemplo em estudo, trata-se de uma **adjetiva explicativa reduzida de gerúndio**.

Outra construção comum é a oração adjetiva **reduzida de particípio**. Veja como ela se forma:

pronome relativo (retoma *livro*)

Identificamos o livro ***que*** *você procurava.*

oração principal | oração subordinada adjetiva restritiva **desenvolvida**

Identificamos o livro procurado por você.

oração principal | oração subordinada adjetiva restritiva **reduzida de particípio**

A regência nas orações subordinadas adjetivas

Em certos casos, é preciso empregar preposições antes dos pronomes relativos, conforme exigido pela regência de algumas palavras da oração adjetiva. Leia as orações abaixo e observe como elas se organizam para formar um só período:

preposição exigida pelo verbo *concordar*

O arquiteto apresentou o projeto. / Todos concordaram com o projeto.

preposição exigida pelo verbo *concordar*

O arquiteto apresentou o projeto com ***o qual*** *todos concordaram.*

oração principal | oração subordinada adjetiva restritiva

Reprodução proibida. Art. 184 do Código Penal e Lei 9.610 de 19 de fevereiro de 1998.

Ao transformar as duas orações em um único período, a preposição *com*, exigida pelo verbo *concordar* da segunda oração, passa a anteceder o pronome relativo, pois este desempenha a função de complemento do verbo.

Na oralidade, nem sempre é observado o emprego de preposição, mas em situações formais, principalmente na escrita, recomenda-se o uso.

Objeto educacional digital (animação)
- Orações subordinadas adjetivas

Atividades

Registre as respostas no caderno.

Leia a tira de Fernando Gonsales e responda às questões de 1 a 3.

NÍQUEL NÁUSEA **Fernando Gonsales**

1 Nessa tira ocorre intertextualidade com dois provérbios. Quais são eles?

2 Explique como se constrói o humor da tira.

3 No primeiro balão da tira há um pronome relativo.
a) Qual é ele?
b) O que explica a omissão do antecedente do pronome em contextos como esse?
c) Qual é a função sintática desse pronome relativo?

Leia o poema de André Laurentino, criado em 2008, por ocasião do aniversário da cidade de São Paulo, e responda às questões de 4 a 6.

Para você

Obrigado, São Paulo.
Pela minha vida apressada — que não me traz monotonia
Pelo trânsito insuportável — que me faz ouvir ***podcasts*** da **The New Yorker**
Pelo excesso de habitantes — que me fez conhecer uma gaúcha linda
Pela solidão de viver longe — que me deu um casamento
Pela violência – que me deixa mais em casa
Pelo medo de sofrer — que me deu o amor de filhas
Pelo ar mais poluído — que valoriza meus suspiros
Por ser tudo de pior — por ser tudo de melhor
Por ser tanto, São Paulo.
André Laurentino, um paulistano de Olinda.

Disponível em: <http://andrelaurentino.blogspot.com/2008/01/para-voc.html>. Acesso em: 9 abr. 2013.

***Podcast*:** arquivo em áudio (músicas, notícias) transmitido pela internet.

The New Yorker: *site* americano com informações sobre música, atualidades, literatura, etc.

Reprodução proibida. Art. 184 do Código Penal e Lei 9.610 de 19 de fevereiro de 1998.

4 Quais são os aspectos negativos da cidade de São Paulo destacados no poema de Laurentino?

5 Uma homenagem normalmente ressalta os aspectos positivos do homenageado. Como o eu lírico converte críticas em homenagens e que estruturas linguísticas permitem a construção desse contraponto?

6 Transcreva um verso que expresse a síntese de São Paulo para o eu lírico.

Leia o anúncio a seguir para responder às questões de 7 a 9.

REPRODUÇÃO/PROMOVIEW.COM.BR

7 Transcreva do texto verbal do anúncio a oração subordinada adjetiva.

8 Observa-se, na introdução dessa oração adjetiva, uma transgressão às normas urbanas de prestígio. Justifique essa afirmação.

9 Levante hipóteses sobre a ocorrência dessa transgressão.

Leia o fragmento de uma resenha do filme *Em um mundo melhor*, de Susanne Bier. Depois, responda às questões de 10 a 12.

Entre o drama e o dramalhão

O caminho entre um campo de refugiados na África e a bucólica paisagem campestre na Dinamarca é pavimentado pelas boas intenções nas mãos de Susanne Bier, diretora e roteirista de *Em um mundo melhor*. O filme, que levou o Globo de Ouro e o Oscar de melhor produção estrangeira, nasce e caminha no fio da navalha entre o drama e o dramalhão, entre a discussão dos chamados "grandes temas" e a manipulação sentimentalista do espectador.

[...]

Bravo!, ano 13, n. 164, abr. 2011. (Fragmento).

SONY PICTURES CLASSICS/COURTESY EVERETT COLLECTION/GRUPO KEYSTONE

Cena do filme *Em um mundo melhor*, de Susanne Bier. Dinamarca/Suécia, 2010.

10 Explique por que o filme resenhado poderia ser classificado tanto como "drama" quanto como "dramalhão".

11 Transcreva do texto da resenha a oração adjetiva e classifique-a.

12 Justifique por que a oração que você transcreveu está entre vírgulas.

Reprodução proibida. Art. 184 do Código Penal e Lei 9.610 de 19 de fevereiro de 1998.

13 Observe a obra *Les demoiselles d'Avignon*, de Pablo Picasso e, em seguida, leia as informações sobre o artista e sua obra.

THE GRANGER COLLECTION/OTHER IMAGES - MOMA, NEW YORK

PICASSO, Pablo. *Les demoiselles d'Avignon*. 1907. Óleo sobre tela, 243,9 × 233,7 cm.

- Aos vinte anos, Pablo Picasso modificou a realidade cognitiva com a obra, *Les demoiselles d' Avignon*.
- Essa tela é o marco do início da estética cubista.
- O pintor espanhol fascinou e escandalizou o público do século XX com sua obra.
- Nas obras cubistas, todos os aspectos de um tema são vistos simultaneamente em uma única dimensão.

Fonte: BECKETT, Wendy. *História da pintura*. São Paulo: Ática, 1997. p. 346-7.

Reúna esses dados em um texto expositivo que dê ao interlocutor algum conhecimento sobre Picasso e sua obra. Para construir um texto coeso, empregue, quando possível, as orações adjetivas. Fique atento à pontuação.

14 Explique a diferença entre os enunciados a seguir e classifique as orações subordinadas adjetivas:

- *Os governantes, que são eleitos diretamente, submetem-se à vontade popular.*
- *Os governantes que são eleitos diretamente submetem-se à vontade popular.*

Reprodução proibida. Art. 184 do Código Penal e Lei 9.610 de 19 de fevereiro de 1998.

O QUE VOCÊ APRENDEU NO PERCURSO DESTE CAPÍTULO

- Pronome relativo é aquele que retoma o termo antecedente (substantivo, pronome, adjetivo, advérbio ou mesmo uma expressão ou oração) e desempenha a função sintática desse termo na oração subordinada que introduz. Há seis pronomes relativos: *que, quem, onde* (invariáveis), *qual, cujo* e *quanto* (variáveis).
- A oração subordinada adjetiva desempenha a função de adjunto adnominal da oração principal e relaciona-se com ela por meio de um pronome relativo (quando está desenvolvida). Pode também apresentar-se na forma reduzida de gerúndio ou de particípio (a reduzida de infinitivo não é frequente no Brasil).
- A oração adjetiva classifica-se semanticamente como restritiva quando sua função é limitar o significado do termo ao qual se refere; e como explicativa quando amplia o significado do referente. Neste último caso, é isolada da oração principal por meio de vírgula(s).
- Ao estabelecer relação entre as orações, o pronome relativo pode vir antecedido de preposição, se a regência de algum nome ou verbo da oração adjetiva assim o determinar.

CAPÍTULO

26

Parônimos e sinais de pontuação

PERCURSO DO CAPÍTULO

- Emprego de algumas palavras e expressões parônimas
- Emprego de dois-pontos, aspas, travessão e parênteses

REPRODUÇÃO

Se o cartaz do filme norte-americano tivesse como título *Coração de cavalheiro*, que sentido ele teria? "Cavaleiro" e "cavalheiro" são palavras parônimas, ou seja, com pronúncias muito semelhantes, mas significados diferentes.

Introdução

O motorista "infringiu" ou "infligiu" as regras de trânsito? Ao escrever ou falar, você certamente já ficou em dúvida diante de palavras e expressões que se parecem muito na escrita e/ou na pronúncia, porém se diferenciam em relação ao significado. Essas palavras e expressões, denominadas parônimas, são um dos assuntos deste capítulo. O outro são certos sinais de pontuação que podem ajudá-lo a escrever textos mais claros e eficientes.

Reprodução proibida. Art. 184 do Código Penal e Lei 9.610 de 19 de fevereiro de 1998.

Leia o título do livro e observe a capa:

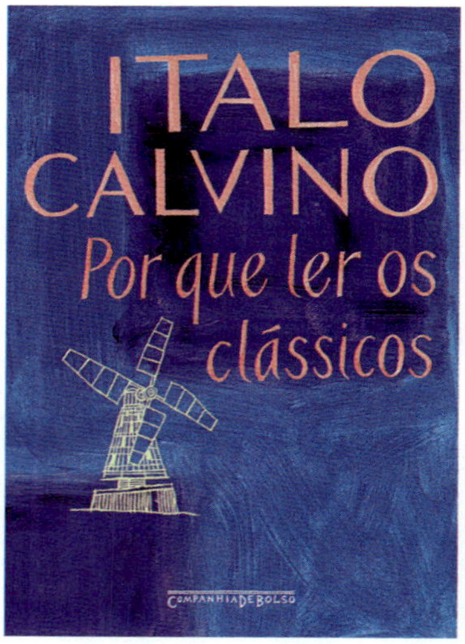

REPRODUÇÃO

Capa do livro *Por que ler os clássicos*, de Italo Calvino. Trad. Nilson Moulin. São Paulo: Companhia de Bolso, 2007.

REPRODUÇÃO

Capa do livro *Porque ela pode*, de Bridie Clark. Trad. Marcelo Mendes. Rio de Janeiro: Record, 2009.

Responda às questões oralmente.

1 Levante hipóteses: qual é o assunto do livro de Italo Calvino?

2 A que romance clássico a ilustração da capa faz referência?

3 Compare o título do livro de Calvino com o deste outro, ao lado, levando em conta também a linguagem não verbal da capa.
Qual dos títulos apresenta uma justificativa, e qual deles representa uma pergunta que possivelmente será respondida no próprio livro? Explique como você chegou a essa conclusão.

4 As expressões *por que* e *porque*, no título de cada livro, estão corretamente grafadas? Justifique sua resposta.

A forma com que grafamos as palavras da língua portuguesa depende de diversos fatores, entre eles os gramaticais (a que classe gramatical elas pertencem em determinado contexto), os etimológicos (origem das palavras) e os semânticos (sentidos das palavras). Algumas expressões e palavras provocam dúvida porque são muito parecidas, seja na grafia, seja na pronúncia, seja em ambos os aspectos. Elas são denominadas **parônimas** (do grego *paronumos*, "que têm nome parecido") e serão o primeiro ponto de nosso estudo neste capítulo. Além disso, revisaremos o emprego de alguns sinais de pontuação.

Algumas palavras e expressões parônimas

Por que / por quê

- A expressão **por que** é constituída por uma preposição (*por*) e um pronome interrogativo (*que*), e nela se encontram subentendidos os substantivos *motivo* ou *razão*:

  Por que *(motivo) ler os clássicos.*

- Quando a expressão *por que* ocorre no final de uma frase, seguida de ponto (final, de interrogação ou exclamação) ou de reticências, o pronome interrogativo *que* deve ser grafado com acento circunflexo:

  Estava angustiado e não sabia ***por quê****.*

- Há contextos, entretanto, em que a expressão *por que* é constituída por preposição e pronome relativo. Nesse caso, ela pode ser substituída por *pela qual*, *pelo qual* e variações. Observe os exemplos:

  As ruas ***por que*** *andamos estavam desertas.* (= pelas quais)

  Desistimos do projeto ***por que*** *lutamos durante tanto anos.* (= pelo qual)

PARA LEMBRAR

Pronomes relativos: retomam um nome (substantivo, pronome, adjetivo, etc.) da oração antecedente e introduzem uma oração subordinada adjetiva.

Porque / porquê

- **Porque**, na maioria dos contextos, é uma conjunção equivalente a *pois* ou *uma vez que*, introduzindo uma oração com valor explicativo ou causal. Veja:

  O gato deve ter fugido, ***porque*** *não o encontrei em lugar algum.* (= pois)

  Não vim ***porque*** *estava gripada.* (= uma vez que)

- O substantivo **porquê**, normalmente antecedido por um artigo ou pronome, significa "o motivo", "a razão". Leia um exemplo:

  Por favor, deixe claro o ***porquê*** *de tudo isso.* (= o motivo)

NAVEGUE

Teste seu conhecimento sobre os usos de *por que, por quê, porque* e *porquê* em: <http://www1.folha.uol.com.br/folha/interacao/quizfo21.shtml>.

Se não / senão

Como você sabe, **se** é uma conjunção condicional, equivalente a "caso". Em orações em que a condição seja negativa, pode ocorrer a sequência ***se não***:

Se não tiver dinheiro, adiarei a viagem. (= caso não tenha dinheiro)

SAIBA MAIS!

- A sequência *se não* também pode ocorrer quando *se* é uma conjunção integrante: *Perguntei* ***se não*** *havia mais crianças no pátio.*

Reprodução proibida. Art. 184 do Código Penal e Lei 9.610 de 19 de fevereiro de 1998.

Por sua vez, **senão** pode ser uma conjunção equivalente a "caso contrário", "a não ser" ou "mas sim", ou então um substantivo (precedido por um determinante) significando "defeito, falha, obstáculo". Observe os exemplos:

*Siga o mapa à risca, **senão** nos perderemos.* (= caso contrário)

*Não fazia outra coisa **senão** chorar.* (= a não ser)

*Não acho difícil entender, **senão** memorizar.* (= mas sim)

*Só via um **senão** no genro: era distraído demais.* (= defeito, falha)

⊙ Ao invés de / em vez de

Ao invés de é uma locução prepositiva equivalente a "ao contrário de". Só deve ser empregada, de acordo com a gramática normativa, em contextos nos quais ela estabeleça sentido de **oposição real** entre os termos relacionados. Observe os exemplos:

***Ao invés de** <u>subir</u>, ele <u>desceu</u>.*

Em vez de é uma locução prepositiva equivalente a "em lugar de", com valor semântico de substituição:

A menina ficou em casa, **em vez de** sair com as amigas.

SAIBA MAIS!

- *Ao invés de* nem sempre pode substituir *em vez de*. Contudo, esta última também pode ser usada para indicar oposição:

  ***Em vez de** (ou **ao invés de**) falar, ele se calou.*

⊙ Acerca de / há cerca de

A locução prepositiva **acerca de** equivale semanticamente a "sobre", "a respeito de":

*Fizemos uma reunião para discutir **acerca dos** novos rumos da banda.* (= a respeito de)

A expressão **há cerca de** significa "período aproximado de tempo transcorrido". Lembre-se de que o verbo *haver* indica, entre outros sentidos, "tempo transcorrido", e a expressão **cerca de** equivale a "aproximadamente".

Observe o valor semântico dessa expressão no *lead* da notícia a seguir, publicada na seção de economia do *site* UOL Notícias:

> Há cerca de 30 anos, a enfermeira Telma Maia Polo já fazia sucesso vendendo calçados no hospital em que trabalhava como chefe do centro cirúrgico em São José do Rio Preto (438 km a noroeste de São Paulo). Ela incrementava sua renda revendendo sapatos comprados na capital. [...]
>
> Disponível em: <http://economia.uol.com.br/ultimas-noticias/redacao/2012/11/05/ex-sacoleira-de-sapatos-cria-mais-de-20-lojas-em-30-anos.jhtm>. Acesso em: 12 abr. 2013. (Fragmento).

SHUTTERSTOCK

Só com a leitura do *lead*, é possível compreender que já faz aproximadamente 30 anos que a enfermeira começou a fazer sucesso vendendo calçados.

NAVEGUE

Acesse este *link* e conheça outras palavras parônimas: <http://minerva.ufpel.edu.br/~marchiori.quevedo/paronimos.htm>.

Reprodução proibida. Art. 184 do Código Penal e Lei 9.610 de 19 de fevereiro de 1998.

⊙ Há / a

Há (verbo *haver*) é comumente empregado para indicar tempo transcorrido, ou com o sentido de "existir".

***Há** anos não vou à praia.* (= faz anos)

*Nesta sala, só **há** duas janelas.* (= existem duas janelas)

E **a**, conforme você já estudou em outros capítulos, é uma preposição que pode expressar vários sentidos de acordo com o contexto: distância, conformidade, tempo, meio, etc.

*Moro **a** duas quadras do colégio.* (= distância)

*Ela puxou **à** mãe, tem os mesmos olhos.* (= conformidade)

*Daqui **a** pouco telefono para você.* (= tempo)

*Venho à escola **a** pé.* (= meio)

Alguns sinais de pontuação

⊙ Dois-pontos

Leia a tira a seguir, de Gus Morais:

GUS MORAIS/TOLI IARRE33

Na tira, os **dois-pontos (:)** são usados para introduzir explicações relativas ao termo antecedente. Esse sinal de pontuação pode ser empregado, ainda, para introduzir:

- um discurso direto: *Ele chegou e informou: "Amanhã, sairemos de férias!".*
- uma enumeração: *Aqui, encontrei o que esperava: verde, sossego e ar puro.*
- uma síntese: *Estou sem dinheiro, cansada e irritada. Enfim: em crise.*

Dois-pontos (:) é um sinal de pontuação que introduz explicações, falas, citações, enumerações, sínteses, etc.

Reprodução proibida. Art. 184 do Código Penal e Lei 9.610 de 19 de fevereiro de 1998.

⊙ Aspas

Leia o título de uma matéria jornalística:

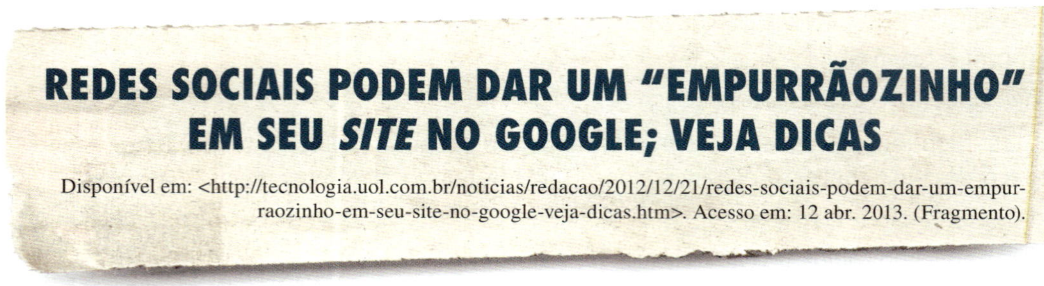
REDES SOCIAIS PODEM DAR UM "EMPURRÃOZINHO" EM SEU *SITE* NO GOOGLE; VEJA DICAS

Disponível em: <http://tecnologia.uol.com.br/noticias/redacao/2012/12/21/redes-sociais-podem-dar-um-empurraozinho-em-seu-site-no-google-veja-dicas.htm>. Acesso em: 12 abr. 2013. (Fragmento).

SHUTTERSTOCK

A palavra *empurrãozinho* é informal demais para o contexto, por isso foi colocada entre **aspas**. Empregam-se as aspas também para:

- indicar o início e o fim de um discurso direto:
  Quem não conhece a máxima de Descartes, "Penso, logo existo"?
  Finalmente ele concordou: "Vamos partir".
- destacar títulos de livros, contos, poemas, filmes, etc.:
  "Quadrilha" é um dos mais famosos poemas de Drummond.
- indicar gírias, estrangeirismos, neologismos e outros termos estranhos ao contexto:
  Paulo e outros "sanduichólatras" lotam a lanchonete na hora do intervalo.
- ressaltar uma expressão ou palavra proferida com entonação especial, geralmente com ironia:
  O desenho ficou tão "perfeito" que ninguém sabia dizer o que era.
  (O produtor do enunciado quer dizer que o desenho, na verdade, não ficou nada bom.)

As **aspas (" ")** são um sinal de pontuação utilizado para delimitar uma citação, um título, ou ainda para destacar determinada expressão, seja por se tratar de um termo estranho ao contexto (estrangeirismo, neologismo, gíria), seja por carregar um sentido conotativo especial, como a ironia.

⊙ Travessão

Leia um fragmento do conto "O adivinhador das mortes", pertencente ao livro *Estórias abensonhadas*, do escritor moçambicano Mia Couto:

[...] Quando seus olhos se conformavam com as sombras ele notou, abandonadas, as duas cruzinhas de marfim. Se baixou para as apanhar e, assim, posto de cócoras, encostou os marfins sobre as pálpebras. E esperou a chegada de um sinal. Uma voz lhe deu susto:

— O senhor quem é?
— Sou Adabo, venho ver o adivinho.
— Não pode.
— Eu pago, adiantado até. Aliás, o adivinho me deve...
— Não pode. O mestre já deu falecimento.
— Morreu?
[...]

COUTO, Mia. O adivinhador das mortes. *Estórias abensonhadas*. São Paulo: Companhia das Letras, 2012. p. 140-141. (Fragmento).

Reprodução proibida. Art. 184 do Código Penal e Lei 9.610 de 19 de fevereiro de 1998.

O **travessão**, nesse fragmento, desempenha uma de suas funções: marcar a mudança dos participantes do diálogo.

Observe o emprego do travessão no fragmento de uma crônica de Rachel de Queiroz, publicada em *O Estado de S. Paulo*.

A última crônica

Originalmente, a crônica foi publicada nesse jornal em 23 de março de 2003, sob o título "A inspiração vem para todos". Por ocasião do falecimento da escritora e colunista cearense, o texto foi republicado com esse outro título.

A noção comum que se tem a respeito do escritor é que pessoas excepcionais, nascidas com o dom de escrever bem o belo, são periodicamente visitadas por uma espécie de iluminação das musas, ou do Espírito Santo, ou de um outro espírito propriamente dito — fenômeno a que se dá o nome de "inspiração". O escritor fica sendo assim uma espécie de agente ou médium, que apenas capta as inspirações sobre ele descidas, manipulando-as no papel graças "àquele" dom de nascimento que é a sua marca.

Pode ser que existam esses privilegiados — mas os que conheço são diferentes. Não há nada de súbito, nem de claro, nem de fácil. O processo todo é penoso e dolorido — e se [se] pode comparar a alguma coisa, digamos que se parece muito com um processo fisiológico —, que se assemelha terrivelmente a uma gestação, cujo parto se arrastasse por muitos meses e até anos. [...]

QUEIROZ, Rachel de. A última crônica. *O Estado de S. Paulo*, São Paulo, 5 nov. 2003. Caderno 2, p. D3. (Fragmento).

O primeiro travessão que aparece no texto tem a função de acrescentar uma explicação ou um esclarecimento sobre o que foi mencionado antes: o nome do fenômeno que consiste em ser visitado por uma iluminação sobre-humana durante o processo criativo é "inspiração". Já os três travessões seguintes servem para enfatizar o trecho que eles isolam do restante da frase.

Travessão (—) é um sinal de pontuação empregado para distinguir a alternância dos interlocutores em um diálogo ou para destacar palavras, expressões ou frases no interior de um enunciado.

Reprodução proibida. Art. 184 do Código Penal e Lei 9.610 de 19 de fevereiro de 1998.

⊙ Parênteses

Leia a definição extraída de um livro infantojuvenil e observe a função dos parênteses no texto:

A tinta é pigmento (substância que dá cor) misturado com líquido (chamado de aglutinante). Ela é usada em pintura desde os tempos mais remotos, quando era feita de argila colorida. As tintas modernas ainda têm materiais naturais, mas substâncias químicas são adicionadas para torná-las mais firmes.

NEWBERY, Elizabeth. *Como e por que se faz arte*. São Paulo: Ática, 2003. p. 10.

Nesse texto, os parênteses têm a função de incluir explicações sobre os termos que os antecedem.

Observe a seguir outra função desse sinal de pontuação — incluir comentários ou reflexões:

[...] há um excesso de pessimismo nas previsões sobre o fim da família.

Multiplicam-se sinais de sua renovação. Os jovens seguem expressando o desejo de união (não necessariamente de casamento, mas que importa?) e a maioria das mulheres, se a condição permite, quer filhos.

[...]

Disponível em: <http://www1.folha.uol.com.br/equilibrioesaude/1205619-analise-da-familia-do-futuro-ao-futuro-da-familia.shtml>. Acesso em: 12 abr. 2013. (Fragmento).

Os **parênteses ( )** são um sinal de pontuação cuja função é incluir no enunciado uma reflexão ou explicação, ou um comentário do produtor do texto.

Atividades

Responda às questões em seu caderno.

1 Leia a capa do DVD e a sinopse do filme *Porque choram os homens*, publicada no *site* de uma locadora:

A história de uma garota judia, Suzie, que é obrigada a abandonar sua terra natal, a Rússia, para viver em Londres, onde descobre que é uma afinada cantora. A fim de desenvolver seu talento, ela se muda para Paris e entra para uma companhia de dança. Entre plumas e paetês, Suzie conhece a desinibida Lola, uma garota que pretende subir na vida, custe o que custar. A vida das amigas muda radicalmente quando Lola começa a ter um caso com o cantor de ópera italiano Dante, um homem arrogante e sensível, e Suzie se aproxima do cigano César, que se apaixona por ela perdidamente.

A guerra vai mudar o destino destas quatro pessoas que amam viver. Prepare seu coração para viver fortes emoções.

Disponível em: <http://www.2001video.com.br/produto/dvd-porque-choram-os-homens-46597.html#.UJwwLEKDCp0>. Acesso em: 12 abr. 2013.

REPRODUÇÃO

Capa do DVD do filme *Porque choram os homens*, dirigido por Sally Potter. França/Grã-Bretanha, 2000.

Depois de ler a resenha do filme, você faria alguma correção no título? Justifique.

2 Explique se o emprego de *ao invés de*, no título da notícia, está adequado de acordo com as normas urbanas de prestígio:

SHUTTERSTOCK

CONSUMIDORES PREFEREM PAGAR COM CARTÕES AO INVÉS DE CHEQUES

Disponível em: <http://globotv.globo.com/rede-globo/bom-dia-rio/v/consumidores-preferem-pagar-com-cartoes-ao-inves-de-cheques/2185594/>. Acesso em: 13 abr. 2013. (Fragmento).

Reprodução proibida. Art. 184 do Código Penal e Lei 9.610 de 19 de fevereiro de 1998.

3 Reescreva as frases das tiras, substituindo o símbolo pela preposição *a* ou pela forma verbal *há* (verbo *haver*), e justifique sua escolha.

Tira 1

André Dahmer

Tira 2

André Dahmer

4 Substitua, nos contextos a seguir, o símbolo ★ por *se não* ou *senão*.

Texto 1

Muitos de nós crescemos ouvindo apresentadores de TV, cantores, personagens de programas infantis e toda espécie de espalhadores profissionais de clichês repetindo à exaustão o mantra: "nunca desista dos seus sonhos". Há variações, como "persiga os seus objetivos até o fim" ou "tenha fé, que um dia você vai chegar lá". Como sempre, sabemos que a intenção é boa — e é importante receber encorajamento desse tipo. Mas é preciso ser racional e equilibrado. Não queremos destruir o sonho de ninguém, mas a ciência nos insta a dizer: nem sempre você vai alcançar os seus objetivos e é preciso aceitar isso. ★, corre o risco de se tornar um velhinho ranzinza e amargurado.

Disponível em: <http://super.abril.com.br/blogs/como-pessoas funcionam/tag/cliche/#>. Acesso em: 12 abr. 2013. (Adaptado para fins didáticos).

Texto 2

E ★ pudéssemos fazer dívidas?

Você não teria poupança e os banqueiros não enriqueceriam tanto

Disponível em: <http://super.abril.com.br/cotidiano/se-nao-pudessemos-fazer-dividas-656044.shtml>. Acesso em: 12 abr. 2013. (Adaptado para fins didáticos).

Reprodução proibida. Art. 184 do Código Penal e Lei 9.610 de 19 de fevereiro de 1998.

Texto 3

Tabacaria

[...]
(Come chocolates, pequena;
Come chocolates!
Olha que não há mais metafísica no mundo ★ chocolates.
Olha que as religiões todas não ensinam mais que a confeitaria.
Come, pequena suja, come!
Pudesse eu comer chocolates com a mesma verdade com que comes!
[...]

CAMPOS, Álvaro de. In: MARTINS, Fernando Cabral (Org.). *Ficções de interlúdio*. São Paulo: Companhia das Letras, 1998. p. 188. (Fragmento). (Adaptado para fins didáticos).

5 Reescreva o fragmento da reportagem a seguir, publicada no jornal *O Povo*, de Fortaleza, empregando, quando necessário, estes sinais de pontuação: dois-pontos, aspas e parênteses.

Os caminhos de Salvador Dalí

Entre a montanha e o mar, entre a Espanha e a França, vislumbra-se o cenário da Costa Brava, para quem quer percorrer os caminhos do mestre do surrealismo Salvador Dalí

Saindo de Barcelona Espanha, indo em direção à fronteira com o sul da França, pega-se a estrada AP.7, bem sinalizada, ampla, que permite que se desvende uma das regiões mais lindas da Espanha a Costa Brava.

[...]

Praias misteriosas debruçam-se entre rochas e o lugar que há séculos é denominado de Paraíso Azul conserva entre suas atrações a presença do imortal artista e mestre do surrealismo Salvador Dalí.

Definiu Dalí certa vez o lugar Aqui é um grande delírio geológico. O roteiro de Dalí é encantador. Ora harmoniza-se, ora choca-se com sua obra. Foi o artista contemporâneo mais famoso, depois de Picasso. [...]

Disponível em: <www.opovo.com.br/app/opovo/viagemelazer/2012/12/26/noticiasjornalviagemelazer,2977586/os-caminhos-de-salvador-dali.shtml>. Acesso em: 13 abr. 2013. (Fragmento adaptado para fins didáticos).

Reprodução proibida. Art. 184 do Código Penal e Lei 9.610 de 19 de fevereiro de 1998.

O QUE VOCÊ APRENDEU NO PERCURSO DESTE CAPÍTULO

- As palavras e expressões parônimas apresentam grafia e/ou pronúncia semelhantes, mas sentidos diferentes. Para empregá-las corretamente, precisamos observar a classe gramatical a que pertencem e, acima de tudo, o contexto em que ocorrem.
- Os dois-pontos introduzem esclarecimentos, citações, enumerações, sínteses.
- As aspas delimitam uma citação, um título ou então destacam uma palavra ou expressão estranha ao contexto, ou usada com sentido especial.
- Os travessões introduzem as falas de um diálogo ou destacam expressões no interior do enunciado.
- Os parênteses incluem informações extras, explicações ou reflexões.

CAPÍTULO

27

Concordância verbal e concordância nominal

PERCURSO DO CAPÍTULO

- O que é concordância
- Regras gerais de concordância verbal e nominal
- Alguns casos de concordância que podem provocar dúvida

JORGE MIÑO

MILHAZES. Beatriz. Modinha. 2007. Tinta acrílica sobre tela, 159 × 298 cm. De forma harmônica, Beatriz Milhazes reúne cores, formas, texturas, colagens em suas obras. Na construção de uma frase, a harmonia de flexão das palavras denomina-se concordância.

Introdução

Nas situações sociais em que se exige o emprego das normas urbanas de prestígio, é importante observar as relações de número, gênero e pessoa entre os termos da oração. Neste capítulo, você estudará algumas das principais regras de concordância verbal e nominal da língua portuguesa, determinadas pela gramática normativa.

Reprodução proibida. Art. 184 do Código Penal e Lei 9.610 de 19 de fevereiro de 1998.

Leia esta charge do norte-americano Paul Karasik, e responda oralmente às questões a seguir.

PAUL KARASIK

"Interessante esse tal de livro. Mas, enquanto houver leitores, haverá pergaminhos."

1 Como você sabe, as charges geralmente se referem a um fato social atual. A que acontecimento da atualidade essa charge faz referência?

2 Releia a afirmação do personagem que examina o livro: "[...] enquanto houver leitores, haverá pergaminhos".

a) Se fosse transposta para os dias de hoje, nos quais se observa o fenômeno que você identificou na pergunta anterior, como ficaria essa afirmação?

b) Qual é o posicionamento criticado pelo chargista e como ele construiu sua crítica?

c) Você concorda com a crítica expressa na charge? Explique claramente suas ideias.

3 Vamos retomar mais uma vez a fala do personagem: "[...] enquanto houver leitores, haverá pergaminhos".

a) Substitua o verbo *haver*, nessas duas orações, por *existir*. Faça as adaptações necessárias.

b) O que você notou de diferente quanto à flexão dos verbos *haver* e *existir*? Como explica essa diferença?

Ao estudar o sujeito (no capítulo 19), você observou que o verbo *haver*, quando tem o valor semântico de "existir", é impessoal e, portanto, flexiona-se apenas na 3ª pessoa do singular. Essa é uma regra de concordância verbal.

Neste capítulo, sistematizaremos as regras que orientam a **concordância verbal** e a **concordância nominal** em contextos formais de uso da língua portuguesa.

Concordância verbal e concordância nominal

A concordância é um mecanismo linguístico que consiste na flexão de uma palavra de acordo com aquilo a que ela se relaciona no enunciado.

Há dois tipos de concordância:

- **verbal**: estabelece relação de número e pessoa entre o sujeito e o verbo;
- **nominal**: estabelece relação de gênero e número entre o substantivo e os termos que o determinam (artigo, numeral, adjetivo, pronome adjetivo).

Reprodução proibida. Art. 184 do Código Penal e Lei 9.610 de 19 de fevereiro de 1998.

Leia o enunciado a seguir, e observe como concordam entre si o sujeito e o verbo, bem como os determinantes com o substantivo *filho*.

Pedro é o meu filho querido.

sujeito na 3ª pessoa do singular (com o qual o **verbo** concorda em número e pessoa)

núcleo do predicativo do sujeito (com o qual os **determinantes** concordam em gênero e número)

Concordância verbal: a relação entre o sujeito e o verbo

Fazer a concordância entre o sujeito e o verbo é uma das exigências das normas urbanas de prestígio. Como você já viu no capítulo 19, a regra geral é que o verbo se flexione para concordar com o sujeito da oração. Vejamos, a seguir, os casos específicos.

Casos específicos de concordância verbal

Sujeito composto anteposto ao verbo

Em geral, quando o sujeito composto está anteposto ao verbo, este vai para o plural:

Chuva e vento forte ***derrubaram*** *as árvores.*

Há, porém, situações em que o verbo pode permanecer no singular. Isso ocorre:

a) quando o sujeito composto é formado por núcleos sinônimos ou quase sinônimos:

Solidariedade e generosidade ***deve ser*** *nosso lema.*

sujeito composto por núcleos semanticamente muito próximos — locução verbal (pode ficar no singular)

b) quando o sujeito é composto por substantivos em uma sequência de gradação:

A garoa fina, a chuva forte, a tempestade o ***inspira*** *para criar.*

sujeito composto por núcleos em gradação — verbo (pode ficar no singular)

Há ainda um caso em que, mesmo sendo o sujeito composto, o verbo permanece sempre no singular. Isso ocorre quando os núcleos do sujeito composto vêm resumidos por *tudo*, *nada* ou outro pronome indefinido:

O ***sorriso****, o* ***olhar****, os* ***gestos****,* ***tudo*** *nela* ***fascinava****.*

núcleos (resumidos por pronome indefinido) — verbo no singular

Sujeito composto posposto ao verbo

Quando o sujeito composto está posposto ao verbo, este vai para o plural ou concorda com o núcleo mais próximo:

Fugiram o cão e o gato.

verbo no plural — sujeito composto posposto

Fugiu o **cão** e o gato.

verbo no singular — núcleo mais próximo

Sujeito composto por pessoas verbais diferentes

Se o sujeito composto apresenta como núcleos pessoas gramaticais diferentes, a concordância com o verbo obedece à seguinte ordem:

a) 1ª pessoa do plural: *Eu e tu* ***iremos*** *ao cinema.*

b) 2ª pessoa do plural: *Tu e teus filhos* ***sereis*** *protegidos.*

c) 3ª pessoa do plural: *Você e seus colegas* ***serão*** *aprovados.*

Verbo + pronome *se* apassivador

O verbo transitivo direto seguido do pronome apassivador *se* concorda com o sujeito paciente:

Procuram*-se* ***vagas*** *de trabalho.*

verbo transitivo direto + pronome apassivador — sujeito paciente no plural

Procura*-se* ***vaga*** *de trabalho.*

verbo transitivo direto + pronome apassivador — sujeito paciente no singular

Reprodução proibida. Art. 184 do Código Penal e Lei 9.610 de 19 de fevereiro de 1998.

Verbo + *se* (índice de indeterminação do sujeito)

Como você já sabe, a indeterminação do sujeito pelo uso do verbo na 3ª pessoa do singular + *se* só é possível quando ele é intransitivo ou transitivo indireto. Nesses casos, evidentemente, o verbo fica sempre no singular:

***Trata**-se de pessoas bem-informadas.* (verbo transitivo indireto)

***Vive**-se mais e melhor com os avanços da ciência.* (verbo intransitivo)

Expressões partitivas

Se o sujeito simples é formado por uma expressão partitiva (*a maioria de, parte de, uma porção de*, etc.), o verbo pode concordar com a expressão ou com o substantivo ou o pronome que a acompanham:

***A maior parte** dos alunos **foi reprovada**.* (concordância com a expressão partitiva)
*A maior parte dos **alunos foram reprovados**.* (concordância com o substantivo)

***Uma porção** de devotos **chegou** ao santuário.* (concordância com a expressão partitiva)
*Uma porção de **devotos chegaram** ao santuário.* (concordância com o substantivo)

Mais de, menos de, cerca de, perto de

Leia este título de matéria jornalística e observe a concordância do sujeito com o verbo:

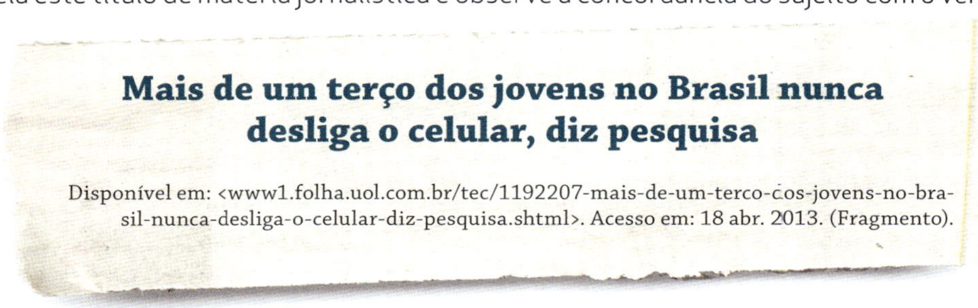
Mais de um terço dos jovens no Brasil nunca desliga o celular, diz pesquisa

Disponível em: <www1.folha.uol.com.br/tec/1192207-mais-de-um-terco-dos-jovens-no-brasil-nunca-desliga-o-celular-diz-pesquisa.shtml>. Acesso em: 18 abr. 2013. (Fragmento).

SHUTTERSTOCK

O verbo cujo sujeito é formado pelas expressões *mais de, menos de, cerca de, perto de* concorda com o numeral que segue tais expressões:

*"Mais de **um** terço dos jovens no Brasil nunca **desliga** o celular [...]"*

*Mais de **dois** terços dos jovens do Brasil nunca **desligam** o celular.*

Sujeito formado por substantivo no plural que nomeia lugar ou obra

Se o sujeito for formado por um substantivo próprio, no plural, que indique um lugar, o verbo ficará no plural se o substantivo for antecedido por um determinante no plural. Caso contrário, o verbo permanecerá no singular:

***Os** Estados Unidos* — nome de lugar no plural antecedido por determinante
são — verbo no plural
formados por 50 estados.

Vassouras — nome de lugar no plural sem determinante
preserva — verbo no singular
a memória da época do cultivo do café.

Reprodução proibida. Art. 184 do Código Penal e Lei 9.610 de 19 de fevereiro de 1998.

Se o núcleo do sujeito for formado por um substantivo no plural que indique o título de uma obra, o verbo pode ficar no plural ou no singular. Nesse último caso, a concordância ocorre com o termo implícito "a obra":

Os lusíadas **canta (cantam)** *o período glorioso de Portugal.*

nome de obra no plural — verbo no singular ou no plural

Sujeito formado por pronomes de tratamento

Concorda com o verbo na 3ª pessoa do singular (se o pronome estiver no singular) ou 3ª pessoa do plural (se o pronome estiver no plural):

Vossas Excelências ***tomaram*** *posse de seus mandatos.*

sujeito formado por pronome de tratamento no plural — verbo na 3ª pessoa do plural

Sujeito formado por substantivo coletivo

Concorda com o verbo na 3ª pessoa do singular:

O povo ***confia*** *em seus governantes.*

substantivo coletivo — verbo na 3ª pessoa do singular

Entretanto, quando o núcleo do sujeito coletivo é determinado por um adjunto adnominal no plural, o verbo pode flexionar-se na 3ª pessoa do plural:

O grupo ***de atletas*** ***embarcou (embarcaram)*** *ontem.*

sujeito coletivo + adjunto adnominal no plural — verbo na 3ª pessoa do singular ou do plural

Concordância ideológica ou silepse

Em algumas situações de uso, o produtor do texto estabelece a concordância não com o sujeito da frase, mas com a ideia que esse sujeito expressa. Há três tipos de silepse.

- **Silepse de gênero**: *Vossa Santidade está* ***pálido****.* (embora o sujeito esteja no feminino, seu predicativo concorda com a ideia de que o papa é um homem)
- **Silepse de número**: *O time manteve-se unido após a derrota.* ***Procuram*** *não dar entrevista à imprensa.* (a forma verbal *procuram* não está concordando com o sujeito oculto *time*, mas com a ideia que ele expressa: um grupo de jogadores)
- **Silepse de pessoa**: *Todos* ***fomos*** *ao cinema.* (a forma verbal *fomos* está na 1ª pessoa do plural porque o produtor da frase se incluiu no sujeito)

NAVEGUE

Quando a atriz Cacilda Becker morreu, em 1969, o poeta Carlos Drummond de Andrade criou, em sua homenagem, o poema "Atriz", em cujo segundo verso há uma silepse de número: "*Morreram* Cacilda Becker". Leia, no final do artigo, o poema de Drummond: <http://www.itaucultural.org.br/aplicexternas/enciclopedia_teatro/index.cfm?fuseaction=personalidades_biografia&cd_verbete=708>.

Concordância com os pronomes relativos *que* e *quem*

Quando o pronome relativo *que* exerce o papel de sujeito da oração, o verbo concorda com o antecedente desse pronome. Já com o relativo *quem*, o verbo normalmente concorda com o pronome, flexionando-se na 3ª pessoa do singular. Mas, embora seja menos usual, o verbo também pode concordar com o antecedente. Veja os exemplos:

As crianças *que* ***brincavam*** *no parque estavam felizes.*

verbo no plural (concorda com o antecedente do pronome *que*: *crianças*)

Reprodução proibida. Art. 184 do Código Penal e Lei 9.610 de 19 de fevereiro de 1998.

Fui eu ***quem escreveu*** *o texto.*

verbo na 3ª pessoa do singular (concordando com o pronome *quem*)

Fui ***eu*** *quem* ***escrevi*** *o texto.*

verbo na 1ª pessoa do singular (concordando com o antecedente *eu*)

Um dos + substantivo no plural + que

Em construções nas quais o pronome relativo *que* é antecedido pela expressão *um dos* + substantivo no plural, o verbo normalmente vai para o plural, mas também pode ficar no singular, caso se queira destacar, do grupo, a pessoa ou o objeto de que se fala:

Dadá foi ***um dos jogadores*** *que mais* ***participaram (participou)*** *do jogo.*

Concordância com o verbo *ser*

PARA LEMBRAR

Na maioria dos contextos, *ser* é verbo de ligação, isto é, liga o sujeito ao seu predicativo:

Os jovens (sujeito) ***são*** (v. ligação) ***felizes.*** (pred. do sujeito)

• Sujeito e predicativo nomeiam "coisas"

Quando o sujeito e o predicativo nomeiam "coisas" e estão flexionados em números diferentes, o verbo *ser* normalmente concorda com o termo que está no plural:

Tua lembrança (sujeito no singular) ***são*** (concordância com o termo no plural (neste caso, o predicativo)) *fatos desconexos.*

Entretanto, se o produtor da frase quiser destacar o termo que está no singular, ele pode flexionar o verbo no singular: *A vida* ***é*** *flores.*

• Sujeito ou predicativo nomeia pessoa ou é representado por pronome pessoal

Nesse caso, o verbo *ser* concorda sempre com o sujeito ou o predicativo que se refiram a pessoas:

Minha alegria (sujeito no singular) ***são*** (concordância com o termo no plural (predicativo que nomeia pessoas)) *as crianças.*

O futuro (sujeito no singular) ***somos*** (concordância com o termo no plural (predicativo representado por pronome)) *nós.*

• Verbo *ser* indicativo de hora, distância e data

Nas indicações de hora e distância, o verbo *ser* é impessoal e concorda com o núcleo do predicativo (o numeral). Nas indicações de data, é possível concordar com os substantivos *dia* ou *dias*, explícitos ou subentendidos (antes ou depois do numeral). Observe:

Agora ***é uma*** *hora; quando* ***forem duas e meia****, ele partirá.*

São dez *quilômetros até a cidade, mas* ***é*** *apenas* ***um*** *até a fonte.*

Hoje ***são dois*** *de fevereiro.* (concordância com o numeral)

Hoje ***é (dia)*** *dois de fevereiro, amanhã* ***será (dia)*** *três.* (concordância com o substantivo *dia*, subentendido antes do numeral)

Reprodução proibida. Art. 184 do Código Penal e Lei 9.610 de 19 de fevereiro de 1998.

- **Verbo *ser* em expressões indicativas de quantidade**

O verbo *ser* é invariável com estas expressões: *é muito, é pouco, é suficiente, é bastante*.

*Cinco quilômetros até em casa **é muito** para ir a pé.*
*Dois meses **é pouco** para viajar pelo interior do país.*
*Três quilos de arroz **é suficiente**.*
*Cem brigadeiros **é bastante** para o número de convidados.*

Concordância com os verbos impessoais

Leia a tira de Charles Schulz e observe o verbo impessoal *fazer*:

MINDUIM **Charles M. Schulz**

PEANUTS, CHARLES SCHULZ © PEANUTS WORLDWIDE LLC./DIST. BY UNIVERSAL UCLICK

Em "*Fazia* anos que eu não pensava na Fifi", o verbo *fazer* é impessoal e indica tempo decorrido, portanto só se flexiona na 3ª pessoa do singular. Isso ocorre também com o impessoal *haver* quando ele é sinônimo de "existir" ou "acontecer", ou quando indica tempo decorrido. Veja os exemplos:

***Há** poucas pessoas interessadas no curso.* (sinônimo de "existir")
*Nos feriados, **houve** alguns acidentes nas estradas.* (sinônimo de "acontecer")
***Há** muitos anos não penso em Fifi.* (indica tempo decorrido)

SAIBA MAIS!

- Nas **locuções verbais**, os verbos auxiliares dos impessoais também ficam na 3ª pessoa do singular:

***Deve haver** alunos matriculados no curso de História da Arte.*
***Pode fazer** muitos anos que eles moram no Brasil.*

Concordância nominal: a relação entre o substantivo e seus determinantes

A concordância entre o substantivo e seus determinantes também é uma exigência das normas urbanas de prestígio.

A regra geral de concordância nominal estabelece que as palavras que se relacionam com os substantivos (artigos, adjetivos, numerais, pronomes adjetivos e particípios) flexionem-se em gênero e número com eles. Veja:

O aluno inteligente tirou a nota máxima.

Os determinantes *o* e *inteligente* concordam com o substantivo *aluno* (masculino singular), assim como os determinantes *a* e *máxima* concordam com *nota* (feminino singular).

Reprodução proibida. Art. 184 do Código Penal e Lei 9.610 de 19 de fevereiro de 1998.

Casos específicos de concordância nominal

Um adjetivo referindo-se a dois ou mais substantivos

- **Adjetivo posposto aos substantivos**

Ganhou ***sapato e camisa novos****.*

Ganhou sapato e ***camisa nova****.*

Quando o adjetivo está posposto aos substantivos, ele pode concordar com todos eles ou apenas com o mais próximo.

- **Adjetivo anteposto aos substantivos**

Demonstrou ***imensa disponibilidade*** *e interesse pela função.*

Quando anteposto aos substantivos, o adjetivo concorda com o mais próximo.

Concordância nominal com o predicativo

Quando o adjetivo vem depois dos substantivos, mas exerce função de predicativo do sujeito, ele obrigatoriamente concorda com todos os substantivos:

O bom senso e a tolerância *são* ***atributos fundamentais*** *à vida em sociedade.*

Se o adjetivo vier antes dos substantivos e exercer a função de predicativo do sujeito ou do objeto, ele poderá concordar com o substantivo mais próximo ou com os dois:

Era ***forte o pai*** *e o filho. / Eram* ***fortes o pai e o filho****.*

Reprodução proibida. Art. 184 do Código Penal e Lei 9.610 de 19 de fevereiro de 1998.

Um substantivo determinado por dois ou mais adjetivos

O vendedor mostrou ***o produto*** *novo e* ***o*** *antigo.*

O rapaz apresentou ***os produtos*** *novo e antigo.*

Quando um único substantivo (*produto*) for determinado por dois adjetivos (*novo* e *antigo*), são possíveis as seguintes concordâncias: mantém-se o substantivo no singular (como na primeira oração) e repete-se o artigo (**o**) que acompanha o substantivo antes do adjetivo; ou flexiona-se o substantivo no plural, sem repetição do artigo antes do adjetivo (como na segunda oração).

É proibido, é necessário, é bom

Essas expressões são invariáveis, exceto se o núcleo do sujeito vier antecedido por artigo ou outro determinante. Nesse caso, concordam com esse núcleo:

É proibido *retirada de ingressos antecipados.*
É proibida a *retirada de ingressos antecipados.*

É necessário *compra de mantimentos.*
É necessária a *compra de mantimentos.*

Sopa ***é bom*** *para a sua dieta.*
A *sopa* ***é boa*** *para sua dieta.*

Palavras que podem ser adjetivos ou advérbios

As palavras *barato, bastante, meio, mesmo, muito, pouco, só*, quando modificam verbos ou adjetivos, são advérbios e, portanto, invariáveis. Mas, quando determinam substantivos, são variáveis e, assim, flexionam-se em gênero e número com estes:

Ela estava ***meio*** *preocupada com as provas.* (= um pouco)
(advérbio, portanto invariável)

Ela não é uma pessoa de ***meias*** *palavras.* (= pela metade)
(adjetivo, portanto concorda com o substantivo)

Eu ***só*** *quero seu carinho.* (= somente)
(advérbio, portanto invariável)

Elas estão muito ***sós***. (=sozinhas)
(adjetivo, portanto concorda com o substantivo)

NAVEGUE

A banda Ultraje a Rigor, em seu disco de estreia, gravou a canção "Inútil", utilizando-se de desvios de concordância para criar um efeito irônico. Conheça a música em: <www.agencianatural.com.br/ultraje/letras6.php?disco_letras_musica6=In%C3%BAtil>.

SAIBA MAIS!

- A expressão *a sós* também é invariável, por ser locução adverbial de modo: *Deixe-me* ***a sós****, não quero companhia.*

Obrigado, anexo, próprio, quite

Leia a tira a seguir, de Charles M. Schulz.

MINDUIM **Charles M. Schulz**

PEANUTS, CHARLES SCHULZ © PEANUTS WORLDWIDE LLC./DIST. BY UNIVERSAL UCLICK

Ao agradecer à avó pelos *cookies* de Natal, a personagem Sally emprega a forma *obrigada*, e não *obrigado*.

Palavras como *obrigado, anexo, próprio* e *quite* são adjetivos e, portanto, devem flexionar-se em gênero e número com o substantivo a que se referem, como na tira. Observe outros exemplos:

Envio as ***contas anexas*** *ao cheque para o pagamento.*
(flexiona-se no feminino plural, concordando com o substantivo *contas*)

Eles próprios *preparam os comes e bebes.*
(flexiona-se no masculino plural, concordando com o sujeito *eles*)

*(****Eu****) Paguei minha dívida e fiquei* ***quite*** *com o clube.*
(fica no singular e concorda com o sujeito oculto *eu*)

Reprodução proibida. Art. 184 do Código Penal e Lei 9.610 de 19 de fevereiro de 1998.

Atividades

Responda às questões no caderno.

1 Leia este fragmento, retirado do romance *Fernão Capelo Gaivota*, de Richard Bach:

> [...]
>
> A maior parte das gaivotas não se preocupa em aprender mais do que os simples fatos do voo — como ir da costa à comida e voltar. [...]
>
> BACH, Richard D. *Fernão Capelo Gaivota*. Rio de Janeiro: Nórdica, s.d. p. 14-15. (Fragmento).

Por que a forma verbal *preocupa*, no trecho, está no singular? Ela poderia flexionar-se no plural? Explique.

Reprodução proibida. Art. 184 do Código Penal e Lei 9.610 de 19 de fevereiro de 1998.

Leia este anúncio do Departamento Nacional de Trânsito (Denatran) e outros órgãos federais, veiculado em 2012. Depois, responda às questões de 2 a 5.

REPRODUÇÃO/DENATRAN/GOVERNO FEDERAL

2 Relacione as linguagens verbal e não verbal do anúncio e explique a que se refere a frase em destaque: "A cada ano, cerca de 2.000 crianças aposentam seus brinquedos".

3 Levante hipóteses: por que os redatores do anúncio escolheram o verbo *aposentar*, nesse contexto?

4 As informações numéricas, no anúncio, têm valor argumentativo? Explique.

5 Para expressar os valores numéricos, o produtor do anúncio faz uso das expressões *cerca de* e *mais de*. Justifique a concordância do verbo com o sujeito nesses casos.

Leia a tira de Fernando Gonsales para responder às questões de 6 a 8.

NÍQUEL NÁUSEA Fernando Gonsales

6 O rato que aparece nesta tira é o Sábio do Buraco, personagem que, segundo o *site* do cartunista, "alterna momentos de profunda sabedoria com momentos de pura esclerose".

a) Na tira, quais dos "momentos" do personagem estão em evidência?

b) Como isso contribui para o humor da tira?

7 Justifique a flexão dos verbos na primeira pessoa do plural nos balões dos quadrinhos 1, 3 e 4 da tira.

8 Por se tratar de uma tira, em que a linguagem é informal, que outra concordância poderia se estabelecer entre esses verbos e os sujeitos a que se referem?

9 Leia esta outra tira de Fernando Gonsales:

NÍQUEL NÁUSEA Fernando Gonsales

a) A expressão *meio tímidos* e as onomatopeias constroem o humor da tira. Justifique a afirmação.

b) Por que, no enunciado, *meio* não concorda em número com *tímidos*?

Reprodução proibida. Art. 184 do Código Penal e Lei 9.610 de 19 de fevereiro de 1998.

O QUE VOCÊ APRENDEU NO PERCURSO DESTE CAPÍTULO

- Em português, há dois tipos de concordância: verbal e nominal.
- Regra básica de concordância verbal: o verbo concorda em número e pessoa com o sujeito.
- Regra básica de concordância nominal: os adjetivos, artigos, numerais e pronomes adjetivos concordam em gênero e número com os substantivos que acompanham.
- Silepse é uma figura de linguagem que consiste na concordância com a ideia, e não conforme as regras tradicionais. Pode ser de número, de pessoa ou de gênero.

CAPÍTULO

28

Regência verbal, regência nominal e crase

PERCURSO DO CAPÍTULO

- Regência verbal e regência nominal
- Verbos que mudam de sentido conforme a regência
- Regência de alguns verbos de acordo com as normas urbanas de prestígio
- Regência nominal: relação entre nomes
- Crase: fusão da preposição *a* com o artigo *a*

JOSHUA SUDOCK/ZUMA PRESS/CORBIS/LATINSTOCK

O maestro Franz Welser-Most rege a orquestra de Cleveland em concerto na Califórnia, EUA, em abril de 2012. O regente da orquestra determina a entrada dos instrumentos para a construção da melodia. Assim, também, alguns verbos e nomes determinam a presença de seus complementos para a construção de sentido dos enunciados. A relação que se estabelece entre esses termos denomina-se regência.

Introdução

Em português, há regras que determinam as relações entre verbos e nomes e seus respectivos complementos. Essas relações garantem a construção de enunciados claros e lógicos, por isso é importante que você as conheça e saiba empregá-las adequadamente em diferentes situações de comunicação. Neste capítulo, estudaremos as regências verbal e nominal, além da crase.

Leia a tira Bichinhos de Jardim, de Clara Gomes:

BICHINHOS DE JARDIM — Clara Gomes

Aliciador: sedutor.

Responda às questões oralmente.

1 Qual é a crítica expressa na tira?

2 Observe o primeiro balão da tira.

a) Qual é o sentido do verbo *assistir*?

b) Na frase "A comunidade assistiu os desabrigados da chuva", esse sentido se mantém?

c) Observe esse verbo nos dois contextos (tira e frase). Informe a predicação verbal (verbo transitivo direto, indireto ou intransitivo) que ele adquire em cada contexto.

3 No último quadrinho, outro problema relacionado à programação infantil – além da violência dos desenhos animados da TV – é mencionado: há comerciais que aliciam crianças para o consumo. Na tira, podemos retirar a expressão *de miniconsumidores* da fala de Tuta?

Como você observou ao responder às questões anteriores, alguns verbos em nossa língua relacionam-se diretamente com seu complemento ("*assistiu* **os** desabrigados"), enquanto outros o fazem indiretamente, por meio de preposição ("*assistir* **à** programação"). Alguns nomes (substantivos e adjetivos) e advérbios também se relacionam com um complemento obrigatório, por meio de preposição, como o adjetivo *aliciador* (na tira).

Reprodução proibida. Art. 184 do Código Penal e Lei 9.610 de 19 de fevereiro de 1998.

À relação entre os verbos e seus complementos dá-se o nome de **regência verbal**. E entre os nomes e seus complementos, **regência nominal**. Neste capítulo, estudaremos esses dois tipos de regência e também a **crase**.

O que é regência?

Antes de responder a essa pergunta, leia a tira de Angeli.

Angeli

ANGELI

Reprodução proibida. Art. 184 do Código Penal e Lei 9.610 de 19 de fevereiro de 1998.

Observe algumas situações de rejeição lamentadas pela personagem:

"Bruno não me quer."

"Rui não me liga."

"Mário me evita."

Em todos esses enunciados, as formas verbais *quer*, *liga* e *evita* determinam a existência do complemento *me*.

- O sentido desses enunciados seria o mesmo se eliminássemos o complemento *me*?

Você notou que se estabeleceu entre as formas verbais dos enunciados e seu respectivo complemento uma relação de dependência quanto ao sentido? Essa relação denomina-se **regência**. O termo **regente** (*quer*, *liga*, *evita*) determina a existência de um complemento, o termo **regido** (*me*), que completa o sentido daquele por meio de uma preposição ou não.

Na língua portuguesa há dois tipos de regência: a verbal (em que o termo regente é um verbo) e a nominal (em que o termo regente é um nome: substantivo, adjetivo ou advérbio). Trataremos disso a seguir.

Regência verbal: relação entre o verbo e seu complemento

Como já estudamos, quando o verbo é o termo regente, estabelece-se entre ele e seu complemento, o termo regido, a regência verbal. Naturalmente, como usuário da língua, você identifica os verbos que necessitam de complemento (objeto direto e/ou indireto) ou não. Esse mecanismo linguístico denomina-se **regência verbal**.

> **Regência verbal** é a relação estabelecida entre o verbo (termo regente) e seu complemento (termo regido), que pode ser objeto direto ou indireto.

Há em português, contudo, alguns verbos que apresentam uma característica particular: eles alteram seu significado de acordo com a regência.

NAVEGUE

Na canção "Dançando", gravada por Adriana Calcanhotto, o compositor Péricles Cavalcanti explora a regência diversa do verbo *dançar*, ora utilizando-o como intransitivo, ora como transitivo direto. Ouça a canção e leia a letra em: <http://www.radio.uol.com.br/#/letras-e-musicas/adriana-calcanhotto/dancando/16636>.

O quadro a seguir apresenta os casos mais comuns de verbos cujo significado é alterado de acordo com a regência. Consulte-o sempre que tiver dúvida. Ele poderá auxiliá-lo principalmente na produção de textos.

Verbo	Significado	Exemplo
agradar	acariciar – VTD satisfazer – VTI	Lave as mãos depois de agradar os animais. A música não agradou aos convidados
aspirar	inspirar – VTD desejar – VTI	Aspiramos o ar puro da montanha. Ele aspira ao cargo de diretor do colégio.
assistir	presenciar – VTI dar assistência – VTD caber – VTI morar – VI	Assistimos ao filme que você recomendou. A ONG assistiu os desabrigados. A decisão não assiste a nós. Mariano já assistiu em vários países.
custar	ser difícil – VTI acarretar – VTD	Custa ao jovem escolher uma carreira. A reforma da casa custou meses de trabalho.
querer	estimar – VTI desejar – VTD	Ninguém me quer. Quero seu sucesso!
visar	almejar – VTI dar visto em – VTD mirar – VTD	Ela visa à fama. O professor visou a prova do aluno. O caçador visou o alvo.

Verbos que oferecem dúvidas quanto à regência

Esquecer / lembrar

Nas normas urbanas de prestígio, quando significam "perder (ou recuperar) a lembrança de algo", esses dois verbos precisam seguir uma destas regências: ou são pronominais (esquecer-se/lembrar-se) e têm o objeto introduzido por preposição (de), ou então não são pronominais e recebem um objeto direto. Veja os exemplos:

Esqueci-me ***do*** *seu nome.* (Esqueci-me: VTI pronominal; do seu nome: objeto indireto) ou *Esqueci o seu nome.* (Esqueci: VTD; o seu nome: objeto direto)

Ainda me lembro ***do*** *que passei.* (me lembro: VTI pronominal; do que passei: objeto indireto) ou *Ainda lembro o que passei.* (lembro: VTD; o que passei: objeto direto)

Em certos sentidos mais específicos, são usados apenas como verbos transitivos diretos:

Joana lembra a avó. (= fazer lembrar)

Esqueci o guarda-chuva no trem. (= deixar por distração)

Esqueceram as mágoas e se reconciliaram. (= abandonar, superar)

SAIBA MAIS!

- Como você observou, construções como "esqueceu do compromisso" ou "lembrou de telefonar" (forma não pronominal + objeto indireto) devem ser evitadas em registros formais, quando as normas urbanas de prestígio devem ser estritamente seguidas. Porém, essas construções são bastante comuns em contextos mais informais.

Reprodução proibida. Art. 184 do Código Penal e Lei 9.610 de 19 de fevereiro de 1998.

Informar

Esse verbo tem valor semântico de "dar notícia", "esclarecer" e admite duas construções. Confira os exemplos:

Informei (VTDI) *o casal* (objeto direto) ***sobre o / do** preço do apartamento.* (objeto indireto)

Informei (VTDI) ***ao** casal* (objeto indireto) *o preço do apartamento.* (objeto direto)

Como você observou, o verbo *informar* pede dois complementos diferentes: um **objeto direto** e um **indireto**, este último iniciado pelas preposições *a* ou *sobre* (ou *de*).

Ir / chegar

Esses verbos intransitivos relacionam-se com os adjuntos adverbiais de lugar por meio da preposição *a*, como nos exemplos a seguir:

Cheguei (VI) ***à*** (contração da preposição *a* + artigo *a*) *escola.* (adj. adv. lugar)

Você irá (VI) ***ao*** (combinação da preposição *a* + artigo *o*) *cinema conosco?* (adj. adv. lugar)

Obedecer / desobedecer

Esses dois verbos antônimos apresentam a mesma regência: o complemento que indica a quem ou a que se obedece ou desobedece é um **objeto indireto**, introduzido pela preposição *a*. Veja:

Ele obedece (VTI) ***às*** (contração da preposição *a* + artigo *as*) *regras do jogo.* (objeto indireto)

Você desobedeceu (VTI) ***ao*** (combinação da preposição *a* + artigo *o*) *monitor.* (objeto indireto)

Pagar / perdoar

Paga-se ou perdoa-se algo a alguém. Assim, o complemento que representa esse *alguém* é sempre um **objeto indireto**, enquanto o que representa esse *algo* é um **objeto direto**. Veja:

Pagamos (VTDI) *o aluguel* (objeto direto) ***ao*** (combinação da preposição *a* + artigo *o*) *proprietário do imóvel.* (objeto indireto)

Perdoamos (VTDI) *o esquecimento* (objeto direto) ***aos*** (combinação da preposição *a* + artigo *os*) *nossos amigos.* (objeto indireto)

Reprodução proibida. Art. 184 do Código Penal e Lei 9.610 de 19 de fevereiro de 1998.

Simpatizar / antipatizar

Esse é outro caso de verbos com sentidos opostos que possuem a mesma regência: o complemento é um **objeto indireto**, introduzido pela preposição *com*. Observe os exemplos:

preposição

Maria simpatizou ***com*** *Joaquim.*

VTI — objeto indireto

preposição

Antipatizei ***com*** *essa ideia!*

VTI — objeto indireto

Regência nominal: relação entre nomes

Leia a tira do personagem Garfield, de Jim Davis, e responda à questão oralmente.

GARFIELD — Jim Davis

GARFIELD, JIM DAVIS © 2011 PAWS, INC. ALL RIGHTS RESERVED/DIST. UNIVERSAL UCLICK

- **O que causa estranhamento em Garfield, produzindo o humor da tira?**

Na tira, o humor é construído a partir de uma questão gramatical: a regência nominal.

O substantivo *cuidado* exige um complemento que lhe integre o sentido (com o que se deve ter cuidado: com um cachorro? com um buraco?). A relação entre esses dois termos é estabelecida pela preposição *com*. Observe:

preposição

Cuidado ***com*** *o cachorro!*

substantivo (termo regente) — complemento nominal (termo regido)

A relação entre um **nome** (termo regente) e seu **complemento** (termo regido) é chamada de **regência nominal**.

O substantivo *cuidado* também pode se relacionar com seu complemento por meio das preposições *a*, *em*, *de* e *para*, como nestes exemplos:

É preciso ter cuidado ***ao/em*** *expressar certas opiniões.*

Via-se em suas palavras o cuidado ***de/para*** *não magoar os parceiros.*

Reprodução proibida. Art. 184 do Código Penal e Lei 9.610 de 19 de fevereiro de 1998.

Você já estudou que, muitas vezes, a mudança da preposição implica mudança também na relação semântica entre os termos regente e regido.

Leia, no quadro a seguir, alguns nomes e advérbios e as preposições que normalmente estabelecem a relação entre eles e os termos regidos:

Alguns nomes (substantivos e adjetivos) e advérbios	Preposição	Exemplos
Acessível, apto, avesso, idêntico, obediente, preferível, próximo, favoravelmente.	a	Ele é avesso **a** injustiças. O juiz deliberou favoravelmente **à** causa.
Afável, compatível, cruel, cuidadoso, tolerante, ansioso, responsável, respeito.	com	Seu tipo sanguíneo é compatível **com** o meu. João é responsável **com** suas obrigações.
Ávido, capaz, certo, comum, curioso, semelhante, fértil, passível, perto, longe.	de	Ele é capaz **de** tudo. Pedro mora longe **de** mim.
Entendido, exato, fértil, forte, hábil, perito, sábio.	em	Ele é perito **em** Direito Ambiental. Márcia foi sábia **em** fazer essa escolha.
Bom, essencial, incapaz, útil, prejudicial.	para	A pesquisa é útil **para** a ciência. Dormir bem é essencial **para** a saúde.
Dúvida, influência.	sobre	Ele exerceu influência **sobre** minhas decisões. Tenho minhas dúvidas **sobre** o assunto.

Regência nominal é a relação estabelecida entre um nome (termo regente) e seu complemento (termo regido) por meio de preposição.

Reprodução proibida. Art. 184 do Código Penal e Lei 9.610 de 19 de fevereiro de 1998.

A crase

Leia os exemplos a seguir:

prep. *a* + artigo *a* | prep. *a* + artigo *as*

Preste atenção **à** *aula* e **às** *instruções do professor.*

termo regente (exige preposição *a*) | termo regido (antecedido do artigo *a*) | termo regido (antecedido do artigo *as*)

prep. *a* + artigo *a*

Assisti **à** *peça* O auto da compadecida.

termo regente (exige preposição *a*) | termo regido (antecedido do artigo *a*)

Quando o termo regente exigir a preposição *a* e o regido for antecedido do artigo definido feminino *a(s)*, ocorre a **crase**.

Crase é a fusão ou união da preposição *a* com o artigo definido feminino *a(s)*. Na escrita, esse fenômeno é indicado pelo acento grave (`).

Existem algumas situações em que a crase não está determinada pelas regências verbal ou nominal. É o caso das **locuções adverbiais**, **prepositivas** e **conjuntivas femininas**. Veja os exemplos.

O ônibus passa pontualmente ***às dez da noite****.*
locução adverbial de tempo

Deixamos a sala ***às escuras****.*
locução adverbial de modo

Consegui isso ***à custa de*** *muita conversa.*
locução prepositiva

À medida que *estuda, obtém bons resultados.*
locução conjuntiva proporcional

NAVEGUE

O artista plástico carioca Marcos Chaves criou uma intervenção textual num dos cartões-postais do Rio de Janeiro, gerando um duplo sentido para a frase "Eu só vendo a vista". Veja a obra e tire suas conclusões em: <http://www.marcoschaves.net/instalacoes/avista/impresso_en.htm>.

Como identificar a ocorrência ou não da crase

- Substitua o termo regido por uma palavra masculina e observe se a preposição que estabelece a relação entre ele e o termo regente foi alterada para a combinação ***ao(s)***. Em caso positivo, ocorre a crase antes do termo regido feminino.

  Ele é favorável ***aos*** *atos contra qualquer tipo de preconceito.*

  Ele é favorável ***às*** *leis que punem atitudes preconceituosas.*

- Antes de nomes de países, estados e cidades, observe também as preposições:

  Estou **na** Bahia. / Fui **à** Bahia.

  Estou **em** Salvador. / Fui **a** Salvador.

  Estou **na** Salvador do ritmo contagiante. / Fui **à** Salvador do ritmo contagiante.

  No último exemplo, a crase ocorre porque foi acrescentado um determinante ao nome da cidade (*do ritmo contagiante*).

Igreja e convento de São Francisco (século XVIII), no largo do Cruzeiro, em Salvador, BA. Foto de 2012.
ROGÉRIO REIS/PULSAR IMAGENS

Reprodução proibida. Art. 184 do Código Penal e Lei 9.610 de 19 de fevereiro de 1998.

Atividades

Registre as respostas no caderno.

Leia a tira de Bill Watterson e responda às questões de 1 a 3.

CALVIN & HAROLDO **Bill Watterson**

CALVIN & HOBBES, BILL WATTERSON © 1989 WATTERSON / DIST. BY UNIVERSAL UCLICK

1 Muitas tiras do personagem Calvin têm seu humor construído com base no comportamento rebelde e desleixado do garoto. É o caso dessa tira? Por quê?

2 No último balão da tira, Susie emprega o verbo *preferir*. Reescreva a frase da garota, completando-a a partir da fala de Calvin.

3 Se você transformar o verbo *preferir* em um substantivo, como ficará a fala de Susie nesse balão? Faça as adaptações necessárias.

Leia o "olho" de uma reportagem publicada na revista *Viagem e Turismo* de março de 2012. Depois, responda às questões 4 e 5.

Sapore d'Italia

De Turim a Nápoles, de Bolonha à Sicília, um país com sabor de mar, de trufa, de Alpes, de pizza, *de* design, *de arquitetura barroca, de saber viver.*

Viagem e Turismo, ed. 197, ano 13, n. 3. mar. 2012. (Fragmento).

4 Turim, Nápoles e Bolonha são importantes cidades da Itália. A Sicília, por sua vez, é uma região autônoma situada naquele país. Agora explique por que ocorre a crase antes do nome *Sicília* e não antes de *Nápoles*.

5 Se no "olho" da reportagem fosse acrescentada a locução *das belas praias* ao substantivo *Nápoles*, haveria alguma mudança em relação à preposição que o antecede? Explique.

Leia outra tira de Bill Watterson, publicada no jornal *O Estado de S. Paulo* em 6 de janeiro de 2013, e observe os comentários de Calvin sobre as alterações sofridas pela língua a partir de seu uso. Depois, responda às questões de 6 a 10.

CALVIN & HAROLDO — Bill Watterson

CALVIN & HOBBES, BILL WATTERSON © 1993 WATTERSON / DIST. BY UNIVERSAL UCLICK

6 No segundo quadrinho, o menino exemplifica como é possível "verbar" palavras por meio do substantivo *acesso* e do verbo correspondente, *acessar*. Elabore uma frase com cada uma dessas palavras e indique a classificação sintática de seus complementos.

Reprodução proibida. Art. 184 do Código Penal e Lei 9.610 de 19 de fevereiro de 1998.

7 Em relação às regências verbal e nominal, que observações você pode fazer sobre essas palavras?

8 No segundo quadrinho, há um período com um problema de regência verbal segundo as normas urbanas de prestígio. Após identificá-lo, reescreva o período de acordo com tais normas.

9 Essa infração é aceitável no contexto da tira?

10 O tigre Haroldo apresenta uma opinião sobre as transformações que o usuário faz da língua. Você concorda com ele? Justifique sua resposta.

11 Transcreva este fragmento de uma crônica de Mario Prata, substituindo o símbolo ◆ por uma preposição (contração ou combinação) exigida pelo verbo ou nome regentes. Caso o termo não seja regido por preposição, substitua o símbolo por um artigo.

Quem escreve as bulas?

Quando me perguntam a profissão e eu digo que sou escritor, logo vem outra em cima: de quê? De tudo, minha senhora. De tudo, menos de bula. Romance, cinema, teatro, televisão, poesia, ensaios, tudo-tudo, menos bula!

Não que eu não aprecie ◆ bulas. Pelo contrário, adoro lê-las. E com atenção. [...]

Admiro, invejo esse colega que escreve bulas. Fico imaginando a cara dele, como deve ser sua casa. Que tal papo o escrivão deve levar ◆ a mulher e ◆ os vizinhos?

Tal remédio é contraindicado ◆ pacientes sensíveis ◆ benzodiazepinas e em pacientes portadores ◆ miastemia gravis (**sic**). Dá vontade de telefonar ◆ o autor e perguntar como é que eu vou saber se sou sensível e portador. [...]

PRATA, Mario. *100 Crônicas de Mario Prata*. São Paulo: Cartaz Editorial, 1997. p. 16.

sic: expressão latina, empregada para indicar que a expressão anterior está citada exatamente como foi produzida.

Reprodução proibida. Art. 184 do Código Penal e Lei 9.610 de 19 de fevereiro de 1998.

12 Reescreva as frases abaixo de acordo com as normas urbanas de prestígio. Atente para o uso das preposições.

a) Estamos ansiosos que o resultado do exame seja divulgado.

b) Ele foi contrário que os amigos declarassem sua opinião sobre o caso.

O QUE VOCÊ APRENDEU NO PERCURSO DESTE CAPÍTULO

- Regência verbal é a relação que se estabelece entre o verbo (termo regente) e o complemento (termo regido), seja este um objeto direto e/ou indireto ou um adjunto adverbial.
- Há verbos que alteram seu sentido de acordo com a regência.
- Regência nominal é a relação entre o nome (termo regente) e seu complemento (termo regido) por meio de preposição. Alguns nomes admitem mais de uma preposição para se relacionar com o termo regido.
- A crase é um fenômeno linguístico que consiste na fusão da preposição *a* (exigida pelo termo regente) com o artigo *a(s)* que antecede o termo regido. Na escrita, é representada pelo acento grave.

CAPÍTULO

29

Colocação pronominal

PERCURSO DO CAPÍTULO

- Em que consiste a colocação pronominal
- A colocação do pronome átono no português do Brasil
- As regras de colocação pronominal: próclise, ênclise e mesóclise
- O pronome oblíquo átono entre dois verbos

REPRODUÇÃO

Cartaz do filme *Deixe-me entrar*, dirigido por Matt Reeves (EUA, 2010). A refilmagem da produção sueca *Deixa ela entrar* (2008) parte do universo mágico dos vampiros para falar de assuntos bem reais: exclusão, medo, processo de amadurecimento de crianças e jovens. Por que o título do filme é *Deixe-me entrar*, e não *Me deixe entrar*? O estudo da colocação pronominal explica essa construção.

Introdução

"Me dê o livro" ou "Dê-me o livro"? Eis a questão em língua portuguesa. As normas urbanas de prestígio recomendam que se obedeça a algumas regras de colocação dos pronomes oblíquos átonos nos enunciados em contextos formais de comunicação. Neste capítulo, além de estudar essas regras, você verá que o português do Brasil, em determinadas situações, afasta-se daquele de Portugal.

Leia a tira do Garfield, de Jim Davis:

GARFIELD **Jim Davis**

GARFIELD, JIM DAVIS © 1988 PAWS, INC. ALL RIGHTS RESERVED / DIST. UNIVERSAL UCLICK

Refilar: queixar-se, reclamar.

Responda às questões oralmente.

1 Quais são as queixas de Garfield nessa tira?

2 Observe o emprego do pronome oblíquo átono *me* nos três balões que compõem a tira.

a) Em relação ao verbo, em que posição ele se encontra?

b) Você considera usual, no português do Brasil, a posição que esse pronome ocupa nos enunciados da tira? Justifique sua afirmação.

A tira que você leu foi extraída do livro *O mundo de Garfield*, publicado em Portugal, por isso o estranhamento quanto à posição dos pronomes oblíquos átonos nos enunciados. No português do Brasil, a tira seria publicada com tais pronomes antecedendo os verbos que complementam, além do verbo no gerúndio (no segundo exemplo), desta forma: "A dieta me deixou tão esfomeado [...]"; "Estão me privando de comida e de sono [...]"; "[...] me matava!".

A colocação dos pronomes oblíquos átonos em relação ao verbo da oração é determinada, em contextos formais, por regras gramaticais em consonância com as normas urbanas de prestígio. Conforme a situação, esses pronomes podem ser colocados antes ou após o verbo ou, ainda, vir nele intercalado. São essas regras que estudaremos a seguir. Consulte-as sempre que tiver dúvida quanto à melhor posição dos pronomes em uma oração.

Reprodução proibida. Art. 184 do Código Penal e Lei 9.610 de 19 de fevereiro de 1998.

Colocação pronominal: as três posições dos pronomes oblíquos átonos

Como você observou na "Introdução" deste capítulo, a colocação pronominal, no Brasil, difere um pouco daquela de Portugal, principalmente na linguagem oral.

Antes de iniciar esse estudo, vamos rever alguns conceitos importantes:

- os pronomes pessoais dividem-se em dois tipos: retos e oblíquos; estes últimos subdividem-se em átonos e tônicos;
- os pronomes pessoais retos exercem a função sintática de sujeito da oração, enquanto os oblíquos, de complemento verbal (objeto direto ou indireto);
- os pronomes oblíquos átonos são os pronunciados mais fracamente: *me*, *te*, *se*, *nos*, *vos*, *o(s)*, *a(s)*, *lhe(s)*.

Por exercerem a função de complemento verbal, os pronomes oblíquos átonos estão sempre relacionados ao verbo. Portanto, é ele a referência quanto à posição desses pronomes nas orações.

São três as posições que os pronomes oblíquos átonos podem ocupar: **próclise** (antes do verbo), **ênclise** (após o verbo) e **mesóclise** (intercalado no verbo). Observe:

*Não **me** esqueci de nosso acordo.* (próclise)

*Esqueci-**me** de nosso acordo.* (ênclise)

*Esquecer-**me**-ia de nosso acordo?* (mesóclise)

Reprodução proibida. Art. 184 do Código Penal e Lei 9.610 de 19 de fevereiro de 1998.

Colocação pronominal é a posição que o pronome oblíquo átono ocupa no enunciado. Ele pode estar antes do verbo (**próclise**), depois do verbo (**ênclise**) ou intercalado no verbo (**mesóclise**).

Próclise

No Brasil, a próclise é a posição preferida dos usuários da língua portuguesa para os pronomes oblíquos átonos nos enunciados.

Conheça os casos em que, segundo as normas urbanas de prestígio, o pronome oblíquo átono é sempre empregado **antes** do verbo:

- **Depois de palavras negativas** — *não*, *nada*, *nem*, *nunca*, etc.:
  *Nada **me** impressionou naquele filme.*
- **Depois de advérbios** — *amanhã*, *felizmente*, *sempre*, *muito*, etc.:
  *Sempre **te** esperei!*
  Se o advérbio (ou locução adverbial) estiver separado(a) por vírgula, emprega-se a ênclise:
  *Logo cedo, abraçamo-**nos** e comemoramos a vitória.*
- **Depois de pronomes demonstrativos neutros, indefinidos, interrogativos e relativos**:
  *Isso **me** deixa preocupada.* (pronome demonstrativo neutro)
  *Alguém **o** avisou do problema?* (pronome indefinido)
  *Quem **lhe** agradeceu?* (pronome interrogativo)
  *Encontrarás uma pessoa que **te** encante.* (pronome relativo)
- **Depois de conjunções subordinativas** — *como*, *quando*, *que*, *se*, etc.:
  *Se **o** vir, avise meu irmão que **o** espero aqui.*
  *Estava enganado quando **te** falei isso.*

PARA LEMBRAR

Preposições: a, ante, após, até, com, contra, de, em, para, sem, sob, sobre, etc.

- **Formas verbais no *gerúndio* antecedidas da preposição *em***:
  *Em **se** tratando de tecnologia, o interesse dos jovens é muito grande.*
- **Formas verbais no infinitivo pessoal antecedidas de preposição**:
  *Precisam dos documentos escolares para **se** inscreverem no concurso.*
- **Frases optativas** (que manifestam desejo) **com sujeito expresso antes do verbo**:
  *Deus **lhe** dê em dobro!*
  *Deus **te** acompanhe.*

Ênclise

Ainda de acordo com as normas urbanas de prestígio, não havendo as condições para a próclise, os pronomes oblíquos átonos devem ser colocados após o verbo que complementam, isto é, utilizando-se a **ênclise**:

*Emprestei-**lhe** meu carro.*

*Dou-**te** minha palavra de honra.*

*Escute-**a** antes de tomar qualquer decisão.*

Mesóclise

Atualmente, a colocação do pronome intercalado no verbo está restrita a gêneros textuais empregados em contextos mais formais, como discursos de posse de cargos políticos elevados, trabalhos científicos, etc.

A **mesóclise** também só ocorre quando não há condições para a próclise e o verbo da oração está conjugado no **futuro do presente** ou no **futuro do pretérito**:

*Encontrar-**se**-ão medidas de combate à violência nas grandes cidades?*
(verbo no futuro do presente)

*Se o avião não se desviasse da rota, os satélites identificá-**lo**-iam.*
(verbo no futuro do pretérito)

O pronome oblíquo átono nos tempos compostos e nas locuções verbais

Nesses contextos, no português brasileiro, é comum a próclise em relação ao verbo principal:

*Ele estava **me** falando a verdade.*

*Tenho-**o** visto muito pouco.*

Você também pode encontrar pronomes oblíquos átonos nas construções:

*Ele estava falando-**me** a verdade.*
(verbo auxiliar + gerúndio + pronome oblíquo átono)

*Ele quer falar-**me** algo.*
(verbo auxiliar + infinitivo + pronome oblíquo átono)

Se o verbo principal estiver no particípio, o pronome oblíquo átono pode ocupar a posição de próclise (se ocorrer alguma situação que a determine) ou de ênclise em relação ao verbo auxiliar. Observe os exemplos a seguir.

NAVEGUE

Leia um artigo bem-humorado sobre o uso da mesóclise em: <http://www.dzai.com.br/blogdadad/blog/blogdaddad?tv_pos_id=28956>.

PARA LEMBRAR

- **As exigências para o emprego da próclise determinam as demais posições do pronome oblíquo átono.**
- **As normas urbanas de prestígio recomendam que não se iniciem orações com pronomes oblíquos átonos.**

NAVEGUE

Um grande número de compositores subverte as regras de colocação pronominal em suas canções, muitas vezes para garantir um registro mais próximo da oralidade. Observe um exemplo na canção "Maninha", de Chico Buarque, em: <http://www.chicobuarque.com.br/construcao/mestre.asp?pg=maninha_77.htm>.

Reprodução proibida. Art. 184 do Código Penal e Lei 9.610 de 19 de fevereiro de 1998.

*Você não **lhe** havia avisado que eu atrasaria.*

(O advérbio "não" determina a próclise em relação ao verbo auxiliar.)

*A escola havia(-)**lhe** enviado meu currículo.*

Atividades

Responda às questões no caderno.

1 Leia as tiras a seguir:

Tira 1

BICHINHOS DE JARDIM — Clara Gomes

Tira 2

RECRUTA ZERO — Greg & Mort Walker

a) Em que posição encontram-se os pronomes oblíquos átonos presentes nas tiras?

b) Em qual das tiras a colocação pronominal está de acordo com as normas urbanas de prestígio? Justifique sua resposta.

c) Em que tira a colocação está mais adequada ao gênero? Justifique sua afirmação.

2 Reescreva as frases a seguir, a partir das sugestões indicadas. Posicione o pronome oblíquo de acordo com as normas urbanas de prestígio.

a) Telefone-me quando você chegar ao destino. (iniciar por: Sempre)

b) Ele encontrou a irmã. A irmã deu-lhe uma viagem de presente de aniversário. (forme um único período, empregando o pronome relativo *que*)

Reprodução proibida. Art. 184 do Código Penal e Lei 9.610 de 19 de fevereiro de 1998.

c) Sua música me emocionou muito. (inicie por: Emocionou)

d) Espero que você se decida rapidamente. (transforme o enunciado em uma única oração com verbo no imperativo afirmativo)

3 Qual das frases abaixo não está de acordo com as normas urbanas de prestígio? Reescreva-a, fazendo as alterações necessárias.

a) Se ele pedisse-me, eu o ajudaria.

b) Se ele me pedisse, eu ajudá-lo-ia.

c) Se ele me pedisse, eu não o ajudaria.

4 Leia a letra da canção "Máscara negra", de Zé Keti e Pereira Mattos, e observe a colocação dos pronomes oblíquos:

Máscara negra

Tanto riso,
Oh! quanta alegria,
Mais de mil palhaços no salão
Arlequim está chorando
Pelo amor da Colombina
No meio da multidão!
Foi bom te ver outra vez
Tá fazendo um ano,
Foi no carnaval que passou,

Eu sou aquele Pierrot,
Que te abraçou,
E te beijou, meu amor,
Na mesma máscara negra
Que esconde teu rosto
Eu quero matar a saudade.
Vou beijar-te agora,
Não me leve a mal,
Hoje é carnaval!

Disponível em: <http://www.radio.uol.com.br/letras-e-musicas/jair-rodrigues/mascara-negra/671938?cmpid=clink-rad-ms>. Acesso em: 8 abr. 2013.

a) Transcreva trechos dos versos em que os pronomes oblíquos estão colocados segundo as normas urbanas de prestígio.

b) Justifique, com base no princípio da eufonia, a colocação pronominal no verso "E te beijou".

c) No verso "Vou beijar-te agora", que outras posições poderia ocupar o pronome oblíquo átono?

d) Por que a posição em ênclise é mais eufônica?

PARA LEMBRAR

Eufonia: combinação de palavras que resulta em sons agradáveis ao ouvido.

Reprodução proibida. Art. 184 do Código Penal e Lei 9.610 de 19 de fevereiro de 1998.

O QUE VOCÊ APRENDEU NO PERCURSO DESTE CAPÍTULO

- Os pronomes oblíquos átonos podem ocupar três posições em relação ao verbo: antes dele (próclise), depois dele (ênclise) e intercalado nele (mesóclise).
- Usa-se a próclise quando o verbo é antecedido de palavras ou expressões negativas; advérbios ou locuções adverbiais; pronomes demonstrativos neutros, indefinidos, interrogativos e relativos; em frases optativas; e com as formas nominais *em* + gerúndio e preposição + infinitivo pessoal.
- Usa-se a ênclise quando não há condições que exijam a próclise.
- Usa-se a mesóclise quando não há condições para a próclise e o verbo está no futuro do presente ou do pretérito.
- Nas locuções verbais e nos tempos compostos, no português do Brasil, é comum a próclise em relação ao verbo principal, embora possa haver também a próclise em relação ao auxiliar ou a ênclise em relação ao principal.
- Segundo as normas urbanas de prestígio, quando o verbo principal está no particípio, o pronome pode vir em posição de próclise ou ênclise em relação ao verbo auxiliar.

Questões do Enem e de vestibulares

1 (Unesp-SP) Nós criamos produtos; fixamos preços; definimos os locais onde vendê-los; e fazemos anúncios. Nós controlamos a mensagem.

Nas orações que compõem os dois períodos transcritos, os termos destacados exercem a função de

a) sujeito.

b) objeto direto.

c) predicativo do sujeito.

d) predicativo do objeto.

2 (Unesp-SP) O esporte é bom pra gente, fortalece o corpo e emburrece A MENTE. — Antes que o primeiro corredor indignado atire UM TÊNIS em minha direção (...) – Quando estamos correndo, não há PREVISÃO DE PAGAMENTO.

Os termos grafados com letras maiúsculas nas passagens acima, extraídas do texto apresentado, identificam-se pelo fato de exercerem a mesma função sintática nas orações de que fazem parte.

Indique essa função:

a) Sujeito.

b) Predicativo do sujeito.

c) Predicativo do objeto.

d) Objeto direto.

e) Complemento nominal.

3 (UEL-PR)

Marte é o Futuro

O pouso na Lua não foi só o ápice da corrida espacial. Foi também o passo inicial do turbocapitalismo que dominaria as três décadas seguintes. Dependente, porém, de matérias-primas do século 19: aço, carvão, óleo. Lançar-se ao espaço implicava algum reconhecimento dos limites da Terra. Ela era azul, mas finita. Com o império da tecnociência, ascendeu também sua nêmese, o movimento ambiental. Fixar Marte como objetivo para dentro de 20 ou 30 anos, hoje, parece tão louco quanto chegar à Lua em dez, como determinou John F. Kennedy. Não há um imperialismo visionário como ele à vista, e isso é bom. A ISS (estação espacial internacional) representa a prova viva de que certas metas só podem ser alcançadas pela humanidade como um todo, não por nações forjadas no tempo das caravelas. Marte é o futuro da humanidade. Ele nos fornecerá a experiência vívida e a imagem perturbadora de um planeta devastado, inabitável. Destino certo da Terra em vários milhões de anos. Ou, mais provável, em poucas décadas, se prosseguir o saque a descoberto da energia fóssil pelo hipercapitalismo globalizado, inflando a bolha ambiental.

Adaptado de: LEITE, M. Caderno Mais! *Folha de S.Paulo*. São Paulo, domingo, 26 jul. 2009. p. 3.

Quanto à predicação verbal, é correto afirmar:

a) Em "Lançar-se ao espaço implicava algum reconhecimento" (linhas 6 e 7), o verbo implicar, nesse contexto, é um verbo transitivo direto, por isso seu complemento não exige preposição.

b) Em "Não há um imperialismo visionário como ele à vista" (linhas 13, 14 e 15), o verbo haver é considerado um verbo de ligação, pois estabelece relação entre sujeito e seu predicativo.

c) Em "A ISS (estação espacial internacional) representa a prova viva" (linhas 15 e 16), o verbo representar é intransitivo, portanto, não necessita complemento.

d) Em "Marte é o futuro da humanidade" (linhas 19 e 20), o verbo ser é classificado como verbo transitivo direto e indireto, ou seja, possui um complemento precedido de preposição e outro não.

e) Em "Ele nos fornecerá a experiência vívida e a imagem" (linhas 20 e 21), o verbo fornecer é classificado como verbo defectivo, pois não apresenta a conjugação completa.

Reprodução proibida. Art. 184 do Código Penal e Lei 9.610 de 19 de fevereiro de 1998.

4 (PUC-SP) Considerando o trecho "Os governos estão [1] sob pressão [2] para agirem à luz das conclusões do Painel Intergovernamental sobre Mudança Climática da ONU, que apontou grande probabilidade [3] de que no futuro haja mais tempestades, secas, ondas de calor provocadas [4], pela queima de combustíveis fósseis e outras atividades", os termos grifados e numerados exercem, respectivamente, a função sintática de:

a) predicativo do sujeito, adjunto adverbial de finalidade, complemento nominal e agente da passiva.

b) predicativo do sujeito, adjunto adverbial de conformidade, objeto indireto e sujeito paciente.

c) adjunto adverbial de modo, adjunto adverbial de consequência, objeto direto preposicionado e aposto.

d) adjunto adnominal, adjunto adverbial de afirmação, adjunto adnominal e complemento nominal.

e) adjunto adverbial de companhia, adjunto adverbial de proporção, agente da passiva e objeto indireto.

5 (PUC-SP) O conectivo "e", em geral, coordena orações ou termos de mesmo valor sintático, estabelecendo sentido aditivo entre eles. Isso se confirma em todas as alternativas abaixo, exceto em:

a) "[...] um país entra em transe emocional e algumas pessoas se convencem de que basta uma torcida muito forte [...]."

b) "[...] se pode vencer um inimigo poderoso, o crime violento, apenas pela repetição de mantras e mediante sinais feitos com as mãos imitando o voo da pomba branca da paz."

c) "[...] continuará intacto e movimentado o principal caminho que elas percorrem das forjas do metal até as mãos dos bandidos."

d) "Depois raspam sua numeração e a vendem."

e) "[...] podem ser organizados milhares de referendos e o problema do crime continuará do mesmo tamanho."

6 (Uece) "Na ocasião em que ia passando, executava não sei que peça". A oração sublinhada deve ser classificada como:

a) Subordinada adjetiva

b) Coordenada assindética

c) Subordinada adverbial

d) Subordinada substantiva

7 (Uerj) Estava com medo, com a impressão de que chegasse uma pessoa para me prender. (José Lins do Rêgo)

No trecho acima, há duas orações subordinadas. Transcreva essas orações e classifique sintaticamente cada uma delas.

8 (FGV-SP) Observe, nos seguintes períodos, as orações que contêm verbo no gerúndio:

Estando as meninas em Araxá, foi Ronaldo ter com elas.

Sendo o aluno um jovem estudioso, deverá facilmente obter aprovação.

Sendo brasileiro o advogado, poderei atendê-lo; caso contrário, não.

Essas orações são subordinadas adverbiais. Assinale a alternativa que indique respectivamente a circunstância de cada uma. Leve em conta que a oração pode indicar mais de uma circunstância.

a) Causa, causa, consequência.

b) Tempo, causa, finalidade.

c) Consequência, concessão, finalidade.

d) Tempo, causa, condição.

e) Condição, finalidade, tempo.

9 (FGV-SP) Leia a notícia a seguir.

A China detonou uma bomba e pouca gente percebeu o estrago que ela causou. Assim que abriu as portas para as multinacionais oferecendo mão de obra e custos muito baratos, o país enfraqueceu as relações de trabalho no mundo. Em uma recente análise, a revista inglesa *The Economist* mostra que a entrada da China, da Índia e da ex-União Soviética na

Reprodução proibida. Art. 184 do Código Penal e Lei 9.610 de 19 de fevereiro de 1998.

economia mundial dobrou a força de trabalho. Com isso, o poder de barganha de sindicatos do mundo inteiro teria se esfacelado. Provavelmente por isso, diz a revista, salários e benefícios tenham crescido apenas 11% desde 2001 nas empresas privadas dos Estados Unidos, ante 17% nos cinco anos anteriores.

Você s/a, setembro de 2005.

a) Transcreva uma oração do texto introduzida pelo pronome relativo que.

b) Qual é o antecedente desse pronome, isto é, a palavra a que ele se refere?

c) Qual é a função sintática desse pronome na oração em que se encontra?

Reprodução proibida. Art. 184 do Código Penal e Lei 9.610 de 19 de fevereiro de 1998.

10 (Uerj) Observe os verbos sublinhados nas passagens abaixo, todos no singular:

Há cem anos as mulheres que circulam pela Rio Branco já foram chamadas de tudo (...).

Sequer bondes há.

Por aqui passou o "broto", o "avião", (...) e tantas outras que podem não estar mais no mapa, (...).

dentro da mina, afinal, cabe tanto a pepita de ouro como a cavidade que se enche de pólvora (...).

Explique, com base nas regras de concordância da norma padrão, por que, nesses exemplos, o verbo "haver" fica sempre no singular, e por que "passar" e "caber" poderiam estar no plural: "passaram" e "cabem".

11 (Insper-SP) Leia o trecho a seguir.

HÁ DUAS SEMANAS, foram divulgados novos dados sobre o desempenho dos nossos estudantes. Os resultados foram comentados à exaustão nos jornais, *sites* etc. Solidários, diversos meios de comunicação se aliaram aos alunos, ou seja, demonstraram que também tropeçam no trato com a língua. Comecemos por um título (de um *site*), que terminava assim: "... preferem português à matemática". (...). No título, usou-se a construção formal, mas...

NETO, Pasquale Cipro. *Folha de São Paulo*, 08/09/2011

Considere estas afirmações:

I. O adjetivo "solidários", no contexto em que ocorre, deve ser compreendido conotativamente, já que se trata de uma ironia.

II. Do ponto de vista da gramática normativa, há um erro de regência no título do *site*, uma vez que o verbo "preferir" rejeita o uso da preposição "a".

III. No último período, ao empregar a conjunção adversativa "mas", o autor sugere a ocorrência de "tropeço" gramatical no título do *site*.

Está(ão) correta(s)

a) I, II e III.

b) Apenas I e II.

c) Apenas I e III.

d) Apenas II e III.

e) Apenas I.

12 (Ibmec-SP, adaptada)

O enfermeiro

[...]

Antes do alvorecer curei a contusão da face. Só então ousei voltar ao quarto. Recuei duas vezes, mas era preciso e entrei; ainda assim, não cheguei logo à cama. Tremiam-me as pernas, o coração batia-me; cheguei a pensar na fuga; mas era confessar o crime, e, ao contrário, urgia fazer desaparecer os vestígios dele. Fui até a cama; vi o cadáver, com os olhos arregalados e a boca aberta, como deixando passar a eterna palavra dos séculos: "Caim, que fizeste de teu irmão?" Vi no pescoço o sinal das minhas unhas; abotoei alto a camisa e cheguei ao queixo a ponta do lençol. Em seguida, chamei um escravo, disse-lhe que o coronel amanhecera morto; mandei recado ao vigário e ao médico.

A primeira ideia foi retirar-me logo cedo, a pretexto de ter meu irmão doente, e, na verdade, recebera carta dele, alguns dias antes, dizendo-me que se sentia mal. Mas adverti que a retirada imediata poderia fazer despertar suspeitas, e fiquei. Eu mesmo amortalhei o cadáver, com o auxílio de um preto velho e míope. Não saí da sala mortuária; tinha medo de que descobrissem alguma coisa. Queria ver no rosto dos outros se desconfiavam; mas não ousava fitar ninguém.

[...]

(Machado de Assis, *Contos*)

Leia as afirmações a seguir e identifique a(s) CORRETA(S), de acordo com o texto.

I. Em "Tremiam-me as pernas", ocorre ênclise porque, segundo a norma culta, não se iniciam frases com pronome oblíquo átono.

II. Em "urgia fazer desaparecer os vestígios dele", dele refere-se ao cadáver.

III. Em "Queria ver no rosto dos outros se desconfiavam", o "se" é um pronome reflexivo.

a) Apenas I.

b) Apenas II.

c) Apenas III.

d) I e II.

e) I e III.

13 (Fatec-SP) Assinale a alternativa em que é observada a norma culta de concordância, regência e emprego de pronomes.

a) Há uma porta para um mundo virtual, o qual os internautas gostam e nele vive uma vida paralela.

b) Pode existir mundos povoados por avatares, os quais não é permitido a baixa autoestima.

c) Trata-se de verdadeiras materializações de imagens projetadas, as quais se encontram fora da mente das pessoas; chamam-nas de avatares.

d) A psicanálise detectou, fazem muitos anos, a essa prática, cuja é comum à várias pessoas.

e) É possível haverem pessoas que aspiram ser fortes e atraentes ou, até, personagem de desenho animado.

14 (UFSCar-SP) Leia o texto a seguir para responder à questão.

Eu tinha o medo imediato. E tanta claridade do dia. O arrojo do rio e só aquele estrape*, e o risco extenso d'água, de parte a parte. Alto rio, fechei os olhos. Mas eu tinha até ali agarrado uma esperança. Tinha ouvido dizer que, quando canoa vira, fica boiando, e é bastante a gente se apoiar nela, encostar um dedo que seja, para se ter tenência, a constância de não afundar, e aí ir seguindo, até sobre se sair no seco. Eu disse isso. E o canoeiro me contradisse: — "Esta é das que afundam inteiras. É canoa de peroba. Canoa de peroba e de paud'óleo não sobrenadam..." Me deu uma tontura. O ódio que eu quis: ah, tantas canoas no porto, boas canoas boiantes, de faveira ou tamboril, de imburana, vinhático ou cedro, e a gente tinha escolhido aquela... Até fosse crime, fabricar dessas, de madeira burra!

Guimarães Rosa, *Grande Sertão: Veredas*, p. 88-89.

**estrape*: instrumento de tortura

Levando-se em conta a norma padrão do português do Brasil,

a) como você caracteriza a variação linguística que aparece em *Me deu uma tontura*?

b) Como você redigiria essa frase de acordo com a norma padrão?

Reprodução proibida. Art. 184 do Código Penal e Lei 9.610 de 19 de fevereiro de 1998.

Apêndice

Prefixos de origem grega e latina

Alguns prefixos de origem grega		
Prefixos	**Significados**	**Exemplos**
a-, an-	privação, negação	amoral, antônimo
ana-	inversão, repetição	anagrama, anáfora
anfi-	duplicidade	anfíbio, anfiteatro
anti-	posição contrária	antiaéreo, antítese
apo-	afastamento, separação	apogeu, apóstata
arc-, arce-, arque-, arqui-	superioridade	arcanjo, arcebispo, arquétipo, arquiduque
catá,-	movimento de cima para baixo, oposição	catacumba, catadupa
di-, dia-	movimento através de, afastamento	diagnóstico, diáfano
dis-	dificuldade, mau estado	dispneia, disenteria
ec-, ex-	movimento para fora	eclipse, êxodo
e-, em-, en-	posição exterior, fora	elipse, emplastro, encéfalo
end-, endo-	posição interior, movimento para dentro	endoscopia, endocarpo
epi-	posição superior, posterioridade	epiderme, epílogo
eu-, ev-	bem, bom	eufonia, evangelho
hiper-	posição superior, excesso	hipérbole, hipertensão
hipo-	deficiência, inferioridade	hipotrofia, hipodérmico
met-, meta-	posterioridade, para além, mudança	metáfora, metonímia, metamorfose
par-, para-	proximidade, ao lado de	paraliteratura, paramilitar
peri-	posição ou movimento em torno	perímetro, periscópio
pro-	posição em frente, anterior	prólogo, prognóstico
si-, sim-, sin-	simultaneidade, companhia	sílaba, simbiose, sinfonia

Reprodução proibida. Art. 184 do Código Penal e Lei 9.610 de 19 de fevereiro de 1998.

Alguns prefixos de origem latina		
Prefixos	**Significados**	**Exemplos**
a-, ab-, abs-	separação, afastamento, privação	aversão, abdicar, absorver, abster-se
a-, ad-	aproximação, direção	abraçar, achegar, adjunto, adjacência
além-	do (para o) lado de lá	além-túmulo, além-mar
ante-	anterioridade (no tempo e no espaço)	anteontem, antebraço
cis-	posição aquém	cisalpino, cisplatino
co-, com-, con-, cor-	contiguidade, companhia	coabitar, colaborar, combater, contemporâneo, correlação
de-	afastamento, movimento de cima para baixo, redução	decair, decrescer
des-, dis-	separação, ação contrária, negação	despedaçar, desfazer, desonesto, discordar
em-, en-, in-	movimento para dentro	embolsar, enterrar, ingerir
e-, es-, ex-	movimento para fora, estado anterior	emigrar, espraiar, exportar
extra-	posição exterior, fora	extraviar, extraterrestre
i-, im-, in-, ir	negação, privação	imaturo, imberbe, infeliz, irrestrito
infra-	posição abaixo, inferior	infra-assinado
intra-	posição interior	intraocular, intravenoso
intro-	movimento para dentro	introspecção, intromissão
justa-	junto de	justaposição, justalinear
o-, ob-	oposição, posição em frente	opor, obstáculo
per-	movimento através	percorrer, perseguir
pos-	posição posterior	pospor, pós-graduação
pre-	anterioridade	pré-histórico, prefácio
pro-	anterioridade, em frente	progresso, prosseguir
re-	movimento para trás, repetição	reler, retomar
retro-	movimento mais para trás	retrospectiva, retrocesso
sota-, soto-	posição inferior	sota-vento, soto-pôr
so-, sob-, su- sub-, sus-	movimento de baixo para cima, inferioridade	sopé, sobpor, supor, subir, subscrever
sobre-, super-	posição superior, excesso	sobrescrever, superdotado, supermercado
trans-, tras- tres-	movimento ou posição para além de, através	transbordar, traspassar, tresnoitar
ultra-	além do limite	ultrapassar, ultrassom
vice-, vis-	no lugar de	vice-presidente, visconde

Reprodução proibida. Art. 184 do Código Penal e Lei 9.610 de 19 de fevereiro de 1998.

Sufixos

Sufixos nominais

Alguns sufixos aumentativos e diminutivos			
Sufixos aumentativos	**Exemplos**	**Sufixos diminutivos**	**Exemplos**
-ão	caldeirão	-inho, -inha	menininho, luzinha
-alhão	grandalhão	-zinho, -zinha	paizinho, mãezinha
-(z)arrão	homenzarrão	-ino, -ina	pequenino
-eirão	asneirão	-im	flautim, espadim
-ázio	copázio	-ejo	lugarejo
-anzil	corpanzil	-acho, -acha	riacho
-aréu	fogaréu	-icho, -icha	rabicho
-arra, -orra	bocarra, cabeçorra	-ucho, -ucha	papelucho
-astro	poetastro	-ebre	casebre
-(v)az	ladravaz	-eco, -eca, -ico, -ica	livreco, burrico
-alhaz	facalhaz	-ela	viela
-arraz	pratarraz	-ete, -eto, -eta, -ito, -ita, -ote, -ota	lembrete, saleta, rapazito, rapazote
		-isco, -isca, -usco, -usca	chuvisco, velhusco

Reprodução proibida. Art. 184 do Código Penal e Lei 9.610 de 19 de fevereiro de 1998.

Alguns sufixos que formam substantivos de outros substantivos		
Sufixos	**Sentidos**	**Exemplos**
-ada	multidão, coleção; porção contida num objeto; marca feita com um instrumento; ferimento ou golpe; produto alimentar, bebida; duração prolongada; ato ou movimento energético	manada, colherada, pincelada, dentada, bananada, limonada, temporada, saraivada
-ado, -ato	território subordinado a titular; instituição, título	consulado, doutorado, sindicato
-agem	noção coletiva; ato ou estado	pastagem, aprendizagem
-al	ideia de relação, pertinência; cultura de vegetais; noção coletiva ou de quantidade	profissional, arrozal, pombal
-alha	coletivo pejorativo	gentalha
-ama, -ame	noção coletiva e de quantidade	dinheirama, vasilhame
-ário	profissão, ocupação; lugar onde se guarda algo	bibliotecário, ranário
-eiro, -eira	profissão, ocupação; lugar onde se guarda algo; árvore e arbusto; ideia de intensidade, aumento; objeto de uso; noção coletiva	barbeiro, galinheiro, limoeiro, nevoeiro, pulseira, formigueiro
-ia	profissão, titularia; lugar onde se exerce uma atividade; noção coletiva	engenharia, secretaria, rouparia
-ite	inflamação	apendicite
-ume	noção coletiva e de quantidade	cardume

Alguns sufixos que formam substantivos de adjetivos	
Sufixos	**Exemplos**
-dade	felicidade, maldade
-(i)dão	solidão, gratidão
-ez	maciez, insensatez
-eza	franqueza, tristeza
-ia	valentia, cortesia
-ice	tolice, velhice
-ície	planície, imundície
-or	amargor, dulçor
-(i)tude	amplitude, longitude
-ura	candura, espessura

Reprodução proibida. Art. 184 do Código Penal e Lei 9.610 de 19 de fevereiro de 1998.

Alguns sufixos que formam substantivos de verbos		
Sufixos	**Sentidos**	**Exemplos**
-ança, -ância, -ença, -ência	ação ou resultado dela, estado	esperança, importância, crença, obediência
-ante, -ente, -inte	agente	navegante, combatente, ouvinte
-(d)or, -(s)or, -(t)or	agente, instrumento da ação	pescador, professor, inspetor
-ão, -ção, -são	ação ou resultado dela	arranhão, negação, agressão
-douro, -tório	lugar ou instrumento para a prática da ação	logradouro, bebedouro, consultório
-(d)ura, -(s)ura, -(t)ura	resultado ou instrumento de ação, noção coletiva	fechadura, travessura, pintura
-mento	ação ou resultado dela; instrumento da ação; noção coletiva	acolhimento, ferimento, armamento

Alguns sufixos que formam substantivos ou adjetivos de outros substantivos ou de adjetivos		
Sufixos	**Sentidos**	**Exemplos**
-ismo	doutrinas ou sistemas artísticos, filosóficos, políticos, religiosos; modo de proceder ou pensar; forma peculiar da língua; terminologia científica	islamismo, judaísmo, capitalismo, arcadismo, romantismo, heroísmo, egoísmo, anglicanismo, brasileirismo, hipertireoidismo, botulismo
-ista	partidários ou sectários de doutrinas ou sistemas artísticos, filosóficos, políticos, religiosos; modo de proceder ou pensar; ocupação, ofício; nomes pátrios e gentílicos	capitalista, socialista, realista, fatalista, otimista, pessimista, romancista, pianista, artista, nortista, sulista

Alguns sufixos que formam adjetivos de substantivos ou de outros adjetivos		
Sufixos	**Sentidos**	**Exemplos**
-aco	estado íntimo; origem	maníaco, austríaco
-ado	provido ou cheio de; que tem o caráter de	dentado, desalmado
-aico	referência, pertinência	onomatopaico, prosaico
-ão	proveniência, origem	aldeão, alemão
-al, -ar	relação, pertinência	pessoal, anual, solar, lunar
-ano	providência, origem, pertença; sectário ou partidário de; semelhante ou comparável a	angolano, republicano, shakespeariano
-ário, -eiro	relação, posse, origem	diário, caseiro, brasileiro
-engo, -enho, -eno	relação, pertinência, posse, semelhança, procedência, origem, referência	flamengo, portenho, terreno, chileno
-ense, -ês	relação, procedência, origem	cearense, português
-(l)ento	provido ou cheio de; que tem o caráter de	barrento, rabugento
-eo	relação, semelhança, matéria	etéreo, róseo
-esco, -isco	referência, semelhança	dantesco, mourisco
-este, -estre; -eu; -ico, -ício; -il; -ino; -ita; -onho; -oso; -udo	relação, origem, procedência; referência, semelhança; relação, origem, natureza; pertinência, origem; propriedade, hábito; provido ou cheio de	celeste, campestre, judeu, europeu, melancólico, alimentício, febril, estudantil, argentino, bovino, caprino, ismaelita, jesuíta, medonho, tristonho, medroso, feioso, barbudo, bicudo

Reprodução proibida. Art. 184 do Código Penal e Lei 9.610 de 19 de fevereiro de 1998.

Alguns sufixos que formam adjetivos de verbos		
Sufixos	**Sentidos**	**Exemplos**
-ante, -ente, -inte	ação, qualidade, estado	semelhante, doente, inteligente, constituinte
-doiro, -douro, -tório	pertinência, ação de valor futuro	casadoiro, duradouro, preparatório
-vel	possibilidade de praticar ou sofrer ação	amável, discutível, corrigível

Sufixos verbais

Alguns sufixos verbais		
Sufixos	**Sentidos**	**Exemplos**
-ear, -ejar	frequentativo, durativo	golpear, folhear, gaguejar, lacrimejar
-entar, -(i)ficar, -izar	factitivo	amolentar, falsificar, arborizar
-icar, -ilhar, -iscar, -itar	frequentativo, diminutivo	bebericar, fervilhar, chuviscar, saltitar
-inhar	frequentativo, diminutivo, pejorativo	escrevinhar

Radicais gregos e latinos

Alguns radicais gregos (1º elemento da composição)		
Radical(is)	**Sentido(s)**	**Exemplo(s)**
acr-, acro-	alto	acrópole
aer-, aero-	ar	aerodinâmico
biblio-	livro	biblioteca
bio-	vida	biologia
cosmo-	mundo	cosmovisão
crono-	tempo	cronômetro
datilo-	dedo	datilografia
demo-	povo	demografia
ergo-	trabalho	ergometria
enter-, entero-	intestino	enterogastrite
etno-	raça	etnografia
filo-	amigo	filósofo
fisio-	natureza	fisionomia
gen-, geno-	que gera	genética
geo-	terra	geologia
ger-, gero-	velhice	geriatra
helio-	sol	heliocentrismo
hemi-	metade	hemisfério
hemato-, hemo-	sangue	hemoglobina
hipo-	cavalo	hipódromo
iso-	igual	isósceles
lito-	pedra	litogravura
macro-	grande	macroeconomia
mega-, megalo-	grande	megalópole
meso-	meio	mesóclise
meta-	transformação; sucessão (no tempo ou no espaço)	metabolismo; metafísica
micro-	pequeno	micróbio
miso-	que odeia	misógino
mito-	fábula	mitologia
necro-	morto	necropsia
neo-	novo	neolatina
odonto-	dente	odontologia
ofi-, ofio-	cobra	ofiologia
ornit-, ornito-	ave	ornitólogo
orto-	reto, justo	ortopedista
oste-, osteo-	osso	osteoporose
paleo-	antigo	paleontologista
pan-	todos	panteísta
pato-	doença	patologista
pedi-, pedo-	criança	pediatra
piro-	fogo	pirotecnia
pluto-	riqueza	plutocracia
poli-	muito	poliglota
proto-	primeiro	protótipo
pseudo-	falso	pseudônimo
psico-	alma	psicologia

Reprodução proibida. Art. 184 do Código Penal e Lei 9.610 de 19 de fevereiro de 1998.

quiro-	mão	quiromancia
rino- rizo-	nariz raiz	rinoplastia rizotônico
sismo-	abalo	sismógrafo
taqui- tax-, taxi-, taxio- tecno- tele- teo- term-, termo- topo-	rápido ordem, arranjo arte, ofício, indústria longe, de longe deus calor lugar	taquicardia taxionomia tecnologia telefone teologia termômetro topônimo
xeno- xilo-	estrangeiro madeira	xenofobia xilogravura
zoo-	animal	zoológico

Alguns radicais gregos (2º elemento da composição)

Radical(is)	Sentido(s)	Exemplo(s)
-agogia, -agogo -algia -arquia	condução, que conduz dor comando, governo	pedagogia, pedagogo nevralgia monarquia
-céfalo -cracia	cabeça poder	encéfalo democracia
-derme -dromo	pele lugar para correr	epiderme autódromo
-edro	base, face	poliedro
-fagia, -fago -filia -fobia, -fobo	comer, aquele que come amizade aversão, aquele que tem aversão a	antropofagia, antropófago lusofilia aracnofobia, xenófobo
-gamia, -gamo -glota -gono	casamento, aquele que casa língua ângulo	monogamia, bígamo poliglota polígono
-logia, -logo	estudo, ciência, aquele que estuda	antropologia, antropólogo
-mancia -mania -metria, -metro -morfo -morfose	adivinhação loucura, tendência medida, aquele ou aquilo que mede que tem forma ação de dar forma	quiromancia cleptomania densitometria, bafômetro antropomorfo heteromorfose
-peia -pólis, -pole -ptero	que faz cidade asa	onomatopeia megalópole helicóptero
-scopia, -scopio -sofia	ver, objeto que possibilita a visão sabedoria	endoscopia, telescópio filosofia
-teca -terapia -tomia -trof, -trofia	lugar onde se guarda algo cura corte, divisão nutrição	biblioteca fisioterapia lobotomia distrofia

Reprodução proibida. Art. 184 do Código Penal e Lei 9.610 de 19 de fevereiro de 1998.

Reprodução proibida. Art. 184 do Código Penal e Lei 9.610 de 19 de fevereiro de 1998.

Alguns radicais latinos (1º elemento da composição)		
Radical(is)	**Sentido(s)**	**Exemplo(s)**
agri-, agro- alti- alvi- ambi- api- arbori- avi-	campo alto branco ambos, dois abelha árvore ave	agrícola, agrônomo altiplano alvinegro ambíguo apicultura arborização avicultura
bel-, beli-	guerra	bélico, beligerante
cruci-	cruz	crucifixo
equi-	igual	equilátero
ferri-, ferro-	ferro	ferrífero, ferrovia
igni-	fogo	ignição
loco-	lugar	locomotiva
morti-	morte	mortífero
oleo- oni-	azeite, óleo todo	oleoduto onipresença
pedi- pisci-	pé peixe	pedicure piscultura
quadri-	quatro	quadrilátero
reti-	reto	retilíneo
sesqui-	um e meio	sesquicentenário
tri-	três	tricolor
uni-	um	unilateral
vermi-	verme	vermífugo

Alguns radicais latinos (2º elemento da composição)		
Radical(is)	**Sentido(s)**	**Exemplo(s)**
-cida -cola	que mata que habita ou cultiva	pesticida vinícola
-fero -fico -forme -fugo	que contém que faz ou produz que tem forma que foge ou faz fugir	aurífero benéfico uniforme centrífugo
-gero	que contém ou produz	belígero
-paro -pede -plano	que produz pé plano, nivelado	ovíparo bípede altiplano
-sono	que soa	uníssono
-vono -voro	que expele que come	ignívono carnívoro

Atividades complementares

Parte 1

No editorial a seguir, publicado no jornal *Folha de S.Paulo* em setembro de 2011, discute-se a questão do estereótipo e do preconceito nas produções culturais. Leia-o para responder às questões de 1 a 5.

O atraso do herói

Costuma-se dizer que as produções culturais, em particular na área da ficção, têm o poder de prenunciar acontecimentos reais.

Só depois de um negro ter sido eleito presidente dos Estados Unidos, todavia, é que se tem notícia de renovação equivalente no usualmente tão dinâmico universo das histórias em quadrinhos.

Foi lançado nos EUA o gibi em que o Homem-Aranha adquire nova origem étnica. Com a morte de seu antigo ***alter ego*** branco, Peter Parker, o herói passa a ser encarnado por Miles Morales, jovem negro de ascendência hispânica.

É verdade que já houve heróis negros nos quadrinhos americanos — mas limitaram-se a papéis coadjuvantes. Com alguma **blague**, pode-se dizer que, até agora, era mais fácil um super-herói ser totalmente verde, como o poderoso Hulk, do que negro.

As coisas mudam, se bem que lentamente. Mesmo num evento tão convencional como os concursos de beleza feminina, foi a vez de uma negra, a angolana Leila Lopes, sagrar-se a Miss Universo.

Comentou-se que seu sorriso teria cativado o júri. Talvez se deva acrescentar a circunstância de sua beleza fugir ao estereótipo [...]

Estereótipos têm lugar assegurado, evidentemente, na maior parte dos eventos e produções da indústria cultural.

O garoto tímido que se transforma em super-herói **intrépido** (e branco), assim como a mocinha anônima (e loura) que desponta para a realeza num concurso de Miss Universo, fazem parte do mesmo repertório de clichês.

Por isso mesmo, algumas áreas da cultura de massa mostram **impermeabilidade** ao que há de complexo e heterogêneo no mundo contemporâneo. Também por isso, soam frequentemente forçadas tentativas de impor o "politicamente correto" ao conteúdo dos contos de fadas e da ficção.

Melhor o "politicamente correto", sem dúvida, do que o preconceito. [...]

Folha de S.Paulo, São Paulo, 18 set. 2011. Primeiro Caderno, A2. (Fragmento).

Alter ego: (latim) um segundo eu, outro aspecto do próprio ego.

Blague: gozação, piada, brincadeira.

Intrépido: valente, corajoso.

Impermeabilidade: resistência, inacessibilidade.

1 O produtor do texto afirma que "as coisas mudam, se bem que lentamente". A que mudanças ele se refere?

2 Leia o verbete *estereótipo*, reproduzido a seguir.

[...] **3** algo que se adéqua a um padrão fixo ou geral <*A Vênus de Willendorf é um e. da mulher na arte paleolítica*> **3.1** esse próprio padrão, ger. formado de ideias preconcebidas e alimentado pela falta de conhecimento real sobre o assunto em questão <*o e. do amante latino*> **3.2** ideia ou convicção classificatória preconcebida sobre alguém ou algo, resultante de expectativa, hábitos de julgamento ou falsas generalizações **4** aquilo que é falto de originalidade; banalidade, lugar-comum, modelo, padrão básico [...]

INSTITUTO ANTÔNIO HOUAISS. *Dicionário eletrônico Houaiss da língua portuguesa*. Rio de Janeiro: Objetiva, 2009. (Fragmento).

Reprodução proibida. Art. 184 do Código Penal e Lei 9.610 de 19 de fevereiro de 1998.

No editorial "O atraso do herói", a que exatamente se refere a afirmação "Estereótipos têm lugar assegurado [...] na maior parte dos eventos e produções da indústria cultural"?

3 Releia o texto e descubra que outras palavras pertencem ao mesmo campo semântico de *estereótipo*.

4 Relacione as palavras que você citou na resposta à questão anterior com a crítica que o editorialista faz à indústria cultural.

5 Você também acha que a indústria cultural tem dificuldade em aceitar o que é novo, diferente?

Observe o anúncio a seguir e responda às questões de 6 a 9.

REPRODUÇÃO/SLA PROPAGANDA

Banco do Nordeste.
Todo o apoio que você precisa para investir e crescer junto com a Região.
Investir na Bahia é um ótimo negócio. Maior economia do Nordeste, infraestrutura, logística, turismo, agronegócio e mais: todo o apoio do Banco do Nordeste. São créditos com os menores juros e maiores prazos do mercado para você implantar, ampliar ou modernizar negócios de diversos setores. Sempre, claro, com a orientação completa para o desenvolvimento social, econômico e ambiental da Região. Descubra o que a Bahia tem com o Banco do Nordeste.

6 Quem é o anunciante?

7 A quem é dirigido o anúncio?

8 Qual é a intenção do anunciante?

9 Que figura de linguagem está presente na parte não verbal do anúncio? Explique como você chegou a essa conclusão.

A tira abaixo, do cartunista Adão Iturrusgarai, estabelece intertextualidade com a obra *A metamorfose*, de Franz Kafka (1883-1924). O texto do escritor tcheco começa com um relato sobre a estranha transformação do personagem principal, Gregor Samsa, num monstruoso inseto: "Certa manhã, ao despertar de sonhos intranquilos...".

Leia a tira e responda às questões de 10 a 16.

Adão Iturrusgarai

ADÃO ITURRUSGARAI

Reprodução proibida. Art. 184 do Código Penal e Lei 9.610 de 19 de fevereiro de 1998.

10 A tira constrói uma crítica a um grupo social. Qual é ele?

11 Observe o adjetivo *inquietantes* e escreva a palavra primitiva que lhe deu origem.

12 Qual é o processo de formação da palavra *inquietantes*?

13 Mencione palavras cognatas de *quieto*.

14 Observe agora a palavra *metamorfose*, no início da tira. Procure os radicais gregos que a compõem nos quadros apresentados no apêndice deste livro. Qual o significado de cada um deles?

15 Qual seria, então, o sentido de *metamorfose*? Se preciso, consulte um dicionário.

16 Que nome se dá ao processo de formação de palavras que originou o vocábulo *metamorfose*?

Parte 2

Leia esta tira de Fernando Gonsales e responda às questões 17 e 18.

NÍQUEL NÁUSEA — Fernando Gonsales

17 Explique a ironia presente no enunciado "Corujas e bruxas se entendem".

18 O vocábulo *coruja* pertence a uma classe gramatical diferente em cada enunciado da tira. Justifique essa afirmação.

Leia esta tira do Níquel Náusea, de Fernando Gonsales, e responda às questões de 19 a 22.

NÍQUEL NÁUSEA — Fernando Gonsales

GONSALES, Fernando. *Níquel Náusea*: botando os bofes para fora. São Paulo: Devir, 2002. p. 11.

Reprodução proibida. Art. 184 do Código Penal e Lei 9.610 de 19 de fevereiro de 1998.

19 Qual é o significado do substantivo *festinha* no quadrinho 1 da tira?

20 E do substantivo *festonas* no quadrinho 2?

21 A palavra *festona* não encontra registro nos dicionários. De acordo com as normas urbanas de prestígio, quais seriam os substantivos correspondentes a esse termo?

22 É comum o uso da expressão "fazer festinha" para referir-se ao comportamento de um cão. Levando isso em conta, explique como o emprego da flexão de grau contribuiu para construir o humor da tira.

Leia o poema do jornalista Dirceu Rodrigues para responder às questões de 23 a 26.

Em cantos

E se eu fosse.
E se tu fosses.
E se nós fôssemos.
Neste dia, eu tomaria a tua mão
E te levaria por todos os cantos
Da imaginação.

E quem sabe então
Não veríamos o que está mais além
Dos cantos da imaginação.

É preciso, sempre, deixar rolar o canto
E com ele preencher todos os cantos
Pois vem dia em que poderemos estar afônicos
E necessitarmos de um canto
Para deitar os nossos desencantos.

Aí, então, quem sabe, a gente encontre
Aquele canto que um dia espantou a tristeza
De tantos outros cantos.

RODRIGUES, Dirceu. Em cantos. *Brasileiros*, n. 43, fev. 2011, p. 40.

23 Que significados podem ser atribuídos ao título do poema?

24 Um pronome reto de primeira pessoa marca a presença do eu lírico no poema. Qual é ele?

25 Com que pronomes pessoais o eu lírico se dirige ao interlocutor?

26 Que pronome e expressão representam a união do eu lírico e de seu interlocutor numa situação hipotética?

Leia a notícia publicada no *site* do psiquiatra Jairo Bouer, especialista em saúde e comportamento de jovens, para responder às perguntas de 27 a 31.

Curiosidade melhora desempenho de alunos

Um estudo de revisão feito com dados de 50.000 estudantes mostrou que, assim como empenho, curiosidade é fundamental para o bom desempenho na escola. O levantamento, feito pela Universidade de Edimburgo, na Grã-Bretanha, mostrou que a característica mais comum dos bons alunos é comprometimento — nada obsessivo, apenas ir à aula e fazer lição de casa com seriedade já mostram o empenho do estudante.

Outro traço de personalidade comum aos bons alunos é a curiosidade. **Isso** faz com que eles tenham mais iniciativa, tentem estudar sozinhos e se interessem pelos assuntos abordados em aula. E **isso** valeria inclusive para a vida adulta, tornando-os profissionais mais atraentes para o mercado de trabalho.

Disponível em: <http://drjairobouer.blog.uol.com.br/arch2011-10-30_2011-11-05.html>. Acesso em: 14 dez. 2012.

27 A pesquisa mencionada no texto analisou dois aspectos importantes de alunos considerados bons estudantes. Que aspectos foram esses?

28 Os pronomes demonstrativos em destaque estabelecem relações de coesão no texto. Que elemento cada um deles retoma?

29 Por que o jornalista optou pelo pronome *isso*, em vez de *isto* ou *aquilo*?

Reprodução proibida. Art. 184 do Código Penal e Lei 9.610 de 19 de fevereiro de 1998.

30 Que pronome introduz o segundo parágrafo do texto? Classifique-o.

31 Esse pronome tem dupla função: fazer referência a elementos já citados e ampliar informações no texto. A que elementos ele se refere? E que informações acrescenta ao texto?

Leia a tira de Bill Watterson e responda às questões de 32 a 35.

CALVIN — Bill Watterson

CALVIN & HOBBES, BILL WATTERSON © 1995 WATTERSON / DIST. BY UNIVERSAL UCLICK

WATTERSON, Bill. *O mundo é mágico*: as aventuras de Calvin & Haroldo. 2. ed. São Paulo: Conrad, 2010. p. 6.

32 A alternância dos possessivos *minha* e *sua* ajuda a construir o humor na tira. É possível afirmar que esses pronomes, no primeiro quadrinho, referem-se ao mesmo objeto possuído? Justifique.

33 Em que outro quadrinho da tira essa situação se repete?

34 No terceiro quadrinho, o que o pronome indefinido *tudo* resume?

35 Que pronome demonstrativo poderia substituir *tudo* no enunciado?

Leia o anúncio publicado no jornal gaúcho *Zero Hora*:

ESCALA/GRUPO RBS

A todo momento, Zero Hora coloca o mundo na sua mão. E você, faz o que com ele?

Reprodução proibida. Art. 184 do Código Penal e Lei 9.610 de 19 de fevereiro de 1998.

36 No texto principal do anúncio, a quem se refere o pronome oblíquo *nos*?

37 Segundo o anúncio, as pessoas relacionam-se com o mar de maneiras diferentes. Quais são as relações nele destacadas?

38 Conforme o texto principal do anúncio, o mar é importante para todos? Justifique.

39 Com o intuito de atingir o maior número de pessoas para as quais o mar é importante, o produtor do texto fez uso de dois tipos de pronome: indefinido e demonstrativo. Quais são eles?

40 Releia o texto na parte inferior do anúncio: "A todo momento, Zero Hora coloca o mundo na sua mão. E você, faz o que com ele?". A quem se referem os pronomes *sua* e *você*?

41 Que relação de sentido existe entre esse texto e o texto principal do anúncio?

42 Por que podemos afirmar que o anúncio é construído de modo a persuadir o leitor da importância de ler o jornal *Zero Hora*?

O fragmento a seguir narra o início da complicação do conto "O almoço", do escritor francês William Somerset Maugham (1874-1965). Leia-o para responder às questões de 43 a 45.

Foi vinte anos antes, e eu morava em Paris. Tinha um minúsculo apartamento no **Quartier Latin** que dava para um cemitério, e mal ganhava dinheiro suficiente para manter corpo e alma juntos. Ela tinha lido um dos meus livros e me escrevera a respeito dele. Respondi, agradecendo, e logo em seguida recebi outra carta dela, dizendo que estaria de passagem por Paris e gostaria de ter uma conversa comigo, mas seu tempo era limitado e seu único momento livre seria na quinta-feira seguinte. Passaria a manhã no **Luxemburgo**: eu não poderia lhe oferecer um almocinho no Foyot em seguida? O Foyot é um restaurante onde os senadores franceses comem e estava tão além de meus recursos que eu jamais tinha sequer pensado em ir lá. Mas me sentia lisonjeado e ainda era muito jovem para ter aprendido a dizer não a uma mulher. (Poucos homens, devo acrescentar, aprendem isso antes de ficarem velhos demais para que o que eles digam tenham qualquer consequência para uma mulher). Eu tinha oitenta **francos** (francos de ouro) para me **lastrear** para o restante do mês, e naquele lugar um almoço modesto não custava menos de quinze. Se eliminasse o café das próximas duas semanas, conseguiria me arranjar bem. [...]

MAUGHAM, William Somerset. O almoço. In: MACHADO, Ana Maria (Org.). *Leituras de escritor*. São Paulo: Comboio de Corda, 2008. p. 67-68. (Fragmento).

Quartier Latin: região de Paris que engloba bairros onde estão situadas escolas e universidades importantes.

Luxemburgo: famoso jardim parisiense; é também o nome da charmosa região da cidade onde se concentram hotéis e restaurantes.

Franco: moeda francesa antes do euro.

Lastrear: sustentar, garantir.

43 Dois dos fatos narrados expressam ações das quais decorrem todas as demais.

a) Quais são as formas verbais que representam essas ações?

b) Em que tempo e modo estão flexionadas essas formas verbais?

c) Qual é a diferença entre elas?

44 Releia este trecho:

"[...] recebi outra carta dela, dizendo que **estaria** de passagem por Paris e **gostaria** de ter uma conversa comigo, mas seu tempo era limitado e seu único momento livre **seria** na quinta-feira seguinte. **Passaria** a manhã no Luxemburgo [...]".

a) As formas verbais destacadas no trecho estão no mesmo tempo e modo verbais. Que tempo e modo são esses?

b) Por que foi usado esse tempo verbal?

Reprodução proibida. Art. 184 do Código Penal e Lei 9.610 de 19 de fevereiro de 1998.

c) Qual é a possibilidade vislumbrada pelo narrador para poder levar sua admiradora ao restaurante?

d) Que forma verbal expressa essa possibilidade? Em que tempo e modo ela está?

45 Nos trechos a seguir, as duas formas verbais destacadas estão no presente do indicativo.

"O Foyot é um restaurante onde os senadores franceses **comem**..."

"(Poucos homens, devo acrescentar, **aprendem** isso antes de ficarem velhos demais para que o que eles digam tenham qualquer consequência para uma mulher)."

a) Qual delas poderia ser passada para o pretérito imperfeito?

b) Que efeito de sentido essa mudança provocaria?

46 Os enunciados abaixo diferenciam-se semântica e morfologicamente. Leia-os com atenção.

Ao final da aula, o professor se dirige aos alunos:

- Na próxima aula, **continuamos** a partir deste assunto.
- Na próxima aula, **continuemos** a partir deste assunto.
- Na próxima aula, quero que **continuemos** a partir deste assunto.

a) Qual das três frases expressa a certeza de que a aula dará continuidade ao assunto determinado pelo professor? Por quê?

b) Em que frase a forma verbal expressa um comando? Explique.

c) Na última frase, o verbo destacado expressa uma expectativa ou uma certeza do professor sobre a aula seguinte? Classifique-o quanto ao tempo e modo.

Leia um artigo publicado na seção Opinião do portal *Folha UOL* em 8 de setembro de 2012 e responda às questões de 47 a 54.

RUY CASTRO

É ruim. E se for?

RIO DE JANEIRO — O cinema brasileiro já produziu 27 filmes baseados na obra de Nelson Rodrigues, 21, na de Jorge Amado, e sete, na de Lucio Cardoso. Não se sabe onde estão muitos desses filmes nem em que formato ou em que condições. É provável que, de outros, já não exista o negativo ou uma cópia razoável em 35 mm. É parte da cultura brasileira se decompondo, abandonada.

Nelson, Jorge e Lucio estão comemorando centenário em 2012, e há anos que já se sabia disso. Um programa executado com antecedência pelo Ministério da Cultura teria feito com que tal acervo chegasse reunido e restaurado ao ano desses centenários e permitisse a instituições culturais a realização de mostras, festivais ou retrospectivas. Imagine os ganhos, até políticos. Mas ninguém se mexeu — se é que se teve a ideia.

Nesta quarta-feira, em mesa promovida pelo Sesi-SP no ciclo "Nelson Rodrigues 100 Anos", o cineasta Neville d'Almeida estendeu a situação a todo o patrimônio cinematográfico brasileiro. Seu próprio filme *A dama do lotação*, de 1978, baseado num conto de Nelson e que arrastou 6,8 milhões de espectadores apenas na estreia, até hoje não está disponível em DVD. E olhe que, por quase 30 anos, foi a segunda maior bilheteria do país.

Dir-se-á que boa parte da filmografia nacional é "ruim". E se for? As chanchadas da Atlântida, em seu tempo, também eram consideradas o fim. Hoje atraem estudiosos que as veem como um tesouro de números musicais e com valor de documentário, por terem sido, quase todas, filmadas nas ruas. Ainda vale o paradigma de Henri Langlois, fundador da Cinemateca Francesa, às vésperas da ocupação de Paris pelos alemães, em 1940. Ele decretou que não havia filmes "ruins" – todos mereciam ser protegidos.

Dir-se-á também que restaurar filmes é um processo caro, e que não há dinheiro para isso. Há, sim.

Disponível em: <http://www1.folha.uol.com.br/fsp/opiniao/65108-e-ruim-e-se-for.shtml>. Acesso em: 15 jan. 2013.

Reprodução proibida. Art. 184 do Código Penal e Lei 9.610 de 19 de fevereiro de 1998.

47 O artigo de opinião discute um assunto polêmico do momento de sua publicação. O que o jornalista põe em questão no artigo?

48 O jornalista levanta algumas hipóteses, caso houvesse interesse em recuperar as obras de Nélson, Jorge e Lúcio.

a) Que formas verbais expressam essas hipóteses?

b) Em que tempo e modo verbal elas estão flexionadas?

49 Reescreva o período abaixo, substituindo a forma verbal destacada, que está no futuro do pretérito composto, pelo mesmo verbo flexionado no futuro do presente simples. Adapte os outros verbos do enunciado segundo a correlação verbal exigida pelas normas urbanas de prestígio.

> [...] "Um programa executado com antecedência pelo Ministério da Cultura **teria feito** com que tal acervo chegasse reunido e restaurado ao ano desses centenários e permitisse a instituições culturais a realização de mostras, festivais ou retrospectivas."

Reprodução proibida. Art. 184 do Código Penal e Lei 9.610 de 19 de fevereiro de 1998.

50 O título do artigo – "É ruim. E se for?" – já revela um posicionamento do articulista. Qual é ele?

51 O articulista justifica seu posicionamento por meio de um exemplo e de um argumento de autoridade. Quais são eles? Transcreva-os do texto.

52 Qual é o infinitivo das formas verbais presentes no título do artigo?

53 Na frase "E se for?", em que tempo e modo a forma verbal está conjugada?

54 Em português, há outro verbo irregular que, ao ser flexionado nesse tempo e modo, apresenta forma verbal idêntica a essa. Qual é esse verbo? Construa um enunciado com ele nesse mesmo tempo e modo.

Leia este anúncio publicitário para responder às questões de 55 a 58.

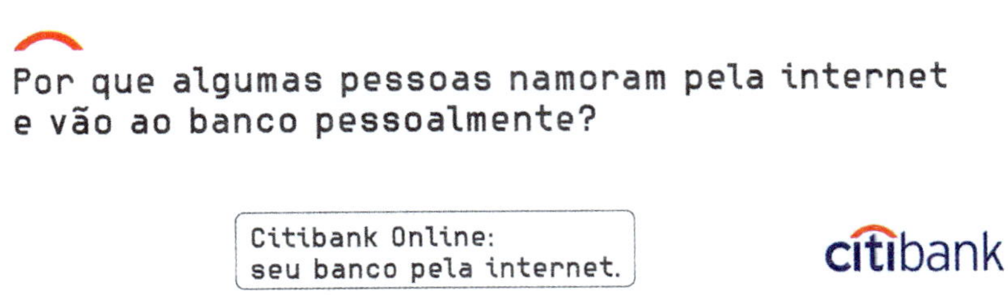

REPRODUÇÃO

55 Em que consiste a contradição explorada no texto? Explique.

56 De acordo com o que o anunciante sugere, qual seria o comportamento coerente nesse caso?

57 As ações expressas pelos verbos *namorar* e *ir* têm seu sentido modificado, respectivamente, pela locução verbal *pela internet* e pelo advérbio *pessoalmente*. Que circunstâncias o advérbio e a locução atribuem a esses verbos?

58 Que intenção tem o anunciante ao fazer ao interlocutor a pergunta expressa no anúncio?

Leia a tira de Allan Sieber e responda às questões de 59 a 62.

PRETO NO BRANCO Allan Sieber

ALLAN SIEBER/FOLHAPRESS

59 O sentido de "jogo", presente no título da tira, é retomado pelas linguagens não verbal e verbal. Explique essa afirmação.

60 Existe um jogo de tabuleiro chamado "Jogo da vida", no qual os jogadores enfrentam algumas situações difíceis, mas também podem ter boas surpresas, como ganhar na loteria. Por que podemos dizer que, nessa tira, o cartunista fez uma paródia do jogo tradicional?

61 Que sentido a preposição *de*, na contração *da* (de + a), estabelece na expressão "da vida dura"?

62 Na tira há duas preposições que estabelecem relação de modo e duas que indicam lugar. Quais são elas?

Leia a tira de Laerte, publicada na seção Quadrinhos do jornal *Folha de S.Paulo* em 17 de julho de 2012, para responder às questões de 63 a 67.

PIRATAS DO TIETÊ Laerte

LAERTE/FOLHAPRESS

63 Qual é a intenção do personagem que está dirigindo ao fazer as duas perguntas a seu interlocutor?

64 Para atingir seu objetivo, o motorista da tira constrói seus argumentos de maneira lógica, por meio de duas orações. Uma delas é introduzida por uma conjunção que estabelece valor semântico de causa. A outra, por uma que expressa consequência. Quais são essas duas orações?

65 Na última fala do motorista, que conjunção é responsável por expressar a contradição de posicionamento de seu interlocutor?

Reprodução proibida. Art. 184 do Código Penal e Lei 9.610 de 19 de fevereiro de 1998.

66 Embora essa conjunção relacione fatos aparentemente opostos, o interlocutor do motorista responde afirmativamente às duas questões. Em que palavra ou expressão este se apoia para responder dessa forma?

67 Podemos afirmar que essas respostas afirmativas do interlocutor do motorista provocam o efeito de humor da tira? Justifique.

68 Relacione os quatro enunciados a seguir por meio de conjunções ou locuções conjuntivas, formando um único período. Mantenha a ordem dos enunciados e faça as adaptações necessárias.

- Os *outdoors*, devido à legislação de combate à poluição visual, foram banidos de várias metrópoles.
- O excesso de *outdoors* infesta as rodovias de acesso às metrópoles.
- Os *outdoors* comprometem a segurança do tráfego.
- Os *outdoors* competem com a sinalização de trânsito.

Reprodução proibida. Art. 184 do Código Penal e Lei 9.610 de 19 de fevereiro de 1998.

Leia este fragmento de reportagem publicada na revista *Galileu* de agosto de 2012 e responda às questões de 69 a 73.

Como a web mudou... seu cérebro

Depois da internet, não fazemos quase nada como fazíamos. Na verdade, você pode passar boa parte do dia produzindo várias coisas ao mesmo tempo. Checar o Facebook em uma janela, responder a um *e-mail* em outra, conversar no MSN em uma terceira, escrever no Word em uma quarta e, no meio de tudo, ler este texto.

Nicholas Carr, autor de *The shallows: what the internet is doing to our brains* (sem versão em português), argumenta que tudo isso está mudando nossos cérebros – e para pior. A *web* teria nos transformando em pensadores mais "superficiais". Prestamos atenção em muitas coisas ao mesmo tempo, mas não prestamos atenção bem em nenhuma.

Mas há quem diga o contrário: a internet está, na verdade, turbinando nosso cérebro. Esse é o argumento do recém-lançado *Brain gain: technology and the quest for digital wisdom* (sem versão em português), de Marc Prensky. O autor defende que o uso inteligente da tecnologia está ampliando os limites antigos da nossa capacidade cognitiva. "Os seres humanos hoje podem fazer mais, pensar mais rápido, planejar melhor, analisar mais profundamente, resolver problemas mais difíceis e tomar melhores decisões", diz Prensky. Ele não está sozinho. Em uma pesquisa feita pelo Pew Internet Research, em 2010, com mais de 370 especialistas, 80% acreditam que, até 2020, a internet vai ampliar a inteligência humana.

Seja para o bem ou para o mal, a mudança é inevitável, como argumenta Genevieve Bell, antropóloga da Intel. "Novas tecnologias sempre nos fazem pensar de maneiras diferentes. A prensa de Gutenberg mudou completamente a forma como memorizamos informações. Agora que temos que nos preocupar menos ainda em lembrar as coisas, talvez fiquemos livres para formular novas questões."

Galileu, ed. 253, ago. 2012, p. 47. (Fragmento).

Parte 3

69 A reportagem apresenta dois pontos de vista diferentes em relação à influência da internet em nosso modo de pensar. Qual o posicionamento de cada um dos escritores mencionados?

70 A pesquisa apresentada pelo jornalista confirma o ponto de vista de qual escritor? Por quê?

71 O fragmento da reportagem inicia-se com um período composto por duas orações cujos sujeitos são ocultos (elípticos) e se referem à 1ª pessoa do plural (*nós*). Justifique o emprego dessa pessoa do discurso e desse tipo de sujeito pelo jornalista.

72 Releia o segundo período do primeiro parágrafo: "Na verdade, você pode passar boa parte do dia produzindo várias coisas ao mesmo tempo".

a) Qual é o sujeito da primeira oração desse período? Como ele se classifica? Por quê?

b) Embora esse sujeito seja identificado na oração, semanticamente ele não se refere a um ser determinado. Explique essa afirmação.

c) Observando o suporte no qual o texto foi publicado e o público-alvo a que se dirige, podemos afirmar que está adequado o emprego de tal sujeito com esse valor semântico? Justifique sua resposta.

d) Caso o texto fosse destinado a uma revista científica, marcada por um registro bastante formal, qual seria a redação mais adequada? Reescreva a frase.

73 No terceiro parágrafo do texto há três sujeitos simples com o mesmo referente.

a) Quais são esses sujeitos? E qual é o referente?

b) Explique como o jornalista estabeleceu a coesão no trecho, evitando a repetição do mesmo referente.

O anúncio a seguir foi publicado na revista *Veja* de 15 de agosto de 2012. Leia-o e responda às questões de 74 a 82.

REPRODUÇÃO/ALMAP BBDO

100% da renda líquida com a venda da sandália será revertida para o UNICEF no Brasil.

Edição Limitada com 100% da receita líquida na venda da sandália revertida para o UNICEF no Brasil. Um modelo especial inspirado nos consumidores que contribuíram para mudar a nossa história: a ideia de virar a sola das Havaianas para cima, criando a sandália de uma cor só.

74 A quem se refere o sujeito da primeira oração que compõe o texto principal do anúncio?

75 Em relação à comemoração dos 50 anos da empresa, o que, no texto principal do anúncio, provoca estranhamento no leitor?

Reprodução proibida. Art. 184 do Código Penal e Lei 9.610 de 19 de fevereiro de 1998.

76 Ainda no texto principal do anúncio, qual forma verbal tem como complemento o presente dado pelo anunciante e qual é esse presente?

77 Levante hipóteses: por que o complemento desse verbo não vem expresso na oração de que faz parte?

78 A justificativa do anunciante para a inversão de papéis (ele dá um presente, em vez de recebê-lo, na data em que comemora seu aniversário de fundação) está implícita no texto localizado na parte inferior da página do anúncio. Qual é a justificativa?

79 Embora, nas duas orações que compõem o texto principal, haja um termo iniciado pela mesma preposição (*para*), esse termo exerce uma função sintática diferente em cada uma delas. Explique essa afirmação.

80 Por que a expressão *de presente* é um adjunto adverbial? E que circunstância ela expressa?

81 A oração situada logo abaixo do texto principal esclarece como o presente das Havaianas beneficiará o UNICEF:

> "100% da receita líquida com a venda da sandália será revertida para o UNICEF no Brasil."

Quem é o sujeito dessa oração? Ele é agente ou paciente da ação verbal?

82 Na oração da questão anterior, o agente da passiva não está expresso, mas pode ser deduzido pelo leitor. Qual é esse agente? Por que ele não vem expresso?

Leia a HQ de Urbano, o aposentado, de A. Silvério, publicada no jornal *O Globo* de 14 de junho de 2009, e responda às questões de 83 a 86.

URBANO, O APOSENTADO A. Silvério

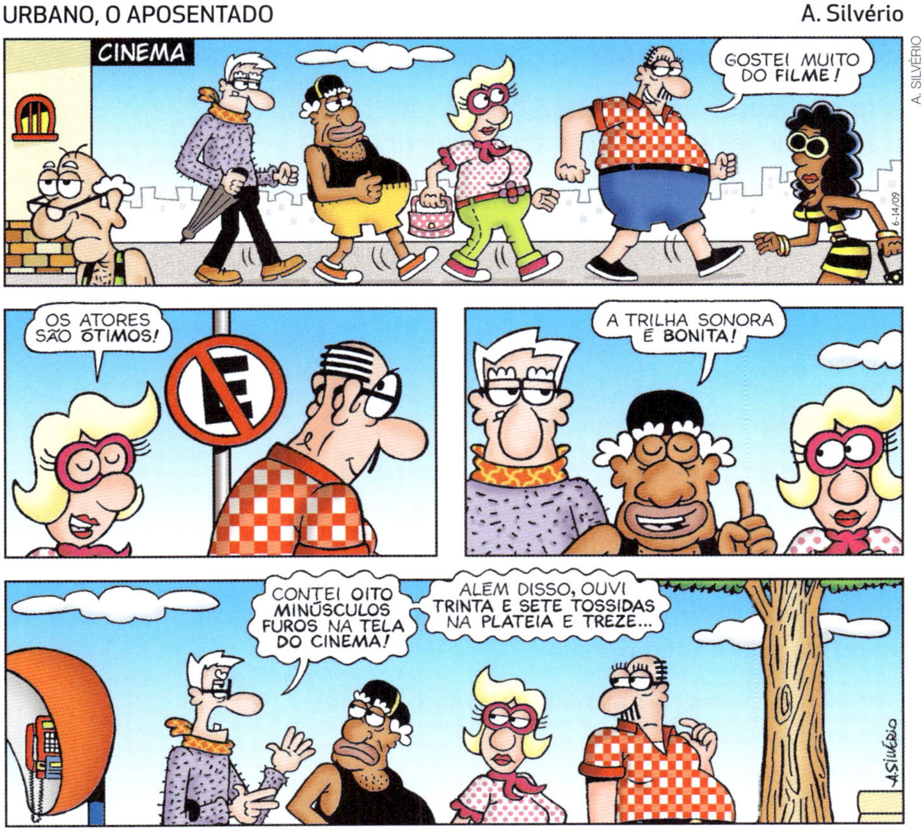

Reprodução proibida. Art. 184 do Código Penal e Lei 9.610 de 19 de fevereiro de 1998.

83 Nos quadrinhos 2 e 3, dois companheiros de Urbano avaliam aspectos positivos do filme. Quais são esses aspectos?

84 Qual é a função sintática dos termos que representam a avaliação desses aspectos?

85 O que distingue a avaliação do senhor de óculos daquela feita pelos outros senhores?

86 Que função sintática desempenham os numerais na fala dele?

Leia a tira de Bill Watterson, publicada na seção Quadrinhos do *Jornal da Tarde* em 6 de julho de 2009, para responder às questões de 87 a 90.

CALVIN E HAROLDO — Bill Watterson

CALVIN & HOBBES, BILL WATTERSON © 1987 WATTERSON / DIST. BY UNIVERSAL UCLICK

87 O substantivo *independência* apresenta funções sintáticas diferentes em cada enunciado em que ocorre. Explique essa afirmação.

88 Segundo Haroldo, a Declaração da Independência assegura certos direitos a todos os cidadãos. Quais são eles?

89 Como se classificam sintaticamente essas expressões que indicam os diferentes direitos assegurados pela Declaração da Independência?

90 No último quadrinho, Calvin troca o nome dos personagens. O que fica pressuposto com essa mudança?

Leia este miniconto do escritor uruguaio Eduardo Galeano e responda às questões de 91 a 95.

Janelas sobre as vésperas

As folhas do milharal desanimam, florescem de repente as amoreiras, o sabiá canta sem parar, as galinhas se lançam, com asas abertas, carcarejando, os sapos saltam subindo, não descendo, os leitões dançam, os caracóis se recolhem, as cobras saem, saem as corujas, voam em redemoinho as andorinhas, voam em fila os abutres, voam os gansos vindos do mar, e têm gorro de nuvens os montes Pelagatos e Tantarica.

Assim anuncia-se o tempo das chuvas em Cajamarca, segundo contam os que conhecem o porquê do quando.

GALEANO, Eduardo. *As palavras andantes*. 5 ed. Porto Alegre: L&PM, 2007. p. 33. (Fragmento).

Reprodução proibida. Art. 184 do Código Penal e Lei 9.610 de 19 de fevereiro de 1998.

91 Qual a função do primeiro período nesse miniconto?

92 Que tipo de orações constituem esse primeiro período?

93 Em sua opinião, que efeito de sentido provoca no texto a justaposição dessas orações?

94 Releia o último parágrafo do miniconto e explique o significado do trecho "[...] os que conhecem o porquê do quando", de acordo com o contexto.

95 Construa um parágrafo, composto por esse tipo de orações, descrevendo um processo de mudanças. Podem ser mudanças físicas e/ou emocionais de um adolescente, de uma pessoa apaixonada ou de alguém diante de um grande desafio.

Leia o cartum para responder às questões 96 e 97.

Mandrade

MANDRADE/FOLHAPRESS

96 O humor do cartum se constrói por meio de um paradoxo, figura de linguagem que consiste na associação de palavras ou expressões de significados inconciliáveis, contraditórios de um mesmo referente. Justifique essa afirmação.

97 Nesse cartum há uma oração subordinada. Qual é ela e como se classifica?

Na reportagem "Amizade é... o que não é namoro", publicada na revista *Superinteressante*, lê-se em destaque:

No século 19, a amizade entre homens e mulheres era proibida. Temia-se pela integridade das moçoilas.

Superinteressante, ed. 275, fev. 2010, p. 54. (Fragmento).

98 A que termo da oração o adjetivo *proibida* se refere?

99 Reescreva a primeira frase do trecho, iniciando-a por "No século 19, era proibido...".

Leia o "olho" de uma reportagem sobre decoração, extraída da revista *Le Lis Blanc* n. 38, de novembro de 2012, e observe a frase nominal que o inicia: "Flores, cores e presentes divertidos".

REPRODUÇÃO

100 Altere a ordem dos substantivos da frase e estabeleça uma nova relação de concordância entre eles e o adjetivo.

101 Compare a sequência que você criou com a da reportagem. Qual delas é mais coerente com o contexto?

Reprodução proibida. Art. 184 do Código Penal e Lei 9.610 de 19 de fevereiro de 1998.

Leia este fragmento de notícia:

Consumo excessivo de álcool coloca em risco desenvolvimento dos jovens

[...]

De acordo com a lei, somente é permitida a propaganda comercial de bebidas alcoólicas nas emissoras de rádio e televisão entre 21h e 6h, e também é proibida a associação desses produtos ao esporte, à condução de veículos, ao desempenho saudável de qualquer atividade e a imagens ou ideias de maior êxito ou de sexualidade. Entretanto, tais dispositivos legais não se aplicam a todas as bebidas alcoólicas, visto que o parágrafo único do art. 1º da lei define bebida alcoólica como toda bebida potável com teor alcoólico superior a 13° GL (Gay-Lussac). Dessa forma, a publicidade de cervejas, de bebidas *ice* e da maioria dos vinhos não é regulada pela referida lei, sendo tratada, do ponto de vista legal, da mesma maneira que a propaganda de produtos inofensivos, como leite e suco de frutas. [...]

Disponível em: <http://redeglobo.globo.com/globoeducacao/noticia/2012/07/consumo-excessivo-de-alcool-coloca-em-risco-desenvolvimento-dos-jovens.html>. Acesso em: 18 abr. 2013. (Fragmento).

102 Justifique a flexão de gênero dos termos sublinhados neste trecho:

"[...] somente é <u>permitida</u> a propaganda comercial de bebidas alcoólicas nas emissoras de rádio e televisão entre 21h e 6h, e também é <u>proibida</u> a associação desses produtos ao esporte [...]."

103 Como ficaria esse trecho se os termos sublinhados estivessem no masculino, respeitando-se as normas urbanas de prestígio?

104 Segundo o fragmento da notícia, em que consiste a incoerência da lei?

Leia este anúncio publicado numa revista especializada em *marketing* e responda às questões 105 e 106.

REPRODUÇÃO

105 A quem se refere o termo *a gente* na pergunta do texto principal do anúncio?

106 Observe, ainda no texto principal, a resposta dada à questão e explique a ocorrência de silepse em: "Ser reconhecido [...]".

Reprodução proibida. Art. 184 do Código Penal e Lei 9.610 de 19 de fevereiro de 1998.

Questões do Enem e de vestibulares

Parte 1

1 (Fuvest-SP)

BR. Contribuindo para o cinema brasileiro rodar cada vez melhor.

A Petrobras Distribuidora sempre investiu na cultura do País e acreditou no potencial do cinema brasileiro. E a Mostra BR de Cinema é um exemplo disso. Sucesso de público e crítica, hoje a Mostra já está na sua 26ª edição e sua qualidade é reconhecida por cineastas do mundo todo. E você tem um papel muito importante nesta história: toda vez que abastecer em um Posto BR estará contribuindo também para o cinema brasileiro rodar cada vez mais.

REPRODUÇÃO/PETRÓLEO BRASILEIRO S.A.

Adaptado do Catálogo da 26ª Mostra BR de Cinema, out. 2002.

Considerando os elementos visuais e verbais que constituem este anúncio, identifique no texto:

a) a palavra que estabelece de modo mais eficaz uma relação entre patrocinado e patrocinador. Justifique sua resposta.

b) duas possíveis leituras da frase "E você tem um papel muito importante nesta história".

2 (Unesp-SP)

... que frutos a retórica poderá recolher daquilo que ela semeou?

Platão. *Diálogos*. Porto Alegre: Globo, 1962.

Esta passagem apresenta conformação alegórica, em virtude do sentido figurado com que são empregadas as palavras *frutos*, *recolher* e *semeou*. Copie no caderno a alternativa que contém, na ordem adequada, palavras que, sem perda relevante do sentido da frase, evitam a conformação alegórica:

a) alimentos – colher – plantou.

b) resultados – produzir – prescreveu.

c) lucros – contabilizar – investiu.

d) textos – apresentar – negou.

e) efeitos – causar – menosprezou.

Reprodução proibida. Art. 184 do Código Penal e Lei 9.610 de 19 de fevereiro de 1998.

3 (Unifesp-SP) A próxima questão baseia-se na frase:

Quem advoga a liberdade da educação não quer dizer que as crianças devam fazer, o dia todo, o que lhes der na veneta.

O termo *advoga* deve ser entendido como

a) impõe.

b) afirma.

c) estuda.

d) exige.

e) defende.

4 (Enem) Serafim da Silva Neto defendia a tese da unidade da língua portuguesa no Brasil, entrevendo que no Brasil as delimitações dialetais espaciais não eram tão marcadas como as isoglossas[1] da Romània Antiga. Mas Paul Teyssier, na sua **História da Língua Portuguesa**, reconhece que na diversidade socioletal essa pretensa unidade se desfaz. Diz Teyssier: "A realidade, porém, é que as divisões 'dialetais' no Brasil são menos geográficas que socioculturais. As diferenças na maneira de falar são maiores, num determinado lugar, entre um homem culto e o vizinho analfabeto que entre dois brasileiros do mesmo nível cultural originários de duas regiões distantes uma da outra."

SILVA, R. V. M. *O português brasileiro e o português europeu contemporâneo*: alguns aspectos da diferença. Disponível em: <www.uniroma.it>. Acesso em: 23 jun. 2008.

[1] isoglossa – linha imaginária que, em um mapa, une os pontos de ocorrência de traços e fenômenos linguísticos idênticos.

FERREIRA, A. B. H. *Novo dicionário Aurélio da língua portuguesa*. Rio de Janeiro: Nova Fronteira, 1986.

De acordo com as informações presentes no texto, os pontos de vista de Serafim da Silva Neto e de Paul Teyssier convergem em relação:

a) à influência dos aspectos socioculturais nas diferenças dos falares entre indivíduos, pois ambos consideram que pessoas de mesmo nível sociocultural falam de forma semelhante.

b) à delimitação dialetal no Brasil assemelhar-se ao que ocorria na Romània Antiga, pois ambos consideram a variação linguística no Brasil como decorrente de aspectos geográficos.

c) à variação sociocultural entre brasileiros de diferentes regiões, pois ambos consideram o fator sociocultural de bastante peso na constituição das variedades linguísticas no Brasil.

d) à diversidade da língua portuguesa na Romània Antiga, que até hoje continua a existir, manifestando-se nas variantes linguísticas do português atual no Brasil.

e) à existência de delimitações dialetais geográficas pouco marcadas no Brasil, embora cada um enfatize aspectos diferentes da questão.

5 (Enem)

Cuitelinho

Cheguei na bera do porto
Onde as onda se espaia.
As garça dá meia volta,
Senta na bera da praia.
E o cuitelinho não gosta
Que o botão da rosa caia.
Quando eu vim da minha terra,
Despedi da parentaia.
Eu entrei em Mato Grosso,
Dei em terras paraguaia.
Lá tinha revolução,
Enfrentei fortes bataia.
A tua saudade corta
Como o aço de navaia.
O coração fica aflito,
Bate uma e outra faia.
E os oio se enche d'água
Que até a vista se atrapaia.

Folclore recolhido por Paulo Vanzolini e Antônio Xandó.BORTONI-RICARDO, S. M. *Educação em língua materna*. São Paulo: Parábola, 2004.

Transmitida por gerações, a canção **Cuitelinho** manifesta aspectos culturais de um povo, nos quais se inclui sua forma de falar, além de registrar um momento histórico.

Reprodução proibida. Art. 184 do Código Penal e Lei 9.610 de 19 de fevereiro de 1998.

Depreende-se disso que a importância em preservar a produção cultural de uma nação consiste no fato de que produções como a canção **Cuitelinho** evidenciam a:

a) recriação da realidade brasileira de forma ficcional.

b) criação neológica na língua portuguesa.

c) formação da identidade nacional por meio da tradição oral.

d) incorreção da língua portuguesa que é falada por pessoas do interior do Brasil.

e) padronização de palavras que variam regionalmente, mas possuem mesmo significado.

Reprodução proibida. Art. 184 do Código Penal e Lei 9.610 de 19 de fevereiro de 1998.

6 (UFRGS-RS) A alternativa em que as três palavras são acentuadas graficamente pela mesma razão é:

a) célebre – terrível – biólogo

b) delícia – sabiá – diários

c) sós – é – trás

d) porém – país – até

e) terríveis – espécimes – experiência

7 (Insper-SP) A alternativa que preenche corretamente as lacunas dos enunciados a seguir é:

- Respondeu, num tom seco e ...., que era atualmente um especialista em crueldades da existência.
- Após quase oito anos de guerra no Afeganistão, nota-se o .... do grupo radical islâmico Taleban.
- Merecimento e tempo de serviço determinam a .... de quem atua em órgãos públicos da administração direta.
- A .... é que o presidente sancione hoje o projeto da reforma eleitoral.

a) pretensioso, recrudecimento, ascensão, expectativa.

b) pretencioso, recrudecimento, ascensão, espectativa.

c) pretencioso, recrudescimento, ascenção, espectativa.

d) pretensioso, recrudescimento, ascensão, expectativa.

8 (UFSCar-SP)

Eram cinco horas da manhã e o cortiço acordava, abrindo, não os olhos, mas a sua infinidade de portas e janelas alinhadas.

[...]

Daí a pouco, em volta das bicas era um zunzum crescente; uma aglomeração tumultuosa de machos e fêmeas. Uns, após outros, lavavam a cara, incomodamente, debaixo do fio de água que escorria da altura de uns cinco palmos. O chão inundava-se. As mulheres precisavam já prender as saias entre as coxas para não as molhar; via-se-lhes a tostada nudez dos braços e do pescoço, que elas despiam, suspendendo o cabelo todo para o alto do casco; os homens, esses não se preocupavam em não molhar o pelo, ao contrário metiam a cabeça bem debaixo da água e esfregavam com força as ventas e as barbas, fossando e fungando contra as palmas da mão.

(Aluísio Azevedo. *O cortiço*.)

Há, no texto, palavras derivadas por sufixação, como *tumultuosa* e *nudez*.

a) Dê dois exemplos de palavras derivadas com o sufixo da primeira.

b) Dê mais dois exemplos de palavras derivadas com o sufixo da outra.

9 (Uerj-RJ) Guimarães Rosa se caracteriza pela linguagem instigante que encanta e desconcerta, permitindo ao leitor familiarizar-se com o potencial criativo da Língua Portuguesa. Observe o fragmento do texto:

Tão grave, grande, que nem o quis dizer à mãe na presença dos outros, mas <u>insofria</u> por ter de esperar;

Aponte o significado do prefixo da palavra sublinhada e explicite, em uma frase completa, o sentido dessa palavra.

10 (Uerj-RJ)

Desencontrários

Mandei a palavra rimar,
ela não me obedeceu.
Falou em mar, em céu, em rosa,
em grego, em silêncio, em prosa.
Parecia fora de si,
a sílaba silenciosa.
Mandei a frase sonhar,
e ela se foi num labirinto.
Fazer poesia, eu sinto, apenas isso.
Dar ordens a um exército,
para conquistar um império extinto.

PAULO LEMINSKI in: GÓES, F. e MARINS, A. (orgs.) *Melhores poemas de Paulo Leminski*. São Paulo: Global, 2001.

Considere a formação da palavra "Desencontrários", título do poema de Paulo Leminski. Separe seus elementos mórficos. Em seguida, nomeie o primeiro morfema que a compõe e indique seu significado.

11 (Fuvest-SP)

Eu amo a rua. Esse sentimento de natureza toda íntima não vos seria revelado por mim se não julgasse, e razões não tivesse para julgar, que este amor assim absoluto e assim exagerado é partilhado por todos vós. Nós somos irmãos, nós nos sentimos parecidos e iguais; nas cidades, nas aldeias, nos povoados, não porque soframos, com a dor e os desprazeres, a lei e a polícia, mas porque nos une, nivela e agremia o amor da rua. É este mesmo o sentimento imperturbável e indissolúvel, o único que, como a própria vida, resiste às idades e às épocas. Tudo se transforma, tudo varia — o amor, o ódio, o egoísmo. Hoje é mais amargo o riso, mais dolorosa a ironia. Os séculos passam, deslizam, levando as coisas fúteis e os acontecimentos notáveis. Só persiste e fica, legado das gerações cada vez maior, o amor da rua.

João do Rio. **A alma encantadora das ruas**.

Prefixos que têm o mesmo sentido ocorrem nas seguintes palavras do texto:

a) íntima / agremia.
b) resiste / deslizam.
c) desprazeres / indissolúvel.
d) imperturbável / transforma.
e) revelado / persiste.

12 (Fuvest-SP)

A questão racial parece um desafio do presente, mas trata-se de algo que existe desde há muito tempo. Modifica-se ao acaso das situações, das formas de sociabilidade e dos jogos das forças sociais, mas reitera-se continuamente, modificada, mas persistente. Esse é o enigma com o qual se defrontam uns e outros, intolerantes e tolerantes, discriminados e preconceituosos, segregados e arrogantes, subordinados e dominantes, em todo o mundo. Mais do que tudo isso, a questão racial revela, de forma particularmente evidente, nuançada e estridente, como funciona a fábrica da sociedade, compreendendo identidade e alteridade, diversidade e desigualdade, cooperação e hierarquização, dominação e alienação.

Octavio Ianni. Dialética das relações sociais. **Estudos avançados**, n. 50, 2004.

As palavras do texto cujos prefixos traduzem, respectivamente, ideia de anterioridade e contiguidade são

a) "persistente" e "alteridade".
b) "discriminados" e "hierarquização".
c) "preconceituosos" e "cooperação".
d) "subordinados" e "diversidade".
e) "identidade" e "segregados".

13 (Enem) Leia o texto a seguir:

Carnavália

Repique tocou
O surdo escutou
O meu corasamborim

Reprodução proibida. Art. 184 do Código Penal e Lei 9.610 de 19 de fevereiro de 1998.

Cuíca gemeu, será que era meu, quando
ela passou por mim?
[...]

Antunes, A.; Brown, C.; Monte, M.
Tribalistas, 2002 (fragmento).

No terceiro verso, o vocábulo "*corasamborim*", que é a junção coração + samba + tamborim, refere-se, ao mesmo tempo, a elementos que compõem uma escola de samba e à situação emocional em que se encontra o autor da mensagem, com o coração no ritmo da percussão.

Essa palavra corresponde a um(a)

a) estrangeirismo, uso de elementos linguísticos originados em outras línguas e representativos de outras culturas.

b) neologismo, criação de novos itens linguísticos, pelos mecanismos que o sistema da língua disponibiliza.

c) gíria, que compõe uma linguagem originada em determinado grupo social e que pode vir a se disseminar em uma comunidade mais ampla.

d) regionalismo, por ser palavra característica de determinada área geográfica.

e) termo técnico, dado que designa elemento de área específica de atividade.

Reprodução proibida. Art. 184 do Código Penal e Lei 9.610 de 19 de fevereiro de 1998.

14 (Unicamp-SP)

HUGO Laerte

Folha de S.Paulo, 8 out. 2003, p. F8.

Jogos de imagens e palavras são característicos da linguagem de história em quadrinhos. Alguns desses jogos podem remeter a domínios específicos da linguagem a que temos acesso em nosso cotidiano, tais como a linguagem dos médicos, a linguagem dos economistas, a linguagem dos locutores de futebol, a linguagem dos surfistas, dentre outras. É o que ocorre na tira de Laerte, acima apresentada.

a) Transcreva as passagens da tira que remetem a domínios específicos e explicite que domínios são esses.

b) Levando em consideração as relações entre imagens e palavras, identifique um momento de humor na tira e explique como é produzido.

15 (Enem)

HAGAR — Dik Browne

© 2012 KING FEATURES SYNDICATE/IPRESS

Da minha aldeia vejo quanto da terra se pode ver no Universo...
Por isso minha aldeia é grande como outra qualquer
Porque sou do tamanho do que vejo
E não do tamanho da minha altura...

Alberto Caeiro.

A tira "Hagar" e o poema de Alberto Caeiro (um dos heterônimos de Fernando Pessoa) expressam, com linguagens diferentes, uma mesma ideia: a de que a compreensão que temos do mundo é condicionada, essencialmente,

a) pelo alcance de cada cultura.

b) pela capacidade visual do observador.

c) pelo senso de humor de cada um.

d) pela idade do observador.

e) pela altura do ponto de observação.

16 (Enem)

FRANK E ERNEST — Thaves

© 1998 THAVES/DIST. BY UNIVERSAL UCLICK FOR UFS

A situação abordada na tira torna explícita a contradição entre a(s)

a) relações pessoais e o avanço tecnológico.

b) inteligência empresarial e a ignorância dos cidadãos.

c) inclusão digital e a modernização das empresas.

d) economia neoliberal e a reduzida atuação do Estado.

e) revolução informática e a exclusão digital.

Reprodução proibida. Art. 184 do Código Penal e Lei 9.610 de 19 de fevereiro de 1998.

17 (UEL-PR) Leia a charge e o texto a seguir e responda à questão.

Laerte

LAERTE. *Brasil*: almanaque de cultura popular. São Paulo: Andreato Comunicação e Cultura, n. 112, p. 34, ago. 2008.

Para fazer parar o choro

Apesar de áspera e grossa, não há nada melhor para enxugar as lágrimas de uma mulher que uma bolsa de crocodilo.

TORELLI, A. (Barão de Itararé). Para fazer parar o choro. *Brasil*: almanaque de cultura popular. São Paulo: Andreato Comunicação e Cultura, n. 97, p. 34, maio 2007.

Considere as afirmativas a seguir:

I. Um texto pode trazer, além dos enunciados explícitos, outras informações implícitas que também contribuem para a construção dos sentidos.

II. A compreensão de um texto consiste na apreensão de suas significações possíveis, representadas, em grande parte, por meio de marcas linguísticas.

III. Os implícitos, apesar de participarem da organização textual, não constituem aspectos importantes para a construção de sentido do texto.

IV. Inferir é produzir informações novas a partir de informações prévias, sejam elas textuais ou não.

Indique a alternativa correta.

a) Somente as afirmativas I e IV são corretas.

b) Somente as afirmativas II e III são corretas.

c) Somente as afirmativas III e IV são corretas.

d) Somente as afirmativas I, II e III são corretas.

e) Somente as afirmativas I, II e IV são corretas.

18 (UEL-PR) Leia o texto a seguir e responda à questão.

Triste Bahia! Oh quão dessemelhante
Estás, e estou do nosso antigo estado!
Pobre te vejo a ti, tu a mi empenhado,
Rica te vejo eu já, tu a mi abundante.
A ti trocou-te a máquina mercante,
Que em tua larga barra tem entrado,

Reprodução proibida. Art. 184 do Código Penal e Lei 9.610 de 19 de fevereiro de 1998.

A mim foi-me trocando, e tem trocado
Tanto negócio, e tanto negociante.
Deste em dar tanto açúcar excelente
Pelas drogas inúteis, que abelhuda
Simples aceitas do sagaz Brichote.
Oh se quisera Deus, que de repente
Um dia amanheceras tão sisuda
Que fora de algodão o teu capote!

MATOS, Gregório de. *Poesias selecionadas*. 3. ed. São Paulo: FTD, 1998. p. 141.

I. A descrição do eu lírico e da Bahia configura uma antítese entre o estado antigo e o atual de ambos.

II. A antítese é verificada na oposição entre as expressões "máquina mercante" e "drogas inúteis", embora ambas se refiram à Bahia.

III. Os versos 3 e 4 são exemplos do papel relevante da gradação no conjunto do poema, pois enumeram estados de espírito do eu lírico.

IV. Os versos "Um dia amanheceras tão sisuda / Que fora de algodão o teu capote!" configuram exemplos de personificação e metáfora, respectivamente.

Assinale a alternativa correta.

a) Somente as afirmativas I e IV são corretas.
b) Somente as afirmativas II e III são corretas.
c) Somente as afirmativas III e IV são corretas.
d) Somente as afirmativas I, II e III são corretas.
e) Somente as afirmativas I, II e IV são corretas.

19 (PUC-PR)

A bossa nova ficou mais triste com a partida de mais um dos seus mestres. Depois de António Carlos Jobim e Vinicius [de] Moraes, Baden Powell deixou o mundo em saudade. Faleceu, no passado dia 26, vítima de uma septicémia, após dois meses de internamento, numa clínica no Rio de Janeiro. A sua música ficou. Portugal tem Carlos Paredes, o Brasil tem Baden Powell. Comparáveis pelo virtuosismo, pela criatividade, pelo sentimento. Powell tinha a arte na ponta dos dedos. Revolucionou a forma de tocar violão, acrescentando-lhe saudade, beleza e ritmo. Deu de beber jazz ao samba e, na senda de Vinicius, Tom Jobim, João Gilberto, Stan Getz, entre outros, ajudou a criar a bossa nova. Está assim na génese do movimento mais importante da música brasileira deste século. É, de certa forma, pai de Chico Buarque, Caetano Veloso, Gal Costa, entre tantos outros.

HALPERN, Manuel. *Jornal de Letras, Artes e Ideias*. Lisboa, 4 a 17 out. 2000, p. 5.

(Nota: O texto "Samba triste", que presta homenagem ao sambista brasileiro Baden Powell, foi publicado em Portugal e por isso traz algumas novidades em relação ao português que se fala e se escreve no Brasil. No texto apresentado, as principais diferenças se encontram na acentuação gráfica: *António, septicémia, génese*. Essas e outras discordâncias entre o português de Portugal e o do Brasil não serão, porém, objeto de questionamento nesta prova.)

Quanto ao sentido figurado no texto, considere as três figuras abaixo relacionadas, cada uma identificada por uma de suas características mais genéricas:

I. eufemismo: suavização de uma palavra ou expressão;

II. metonímia: a parte pelo todo;

III. personificação: atribuição de vida, ação, movimento e voz a coisas inanimadas.

A seguir, observe os exemplos e relacione-os com as figuras de linguagem:

( ) "A bossa nova ficou mais triste."

( ) "Baden Powell deixou o mundo em saudade."

( ) "Powell tinha a arte na ponta dos dedos."

A sequência correta é:

a) III, I, II.
b) II, III, I.
c) III, II, I.
d) II, I, III.
e) I, III, II.

Reprodução proibida. Art. 184 do Código Penal e Lei 9.610 de 19 de fevereiro de 1998.

20 (UFG-GO) Uma propaganda a respeito das facilidades oferecidas por um estabelecimento bancário traz a seguinte recomendação:

Trabalhe, trabalhe, trabalhe. Mas não se esqueça: vírgulas significam pausas.

VEJA. n. 1918. São Paulo, 17 ago. 2005, p. 17.

Nesse texto, observa-se um exercício de natureza metalinguística. Explique como esse recurso auxilia a construção do sentido pretendido para persuadir o leitor.

21 (Unicamp-SP) Frequentemente, a propaganda explora semelhanças explícitas entre segmentos (palavras, partes das palavras, etc.) para sugerir a existência de relações de sentido entre esses segmentos. A estratégia é visível em algumas propagandas que mantiveram a sua eficácia por muito tempo, como "Melhor*al*, melhor*al*, é melhor e não faz m*al*" e "Tomou dor*il*, a dor sum*iu*".

a) Transcreva, dentre os *slogans* abaixo, aqueles em que esse procedimento é utilizado.

b) Analise um dos *slogans* que você terá apontado na resposta à questão **a**, explicitando o tipo de relação que se estabelece através do processo acima descrito.

1. *Vista seu filho como ele gostaria de ser visto.* (Propaganda da Petystil, cadeia de lojas de roupas infantis)

2. *Igual a todos os outros de sua categoria. Juntos.*
(Propaganda do carro Chrysler Neon LE)

3. *Philips Energy Saver. A iluminação inteligente.*
4. *O mercado evolui, a Xerox revoluciona.*

22 (PUC-SP)

Verdes mares bravios de minha terra natal, onde canta a jandaia nas frondes da carnaúba;

Verdes mares que brilhais como líquida esmeralda aos raios do sol nascente, perlongando as alvas praias
ensombradas de coqueiros;
Serenai, verdes mares, e alisai docemente a vaga impetuosa para que o barco aventureiro manso resvale à flor das águas.

O uso repetitivo da expressão *verdes mares* e os verbos *serenai* e *alisai*, indicadores de ação do agente natural, imprimem ao trecho um tom poético apoiado em duas figuras de linguagem:

a) anáfora e prosopopeia.

b) pleonasmo e metáfora.

c) antítese e inversão.

d) apóstrofe e metonímia.

e) metáfora e hipérbole.

23 (Unesp-SP) "Mas não tem outras mais bonitas no lugar."

O emprego da forma verbal *tem* em vez de *há* no verso mencionado se deve:

(a) à necessidade de substituir um monossílabo tônico por um átono.

(b) à exigência métrica de uma sílaba a mais.

(c) à intenção de reforçar o sentido de "existir" nos versos.

(d) à obediência ao disposto pela norma-padrão.

(e) ao objetivo dos compositores de representar a fala regional, popular.

24 (UFMG-MG) Assinale a alternativa em que o trecho destacado apresenta uma forma que é consagrada na oralidade e que NÃO é aceita pelas regras da norma escrita culta.

a) **E deve-se entender como tal** não apenas aqueles 60 milhões de desletrados que o censo identifica...

b) **E também nós outros**, jornalistas, afinal, herrar é umano, ops, *errare humanum est*.

c) No Brasil, o idioma foi enriquecido [...] pelas contribuições dos negros, europeus e orientais **que para cá vieram**.

d) Quando Chico Buarque de Hollanda criou [...] o neologismo "penseiro", **teve gente que chiou**.

Reprodução proibida. Art. 184 do Código Penal e Lei 9.610 de 19 de fevereiro de 1998.

25 (Enem)

REPRODUÇÃO/BESSINHA

As diferentes esferas sociais de uso da língua obrigam o falante a adaptá-la às variadas situações de comunicação. Uma das marcas linguísticas que configuram a linguagem oral informal usada entre avô e neto neste texto é:

a) a opção pelo emprego da forma verbal "era" em lugar de "foi".

b) a ausência de artigo antes da palavra "árvore".

c) o emprego da redução "tá" em lugar da forma verbal "está".

d) o uso da contração "desse" em lugar da expressão "de esse".

e) a utilização do pronome "que" em início de frase exclamativa.

26 (Unicamp-SP) É sabido que as histórias de Chico Bento são situadas no universo rural brasileiro.

CHICO BENTO Mauricio de Sousa

© MAURICIO DE SOUSA PRODUÇÕES - BRASIL/2011

MAURICIO DE SOUSA PRODUÇÕES LTDA.

a) Explique o recurso utilizado para caracterizar o modo de falar das personagens na tira.

b) É possível afirmar que esse modo de falar caracterizado na tira é exclusivo do universo rural brasileiro? Justifique.

Reprodução proibida. Art. 184 do Código Penal e Lei 9.610 de 19 de fevereiro de 1998.

27 (Enem)

Para o Mano Caetano

O que fazer do ouro de tolo
Quando um doce bardo brada a toda
[brida,
Em velas pandas, suas esquisitas rimas?
Geografia de verdades, Guanabaras
[postiças
Saudades banguelas, tropicais preguiças?
A boca cheia de dentes
De um implacável sorriso
Morre a cada instante
Que devora a voz do morto, e com isso,
Ressuscita vampira, sem o menor aviso
[...]
E eu *soy* lobo-bolo? lobo-bolo
Tipo pra rimar com ouro de tolo?
Oh, Narciso Peixe Ornamental!
Tease me, *tease me* outra vez
Ou em banto baiano
Ou em português de Portugal
De Natal
[...]

LOBÃO. Disponível em: http://vagalume.uol.com.br. Acesso em: 14 ago. 2009 (adaptado).

Tease me: caçoe de mim, importune-me.

Na letra da canção apresentada, o compositor Lobão explora vários recursos da língua portuguesa, a fim de conseguir efeitos estéticos ou de sentido. Nessa letra, o autor explora o extrato sonoro do idioma e o uso de termos coloquiais na seguinte passagem:

a) "Quando um doce bardo brada a toda brida"
b) "Em velas pandas, suas esquisitas rimas?"
c) "Que devora a voz do morto"
d) "lobo-bolo // Tipo pra rimar com ouro de tolo?
e) "*Tease me*, *tease me* outra vez"

28 (UFSM-RS) A palavra SANGUESSUGA possui 11 letras, 8 fonemas e 3 dígrafos; DEMOCRACIA tem 10 letras, 1 encontro consonantal e 1 hiato. Relacione as duas colunas a seguir e depois assinale a alternativa com a sequência correta.

1. república
2. hábito
3. reeleição
4. candidatos
5. corrupção
6. excessivo

( ) 9 fonemas, 1 dígrafo
( ) 7 fonemas, 2 dígrafos
( ) 8 fonemas, 1 dígrafo, 1 encontro consonantal
( ) 9 fonemas, 1 encontro consonantal
( ) 9 fonemas, 2 ditongos, 1 hiato
( ) 5 fonemas

a) 6 - 4 - 1 - 5 - 3 - 2
b) 2 - 4 - 5 - 6 - 3 - 1
c) 5 - 1 - 6 - 4 - 2 - 3
d) 4 - 6 - 5 - 1 - 3 - 2
e) 3 - 5 - 2 - 6 - 4 - 1

29 (UFSM-RS)

CALVIN — Bill Watterson

Reprodução proibida. Art. 184 do Código Penal e Lei 9.610 de 19 de fevereiro de 1998.

Assinale a alternativa que contém a resposta correta em relação à grafia e aos fonemas dos quadrinhos 3 e 4.

a) A palavra "aqui" tem um ditongo crescente, quatro letras e três fonemas.

b) No terceiro quadrinho, a letra "s" representa um só fonema.

c) Nas palavras "acho" e "questão", há dois dígrafos e dois ditongos decrescentes.

d) "Sempre" e "pegadinha" têm o número de sílabas diferentes, mas, quanto à tonicidade, recebem a mesma classificação.

e) Na separação silábica das palavras do quarto quadrinho, as letras que representam os dígrafos ficam juntas na mesma sílaba.

30 (UFRJ-RJ)

Flagra

(Rita Lee & Roberto de Carvalho)

No escurinho do cinema
Chupando drops de anis
Longe de qualquer problema
Perto de um final feliz
Se a Deborah Kerr que o Gregory Peck
Não vou bancar o santinho
Minha garota é Mae West
Eu sou o Sheik Valentino

Mas de repente o filme pifou
E a turma toda logo vaiou
Acenderam as luzes, cruzes!

Que flagra!
Que flagra!
Que flagra!

No texto, a pronúncia dos nomes de atores célebres do cinema americano no 5º verso leva a um criativo efeito cômico.

a) Explique esse efeito, valendo-se de elementos fônicos e morfossintáticos.

b) Identifique, no plano vocabular, a relação semântica entre o 5º e o 6º versos.

31 (FGV-SP) Assinale a alternativa em que todas as palavras estão escritas de acordo com a ortografia oficial do Brasil.

a) A Volks ainda está em ascensão no país, apesar do excesso de concorrentes.

b) A obsessão pelo contexto faz do problema, quase sempre, uma solução privilegiada.

c) O viez do mercado é importante, porque qualidade é percepção de mercado.

d) As montadoras não conseguem esvasiar os páteos, por maiores descontos que dêem.

e) Super-homem nasceu digitalizado, mas vêm sendo projetado em modo analógico.

32 (Enem) A escrita é uma das formas de expressão que as pessoas utilizam para comunicar algo e tem várias finalidades: informar, entreter, convencer, divulgar, descrever. Assim, o conhecimento acerca das variedades linguísticas sociais, regionais e de registro torna-se necessário para que se use a língua nas mais diversas situações comunicativas.

Considerando as informações acima, imagine que você está à procura de um emprego e encontrou duas empresas que precisam de novos funcionários. Uma delas exige uma carta de solicitação de emprego. Ao redigi-la, você

a) fará uso da linguagem metafórica.

b) apresentará elementos não verbais.

c) utilizará o registro informal.

d) evidenciará a norma padrão.

e) fará uso de gírias.

33 (FGV-SP) Leia o texto para responder a questão.

Dupla dinâmica

No dicionário, a Sociologia está definida como uma ciência que pretende pesquisar e estudar a organização e funcionamento das sociedades humanas e as leis fundamentais que regem as relações sociais. Já a Economia se preocupa em estudar os fenômenos relacionados com a obtenção e a utilização

Reprodução proibida. Art. 184 do Código Penal e Lei 9.610 de 19 de fevereiro de 1998.

dos recursos materiais necessários a uma população. Embora o campo de estudos de ambas as disciplinas seja parecido, na prática há um abismo separando as duas áreas. Filhas da mesma mãe, a Filosofia, as duas disciplinas vieram ao mundo praticamente na mesma época. Em razão de algumas diferenças, porém, estão sem dialogar entre si há quase três séculos.

(...)

Em meados dos anos 1970, porém, uma leve brisa dissipou as nuvens que acobertavam esse cenário sombrio entre as áreas. Alguns temas, como a construção social do mercado, o papel das instituições e das redes sociais no funcionamento da vida econômica, revigoraram o debate entre a Sociologia e a Economia. Surgiram os primeiros vislumbres da chamada Nova Sociologia Econômica cujo precursor foi o sociólogo norte-americano Mark Granovetter. Em um de seus estudos mais célebres, o Getting a Job, de 1973, Granovetter demonstrou que as pessoas estão ligadas às outras por laços fortes (pais, filhos e amigos) e laços fracos (colegas de trabalho, professores e alunos).

(Sociologia, ciência & vida, 2007)

Reprodução proibida. Art. 184 do Código Penal e Lei 9.610 de 19 de fevereiro de 1998.

Assinale a alternativa correta quanto à acentuação e à grafia de palavras.

a) Temas comuns, como a construção social do mercado, permitem entrevêr as possibilidades de uma saudável relação entre Sociologia e Economia, que não pode se paralizar em virtude de algumas diferenças.

b) Em um de seus estudos mais célebres, Mark Granovetter vêm demonstrar que as pessoas se ligam às outras por laços fortes e laços fracos. Por isso, é imprecindível que as pessoas consigam entender essas ligações.

c) Alguns temas revigoraram o debate entre a Sociologia e a Economia, sendo responsáveis por compôr um novo cenário. O diálogo deve basear-se nos pontos positivos e comuns e não nas excessões.

d) A falta de dialogo entre Sociologia e Economia perdurou pôr quase três séculos, mas é um quadro que parece estar mudando, sobretudo em função de fragrantes pontos em comum entre as disciplinas.

e) Em meados dos anos 1970, parece que uma leve brisa intervém na falta de comunicação entre sociólogos e economistas, que não mais hesitam em pôr em discussão assuntos inerentes às duas disciplinas.

34 (Unifesp-SP) O Museu da Língua Portuguesa foi inaugurado em São Paulo, em março de 2006. Na ocasião, houve um erro num painel, conforme a imagem:

Sobre isso, Pasquale Cipro Neto escreveu:

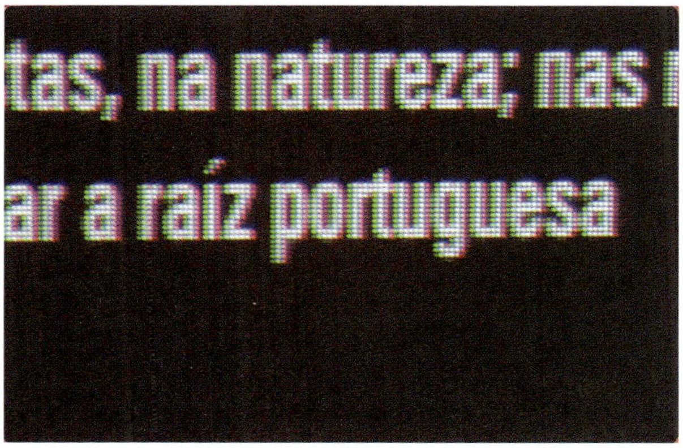

KEINY ANDRADE/FOLHAPRESS

Na última segunda-feira, foi inaugurado o Museu da Língua Portuguesa. Na terça, a imprensa deu destaque a um erro de acentuação presente num dos painéis do museu (grafou-se "raiz" com acento agudo no "i"). Vamos ao que conta (e que foi objeto das mensagens de muitos leitores): por que se acentua "raízes", mas não se acentua "raiz"?

(www2.uol.com.br/linguaportuguesa/artigos.)

a) Considerando o contexto social, cultural e ideológico, por que o erro do painel teve grande repercussão?

b) Responda à pergunta que foi enviada ao professor Pasquale por seus leitores.

35 (UFRN-RN) O aviso reproduzido a seguir – e afixado no mural de uma escola – provocou discussão durante a aula de Língua Portuguesa.

ATENÇÃO!

Reforma-se, com qualidade reconhecida no mercado, bancos escolares, sem excessão de modelo ou material. Se você precisar do nosso serviço, entre em contato conosco, que te atenderemos com presteza. Garantimos que nossos materiais de acabamento não retém sujeira.

Bancos e Bancas

Rua do Conserto, s/n

Bairro: Verniz Incolor

São José Marceneiro - RN

Fone: *..*..*

Apesar de terem considerado o aviso eficaz no que se refere a sua função comunicativa, os alunos identificaram, no texto, alguns problemas em relação ao uso da norma culta da língua escrita.

Sendo assim, solucione esses problemas reescrevendo o texto e alterando APENAS o necessário.

36 (UFRGS-RS)

Darwin passou quatro meses no Brasil, em 1832, durante a sua célebre viagem a bordo do Beagle. Voltou impressionado com o que viu: "Delícia é um termo insuficiente para exprimir as emoções sentidas por um naturalista a sós com a natureza em uma floresta brasileira", escreveu. O Brasil, porém, aparece de forma menos idílica em seus escritos: "Espero nunca mais voltar a um país escravagista. O estado da enorme população escrava deve preocupar todos os que chegam ao Brasil. Os senhores de escravos querem ver o negro como outra espécie, mas temos todos a mesma origem".

Em vez do gorjeio do sabiá, o que Darwin guardou nos ouvidos foi um som terrível que o acompanhou por toda a vida: "Até hoje, se eu ouço um grito, lembro-me, com dolorosa e clara memória, de quando passei numa casa em Pernambuco e ouvi urros terríveis. Logo entendi que era algum pobre escravo que estava sendo torturado".

Segundo o biólogo Adrian Desmond, "a viagem do Beagle, para Darwin, foi menos importante pelos espécimes coletados do que pela experiência de testemunhar os horrores da escravidão no Brasil. De certa forma, ele escolheu focar na descendência comum do homem justamente para mostrar que todas as raças eram iguais e, desse modo, enfim, objetar àqueles que insistiam em dizer que os negros pertenciam a uma espécie diferente e inferior à dos brancos". Desmond acaba de lançar um estudo que mostra a paixão abolicionista do cientista, revelada por seus diários e cartas pessoais. "A extensão de seu interesse no combate à ciência de cunho racista é surpreendente, e pudemos detectar um ímpeto moral por trás de seu trabalho sobre a evolução humana – uma crença na 'irmandade racial' que tinha origem em seu ódio ao escravismo e que o levou a pensar numa descendência comum."

Adaptado de: HAAG, C. *O elo perdido tropical*. Pesquisa FAPESP, n. 159, p. 80-85, maio 2009.

Assinale com V (verdadeiro) ou F (falso) as afirmações abaixo sobre elementos de formação de palavras do texto.

( ) As palavras *insuficiente* e *insistiam* apresentam o mesmo prefixo em sua formação.

( ) A comparação da palavra *exprimir* com *imprimir* e da palavra *descendência* com *ascendência* permite que se postule um radical comum para cada um dos pares.

( ) As palavras *idílica* e *dolorosa* apresentam sufixos que formam adjetivos a partir de substantivos.

( ) O emprego de diferentes sufixos para o mesmo radical em *escravidão* e *escravismo* serve, no texto, para expressar,

Reprodução proibida. Art. 184 do Código Penal e Lei 9.610 de 19 de fevereiro de 1998.

respectivamente, a ideia de "situação resultante de uma ação" e de "movimento socioideológico".

A sequência correta de preenchimento dos parênteses, de cima para baixo, é

a) F – V – V – V.

b) V – F – V – F.

c) V – V – F – F.

d) F – V – F – V.

e) F – F – V – V.

37 (UFSCar-SP, adaptada) Leia o texto a seguir:

Sob a ótica do senso comum, conhecimento tem a ver com familiaridade. O conhecido, diz a linguagem comum, é o familiar. Se você está acostumado com alguma coisa, se você lida e se relaciona habitualmente com ela, então você pode dizer que a conhece. O desconhecido, por oposição, é o estranho. O grau de conhecimento, nessa perspectiva, é função do grau de familiaridade: quanto mais familiar, mais conhecido. Daí a fórmula: "eu sei = estou familiarizado com isso como algo certo". Mas se o objeto revela alguma anormalidade, se ele ganha um aspecto distinto ou se comporta de modo diferente daquele a que estou habituado, perco a segurança que tinha e percebo que não o conhecia tão bem quanto imaginava. Urge domá-lo, reapaziguar a imaginação. Ao reajustar minha expectativa e ao familiarizar-me com o novo aspecto ou o novo comportamento, recupero a sensação de conhecê-lo.

Sob a ótica da abordagem científica, contudo, a familiaridade é não só falha como critério de conhecimento como ela é inimiga do esforço de conhecer. A sensação subjetiva de conhecimento associada à familiaridade é ilusória e inibidora da curiosidade interrogante de onde brota o saber. O familiar não tem o dom de se tornar conhecido só porque estamos habituados a ele. Aquilo a que estamos acostumados, ao contrário, revela-se com frequência o mais difícil de conhecer verdadeiramente.

(Eduardo Giannetti, *Autoengano*, p. 72.)

Assinale a alternativa em que há palavras que apresentam o mesmo processo de derivação das palavras destacadas no trecho a seguir: "[...] <u>conhecimento</u> tem a ver com <u>familiaridade</u>".

a) É fatal ficarmos tristes diante daquilo que é efêmero.

b) Uma bela face humana vai um dia ficar velha e menos bela.

c) Mas a transitoriedade lhe empresta renovado encantamento.

d) Uma flor que dura apenas uma noite não parece menos bela.

e) Uma bela obra de arte não tem limitação de tempo e espaço.

38 (UFRJ-RJ, adaptada) Leia o texto a seguir:

O ex-cineclubista

Aquele homem meio estrábico, ostentando um mau humor maior do que realmente poderia dedicar a quem lhe cruzasse o caminho e que agora entrava no cinema, numa segunda-feira à tarde, para assistir a um filme nem tão esperado, a não ser entre pingados amantes de cinematografias de cantões os mais exóticos, aquele homem, sim, sentou-se na sala de espera e chorou, simplesmente isso: chorou. Vieram lhe trazer um copo d´água logo afastado, alguém sentou-se ao lado e lhe perguntou se não passava bem, mas ele nada disse, rosnou, passou as narinas pela manga, levantou-se num ímpeto e assistiu ao melhor filme em muitos meses, só isso. Ao sair do cinema, chovia. Ficou sob a marquise, à espera da estiagem. Tão absorto no filme que se esqueceu de si. E não soube mais voltar.

(João Gilberto Noll)

O vocábulo *ex-cineclubista* resulta da aplicação de quatro processos de formação de palavras. Identifique-os, valendo-se de elementos constitutivos desse vocábulo.

Reprodução proibida. Art. 184 do Código Penal e Lei 9.610 de 19 de fevereiro de 1998.

39 (UFRJ-RJ, adaptada) Leia o texto a seguir:

Os diferentes

Descobriu-se na Oceania, mais precisamente na ilha de Ossevaolep, um povo primitivo, que anda de cabeça para baixo e tem vida organizada.

É aparentemente um povo feliz, de cabeça muito sólida e mãos reforçadas. Vendo tudo ao contrário, não perde tempo, entretanto, em refutar a visão normal do mundo. E o que eles dizem com os pés dá a impressão de serem coisas aladas, cheias de sabedoria.

Uma comissão de cientistas europeus e americanos estuda a linguagem desses homens e mulheres, não tendo chegado ainda a conclusões publicáveis. Alguns professores tentaram imitar esses nativos e foram recolhidos ao hospital da ilha. Os cabecences-para-baixo, como foram denominados à falta de melhor classificação, têm vida longa e desconhecem a gripe e a depressão.

(ANDRADE, Carlos Drummond de. *Prosa Seleta*. Rio de Janeiro: Nova Aguilar, 2003. p. 150.)

No texto, identifica-se o povo da ilha de Ossevaolep por um neologismo: cabecences-para-baixo.

a) Identifique os processos de formação de palavras utilizados para a criação desse neologismo.

b) Considerando o conhecimento que os observadores têm do povo de Ossevaolep, responda: por que se afirma, no texto, que o neologismo foi criado "à falta de melhor classificação"?

(Unicamp-SP) Os versos seguintes fazem parte do poema "Um chamado João", de Carlos Drummond de Andrade, em homenagem póstuma a João Guimarães Rosa. Trabalhe as questões 10 e 11 a partir da leitura do poema.

Um chamado João

João era fabulista?
Fabuloso?
Fábula?
Sertão místico disparado
No exílio da linguagem comum?

Projetava na gravatinha
A quinta face das coisas
Inenarrável narrada?
Um estranho chamado João
Para disfarçar, para farçar
O que não ousamos compreender?
(...)

Mágico sem apetrechos,
Civilmente mágico, apelador
De precípites prodígios acudindo
A chamado geral?
(...)

Ficamos sem saber o que era João
E se João existiu
Deve pegar.

(Carlos Drummond de Andrade, em Correio da Manhã, 22/11/1967, publicado em Rosa, J. G. *Sagarana*. Rio de Janeiro: Nova Fronteira. 2001.)

40 (Unicamp-SP)

a) No título, "chamado" sintetiza dois sentidos com que a palavra aparece no poema. Explique esses dois sentidos, indicando como estão presentes nas passagens em que "chamado" se encontra.

b) Na primeira estrofe do poema, "fábula" é derivada de "fabulista" e "fabuloso". Mostre de que modo a formação morfológica e a função sintática das três palavras contribuem para a formação da imagem de Guimarães Rosa.

41 (Unicamp-SP) Na segunda estrofe, há dois processos muito interessantes de associação de palavras. Em "inenarrável/narrada" encontramos claramente um processo de derivação. Em "disfarçar/farçar", temos a sugestão de um processo semelhante, embora "farçar" não conste dos dicionários modernos.

a) Relacione o significado de "inenarrável" com o processo de sua formação; e o de

Reprodução proibida. Art. 184 do Código Penal e Lei 9.610 de 19 de fevereiro de 1998.

"farçar", na relação sugerida no poema, com "disfarçar".

b) Explique como esses processos contribuem na construção dos sentidos dessa estrofe.

42 (UCS-RS) Assinale a alternativa em que todas as palavras são formadas pelo prefixo da palavra "imigrante".

a) importação – imersão – implantação.

b) invasão – ingresso – insatisfação.

c) ingestão – incineração – imoderação.

d) intubação – interpretação – incorreção.

e) intromissão – inserção – imobilização.

43 (Fuvest-SP, adaptada) Leia o texto a seguir:

A questão racial parece um desafio do presente, mas trata-se de algo que existe desde há muito tempo. Modifica-se ao acaso das situações, das formas de sociabilidade e dos jogos das forças sociais, mas reitera-se continuamente, modificada, mas persistente. Esse é o enigma com o qual se defrontam uns e outros, intolerantes e tolerantes, discriminados e preconceituosos, segregados e arrogantes, subordinados e dominantes, em todo o mundo. Mais do que tudo isso, a questão racial revela, de forma particularmente evidente, nuançada e estridente, como funciona a fábrica da sociedade, compreendendo identidade e alteridade, diversidade e desigualdade, cooperação e hierarquização, dominação e alienação.

Octavio Ianni. Dialética das relações sociais. *Estudos avançados*, n. 50, 2004.

As palavras do texto cujos prefixos traduzem, respectivamente, ideia de anterioridade e contiguidade são

a) "persistente" e "alteridade".

b) "discriminados" e "hierarquização".

c) "preconceituosos" e "cooperação".

d) "subordinados" e "diversidade".

e) "identidade" e "segregados".

Reprodução proibida. Art. 184 do Código Penal e Lei 9.610 de 19 de fevereiro de 1998.

44 (UEL-PR) Assinale a alternativa em que as palavras, retiradas do romance *O outro pé da sereia*, de Mia Couto, correspondem a verbos originados de substantivos.

a) Anfitriando e parentear.

b) Bonitando e descrucificar.

c) Anfitriando e desanimista.

d) Bonitando e parentear.

e) Descrucificar e desanimista.

Parte 2

45 (Fuvest-SP) Leia o seguinte trecho de uma entrevista concedida pelo ministro do Supremo Tribunal Federal, Joaquim Barbosa:

Entrevistador: O protagonismo do STF dos últimos tempos tem usurpado as funções do Congresso?

Entrevistado: Temos uma Constituição muito boa, mas excessivamente detalhista, com um número imenso de dispositivos e, por isso, suscetível a fomentar interpretações e toda sorte de litígios. Também temos um sistema de jurisdição constitucional, talvez único no mundo, com um rol enorme de agentes e instituições dotadas da prerrogativa ou de competência para trazer questões ao Supremo. É um leque considerável de interesses, de visões, que acaba causando a intervenção do STF nas mais diversas questões, nas mais diferentes áreas, inclusive dando margem a esse tipo de acusação. Nossas decisões não deveriam passar de duzentas, trezentas por ano. Hoje, são analisados cinquenta mil, sessenta mil processos. É uma insanidade.

Veja, 15/06/2011

No trecho "dotadas da prerrogativa ou de competência", a presença de artigo antes do primeiro substantivo e a sua ausência antes do segundo fazem que o sentido de cada um desses substantivos seja, respectivamente,

a) figurado e próprio.
b) abstrato e concreto.
c) específico e genérico.
d) técnico e comum.
e) lato e estrito.

46 (UFRJ-RJ, adaptada)

Descobriu-se na Oceania, mais precisamente na ilha de Ossevaolep, um povo primitivo, que anda de cabeça para baixo e tem vida organizada. É aparentemente um povo feliz, de cabeça muito sólida e mãos reforçadas. Vendo tudo ao contrário, não perde tempo, entretanto, em refutar a visão normal do mundo. E o que eles dizem com os pés dá a impressão de serem coisas aladas, cheias de sabedoria.

Uma comissão de cientistas europeus e americanos estuda a linguagem desses homens e mulheres, não tendo chegado ainda a conclusões publicáveis. Alguns professores tentaram imitar esses nativos e foram recolhidos ao hospital da ilha. Os cabecences-para-baixo, como foram denominados à falta de melhor classificação, têm vida longa e desconhecem a gripe e a depressão.

(ANDRADE, Carlos Drummond de. *Prosa Seleta*. Rio de Janeiro: Nova Aguilar, 2003. p. 150)

No texto apresentado, há diversos sintagmas nominais – construções com núcleo substantivo acompanhado ou não de termos com função adjetiva – que caracterizam o "povo primitivo".

a) Retire do texto dois desses sintagmas.
b) A caracterização normalmente atribuída a um povo primitivo como não evoluído não se confirma no texto. Justifique essa afirmativa, utilizando os sintagmas escolhidos no item **a**.

47 (Unifesp-SP) Leia um trecho do romance *O cortiço*.

Jerônimo bebeu um bom trago de parati, mudou de roupa e deitou-se na cama de Rita.

– Vem pra cá... disse, um pouco rouco.

– Espera! espera! O café está quase pronto!

E ela só foi ter com ele, levando-lhe a chávena fumegante da perfumosa bebida que tinha sido a mensageira dos seus amores (...)

Depois, atirou fora a saia e, só de camisa, lançou-se contra o seu amado, num frenesi de desejo doído.

Jerônimo, ao senti-la inteira nos seus braços; ao sentir na sua pele a carne quente daquela brasileira; ao sentir inundar-se o rosto e as espáduas, num eflúvio de baunilha e cumaru, a onda negra e fria da cabeleira da mulata; ao sentir esmagarem-se no seu largo e peludo colo de cavouqueiro os dois globos túmidos e macios, e nas suas coxas as coxas dela; sua alma derreteu-se, fervendo e borbulhando como um metal ao fogo, e saiu-lhe pela boca, pelos olhos, por todos os poros do corpo, escandescente, em brasa, queimando-lhe as próprias carnes e arrancando-lhe gemidos surdos, soluços irreprimíveis, que lhe sacudiam os membros, fibra por fibra, numa agonia extrema, sobrenatural, uma agonia de anjos violentados por diabos, entre a vermelhidão cruenta das labaredas do inferno.

É correto afirmar que em "e nas suas coxas as coxas dela" o emprego de *dela* justifica-se pelo fato de:

a) evitar uma ambiguidade e uma redação confusa, caso se usasse *suas* em seu lugar.
b) exprimir valor possessivo, o que não aconteceria com o emprego do pronome *suas*.
c) ser uma forma culta, ao contrário do pronome *suas*.

Reprodução proibida. Art. 184 do Código Penal e Lei 9.610 de 19 de fevereiro de 1998.

d) essa forma ser a única possível, uma vez que esse termo é complemento do verbo.

e) pretender-se evitar o valor possessivo, o que aconteceria com o emprego de *suas*.

48 (UFPR) Em que alternativa a forma passiva apresentada em 2 conserva as mesmas relações de sentido da forma ativa apresentada em 1?

a) 1 - O diretor custou a demitir o funcionário suspeito de fraude.
2 - O funcionário suspeito de fraude custou a ser demitido pelo diretor.

b) 1 - O diretor pretende demitir o funcionário suspeito de fraude.
2 - O funcionário suspeito de fraude pretende ser demitido pelo diretor.

c) 1 - O diretor gostaria de demitir o funcionário suspeito de fraude.
2 - O funcionário suspeito de fraude gostaria de ser demitido pelo diretor.

d) 1 - O diretor tentou demitir o funcionário suspeito de fraude.
2 - O funcionário suspeito de fraude tentou ser demitido pelo diretor.

e) 1 - O diretor quer demitir o funcionário suspeito de fraude.
2 - O funcionário suspeito de fraude quer ser demitido pelo diretor.

49 (Insper-SP) Leia o texto a seguir.

Quem nunca fotoxopou?

FALA-SE HOJE em Facebook, Google e iPhone com a mesma combinação de fascínio e terror que um dia já se falou de Motorola e Nokia. Tudo se move rápido demais no mundo digital, e são poucas as empresas que conseguem permanecer competitivas ao longo dos anos. Apesar de o Vale do Silício ter aquele ar hollywoodiano de terra de oportunidades, contam-se nos dedos empresas longevas como uma Adobe, uma Dell, uma Amazon.

Por ter grande mobilidade, a concentração de poder e influência no mundo digital surge tão rápido quanto desaparece, a ponto de ser cada vez mais difícil encontrar quem fique na liderança por uma mísera década. Na virada do século não havia Friendster, Myspace nem Orkut, o grande buscador era o Yahoo!, seguido pelo Lycos. E a internet móvel estava a cargo de empresas inovadoras como Palm e Kyocera.

O usuário de produtos digitais é cada vez mais volúvel e pragmático. Novos produtos e serviços podem até seduzi-lo com propaganda, *design* e preço. Mas a relação dificilmente será mantida se a marca não se renovar com a velocidade esperada, pouco importa sua fatia de mercado. Kodak e Sony que o digam.

Mesmo que ainda sejam gigantescas, já não têm o apelo de outrora.

A melhor lição de empresas bem-sucedidas em relacionamentos de longo prazo é a do bom e velho Photoshop, vendendo saúde em seus 22 anos de idade e 12 plásticas (oops, versões). Como o Google, ele é sinônimo de categoria e verbo. Mas também é adjetivo, substantivo, pejorativo e indicativo de retoques fotográficos, mencionado com familiaridade até por quem não faça ideia de como ele funciona.

Ao contrário do AutoCAD, que é oito anos mais velho, mas desconhecido fora de seu nicho, o Photoshop é unanimidade.

Folha de S.Paulo, 26/03/2012.

Quanto às variações exploradas a partir do termo *photoshop*, é correto afirmar que:

a) o neologismo do título foi formado pelo mesmo processo que o termo *design*, presente no texto.

b) como adjetivo, o valor depreciativo do termo *fotoxopado* decorre exclusivamente do sufixo -ado agregado ao radical.

c) as palavras formadas a partir do estrangeirismo *photoshop* constituem jargões restritos à área de informática.

d) a grafia abrasileirada de *fotoxopou*, diferentemente de *hollywoodiano*, no 1º

Reprodução proibida. Art. 184 do Código Penal e Lei 9.610 de 19 de fevereiro de 1998.

parágrafo, é uma prova de que o *software* se popularizou no mundo.

e) apesar de não ter sido mencionado no texto, também seria possível transformar *photoshop* em advérbio de modo: *fotoxopalmente*.

50 (Mackenzie-SP) Leia o texto a seguir.

Capítulo CII – De casada

Imagina um relógio que só tivesse pêndulo, sem mostrador, de maneira que não se vissem as horas escritas. O pêndulo iria de um lado para outro, mas nenhum sinal externo mostraria a marcha do tempo.

Tal foi aquela semana da Tijuca. De quando em quando, tornávamos ao passado e divertíamo-nos em relembrar as nossas tristezas e calamidades, mas isso mesmo era um modo de não sairmos de nós. Assim vivemos novamente a nossa longa espera de namorados, os anos da adolescência, a denúncia que está nos primeiros capítulos, e ríamos de José Dias que conspirou a nossa desunião, e acabou festejando o nosso consórcio.

Machado de Assis. *Dom Casmurro*

Considerado o primeiro parágrafo, é correto afirmar:

a) A forma verbal no imperativo indica que o narrador se dirige ao leitor tratando-o por "vós".

b) A expressão "de maneira que" expressa, no contexto, ideia de finalidade.

c) Em "de maneira que não se vissem as horas escritas", se o verbo "ver" fosse substituído por "poder ver", a correção gramatical exigiria a forma "pudesse ver".

d) Se o segundo período fosse iniciado com "Nenhum sinal externo", para que se mantivesse o sentido original, a conjunção a ser empregada seria "porém".

e) Em "Tal foi aquela semana da Tijuca", o termo destacado é um advérbio.

Parte 3

51 (Insper-SP) O recurso da indeterminação do sujeito, conforme preconiza a gramática normativa, pode ser encontrado em

a) "Havia as belas casas, os jardins,"

b) "Só entravam no condomínio os proprietários..."

c) "Decidiram eletrificar os muros..."

d) "Quem tocasse no fio de alta tensão..."

e) "Ninguém precisa temer pelo seu patrimônio..."

52 (Fatec-SP, adaptada)

Logo depois transferiu-se para o trapiche [local destinado à guarda de mercadorias para importação ou exportação] o depósito dos objetos que o trabalho do dia lhes proporcionava. Estranhas coisas entraram então para o trapiche. Não mais estranhas, porém, que aqueles meninos, moleques de todas as cores e de idades, as mais variadas, desde os 9 aos 16 anos, que à noite se estendiam pelo assoalho e por debaixo da ponte e dormiam, indiferentes ao vento que circundava o casarão uivando, indiferentes à chuva que muitas vezes os lavava, mas com os olhos puxados para as luzes dos navios, com os ouvidos presos às canções que vinham das embarcações.

AMADO, Jorge. "O trapiche". *Capitães da Areia*. São Paulo: Livraria Martins Ed., 1937. Adaptado.

A alternativa em que o verbo destacado tem como sujeito aquele apresentado entre colchetes é:

a) Logo depois **transferiu**-se para o trapiche o depósito dos objetos... [os objetos]

b) ... o depósito dos objetos que o trabalho do dia lhes **proporcionava**. [o depósito dos objetos]

c) Estranhas coisas **entraram** então para o trapiche. [estranhas coisas]

d) ... indiferentes ao vento que **circundava** o casarão uivando... [o casarão]

e) ... com os ouvidos presos às canções que **vinham** das embarcações... [as embarcações]

Reprodução proibida. Art. 184 do Código Penal e Lei 9.610 de 19 de fevereiro de 1998.

53 (UEPG-PR)

(Extraído do último capítulo de *Memorial de Aires*, de Machado de Assis)

Há seis ou sete dias que eu não ia ao Flamengo. Agora à tarde lembrou-me lá de passar antes de vir para casa. Fui a pé; achei aberta a porta do jardim, entrei e parei logo.

— Lá estão eles, disse comigo.

Ao fundo, à entrada do saguão, dei com os dois velhos sentados, olhando um para o outro. Aguiar estava sentado ao portal direito, com as mãos sobre os joelhos. D.Carmo, à esquerda, tinha os braços cruzados à cinta. Hesitei entre ir adiante ou desandar o caminho; continuei parado alguns segundos até que recuei pé ante pé. Ao transpor a porta para a rua, vi-lhes no rosto e na atitude uma expressão a que não acho nome certo ou claro; digo o que me pareceu. Queriam ser risonhos e mal podiam se consolar. Consolava-os a saudade de si mesmos.

Assinale as alternativas em que a palavra sublinhada exerce a função de objeto direto.

a) ...digo o que me pareceu.

b) Consolava-os a saudade de si mesmos.

c) Agora à tarde lembrou-me lá de passar antes de vir para casa.

d) Queriam ser risonhos e mal podiam se consolar.

e) Lá estão eles, disse comigo.

54 (UFSM-RS, adaptada) Leia o fragmento do poema "Canção do vento e da minha vida", de Manuel Bandeira, e responda à questão a seguir.

O vento varria as folhas,
O vento varria os frutos,
O vento varria as flores...
E a minha vida ficava
Cada vez mais cheia
De frutos, de flores, de folhas.

Tanto o verbo **varrer** quanto o adjetivo **cheia** regem complementos. Observe a presença ou a ausência de preposição nesses dois casos e avalie as seguintes proposições como verdadeiras (V) ou falsas (F):

I. *Varrer* é um verbo transitivo indireto, o que pressupõe uma ação indireta do eu lírico sobre as coisas que o circundam.

II. O termo *vento* é sujeito do verbo *varrer* que se liga diretamente aos seus complementos.

III. O valor semântico da preposição *de* em "cheia de..." é o de qualidade, caráter.

IV. Os complementos do adjetivo *cheia* – frutos, flores, folhas – ligados a ele com o auxílio da preposição *de* exercem a função sintática de complemento nominal.

V. A função sintática dos complementos do verbo *varrer* é a de objeto indireto.

55 (FGV-SP)

Pastora de nuvens, fui posta a serviço por uma campina tão desamparada que não principia nem também termina, onde nunca é noite e nunca madrugada.

(Pastores da terra, vós tendes sossego, que olhais para o sol e encontrais direção. Sabeis quando é tarde, sabeis quando é cedo. Eu, não.).

Esse trecho faz parte de um poema de Cecília Meireles, intitulado "Destino", uma espécie de profissão de fé da autora.

O conjunto das duas orações coordenadas que compõem o segundo verso da segunda estrofe – "que olhais para o sol e encontrais direção" – tem sentido

a) explicativo.

b) comparativo.

c) condicional.

d) concessivo.

e) temporal.

56 (Fatec-SP)

Há o lado policial, ou de guerra, com os Estados Unidos **construindo** muros e **fortalecendo** a repressão em suas linhas de

Reprodução proibida. Art. 184 do Código Penal e Lei 9.610 de 19 de fevereiro de 1998.

junção com o território mexicano. E há o lado político e econômico: o da imigração. Um homem mexicano de 35 anos, com nove de instrução, pode ganhar 132% a mais trabalhando nos Estados Unidos.

As orações em cujo interior estão os verbos **construindo** e **fortalecendo**, destacados no trecho do texto, equivalem a orações subordinadas adjetivas (reduzidas de gerúndio). Assinale a alternativa em que essas orações encontram-se desenvolvidas adequadamente.

a) ... Estados Unidos ainda que construam muros e que fortaleçam a repressão...

b) ... Estados Unidos, onde se constroem muros e se fortalecem a repressão...

c) ... Estados Unidos, que constroem muros e que fortalecem a repressão...

d) ... Estados Unidos logo que constroem muros e fortalecem a repressão...

e) ... Estados Unidos no qual constroem muros que fortalecem a repressão...

57 (Ibmec-RJ) Na seguinte frase "... PORQUE ao chegar a esse outro lado do mistério, achei-me com um pequeno saldo" (Machado de Assis), o conectivo PORQUE está usado corretamente. Em qual das alternativas a seguir esse conectivo está sendo usado de forma INCORRETA?

a) Temos de procurar saber POR QUE as novelas prendem tanto os telespectadores.

b) O diretor não compareceu à reunião e nunca soubemos POR QUÊ.

c) Se pago, quero saber PORQUE pago.

d) Não entendo o PORQUÊ da rejeição.

e) Sabes POR QUE ela não veio?

58 (UFSM-RS) Em um artigo de opinião, um especialista formulou a seguinte questão:

POR QUE razão alguém investiria em uma campanha eleitoral um valor muito superior ao que irá receber como subsídio nos próximos anos?

O segmento destacado aparece também em outros enunciados. Assinale a alternativa que apresenta uma forma de emprego INCORRETA.

a) Ainda não sei POR QUE partido vou optar.

b) Muita gente escolheu um candidato sem ter um POR QUÊ.

c) POR QUE votar em branco ou anular um voto.

d) Muitos ignoram POR QUE a eleição é importante para a democracia.

e) Com tantos casos de corrupção, escolher mais um político, POR QUÊ?

59 (Insper-SP) Utilize os textos abaixo para responder ao teste.

Texto 1

sic - Em latim, significa assim. Expressão usada entre colchetes ou parênteses no meio ou no final de uma declaração entre aspas, ou na transcrição de um documento, para indicar que é assim mesmo, por estranho ou errado que possa ser ou parecer.

http://www1.folha.uol.com.br/folha/circulo/manual_texto_s.htm

Texto 2

A ministra da Cultura, Ana de Hollanda, recebeu um grupo de 50 manifestantes, que foram de ônibus a Brasília reclamar sobre a demora para receber os recursos do governo federal. (...)

Em nota divulgada ontem no site do Ministério da Cultura, Ana de Hollanda disse que o ministério "reconhece, valoriza e tem claro [sic] a necessidade da continuidade" do trabalho dos Pontos de Cultura. A nota, no entanto, não aponta quando o problema deve ser resolvido.

Folha de S.Paulo, 23/2/2011.

Considerando-se as informações apresentadas nos textos, é correto afirmar que o motivo da inclusão do "sic", no Texto II, é apontar uma falha de

Reprodução proibida. Art. 184 do Código Penal e Lei 9.610 de 19 de fevereiro de 1998.

a) concordância nominal, já que o adjetivo "claro" deveria estar no feminino para concordar com o substantivo "necessidade".

b) regência nominal, pois o "a", antes do substantivo "necessidade", deveria receber acento grave para indicar a ocorrência de crase.

c) pontuação, uma vez que se omitiu a vírgula obrigatória para separar as orações coordenadas presentes nesse período.

d) acentuação gráfica, já que o verbo "ter", presente na expressão "tem claro", deveria receber acento circunflexo.

e) coesão textual, pois, nessa construção, é obrigatória a inclusão do conectivo "que" para ligar a oração principal à oração subordinada.

Reprodução proibida. Art. 184 do Código Penal e Lei 9.610 de 19 de fevereiro de 1998.

60 (UPE-PE) As normas da concordância verbo-nominal constituem um padrão privilegiado para o que se considera 'o português culto'. De acordo com tais normas:

I. o sujeito – simples ou composto, singular ou plural – quando vem posposto, deixa o verbo no singular, como em: *Falta políticas de proteção do idioma contra a entrada injustificada de palavras estrangeiras.*

II. se o núcleo do sujeito é um pronome indefinido singular, seguido de um complemento no plural, o verbo fica no plural, como em: *Nenhum dos empréstimos oportunos acabaram por ser traduzidos ou aportuguesados.*

III. o verbo *haver*, no sentido de *existir*, é impessoal, mas em alguns contextos admite a concordância no plural, como em: *Ao longo dos séculos, houveram intercâmbios comerciais, contatos entre povos, viagens, grandes ondas migratórias, disseminação de fatos culturais.*

IV. em alguns casos, o verbo *ser* pode concordar com o predicativo e não com o sujeito, como em: *O empréstimo de palavras estrangeiras são fenômenos legítimos da dinâmica das línguas.*

V. a concordância do verbo é, fundamentalmente, com o núcleo do sujeito, como em: *Até hoje, a experiência das crianças mostra como é fácil fazer gestos virarem desenhos quando elas aprendem a escrever.*

As observações são aceitáveis, do ponto de vista da correção gramatical, apenas nas afirmativas

a) I, II e III.

b) II, III e V.

c) I, II e IV.

d) III e IV.

e) IV e V.

61 (UERJ-RJ) Nos trechos transcritos a seguir, estão sublinhados dois verbos que podem ser usados com variação da regência: transitivo direto ou transitivo indireto. A variação da regência altera o sentido do verbo "agradar": fazer agrados ou ser agradável. Já o verbo "olhar" expressa o mesmo sentido nos dois casos.

por mais que saltite ao seu lado, procurando alcançar-lhe a mão, ele não o agrada. (ref. 1)

A mulher, sentada na cama, (...) olha para ele, mas ele não a olha. (ref. 2)

Identifique, no primeiro trecho, a regência do verbo "agradar" e o sentido em que ele foi empregado. Em seguida, reescreva o segundo trecho, variando a regência do verbo "olhar" em cada ocorrência.

62 (UEMG-MG) No texto dessa letra de música (MPB), observa-se a presença da linguagem coloquial, quando o leitor verifica

Eu sei que vou te amar
Por toda a minha vida eu vou te amar
Em cada despedida eu vou te amar
Desesperadamente, eu sei que vou te
[amar
E cada verso meu será
Prá te dizer que eu sei que vou te amar
Por toda minha vida
Eu sei que vou chorar
A cada ausência tua eu vou chorar

Mas cada volta tua há de apagar
O que esta ausência tua me causou
Eu sei que vou sofrer a eterna desventura
[de viver
A espera de viver ao lado teu
Por toda a minha vida

Tom Jobim e Vinicius de Moraes

a) o uso da segunda pessoa do singular, em ocorrências como "a cada ausência tua", forma de tratamento empregada em situações comunicativas menos formais, sobretudo quando seu produtor utiliza no texto gírias e jargões.

b) o emprego da expressão "há de apagar", uma vez que, nesse caso específico, o verbo haver, por não ser sinônimo de existir, refere-se a uma forma típica do português falado espontaneamente.

c) a ocorrência da expressão "eu sei que vou te amar", porquanto, na linguagem coloquial, a tendência é não empregar o pronome oblíquo posposto à locução verbal; desse modo, na modalidade padrão, a forma a ser empregada seria: eu sei que vou amar-te.

d) a inversão sintática no verso "A cada ausência tua, eu vou chorar", pois, como a linguagem coloquial ocorre principalmente em situações comunicativas menos tensas e formais, é natural o uso de inversões linguísticas, como a que se observa no verso citado.

Reprodução proibida. Art. 184 do Código Penal e Lei 9.610 de 19 de fevereiro de 1998.

Índice remissivo

Reprodução proibida. Art. 184 do Código Penal e Lei 9.610 de 19 de fevereiro de 1998.

Reprodução proibida. Art. 184 do Código Penal e Lei 9.610 de 19 de fevereiro de 1998.

R

S

T

V

Reprodução proibida. Art. 184 do Código Penal e Lei 9.610 de 19 de fevereiro de 1998.

Bibliografia

BAGNO, Marcos. *Nada na língua é por acaso*: por uma pedagogia da variação linguística. 3. ed. São Paulo: Parábola, 2007.

______. *Preconceito linguístico*: o que é, como se faz. 54. ed. São Paulo: Loyola, 2011.

BECHARA, Evanildo. *Moderna gramática portuguesa*. 37. ed. rev. e ampl. Rio de Janeiro: Nova Fronteira, 2009.

CHALHUB, Samira. *Funções da linguagem*. 7. ed. São Paulo: Ática, 1999.

CHARAUDEAU, Patrick; MAINGUENEAU, Dominique. *Dicionário de análise do discurso*. 2. ed. São Paulo: Contexto, 2008.

CUNHA, Celso; CINTRA, Luiz F. Lindley. *Nova gramática do português contemporâneo*. 5. ed. Rio de Janeiro: Lexikon, 2008.

ELIS, Vanda Maria (Org.). *Ensino de língua portuguesa*: oralidade, escrita e leitura. São Paulo: Contexto, 2011.

FIORIN, José Luiz (Org.). *Introdução à linguística*. 6. ed. São Paulo: Contexto, 2011.

ILARI, Rodolfo. *Introdução ao estudo do léxico*: brincando com as palavras. 4. ed. São Paulo: Contexto, 2006.

JAKOBSON, Roman. *Linguística e comunicação*. 22. ed. São Paulo: Cultrix, 2001.

KOCH, Ingedore G. V. *A coesão textual*. 22. ed. São Paulo: Contexto, 2010.

______. *A inter-relação pela linguagem*. São Paulo: Contexto, 1995.

______. *O texto e a construção dos sentidos*. 10. ed. São Paulo: Contexto, 2011.

NEVES, Maria Helena de Moura. *Gramática de usos do português*. 2. ed. São Paulo: Unesp, 2011.

TRAVAGLIA, Luiz Carlos. *Gramática e interação*: uma proposta para o ensino de gramática no 1º e 2º graus. São Paulo: Cortez, 1996.

VANOYE, Francis. *Usos da linguagem*: problemas e técnicas na produção oral e escrita. 13. ed. São Paulo: Martins Fontes, 2007.

Reprodução proibida. Art. 184 do Código Penal e Lei 9.610 de 19 de fevereiro de 1998.